Markus Dallmann

Berlin
mit Potsdam

IWANOWSKI'S REISEBUCHVERLAG

Im Internet:

www.iwanowski.de

Hier finden Sie aktuelle Infos zu allen Titeln, interessante Links – und vieles mehr!

Einfach anklicken!

Schreiben Sie uns, wenn sich etwas verändert hat. Wir sind bei der Aktualisierung unserer Bücher auf Ihre Mithilfe angewiesen:

info@iwanowski.de

Berlin mit Potsdam
1. Auflage 2013

Salm-Reifferscheidt-Allee 37 • 41540 Dormagen
Telefon 0 21 33/26 03 11 • Fax 0 21 33/26 03 33
info@iwanowski.de
www.iwanowski.de

Titelfoto: Michael Iwanowski

Alle anderen Farbabbildungen: siehe Bildnachweis Seite 339
Lektorat und Layout: Lucia Rojas, Köln
Karten: Klaus-Peter Lawall, Unterensingen
Titelgestaltung: Point of Media, www.pom-online.de
Redaktionelles Copyright, Konzeption und deren ständige Überarbeitung: Michael Iwanowski

Gesamtherstellung: Werbedruck GmbH Horst Schreckhase, Spangenberg
Printed in Germany

ISBN: 978-3-86197-059-0

Überblick

Stadtbesichtigung

Weiterführende Informationen zu folgenden Themen

Verzeichnis der Karten

Legende

Information	wichtiges Gebäude	empfohlener Spaziergang
Sehenswürdigkeit	Markthalle, Einkaufen	Übernachten
Kathedrale/Dom	Bahnhof	Restaurants/Cafés
Kirche	S-Bahn-Station	Einkaufen
Synagoge	U-Bahn-Station	Ausgehen
Museum	Aussichtspunkt	
	Flughafen	

Berlin – offene Stadt

Mehr als 20 Jahre nach der Wiedervereinigung übt die deutsche Hauptstadt eine ungebrochene Anziehungskraft auf Besucher und Zuzügler aus aller Welt aus. Man staunt darüber, was innerhalb der letzten Jahre geleistet wurde und in welch rasantem Tempo die Stadt ihr Gesicht verändert hat. Wer einmal hier war, ist fasziniert vom lebendigen und offenen Berliner Flair – und möchte wiederkommen.

Im Sommer 1988, als ich nach Berlin (West) kam und mich binnen kurzer Zeit in die geteilte und geschundene Stadt verliebt hatte, wies nichts auf den Mauerfall hin, welcher sich anderthalb Jahre später, im November 1989, ereignen sollte. Und doch war sie da, diese stille, tiefe Sehnsucht, sich Berlin ohne Mauern vorzustellen – insbesondere aufgrund der Verwandten und Freunde sowie zahlreicher Streifzüge auf der Ostseite. Was dann eintrat, übertraf die kühnsten Fantasien: Mauerfall, Wiedervereinigung, Hauptstadtumzug – die Ereignisse überschlugen sich und man konnte förmlich den Atem der Geschichte spüren. Heute bietet die größte deutsche Metropole ihren Besuchern – gleich welche Interessen sie verfolgen, welcher Generation sie angehören und wie prall ihr Geldbeutel gefüllt ist – eigentlich alles. Ob Kulturliebhaber, Geschichtsinteressierte, Party-People, Shopping-Süchtige, Architekturfans – wer hier nicht auf seine Kosten kommt, ist selber schuld.

Dieser Reiseführer soll all denen eine Orientierungshilfe geben, die neben den klassischen Highlights noch andere spannende Ecken und Kieze kennenlernen möchten. Die Tipps reichen von angesagten Szenebezirken wie Prenzlauer Berg oder Kreuzberg über Kostbarkeiten wie spektakuläre Villen in Grunewald oder verträumte Dorfanlagen bis zu kompakten Altstädten oder Industrieromantik im Wedding. Wer Entspannung, gute Luft und Erholung sucht, wird in den schnell erreichbaren herrlichen Seen- und Waldlandschaften von Havel und Spree fündig. Entdecken Sie Ihr ganz persönliches Berlin und tauchen Sie ein in das unbeschränkte Lebensgefühl dieser facettenreichen Metropole.

So geht's

Im Kapitel **Stadt und Leute** (ab S. 10) erhalten Sie einen Einblick in Geschichte und andere Aspekte des Reiseziels. Die Gelben Seiten geben **Allgemeine Reisetipps von A–Z** (ab S. 51) für die Reisevorbereitung und den Aufenthalt, einschließlich einer Auswahl an Unterkünften, nach Stadtteilen geordnet (ab S. 72). In den **Grünen Seiten** (ab S. 89) wird kurz aufgelistet, was Sie der Aufenthalt in Berlin kostet. Im anschließenden **Reiseteil** (ab S. 92) erhalten Sie bei den jeweiligen Beschreibungen der Stadtviertel detailliert Auskunft über Sehenswürdigkeiten mit Adressen und Öffnungszeiten, Touren und Stadtrundgänge sowie Reisepraktische Informationen zu Essen und Trinken, Ausgehen, Einkaufen etc. Informationen zu **Potsdam** gibt es ab S. 313. Ein ausführliches Register im **Anhang** (ab S. 335) gibt Ihnen die Möglichkeit, schnell den gesuchten Begriff zu finden. Über Kritik, Anregungen und Verbesserungsvorschläge freuen wir uns: info@iwanowski.de.

I. STADT UND LEUTE

Berlin in Kürze

Zahlen, Daten, Fakten

Bedeutung	Hauptstadt und größte Stadt Deutschlands sowie Bundesland (Stadtstaat)
Fläche	892 km², das ist mehr als München, Frankfurt und Leipzig zusammen. Die größte Ost-West-Ausdehnung beträgt 45 km, von Nord nach Süd 38 km.
Stadtgrenze	234 km lang; Berlin ist gänzlich vom Land Brandenburg umgeben
Einwohner	über 3,5 Mio., dazu rund 1 Mio. im Brandenburger Umland
Verwaltung	12 Bezirke mit 95 Ortsteilen
Höhe über NN	34–60 m. Höchste Berge sind der Große Müggelberg und der Teufelsberg mit je 115 m.
Höchstes Gebäude	Der Fernsehturm ist mit 368 m das höchste deutsche Bauwerk.
Heiß & kalt	Die heißeste Tag war der 12. Juli 2010 mit 38,2 °C, der kälteste der 5. Februar 2012 mit -20 °C.
U-Bahn/S-Bahn:	Die älteste U-Bahn Deutschlands (1902) umfasst heute ein Netz von 146 km und 173 Bahnhöfen. Die längste Linie ist die U7 von Rudow nach Spandau mit 32 km und 59 Min. Fahrtdauer. Die S-Bahn kommt auf 256 km mit 133 Bahnhöfen (ohne Umland).
Längste Straße	Adlergestell in Treptow-Köpenick: 12 km schnurgeradeaus
Kürzeste Straße	Die Eiergasse im Nikolaiviertel misst 16 m.
Wasserstraßen	Flüsse, Seen und Kanäle ergeben 200 km schiffbare Wasserwege.
Ausgehen	rund 4650 Restaurants, 900 Kneipen, 200 Bars und Clubs
Religion	21,5 % evangelisch, 9,3% katholisch, 8% Muslime
Studierende	rund 160.000 Studenten an 37 Universitäten und Hochschulen

Naturraum und Landschaft

Im Nordosten Deutschlands auf der gleichen geografischen Breite wie Warschau und Amsterdam gelegen, ist Berlin komplett vom Land Brandenburg umgeben und nur 75 km entfernt von der polnischen Grenze. Die Entstehung der natürlichen Gegebenheiten geht auf die jüngste Eiszeit vor 20.000 Jahren zurück, während der sich beim Abschmelzen der skandinavischen Eisschichten das Berliner **Urstromtal** formte. In diesem liegt heute die Berliner Innenstadt, in Ost-West-Richtung von der Spree durchflossen. Nördlich und südlich davon schließen sich die beiden **Hochebenen** Barnim und Teltow an, an deren Hanglagen Bezirke wie Pankow, Kreuzberg oder Neukölln entstanden. An manchen Stellen kann man sogar die „enormen" Höhenunterschiede von 20–25 m spüren, wie auf der Methfesselstraße entlang des Kreuzbergs (s. S. 180) oder auf dem Weinbergsweg (s. S. 123, Spandauer Vorstadt) in Richtung Prenzlauer Berg. Gut erkennen kann man die Höhenkante des Barnim ganz ohne Bebauung bei Mahlsdorf westlich des Gründerzeitmuseums (s. S. 248, Köpenick). Weite Aussichten ergeben sich von den mit jeweils 115 m höchsten **Erhebungen** Berlins: dem Teufelsberg im Grunewald (s. S. 292) und den weiter südöstlich gelegenen Müggelbergen (s. S. 257, Köpenick).

Grüne Stadt

Berlin ist eine sehr grüne Stadt: 40 % des Stadtgebiets bestehen aus Wäldern, Parks, sogar Landwirtschaftsflächen und 75.000 Schrebergärten der Berliner „Laubenpieper". Dazu kommen etwa 400.000 Straßenbäume. Nachdem sich die Spree 45 km durch Berlin geschlängelt hat, mündet sie bei Spandau in die Havel, deren Flusslauf herrliche **Seenlandschaften** bildet wie den Tegeler See im Nordwesten oder den Wannsee im Südwesten. Der größte See mit 743 ha ist der Müggelsee im Südosten. Insgesamt gibt es in Berlin 200 km schiffbare Wasserwege.

Die Beschaffenheit des Berliner Bodens entspricht der eher sandigen und humusarmen „märkischen Streusandbüchse". Abgesehen von Fundstücken aus vergangenen Zeiten, wie Skeletten aus dem Mittelalter oder Blindgänger-Bomben aus dem Zweiten Weltkrieg, gibt es keine nennenswerten Bodenschätze. Der mitunter bedenklich hohe **Grundwasserspiegel** sorgt für das Phänomen blauer oder pinkfarbener Röhren im Berliner Stadtbild, in denen bei größeren Baumaßnahmen das Wasser abgepumpt wird.

Hinweis

Das aus dem Grundwasser gewonnene ***Trinkwasser*** *ist von sehr guter Qualität, unterliegt ständigen Kontrollen und lässt sich bedenkenlos trinken.*

Wirtschaft und Bevölkerung

Nach Krieg und Mauerbau hatten viele bedeutende Firmen ihren Sitz in die ehemalige Bundesrepublik verlagert. Westberlin wurde zur hochsubventionierten „verlängerten Werkbank", während in Ostberlin die Planwirtschaft regierte. Seit der Wiedervereinigung hat Berlin einen Strukturwandel vom ehemaligen Industriestandort zum modernen **Dienstleistungszentrum** vollzogen. Zunächst kam es zu dramatischen Einbrüchen in der Industrie und zum Verlust von 260.000

Arbeitsplätzen. Die Arbeitslosenquote erreichte 2005 mit 19 % ihren Höchststand und lag im Sommer 2012 bei 12,2 % mit weiter sinkender Tendenz (Bundesdurchschnitt 6,8 %). Größtes Problem ist nach wie vor die hohe **Armut** der Berliner – fast ein Viertel beziehen Transferleistungen. So ist Berlin die einzige Hauptstadt mit einer niedrigeren Wirtschaftsleistung als der Landesdurchschnitt.

Dennoch ist die **Industrie** weiterhin eine der tragenden Wirtschaftssäulen, insbesondere bei der Elektrogüter- und Kraftmaschinenproduktion sowie als Hersteller der Pharmabranche. Viele neue Jobs entstanden in den Branchen IT, Kommunikation und Umwelt sowie in der Kultur- und Kreativindustrie und im **Tourismussektor**. So wurden 2011 in über 760 Hotels 9,8 Mio. Gäste und 22,3 Mio. Übernachtungen registriert. Damit steht Berlin nach London und Paris an dritter Stelle in Europa. In der **Kreativindustrie** arbeiten 160.000 Beschäftigte und erwirtschaften dabei 22 Mrd. € jährlich. Der Künstleranteil ist zweieinhalb mal so hoch wie im Bundesdurchschnitt – die „Lange Nacht der Museen" ist eine Berliner Erfindung. Zudem gilt Berlin mit seinen Forschungszentren und neuen Technologieparks als wichtiger **Wissenschaftsstandort**. Täglich werden in der Stadt ca. 120 Firmen neu gegründet. Für aufstrebende Firmen gehört Berlin zu den wichtigsten Trendmetropolen weltweit und gilt als europäisches „Mekka der Start-up-Kultur".

Insel der Kreativen

Gleichwohl verdienen die Berliner deutlich weniger als die Frankfurter oder Münchner, allerdings sind hier auch die Lebenshaltungskosten niedriger. So liegen die Durchschnittsmieten bei ca. 7,60 €/m², aber die Suche nach erschwinglichem Wohnraum wird immer schwieriger. In begehrten Wohnlagen werden Mieten bis zu 18 €/m² gezahlt.

In Berlin lebt fast die ganze Welt, zumindest 184 Nationen. Die rund 900.000 Berliner mit **Migrationshintergrund** (mit oder ohne deutschen Pass) stammen zu jeweils ein Drittel aus der Türkei/Nahost, aus Europa und aus dem Rest der Welt. Größte Nationalität sind Türken (200.000), gefolgt von Polen (100.000) und Russen (50.000). Es herrscht ein Kommen und Gehen – gerade auch innerhalb der deutschen Bevölkerung: Seit der Wende sind 1,8 Mio. (!) Menschen zugezogen – aus dem Rheinland, aus dem Norden, aus Schwaben … Zudem gibt es jährlich ca. 350.000 Umzüge innerhalb Berlins. So erfindet sich diese Stadt immer wieder neu.

Berliner Lebenswelten

info

Wo die Berliner wohnen: Kreative, Reiche, Arme, Bürgerliche, Proletarier – ein Überblick

Berlin ist eine sehr vielfältige Stadt, in der die unterschiedlichsten Menschen ihre kleine Heimat oder ihre kulturelle Gemeinschaft finden, ohne sich vom großen Ganzen abzukoppeln. Anpassungsdruck wie in anderen Städten gibt es hier nicht. Der traditionellen **Einwandererstadt** Berlin ist es egal, wie man ist. Oder ob man überhaupt da ist. Für Manche mag die Stadt zu groß, zu laut und zu anonym sein. Anderen gibt genau diese Größe etwas Beruhigendes und erzeugt ein Gefühl ungeahnter Freiheit, so zu

In Kreuzberg gibt es Zöpfchen für jeden, der mag

leben, wie man möchte. Doch die scheinbare Bindungslosigkeit macht in den Stadtvierteln Halt. Der Berliner liebt seinen Kiez und verlässt ihn ungern. So kann es passieren, dass Grundschüler im wohlbehüteten Frohnau erstmalig im Rahmen eines Wandertags die Berliner Innenstadt besuchen. Oder eine „Reisegruppe" aus Zehlendorf eine Stadtrundfahrt nach Kreuzberg unternimmt. Wie bunte Mosaiksteine bilden eine Vielzahl von Stadtvierteln das knapp 900 km² große „Gebilde Berlin".

In der Berliner Innenstadt, die von der Ringbahn (S41 und S42) umfahren wird, lassen sich grob drei Lebenswelten charakterisieren.

a) In der **Neuen Mitte** (Bereich Hackescher Markt, Prenzlauer Berg, Friedrichshain, Kreuzberg) leben zumeist Kreative, innovative Aufsteiger, junge Familien und Studenten. Sie lieben die urbane, lebendige, weltoffene und tolerante Atmosphäre. Zuwanderer und Ausländer sind willkommen, es herrscht ein politisch „grünes" Klima. Im früheren Arbeiterquartier Prenzlauer Berg findet man heute die höchste deutsche Geburtenquote an Akademikerkindern. An Helmholzplatz und Kollwitzstraße stehen die Chancen gut, Prominenten über den Weg zu laufen. Viele Zugereiste, die sich den Prenzlauer Berg nicht leisten können, bezeichnen das preisgünstigere Friedrichshain als das „echte" Berlin. Hier kann es gelegentlich auch etwas derber zugehen. Gepiercte Mütter und rücksichtslose Radfahrer auf Bürgersteigen sind keine Seltenheit. Angesagt sind Boxhagener Platz und Simon-Dach-Straße. Der frühere Westberliner Bezirk Kreuzberg ist zweigeteilt. Während rund um die Bergmannstraße der „Veredelungsprozess" à la Prenzlauer Berg weit vorangeschritten ist, bestimmen im „wilden" und ärmeren Kreuzberg die inzwischen Alteingesessenen das Stadtbild: Das sind sowohl die Nachkommen der türkischen Einwanderer als auch die linke Alternativszene als „Nachfahren" der Hausbesetzerszene der 1980er-Jahre.

Man kennt sich und kommt gut miteinander aus. Weniger respektvoll dagegen sind die unendlichen Schmierereien an den Hauswänden, die mit echter Graffitikunst oder Street Art nichts zu tun haben. Wichtiges Zentrum ist der Heinrichplatz auf der Oranienstraße.

b) Die **Arme Mitte** (Moabit, Wedding, Neukölln-Nord) wird geprägt von hoher Arbeitslosigkeit, hohem Migrantenanteil mit türkisch-arabischem Hintergrund und einer sichtbaren Armut. Dennoch hält der gefahrlose Spaziergang durch die großen und gut erhaltenen Altbauquartiere ungeahnte Überraschungen bereit. So gilt der Neuköllner Bereich Maybachufer/Friedelstraße mit seinen Galerien und Kneipen als jüngstes Szeneviertel und wird aufgrund der Nähe zu Kreuzberg als Kreuzkölln bezeichnet.

c) Die traditionell großbürgerliche **Westliche Mitte** (Charlottenburg, Wilmersdorf, Schöneberg) wird bestimmt von hohem Lebensstandard und großstädtischem Flair in liberal-konservativem Milieu. Ein beliebter Treffpunkt ist z. B. der Ludwigkirchplatz in Wilmersdorf oder der Schöneberger Szenekiez rund um den Winterfeldtplatz mit seinem herrlichen Wochenmarkt *(Mi + Sa)*.

Außerhalb der Innenstadt werden Ost-West-Mentalitäten stärker spürbar.

d) Im früheren Ostberlin gibt es zwei Lebenswelten: Die großen Plattenbaugebiete der ehemaligen DDR-Mittelschicht (Lichtenberg, Marzahn) erscheinen nach außen eher ungemütlich, haben aber einen guten Wohnstatus und oft günstige Mieten. Eher ältere Bewohner, Kulturleute und Familien leben in den ruhigen grünen Lagen von Pankow, Weißensee, Treptow und Köpenick.

e) Kleinbürgerliches Westberlin findet sich am ehesten in Reinickendorf und Spandau, wo von jeher ein gewisses Misstrauen gegenüber Groß-Berlin vorherrscht. Das höchste Durchschnittsalter findet man im gediegenen bürgerlichen Süden (Tempelhof, Steglitz, Neukölln-Süd). Im **reichen Südwesten** (Westend, Grunewald, Zehlendorf) sind Einkommen und Lebensstandard am höchsten. Gelegentlich können rund um den Schlachtensee joggende Prominente angetroffen werden.

Geschichte

Schnelles Wachstum

Berlin ist jung – und das nicht erst seit dem Zusammenwachsen als alte und neue deutsche Hauptstadt. Im Mittelalter eine eher unbedeutende Kaufmannssiedlung, stieg Berlin als Residenz der preußischen Herrscher allmählich auf. Erst ab der zweiten Hälfte des 19. Jh. katapultierte sich die Stadt mit ihrem rasanten Anwachsen in nur wenigen Jahrzehnten zu einer europäischen Metropole. Doch im Gegensatz zum technischen Fortschritt und zu wissenschaftlichen Glanzleistungen gehörten die politischen Verhältnisse zu den rückständigsten in Europa. Mietskasernen und Industrieschlote, Hochkultur und Paläste, Vorreiter der Avantgarde in den Goldenen Zwanzigern, Zentrum der NS-Diktatur, Mauerstadt im Kalten Krieg – wie keine andere Stadt spiegelt Berlin die deutsche Geschichte mit all ihren Widersprüchen, historischen Brüchen und Neuanfängen wider.

6.–17. Jh.: Von den Anfängen bis zur Kurfürstlichen Residenz Brandenburg-Preußens

6.-9. Jh. Im Urstromtal des Berliner Raums zwischen den Hochebenen Barnim und Teltow siedeln Slawen (Heveller und Sprewanen). Vermutlich, aber ungesichert, ist der Name „Berlin" slawischen Ursprungs (*brlo* = Sumpf, Morast).

1134–70 Albrecht der Bär aus dem Haus der Askanier wird Markgraf in Brandenburg, vertreibt den slawischen Fürsten Jaxa und gründet 1157 die Mark Brandenburg. Die deutsche Besiedelung beginnt. Di erste urkundliche Erwähnung von Spandau ist 1197, die von Köpenick 1209.

1237 Cölln auf der Spreeinsel wird urkundlich erwähnt. Das Jahr gilt als offizielles Gründungsdatum Berlins, obwohl der Ort erst 1244 erwähnt wird. Cölln und Berlin bilden am Mühlendamm einen Handelsknotenpunkt, ab 14. Jh. eine Doppelstadt mit gemeinsamem Rathaus. Später setzt sich der Name „Berlin" durch.

1415 Nach den Askaniern wird Burggraf Friedrich von Nürnberg zum ersten Kurfürsten der Mark Brandenburg. Damit beginnt die über 500-jährige Dynastie der Hohenzollern, die mit der Abdankung 1918 endet.

1539 Kurfürst Joachim II. nimmt in der Spandauer Nikolaikirche das Abendmahl nach lutherischem Ritus ein. Die Reformation gelangt nach Berlin.

1618 Kurfürst Johann Sigismund erbt das Herzogtum Preußen (= Ostpreußen), was als Geburtsstunde des territorial getrennten Brandenburg-Preußens gilt.

1618–48 Der Dreißigjährige Krieg ist ein schwerer Rückschlag. Kaiserliche und schwedische Truppen verwüsten die Mark, die Zahl der Einwohner Berlins sinkt von 12.000 auf 6000.

1640–88 Unter **Kurfürst Friedrich Wilhelm**, auch der **Große Kurfürst** genannt, erlebt das vom Krieg verödete Land einen wirtschaftlichen Aufschwung. Durch seine Heirat mit der Holländerin Luise Henriette von Oranien kamen niederländische Fachleute und modernisierten Handel und Gewerbe. Seine Einwanderungspolitik und religiöse Toleranz („Toleranzedikt" von 1685) führen zur Ansiedlung reicher Juden aus Wien und der in Frankreich verfolgten protestantischen Hugenotten. Handwerk, Kunst und Kultur florieren. Außenpolitische und militärische Erfolge wie der Sieg über die Schweden bei Fehrbellin (1675) ebnen den weiteren Aufstieg Brandenburg-Preußens. Berlin lässt der Kurfürst durch eine Festung sichern und gleichzeitig entlang der Lindenreihe nach Westen erweitern. Die Schlösser von Oranienburg, Köpenick und Potsdam werden zu Nebenresidenzen. Berlin hat 20.000 Einwohner.

1701–1870: Aufstieg Preußens zur Großmacht

ab 1701 In Folge der Krönung des Kurfürsten Friedrich I. zum preußischen König setzt eine rege Bautätigkeit ein und lässt im Verlauf der nächsten 150 Jahre das Schönste und Beste der Preußischen Architektur vom Barock bis Klassizismus unter Schlüter, Knobelsdorff und Schinkel entstehen. Gleichzeitig strömen immer mehr Menschen nach Berlin.

ab 1732 Unter dem Soldatenkönig werden Böhmische Glaubensflüchtlinge in Rixdorf (Neukölln) angesiedelt.

1740–86 Regierungszeit des berühmtesten Preußenkönigs, Friedrich II., auch Friedrich der Große genannt.

ab 1816 Maschinenbau und Dampfschifffahrt läuten das Industriezeitalter ein, wohingegen politische Reformen unterbleiben.

1848 Die Revolution endet in Berlin mit dem Einmarsch preußischer Truppen.

Preußische Könige

info

Friedrich I., der Schiefe Fritz, 1701–13, und seine Frau Sophie Charlotte

Der Sohn des Großen Kurfürsten krönt sich in Königsberg zum ersten König in Preußen. Auch wenn der Titel formal nur für das Herzogtum gilt, wird im Laufe der Jahre das gesamte Territorium von Brandenburg-Preußen als Preußen bezeichnet und das alte Herzogtum als Ostpreußen. Friedrich I., von Natur aus klein und verwachsen, eifert den barocken Herrschern Europas nach – und will repräsentieren.

Vergoldetes Brustbild Friedrichs I. am Eingang zum Zeughaus

Dazu gehören eine prunkvolle Hofhaltung und eine glanzvolle königliche Residenz mit Zeughaus und Schloss. Südlich der Linden entsteht die Friedrichstadt mit ihrem heute noch erkennbaren, schachbrettartigen Straßenraster inklusive der Querachse Friedrichstraße. Auch Kunst und Wissenschaft werden mit eigenen Akademien gefördert. Unterstützt von Königin **Sophie Charlotte** gründet der Universalgelehrte Leibniz die Akademie der Wissenschaften. Die weltoffene Königin hält einen eigenen Hof im Schloss Lietzenburg (ab 1705

Blick vom Park auf das Schloss Charlottenburg

Charlottenburg), wo sie namhafte Gelehrte und Philosophen um sich sammelt.

Friedrich I. hinterlässt seinem Nachfolger einen immensen Schuldenberg. Alleine die pompöse Hofhaltung, verwaltet von korrupten Staatsdienern, verschlingt Unsummen. Immer absurdere Abgaben wie Salz-, Perücken- oder Jungfernsteuer werden erhoben.

info

1709 werden Cölln, Berlin, Friedrichswerder, Dorotheenstadt und Friedrichstadt zur Königsstadt Berlin zusammengefasst, die Einwohnerzahl ist auf 55.000 gestiegen.

Friedrich-Wilhelm I., der Soldatenkönig, 1713–40
Im Gegensatz zu seinen Eltern verachtet der Thronfolger höfischen Prunk und Eitelkeit, aber auch feine Lebensart, Kunst und Kultur. Sofort nach Regierungsübernahme streicht er die üppigen Ausgaben am Hof auf ein Minimum zusammen. Selbst die „Brandenburgischen Konzerte" von Johann Sebastian Bach können nicht aufgeführt werden, weil das Orchester aufgelöst ist. Das barock aufgedonnerte Europa staunt – im neuen preußischen Beamtenstaat dürfen keine Schulden mehr gemacht werden. Sich selbst bezeichnet der calvinistisch geprägte König „als Finanzminister und Feldmarschall des Königs von Preußen". Einnahmen werden investiert in Manufakturen und Domänen. Gewinne gehen in die Armee, die am Ende seiner Amtszeit das viertgrößte Heer in Europa stellt. Gleichschritt, harter Drill und die unbedingte Pflichterfüllung sind seine Maxime. In der Familie gilt er als brutaler Haustyrann, unter dem besonders der Kronprinz zu leiden hat. Einzige kostspielige Marotte ist die Leibgarde der aus ganz Europa rekrutierten „Langen Kerls", die er in Potsdam um sich schart.

Er führt die allgemeine Schulpflicht ein, reformiert das Justizwesen und gründet 1726 die Charité in Berlin. Die Friedrichstadt wird ausgebaut, die alte Festung abgerissen und das Stadtgebiet ab 1734 mit einer neuen Zollmauer über das Doppelte erweitert. Gleichzeitig sollen damit die Soldaten vom Desertieren abgehalten werden. Wie seine Vor- und Nachfahren verfolgt er eine „Peuplierung" des bevölkerungsarmen Preußens, u. a. durch die Ansiedlung von Religionsflüchtlingen aus Salzburg und Böhmen. 1740 leben in Berlin 90.000 Einwohner.

info

Friedrich II., Friedrich der Große oder der Alte Fritz, 1740–86,
Ein seinem Vater Friedrich Wilhelm I. völlig konträrer Charakter ist der feinsinnige und künstlerisch begabte Thronfolger. Nach der gescheiterten Flucht 1730 vor dem brutalen Vater entgeht der junge Friedrich nur knapp dem Todesurteil, während sein Vertrauter Katte vor seinen Augen in der Festung Küstrin hingerichtet wird. Noch als Kronprinz verbringt er glückliche Jahre auf Schloss Rheinsberg, umgeben von Freunden und Künstlern, Literatur und Philosophie. So schafft er sofort nach der Thronbesteigung die Folter ab, gebietet die religiöse Toleranz und möchte alle Untertanen glücklich machen: „Jeder soll nach seiner eigenen Fasson glücklich werden." Er schafft die „Langen Kerls" ab und fördert nach Kräften Kultur und Wissenschaften. Seine auf väterlichen Befehl geheiratete Frau Elisabeth „kann er nicht lieben" und schickt sie ins „Exil" nach Schönhausen (Pankow). Befreundet mit Voltaire, Moses Mendelssohn und Friedrich Nicolai, macht er Berlin zum Zentrum der Aufklärung. Die ersten literarischen Salons entstehen. Er setzt die Siedlungs- und Wirtschaftspolitik des Vaters fort und versteht sich als „erster Diener im Staat". Europa ist vom intellektuellen und kunstsinnigen König beeindruckt.

Doch noch im Jahr seines Regierungsantritts wirft er alle friedliebenden Pläne über den Haufen und erobert kühn das zum Haus Habsburg gehörende Schlesien. Weitere Schlesienkriege erfolgen, bis er 1763 den siebenjährigen Mehrfrontenkrieg gegen „die drei Weyber" Maria Theresia (Österreich), Elisabeth (Zarin Russlands) und Madame de Pompadour (Mätresse in Frankreich) nur knapp und unter riesigen Verlusten gewinnt. Damit steigt Preußen neben Österreich, Frankreich, Russland und Großbritannien zur fünften Großmacht in Europa auf.

Berlin wird ausgebaut. Das Forum Friedericianum Unter den Linden, die Kuppelbauten am Gendarmenmarkt und Schloss Bellevue entstehen, der Tiergarten wird für die Öffentlichkeit zugänglich gemacht, die KPM (Königliche Porzellan Manufaktur) wird gegründet. Friedrich residiert zunächst im Schloss Charlottenburg, ab 1747 in seinem Rokokoschloss Sanssouci (*sans souci* = ohne Sorge) auf dem künstlichen Weinberg in Potsdam. In diesem Traum von einer heilen Welt treffen Freunde und Geistesgrößen zusammen und erleben den König beim Querflötespielen. Friedrich liebt die französische Kultur und Sprache, ist aber blind gegenüber Lessing, Goethe, Herder und Kant. „Lieber lasse ich mir von einem Pferd etwas vorwiehern als von einer deutschen Opernsängerin". Schon zu Lebzeiten eine Legende mit widersprüchlichem Charakter, verbringt er seine letzten Lebensjahre einsam und verhärtet als Alter Fritz in Sanssouci und stirbt im damals hohen Alter von 74 Jahren. Am Ende seiner Regentschaft ist Berlins Bevölkerung auf 150.000 Einwohner angewachsen.

Friedrich Wilhelm II., der Dicke Lüderjahn, 1786–97
Friedrich II. hinterlässt keine Kinder und so geht die Krone an seinen Neffen. Im Gegensatz zu seinem Vorganger verfolgt der mystisch-abergläubische Friedrich Wilhelm II. keine aufklärerischen Gedanken. Der französi-

info

schen Revolution 1789 begegnet er mit Verschärfung der Zensur. Gleichwohl lässt er Werke von Lessing und Schiller – selbstverständlich in Deutsch – aufführen. Die Salonkultur hat Hochkonjunktur: In den Wohnräumen meist junger, jüdischer Damen treffen sich Intellektuelle, Künstler und Literaten zum Gedankenaustausch – darunter Adelige und Bürgerliche genauso wie Christen und Juden. 1791 wird das Brandenburger Tor eingeweiht – ohne Feier und Parade. Erst später wird es zum nationalen Symbol. Der König selbst ist lebenslustig und triebhaft. Obwohl zweimal verheiratet, gehört seine wahre Liebe der Mätresse Wilhelmine Encke. Außerdem besucht er die zahlreichen Bordelle. Nach dem „Lusthaus-Erlass" von 1795 dürfen Prostituierte nicht mehr auf der Straße arbeiten, sondern ausschließlich in Freudenhäusern, von denen allein in Berlin 54 gezählt werden. Berlin hat 157.000 Einwohner.

Friedrich Wilhelm III., der Scheue, 1797–1840, Traumpaar Friedrich und Luise

Der Nachfolger Friedrich Wilhelms II. empfindet eine tiefe Abneigung gegen die Sittenlosigkeit am Hof seines Vaters. Verheiratet aus echter Liebe, gelten Luise von Mecklenburg-Strelitz und Friedrich Wilhelm III. beim Volk als Traumpaar. Von Natur aus schüchtern und wortkarg scheut der König trotz Französischer Revolution weitreichende Reformen. So besiegt Napoleon 1806 vernichtend die veralteten preußischen Armeen und die königliche Familie flieht nach Königsberg. Der Versuch Luises, Napoleon milde zu stimmen, ist vergeblich, macht sie aber zur Königin der Herzen. Preußen verliert die Hälfte seiner Gebiete und muss hohe Zahlungen leisten.

1809/10 halten endlich die Reformen des Freiherrn vom Stein und Staatskanzler Hardenbergs Einzug: Preußen erhält eine neue Finanz-, Städte- und Bildungsordnung, die Leibeigenschaft der Bauern wird aufgehoben, Gewerbefreiheit wird garantiert und Juden werden fast gleichberechtigt. Scharnhorst und Gneisenau reformieren das Heer und Wilhelm von Humboldt gründet die Friedrich-Wilhelm-Universität (ab 1949 Humboldt-Universität). Nach der Völkerschlacht bei Leipzig 1813 wird Napoleon besiegt und Preußen erhält mit dem Wiener Kongress 1815 seine Territorien wieder zurück.

Während der Obrigkeitsstaat mit seiner reaktionären Politik und Pressezensur die versprochene Verfassung unterdrückt, läuten ab 1816 der Maschinenbau und die Dampfschifffahrt die industrielle Entwicklung ein. Borsig gründet 1837 seine erste Fabrik in der Chausseestraße, 1838 verbindet die erste preußische Eisenbahnlinie Berlin mit Potsdam. Unter dem Einfluss Karl Friedrich Schinkels entsteht ein neues, klassizistisches Stadtbild durch Bauten wie Neue Wache, Altes Museum und Schauspielhaus am Gendarmenmarkt. In Berlin erfolgen große Stadterweiterungen im Norden sowie im heutigen Kreuzberg. 1840 beträgt die Einwohnerzahl über 300.000.

Friedrich Wilhelm IV., der Romantiker auf dem Thron, 1840–58

Als Friedrich Wilhelm IV. die unter seinem Vater verfolgten Demagogen wie Turnvater Ludwig Jahn rehabilitiert, werden liberale Hoffnungen auf wirkliche Reformen geweckt. Bereits als Kronprinz von Kunst und Literatur begeistert, zeigt sich der König jedoch den gewaltigen Herausforderungen der Industrialisierung nicht gewachsen. Während 1844 der schlesische Weberaufstand als erste Proletarierbewegung zur Landflucht nach Berlin führt, flüchtet er in seine romantischen Architekturträume. Zusammen mit Schinkel, Stüler und Persius sowie dem Gartenarchitekten Lenné verwirklicht er die Museumsinsel und die arkadischen Landschaften um Potsdam, beides heute Weltkulturerbe. Unter dem Druck der Märzrevolution 1848 kündigt er eine konstitutionelle Monarchie an. Ab 1850 gilt das ungerechte Dreiklassenwahlrecht, welches erst mit der Novemberrevolution 1918 abgeschafft wird. Da der kinderlose Monarch von Depressionen und Schlaganfällen geplagt wird, übernimmt 1858 sein Bruder die Regierungsgeschäfte.

Friedrich Wilhelm IV.: Reiterstandbild vor der Alten Nationalgalerie

Als neue Wasserstraße wird 1850 der Landwehrkanal eingeweiht. 1856 beginnt man mit dem Bau städtischer Wasserleitungen und dem ersten Wasserwerk. Berlin zählt 500.000 Einwohner und wächst rasant an.

info

1871–1918: Deutsches Kaiserreich, Gründerzeit und Industriemetropole

1871 Berlin wird Hauptstadt des Deutschen Reiches und avanciert somit zum politischen, wirtschaftlichen und kulturellen Zentrum. In der bereits auf 900.000 Einwohner angewachsenen Metropole kommt es nun zu einer wahren Bevölkerungsexplosion. Um die Kernstadt mit großen Banken, Verwaltungsgebäuden und Kaufhäusern wächst ein enormer Ring von Vororten (Moabit, Wedding, Prenzlauer Berg, Friedrichshain, Kreuzberg, Neukölln). Gleichzeitig entsteht am Kurfürstendamm der Neue Westen des Großbürgertums.

1877 Berlin hat über 1 Mio. Einwohner.

ab 1879 Siemens baut die erste E-Lok der Welt. Gründung der Technischen Universität. 1880 gibt es bereits neun Fernbahnhöfe. 1883 gründet Rathenau die AEG. 1884 werden 18 Markthallen eröffnet.

1891 Erste Gleitflüge Otto Lilienthals in Lichterfelde. Im Jahr darauf fährt das erste private Automobil in Berlin und 1898 wird das erste Autorennen durchgeführt.
1894 Das Reichstagsgebäude ist nach zehn Jahren Bauzeit vollendet.
1895 Erste Kinovorführung im Wintergarten.
1898 Gründung der Berliner Sezession durch Max Liebermann.
1902 Erste U- und Hochbahn von Warschauer Brücke bis Knie (Ernst-Reuter-Platz).
1905 Berlins Einwohnerzahl überschreitet die 2-Mio.-Grenze.
1914 Beginn des Ersten Weltkriegs.
1916/17 Hungerwinter und Volksspeisungen. Karl Liebknecht wird als Kriegsgegner verhaftet. Es folgen Massenstreiks in Munitionsfabriken.

info

Deutsche Kaiser

Wilhelm I. und Otto von Bismarck, 1858–88
Wilhelm I. löst seinen erkrankten Bruder auf dem Thron ab – eine Rolle, auf die der 61-jährige nicht vorbereitet ist. Noch war er als verhasster Scharfmacher gegen die Märzrevolution 1848 in Erinnerung. Als die liberale Mehrheit im Abgeordnetenhaus seine geplante Heeresvergrößerung ablehnt, beruft er 1862 den hochbegabten und skrupellosen Otto von Bismarck zum Ministerpräsidenten. Das Parlament ignorierend verfolgt Bismarck zielstrebig die Einigung Deutschlands unter preußischer Führung. Nach siegreichen Kriegen gegen Dänemark, Österreich und Frankreich wird 1871 im Spiegelsaal von Versailles das Deutsche Kaiserreich proklamiert, kurz darauf die Siegessäule gebaut. Wilhelm I. wird Kaiser und Bismarck Reichskanzler. Die Aufhebung der Zollschranken und die Reparationszahlungen Frankreichs führen zu einem rasanten Bau- und Gründungsboom: Fabriken, Bahnhöfe, Bürgerhäuser und riesige Wohnquartiere schießen aus dem Boden.

Während der erzkonservative Bismarck als „Eiserner Kanzler" die deutsche Innen- und Außenpolitik maßgeblich bestimmt, wird Kaiser Wilhelm I. in Zeiten stürmischer Industrialisierung eher als Fels in der Brandung wahrgenommen. Insbesondere nach dem Überleben zweier Attentate genießt er hohe Popularität. Für die immensen städtebaulichen Aufgaben der wachsenden Millionenmetropole Berlin indes hat er kein Gespür.

Wilhelminische Ära unter „S.M." Wilhelm II., 1888–1918
1888 gilt als das „Dreikaiserjahr". Nach dem Tod des 91-jährigen Monarchen Wilhelm I. besteigt der bereits unheilbar an Kehlkopfkrebs erkrankte Sohn Friedrich III. den Thron und stirbt nach 99 Tagen. Dessen Sohn Wilhelm II. übernimmt mit neuem Schwung die Regierung, entlässt wegen politischer Differenzen Reichskanzler Bismarck und hebt das repressive Sozialistengesetz auf. Er begeistert sich für Technik (Autos, Flugzeuge, Schiffe) und fördert die Wissenschaft mit der Gründung der Kaiser-Wilhelm-

Gesellschaft in Dahlem (Max-Planck-Institut). In der Kunst zeigt er sich extrem konservativ und verunglimpft moderne Strömungen wie die Berliner Sezession als „Rinnsteinkunst". In seiner leidvollen Kindheit (verkrüppelter Arm) ewig von den Eltern kritisiert, umgibt sich „S.M." (= Seine Majestät) nun mit devoten Politikern und inszeniert sich selbst mit übersteigertem Nationalismus: „Ich führe euch herrlichen Zeiten entgegen".

Wie sein Großvater zeigt er kein Gespür für das wild wuchernde Berlin mit seinen elenden Massenquartieren, Industriekomplexen und Geschäftspalästen. Einzig der Kirchenbau soll der „Verwahrlosung der Massen" entgegenwirken – und die Monarchie vor einer Arbeiterrevolte schützen. Als Schirmherrin des evangelischen Kirchenbauvereins lässt Kaiserin Auguste Victoria, im Volksmund „Kirchenjuste", ab 1890 über 40 Kirchen in Berlin errichten, darunter die Kaiser-Wilhelm-Gedächtniskirche.

Die fatale Außenpolitik Wilhelms II. verprellt die Großmächte und lässt Deutschland in den Ersten Weltkrieg (1914–18) schlittern. Bald muss er die oberste Heeresleitung an Paul von Hindenburg abtreten und wird zuletzt auch politisch ausgeschaltet. In der Novemberrevolution 1918 wird er zur Abdankung gezwungen und flieht ins niederländische Exil. Damit ist die Herrschaft der Hohenzollern beendet.

1918–33: Weimarer Republik und die „Wilden Zwanziger"

1918 9. November: Rivalisierende Ausrufung der Republik durch Philipp Scheidemann (SPD) und Karl Liebknecht (linke SPD, Spartakusbund). Friedrich Ebert werden die Regierungsgeschäfte übertragen. Ende des Ersten Weltkriegs. Die Novemberrevolution führt zur Abdankung des Kaisers.

1919 15. Januar: Rosa Luxemburg und Karl Liebknecht, Gründer der KPD, werden von Freikorps-Offizieren verschleppt und ermordet.
Verabschiedung der ersten demokratischen Verfassung, die wegen der Revolutionsunruhen in Weimar in Kraft gesetzt wird.
Frieden von Versailles: Deutschland muss hohe Reparationen zahlen.

1920 Entstehung der Einheitsgemeinde Berlin: sieben Großstädte, 59 Gemeinden und 27 Gutsbezirke werden eingemeindet. Auf einen Schlag erhöht sich die Einwohnerzahl auf 3,8 Mio.

ab 1920 In den legendären goldenen 20er-Jahren wird Berlin zum Zentrum für die Avantgarde, Künstler, Freidenker und – Touristen. („Kind, du bist verrückt – du musst nach Berlin!").

1922 Ermordung des Außenministers und AEG-Gründers Walther Rathenau.

1923 Höhepunkt der Inflation: 1 kg Roggenbrot kostet 3,6 Mio. Mark.
Ende der Inflation: 1 Billion Papiermark = 1 Rentenmark.

1924 Eröffnung des Flughafens Tempelhof.

1925 Tod des Reichspräsidenten Friedrich Ebert (SPD), Nachfolger wird General Paul von Hindenburg.
Berlin hat über 4 Mio. Einwohner.

1929 Die Weltwirtschaftskrise erfasst Berlin: Bis 1932 steigt die Arbeitslosigkeit auf 630.000. Erstmals gelangt die NSDAP ins Stadtparlament.

1932 Links- und rechtsradikale Gruppierungen liefern sich gewalttätige Auseinandersetzungen. Auflösung des Parlaments.

1933–45: Nationalsozialismus, Krieg und Kapitulation

1933 Am 30. Januar wird Adolf Hitler Reichskanzler. Mit der Machtübernahme der Nationalsozialisten beginnt sofort die brutale Verfolgung des politischen Gegners, oppositionelle Abgeordnete werden inhaftiert. Die jüdische Bevölkerung wird zunehmend aus dem öffentlichen Leben ausgeschlossen, im April erfolgt der erste organisierte Boykott jüdischer Geschäfte. Am 10. Mai werden auf dem Opernplatz (heute: Bebelplatz) Bücher verbrannt.

1934 Jüdische Unternehmer werden enteignet und der Volksgerichtshof eingerichtet.

1935 „Nürnberger Gesetze“: Alle jüdischen Beamte werden entlassen.

1936 Die XI. Olympischen Sommerspiele im neuen Olympiagelände geraten zu einem Propagandafeldzug gegenüber der Weltöffentlichkeit.

1938 Reichspogromnacht 9./10. November: Synagogen werden zerstört und jüdische Geschäfte geplündert. Von 160.000 Juden in Berlin können bis 1941 ca. 90.000 emigrieren.

1939 Mit dem Überfall auf Polen am 1. September wird Berlin zum Ausgangspunkt des Zweiten Weltkriegs, des größten und schrecklichsten aller Kriege mit über 30 Mio. Toten allein in Europa.

1942 Auf der Wannseekonferenz am 20. Januar wird die Deportation und Ermordung der europäischen Juden organisiert.

1941–45 Deportation von ca. 65.000 Berliner Juden in Konzentrations- und Vernichtungslager. Nach Kriegsende leben noch ca. 6000 Juden in Berlin.

1943 18. Februar: Nach der Niederlage in Stalingrad ruft Goebbels im Sportpalast den „totalen Krieg“ aus. Großflächige anglo-amerikanische Bombardements führen zur Evakuierung von 1 Mio. Menschen. 50.000 verlieren ihr Leben.

1944 20. Juli: Die Gruppe um Graf Schenk von Stauffenberg wird nach dem missglückten Attentat auf Hitler erschossen.

1945 Im April findet die „Schlacht um Berlin“ statt. Am 30. April begeht Adolf Hitler im Bunker der Reichskanzlei Selbstmord, am 2. Mai erobert die Rote Armee Berlin. Am 8. Mai kapituliert die Wehrmacht bedingungslos in Berlin-Karlshorst. Berlin bildet das größte zusammenhängende Ruinengebiet Europas. Die Einwohnerzahl Berlins ist Ende 1945 auf 3 Mio. zurückgegangen.

1945–89: Geteilte Stadt, Kalter Krieg und Berliner Mauer

1945–49: Einrichtung der Sektoren und Luftbrücke

1945 Mit der Aufteilung Deutschlands sowie Berlins durch die Alliierten Siegermächte in vier Besatzungszonen ziehen sich die Westmächte aus Thüringen und Sachsen zurück und rücken dafür in die Westsektoren Berlins ein. Im Potsdamer Cecilienhof findet im Sommer die Konferenz der Siegermächte statt.
Trümmerfrauen räumen auf, Lebensmittel werden rationiert, Wasser und Strom gibt es kaum. Der Tiergarten ist abgeholzt.

1946 Im Ostsektor werden SPD und KPD zur SED zwangsvereinigt, was in den Westsektoren durch Urabstimmung verhindert wird. In der ersten freien Stadtverordnetenwahl unterliegt die SED.

1947 Der Alliierte Kontrollrat erklärt Preußen als staatsrechtlich aufgelöst. Ernst Reuter (SPD) wird Oberbürgermeister Berlins – die Sowjets legen Veto ein. Berlin wird zunehmend zentraler Schauplatz des „Kalten Kriegs" mit unüberwindbaren ideologischen Gegensätzen zwischen der Sowjetunion und den Westmächten.

1948/49 18. Juni: Währungsreform in Westdeutschland, Einführung der Westmark auch in den Berliner Westsektoren. Daraufhin blockieren die Sowjets die Zufahrtswege (Straßen, Schienen, Wasserwege) nach Westberlin. Nun beginnt die spektakuläre anglo-amerikanische Luftbrücke, initiiert von US-General Lucius Clay: Elf Monate lang bis Mai 1949 versorgen insgesamt 280.000 Flüge die Westberliner mit Gütern, Kohlen, Lebensmitteln und einem ganzen Kraftwerk. Am 9. September hält Ernst Reuter seine berühmte Rede: „Völker der Welt! Schaut auf diese Stadt!"
Im Dezember kommt es zur endgültigen Spaltung der Stadtverwaltung: Der West-Magistrat (Senat) zieht ins Rathaus Schöneberg, der Ost-Magistrat bleibt im Roten Rathaus.

Rathaus Schöneberg

1949–89: Zweimal Berlin

	Ost		West
1949	Am 7. Oktober wird die Deutsche Demokratische Republik mit „Berlin als Hauptstadt“ gegründet.	1949	Am 23. Mai wird in der vorläufigen Hauptstadt Bonn das Grundgesetz der Bundesrepublik Deutschland verkündet.
1950	Das Stadtschloss wird als „Symbol des preußischen Feudalismus“ gesprengt. Walter Ulbricht wird Generalsekretär der SED. Der Repressions- und Überwachungsapparat (Stasi) wird aufgebaut.	1954	Neugestaltung der City West rund um Gedächtniskirche und Zoo.
1953	Eine Normerhöhung provoziert am 17. Juni einen Volksaufstand, Ausnahmezustand und blutige Niederschlagung durch sowjetische Panzer sind die Folge. Immer mehr Menschen verlassen die DDR, bis **1961** sind es 3 Mio. Der Weg über Ost- nach Westberlin ist das einfachste Schlupfloch – etwas „muss passieren“.	1956	Der 17. Juni wird zum Feiertag. Im Notaufnahmelager Marienfelde wird der millionste DDR-Flüchtling registriert.
1961	15. Juni: Walter Ulbricht: „Niemand hat die Absicht, eine Mauer zu errichten“. 13. August: Abriegelung der Sektorengrenze und Beginn des Mauerbaus. Es sind keine gegenseitigen Besuche mehr möglich.	1961	16. August: 500.000 Menschen versammeln sich vor dem Rathaus Schöneberg und demonstrieren gegen den Mauerbau. Willy Brandt als Regierender Bürgermeister spricht zu den Menschen.

1961 Nach Provokationen stehen sich im Oktober sowjetische und US-Panzer am Checkpoint Charlie gegenüber. Während die Wirtschaft aus der abwandert und Westberlin als „Bollwerk der Freiheit“ am Subventionstropf hängt, wird Ostberlin zur Hauptstadt der DDR ausgebaut.

	Ost		West
1963	Nikita Chruschtschow verlangt den Abzug der NATO-Truppen aus Westberlin.	1963	John F. Kennedy hält seine berühmte Rede vor dem Rathaus Schöneberg.
		1967	Beginn der Studentenunruhen, Benno Ohnesorg wird erschossen
		1968	Anschlag auf Rudi Dutschke. Großdemos und Zusammenstöße zwischen Polizei und Studenten.
1969	Einweihung des Berliner Fernsehturms und Neugestaltung des Alexanderplatzes.		

1971 Nachfolger von Walter Ulbricht wird Erich Honecker.

1971 Vier-Mächte-Abkommen: Dadurch wird der Transitverkehr durch die DDR erleichtert und Besuche von West nach Ost möglich, teilweise auch umgekehrt.

1972 Im Grundlagenvertrag erkennt die Bundesrepublik die DDR offiziell als Staat an, um die Beziehungen zu erleichtern.

1976 Eröffnung des Palasts der Republik. Baubeginn von Marzahn. Ausbürgerung von Wolf Biermann. Es folgen Proteste, Verhaftungen und Abschiebungen.

ab 1980 Gegen die Sanierungspolitik und den Abriss von Altbauten regt sich starker Widerstand der Hausbesetzerszene (Alternative Liste), was eine Umkehr der Senatspolitik bewirkt.

1989 In elf Bezirken leben 1,2 Mio. Einwohner, Ausländeranteil 2 %.

1989 In zwölf Stadtbezirken leben 2,1 Mio. Einwohner, Ausländeranteil 14 %.

1989: Mauerfall

„Glasnost" und „Perestroika": Der Umbruch in der Sowjetunion und in Osteuropa, die friedlichen Demonstrationen Hunderttausender DDR-Bürger gegen das diktatorische SED-Regime („Wir sind das Volk") bringen die vergreiste DDR-Führung in Bedrängnis. Bürgerrechtler fordern freie Wahlen.

Ehemaliger Grenzübergang Bornholmer Straße: Ausstellung zur Maueröffnung am Platz des 9. November

7. Oktober Während die DDR offiziell den 40. Jahrestag begeht, fordern Demonstranten rund um den Alexanderplatz Reformen und Meinungsfreiheit. Die Proteste werden gewaltsam aufgelöst, es gibt zahlreiche Festnahmen.

18. Oktober Erich Honecker tritt zurück, Egon Krenz wird sein Nachfolger.

4. November November: 500.000 Ostberliner demonstrieren auf dem Alexanderplatz und fordern Demokratie, die DDR-Führung verspricht Reiseerleichterungen.

9. November Die Erklärung des ZK-Sekretärs Günter Schabowski zur neuen Reiseregelung führt zum nächtlichen Massenansturm auf die Berliner Mauer. Die Grenzübergänge werden geöffnet. Regierender Bürgermeister Walter Momper: „Wir Deutschen sind jetzt das glücklichste Volk der Welt".

7. Dezember Der Zentrale Runde Tisch der DDR tagt und beschließt die sofortige Auflösung der verhassten MfS-Behörde (Stasi).

info

Die Berliner Mauer

Die 1961 gemauerte Absperrung der Sektorengrenze war zunächst nur 1,40 m hoch und wurde innerhalb der nachfolgenden Jahre schrittweise verstärkt, bis ab 1975 die Mauer der „Vierten Generation" entstand. Diese war 3,60 m hoch, 107 km lang (Gesamtlänge der teilweise durchs Wasser verlaufenden Grenze: 155 km) und bestand aus 45.000 im Boden verankerten Betonsegmenten mit Rohraufsatz. Heute kann man anhand der doppelreihigen Pflasterlinie an vielen Stellen im Stadtbild den genauen Verlauf der Mauer verfolgen. Auch der **Grenz- bzw. Todesstreifen** dahinter wurde ausgebaut mit Fahrzeugsperren, Postenweg, Signalzaun, Lichttrasse, 300 Wachtürmen, Hundeauslaufzonen und sogenannter Hinterlandmauer. Von 1961 bis 1989 starben unmittelbar an der Mauer mindestens 136 Menschen, hauptsächlich DDR-Flüchtlinge. Im heutigen Stadtgebiet findet man an drei Stellen zusammenhängende **Mauerstücke**: zwischen Potsdamer Platz und Checkpoint Charlie (s. S. 114), an der 1,3 km langen East-Side-Gallery (s. S. 208) und entlang der Bernauer Straße (s. S. 130), wo sich die sehr gut gemachte Gedenkstätte zur Berliner Mauer befindet.

Tipp: Mauerradweg

Der Berliner Mauerradweg ist 160 km lang und folgt in weiten Teilen dem ehemaligen Kontrollweg rund um Westberlin (s. Faltplan). Er ist gut ausgeschildert und mit vielen Infos entlang der Strecke versehen. Dazu gehören auch ehemalige Wachtürme, Kontrollstellen und Gedenkorte von Maueropfern. Wer nicht alles abradeln möchte, sucht sich einen Abschnitt heraus (gut mit der S-Bahn erreichbar). Die wohl interessanteste Strecke führt beginnend am S-Bahnhof Treptow/Kreuzberg mitten durch die Stadt bis zum S-Bahnhof Bornholmer Straße.

1989–2012:
Wende, Wiedervereinigung, Neue Metropole

1990 15. Januar: Die Stasi-Zentrale in Lichtenberg wird gestürmt.
18. März: Erste und einzige freie Wahl der Volkskammer in der DDR.
23. August: Beschluss der Volkskammer zum Beitritt der DDR zur Bundesrepublik.
12. September: Unterzeichnung des 2+4-Vertrags; Deutschland erhält volle Souveränität und der Vier-Mächte-Status Berlins ist beendet.
3. Oktober: Staatsakt in Berlin zur Vereinigung Deutschlands.
2. Dezember: die Wahl zum Berliner Abgeordnetenhaus führt zu einer Großen Koalition (CDU/SPD), in der gleichzeitigen Wahl zum Deutschen Bundestag wird Bundeskanzler Helmut Kohls (CDU) schwarzgelbe Koalition bestätigt.

1991 20. Juni: Hauptstadtdebatte in Bonn; Berlin wird Sitz von Regierung und Parlament.

1994 Die vier ehemaligen Siegermächte verabschieden sich feierlich von Berlin.

1996/97 Am Potsdamer Platz werden Großprojekte von Debis und Sony gebaut sowie ein neues Geschäftszentrum rund um die Friedrichstraße.

ab 1999 Der Deutsche Bundestag zieht in das umgebaute Reichstagsgebäude. Es folgt der Umzug der Bundesbehörden von Bonn nach Berlin. Viele Nationen errichten neue Botschaftsbauten, die Bundesländer ihre Vertretungen.
Die Loveparade zieht als Massenspektakel ca. 1,5 Mio. Besucher rund um die Siegessäule an.

2001 1. Januar: Berliner Bezirksreform; 23 Bezirke werden zu zwölf Großbezirken zusammengefasst.
2. Mai: Gerhard Schröder bezieht das neue Bundeskanzleramt.

ab 2002 Ablösung des Regierenden Bürgermeisters Eberhard Diepgen (CDU) durch Klaus Wowereit (SPD) im Rahmen einer rot-roten Koalition.

2005 10. Mai: Das zentrale Denkmal für die ermordeten Juden wird eingeweiht.

2006 26. Mai: Eröffnung des Berliner Hauptbahnhofs. Die Fussball-WM in Berlin entwickelt sich aufgrund der fröhlichen Fanfeste zum „Sommermärchen".
5. Dezember: Eisbärbaby Knut verzaubert nicht nur die Berliner.

2008 Der Palast der Republik ist abgerissen. Franco Stella soll das Stadtschloss als Humboldtforum ab 2014 wiederaufbauen.
Schließung Flughafen Tempelhof, das Flugfeld wird für die Öffentlichkeit geöffnet.

2011 Wahl zum Berliner Abgeordnetenhaus: Klaus Wowereit wird zum dritten Mal bestätigt, Bildung einer Koalition aus SPD und CDU. Erstmals „entern" die Piraten das Parlament.

2012 In Berlin leben 3,5 Mio. Einwohner, im Umland rund 1 Mio.

2013 Voraussichtliche Eröffnung des Flughafens BER Willy-Brandt in Schönefeld im Oktober. Der bisherige Flughafen Tegel wird geschlossen.

Kunst und Kultur

Museen und Gedenkstätten

Mit etwa 180 Museen bietet Berlin eine schier unübersehbare und äußerst vielfältige Museumslandschaft. Über sämtliche Museen und laufende Ausstellungen informieren mit einem umfassenden Besucherservice:

www.museumsportal-berlin.de sowie www.berlin.de/orte/museum, Info-☏ 24749888, Mo–Fr 9–16, Sa/So 9–13 Uhr.

Die Museumsquartiere

Sie gehören zu den Staatlichen Museen zu Berlin und werden von der Stiftung Preußischer Kulturbesitz getragen (www.smb.museum).
Museumsinsel: 6000 Jahre Menschheitgeschichte in der preußischen Akropolis (s. S. 100).
Kulturforum am Potsdamer Platz: Meisterwerke Europäischer Maler und Klassische Moderne (s. S. 115).
Rund um das Schloss Charlottenburg: königliche Pracht und exquisite Privatsammlungen (s. S. 161).
Museen Dahlem: Kunst und Kulturen in außergewöhnlicher Vielfalt (s. S. 288).
Hamburger Bahnhof: Zeitgenössische Kunst (s. S. 130).

Herausragende Museen

Berlinische Galerie: Landesmuseum für Moderne Kunst, Fotografie und Architektur in einer ehemaligen Industriehalle, Sammlung der Berliner Kunst seit 1870 bis heute, insbesondere Dada, Neue Sachlichkeit und osteuropäische Avantgarde *(Alte Jakobstr. 124–128, Karte S. 181, 10969 Berlin, ☏ 78902600, www.berlinischegalerie.de, Mi–Mo 10–18 Uhr, 8 €, auch Café und Shop).*
Deutsches Historisches Museum: Deutsche Geschichte und einzigartige Objekte (s. S. 101).
Deutsches Technikmuseum: Technik, Verkehr und Experimente (s. S. 184).
Jüdisches Museum: 2000 Jahre deutsch-jüdische Geschichte in spektakulärer Architektur (s. S. 183).
Märkisches Museum/Stadtmuseum Berlin: Großes Kultur- und Geschichtsmuseum *(Am Köllnischen Park 5, Karte S. 97, 10179 Berlin, ☏ 24002162, www.stadtmuseum.de, Di–So 10–18 Uhr, 5 €).*
Museum für Fotografie Helmut Newton: im ehemaligen Landwehrkasino am Bahnhof Zoo, berühmte Mode- und Portraitfotos und Objekte aus seinem Leben; Geschichte der Fotografie und zeitgenössische Fotografen *(Jebensstr. 2, Karte S. 131, 10623 Berlin, ☏ 31864825, www.smb.museum, Di–So 10–18 Uhr, 8 €).*
Museum für Kommunikation: Roboter und Briefmarken (s. S. 115).
Museum für Naturkunde: Jurassic-Park und Großvitrinen (s. S. 128).

Spezialmuseen (Auswahl)

Alliiertenmuseum: Exponate zur Geschichte der Westmächte in Berlin am Sitz des ehemaligen US-Oberkommandos in Dahlem *(Clayallee 135, Karte S. 286, 14195 Berlin, ☎ 8181990, www.alliiertenmuseum.de, Do–Di 10–18 Uhr, Eintritt frei)*
Bauhaus-Archiv: Museum für Gestaltung, Geschichte und Wirkung der wichtigsten Designerschule des 20. Jh., umfangreiche Sammlung (Architektur, Möbel, Keramik, Fotografie) sowie Designerstücke *(Klingelhöferstr. 14, Karte S. 138, 10785 Berlin, ☎ 2540020, www.bauhaus.de, Mi–Mo 10–17 Uhr, 6–7 €, Café und Verkauf).*
Berliner Medizinhistorisches Museum: in der Charité (s. S. 129).
Berliner Unterwelten-Museum: Spannende Führungen durch Bunker, Geisterbahnhöfe und Brauereikeller *(Brunnenstraße 105, 13355 Berlin, ☎ 499105-17, berliner-unterwelten.de, Führungszeiten unregelmäßig, ab 6 €).*
Brücke-Museum (s. S. 293).
Buchstabenmuseum: weltweit einziger Ort zur Bewahrung liebgewonnener Schriftzüge *(Karl-Liebknecht-Str. 13, im Berlin-Carré, 10178 Berlin, ☎ 0177-4201587, www.buchstabenmuseum.de, Do–Sa 13–15 Uhr, 2,50 €).*
Computerspiele-Museum: im Café Warschau (s. S. 207).
Currywurst-Museum (s. S. 60).
DDR-Museum: lebendige Reise in die sozialistische Vergangenheit, Platz nehmen im Trabi oder Plattenbauwohnzimmer, viel Interaktion *(Karl-Liebknecht-Str. 1, Karte S. 96,10178 Berlin, ☎ 847123731, www.ddr-museum.de, tgl. 10–20 Uhr, 6 €).*
Gaslaternen-Freilichtmuseum (s. S. 142).
Georg-Kolbe-Museum (s. S. 177).
Gründerzeitmuseum: im Gutshaus Mahlsdorf (s. S. 248).
Jagdschloss Grunewald (s. S. 293).
KPM-Welt: Entwicklung der Königlichen Porzellan Manufaktur in ehemaligen Fabrikbauten mit Ringkammerofen, Prunkservice-Tafel und Blick in die Werkstätten, Verkauf und Café *(Wegelystr. 1, Karte S. 138, 10623 Berlin, ☎ 390090, www.kpm-store.com, Mo–Sa 10–18 Uhr, 10 €).*
Liebermann-Villa: am Wannsee (s. S. 294).
Luftwaffenmuseum der Bundeswehr: auf dem ehemaligen Militärflugplatz der Briten in Gatow, Geschichte der deutschen Luftwaffe seit 1884, über 60 Flugzeuge auf weitläufigem Gelände sowie Filme und Sonderobjekte in zwei Hangars und im Tower *(Am Flugplatz Gatow 33, Karte S. 290, 14089 Berlin, ☎ 36872601, www.mhmbw.de, Di–So 9/10–16/18 Uhr, Eintritt frei).*
Museum Blindenwerkstatt Otto Weidt (s. S. 124).
Museumswohnung WBS 70: In dieser 3-Raum-Plattenbauwohnung mit authentischer Einrichtung fühlt man sich in DDR-Zeiten zurückversetzt *(Hellersdorfer Str. 179, 12627 Berlin, ☎ 16114440, www.stadtundland.de/33_Museumswohnung.htm, So 14–16 Uhr und nach Absprache, Eintritt frei).*
Musikinstrumentenmuseum (s. S. 115).
Schloss Schönhausen (s. S. 232).
Schwules Museum (s. S. 179).
Stadtmodell Berlin (s. S. 49).
Zucker-Museum: Geschichte des Rüben- und Rohrzuckers mit zahlreichen Objekten *(☎ 31427574, www.sdtb.de/Zucker-Museum, Umzug ins Deutsche Technikmuseum in Kreuzberg geplant, s. S. 184, Wiedereröffnung voraussichtlich 2014).*

Gedenkstätten

Nirgendwo in der Bundesrepublik gibt es eine solche Fülle an Gedenkstätten sowie zeithistorischen Museen, die an die jüngere deutsche Geschichte, insbesondere an die nationalsozialistische Terrorherrschaft, erinnern. Ferner beleuchten zahlreiche Originalschauplätze das Unrecht des DDR-Regimes. Die **authentischen Orte** lassen Geschichte eindrucksvoll nachempfinden und ermöglichen es den Besuchern, sich den Menschen nahe zu fühlen, die so viel Leid erfahren haben.

Authentische Orte

Nationalsozialismus

Von Berlin aus, der Hauptstadt des „Dritten Reiches", wurde der nationalsozialistische Terror geplant, organisiert und gesteuert. Hier finden sich Orte des Machtapparates, der Verfolgung und des Widerstands, dazu gehören z. B.:
Topographie des Terrors (s. S. 113).
Denkmal für die ermordeten Juden Europas (s. S. 111).
Stille Helden (s. S. 119).
Mahnmal Fabrikaktion in der Rosenstraße *(zwischen Hackescher Markt und Marienkirche).*

Meer aus Stelen – Denkmal für die ermordeten Juden Europas

Stolpersteine (s. S. 121).
Orte des Erinnerns im Bayerischen Viertel (s. S. 276).
Gleis 17 am S-Bahnhof Grunewald (s. S. 176).
Villa der Wannseekonferenz (s. S. 295).
Gedenkstätte Deutscher Widerstand (s. S. 137).
Denkzeichen Murellenschlucht (s. S. 176).

DDR-Unrecht

Gedenkstätte Berliner Mauer in der Bernauer Straße (s. S. 130).
Wachturm Günter Litfin (s. S. 129).
Ministerium für Staatssicherheit: Stasi-Museum in Lichtenberg (s. S. 242), Stasi-Gefängnis in Hohenschönhausen (s. S. 240) und Ausstellung zur DDR-Staatssicherheit in Mitte (s. S. 115).

Galerien

Seit der Wiedervereinigung ist Berlin eine der Topadressen für zeitgenössische Kunst und mittlerweile sogar Europas größter Galerienstandort. Unter den über 600 Galerien gibt es wenige große und sehr viele kleine. Aufgrund der hohen Künstlerdichte in der Hauptstadt herrscht ein hohes kreatives Potential und in der Kunstwelt gilt Berlin als **Trendsetter der Avantgarde**. Wer sich in den einschlägigen Gegenden aufhält (s. u.), hat am Abend die realistische Chance, einer Vernissage beizuwohnen – und den dazu gereichten Sekt nebst Häppchen genießen zu können. Über laufende Ausstellungen oder Eröffnungen informieren: www.kunst-magazin.de und www.art-in-berlin.de.

Vielfalt an Galerien

Die höchste Dichte an Galerien findet man in **Mitte** im Bereich August-, Linien- und Torstraße, aber auch in benachbarten Straßen wie Rosenthaler- oder Brunnenstraße. Eine erhöhte Anzahl an Galerien ist in den Szenebezirken **Prenzlauer Berg**, **Friedrichshain** und **Kreuzberg** zu verzeichnen – sogar in der Pflügerstraße in **Neukölln** (Kreuzkölln) entstand eine kleine Galerienmeile aus sogenannten Kunsträumen. Auch im ehemaligen Galerienzentrum in der **City West** rund um den Savignyplatz, Kantstraße, Bleibtreu- und Fasanenstraße wimmelt es von Kunstgalerien. Weitere Galerienansammlungen liegen in der Nähe des **Hauptbahnhofs** rund ums Museum Hamburger Bahnhof/ Heidestraße sowie neuerdings südlich vom Kulturforum rund um das ehemalige **Verlagshaus des Tagesspiegels** in der Potsdamer Straße 77.

Literatur

Das literarische Leben in Berlin ist äußerst bemerkenswert. Die Palette berühmter Autoren reicht von Theodor Fontane über Alfred Döblin, Bertold Brecht und Christa Wolf bis zu Wladimir Kaminer oder Herta Müller, der Trägerin des Literaturnobelpreises von 2009. Derzeit leben hier Hunderte von Literaten – dabei ist die etablierte Szene ebenso vertreten wie der Undergroundpoet. Entsprechend breit gefächert ist das Angebot an literarischen Veranstaltungen in Literaturhäu-

Lese-Orte

Das **Literaturhaus in der Fasanenstraße** befindet sich in einer schönen Villa nahe dem Kurfürstendamm mit der Buchhandlung Kohlhaas & Company im Souterrain. Idealer Treffpunkt vor oder nach der Lesung ist das Café Wintergarten im gleichen Haus *(Fasanenstr. 23, 10719 Berlin, ☏ 8872860, www.literaturhaus-berlin.de).*

Das **Literaturforum im Brecht-Haus** bietet eine breite Palette an Veranstaltungen rund um Bertold Brecht, u. a. literarisch-musikalische Abende oder die internationalen Brecht-Tage. Neben Archiv und Gedenkstätte beherbergt das brechtsche Wohnhaus ein Kellerrestaurant und eine Buchhandlung *(Chausseestr. 125, 10115 Berlin, ☏ 2822003, www.lfbrecht.de, s. auch S. 127).*

Die in der Kulturbrauerei im Prenzlauer Berg angesiedelte **Literatur-WERKstatt Berlin** hat sich auf zeitgenössische Literatur spezialisiert und veranstaltet u. a. Publikumsgespräche, Kolloquien und öffentliche Lesewettbewerbe *(Knaackstr. 97, 10435 Berlin, ☏ 4852450, www.literaturwerkstatt.org).*

Im **Literarischen Colloquium Berlin**, idyllisch am Wannseeufer in einer Villa von 1885 gelegen, leben junge Autoren-Stipendiaten. Neben zahlreichen Lesungen werden hier der Berliner Literaturpreis, der Lyrik-Debütpreis und der Alfred-Döblin-Preis vergeben *(Am Sandwerder 5, 14109 Berlin, ☏ 8169960, www.lcb.de).*

Die **Lesebühne Chaussee der Enthusiasten** ist im RAW-Tempel beheimatet, einem ehemaligen Bahnausbesserungswerk in Friedrichshain. Begeistert jubeln hier jeden Donnerstagabend 300 bis 400 Besucher den „schönsten Schriftstellern Berlins" zu *(Stenzerhalle, Revaler Str. 99, 10245 Berlin, www.enthusiasten.de).*

In der **Reformbühne Heim und Welt** im Kaffee Burger begeistern die Surfpoeten jeden Sonntag „nach der Tagesschau" das Publikum, indem sie aktuelle politische Themen auf ironisch-kritische Weise beleuchten *(Torstr. 60, 10119 Berlin, ☏ 28046495, www.reformbuehne.de).*

sern, Salons und Kneipen. Neben klassischen Lesungen kann man sogenannte Lesebühnen besuchen, auf denen aktuelle Themen in unkonventioneller Weise – oft humorvoll-ironisch vor jubelndem jungem Publikum – vorgetragen werden. **Aktuelle Literaturveranstaltungen**: *www.berlin.de/tickets/literatur.*

Theater, Oper, Klassik

Als eine der weltweit größten Kulturmetropolen verfügt Berlin über eine Theaterszene wie keine andere deutsche Stadt. Viele große **Berliner Sprechtheater** wie das Berliner Ensemble, die Volksbühne, die Schaubühne oder das Hebbeltheater sind in die Theatergeschichte eingegangen. Das Ensemble des Deutschen Theaters gilt als eines der besten in Deutschland.

Drei Opernhäuser

Mehr Oper gibt es in keiner anderen Stadt der Welt! Gleich **drei Opernhäuser** gewährleisten ein einzigartiges Repertoire in hervorragender Qualität: die traditionsreiche Staatsoper Unter den Linden (wegen Renovierung bis 2015 im Schillertheater auf der Bismarckstraße) mit Daniel Barenboim als Generalmusikdirektor der Staatskapelle, die Deutsche Oper in Charlottenburg als modernes und größtes Haus für den puren Operngenuss sowie die lebendige, für den Opernneuling geeignete Komische Oper.

Acht große Sinfonieorchester, darunter die weltberühmten Berliner Philharmoniker unter derzeitiger Leitung von Sir Simon Rattle, zeigen auf höchstem Niveau ihr musikalisches Können. **Chöre** der Spitzenklasse sind z. B. der RIAS Kammerchor und der Rundfunkchor Berlin. Liebhaber des **Tanzes** finden ein reichhaltiges Angebot vom klassischen Ballett wie dem Staatsballett Berlin, der größten Tanzcompagnie Deutschlands unter Leitung von Vladimir Malakhov, bis zum modernen Tanztheater von Sasha Waltz.

Spannende Kleinkunst

Gerade in den zahlreichen **Freien Theatern** und **Kleinkunstbühnen** lassen sich spannende Entdeckungen machen, wie im Theater 89 für neue Dramatiker, im politischen Theater Zerbrochenes Fenster oder im Ballhaus Naunynstraße mit Integrationsthemen. In den Sophiensälen werden experimentelle Tanz-, Theater- und Musikproduktionen gegeben. Die naturgegebene Respektlosigkeit der Berliner gegenüber der Obrigkeit ließen **Kabarett- und Comedybühnen** entstehen. Traditionsreich sind z. B. die Distel, der „Stachel am Regierungssitz", und die satirisch-comedyhaften Wühlmäuse mit dem Berliner Kabarett-Theater.

Revue, Varieté- und Showtheater sind in Berlin spätestens seit den Goldenen Zwanzigern legendär: im riesigen Friedrichstadtpalast mit der „längsten Girlreihe der Welt" oder im Chamäleon in den Hackeschen Höfen mit Akrobatik und Slapstick. Im Admiralspalast, dem legendären Vergnügungstempel der 1920er-Jahre, können wieder Theatershows, Musicals, Konzerte und Partys erlebt werden. Nicht zuletzt bilden die großen **Musicaltheater** Besuchermagneten, wie das traditionsreiche, auch „Zuckerdose" genannte Theater des Westens oder das moderne Theater am Potsdamer Platz. Die kleine Neuköllner Oper bietet ein spannendes Musikprogramm von Barockoper über Musical bis zu experimentellem Musiktheater.

Theaterinfos

Einen guten **Überblick über die Theaterlandschaft** bieten folgende Websites: www.tg-berlin.de, www.berlin-buehnen.de und www.oper-in-berlin.de.
Aktuelle Infos zu Veranstaltungen gibt es unter: www.berlin.de und www.visitberlin.de, Karten bei: www.eventim.de und www.hekticket.de. So gut wie alle Veranstaltungen der Stadt findet man in den Stadtmagazinen Zitty (www.zitty.de) und und Tip (www.tip-berlin.de).
Adressen der Spielstätten: ab S. 70

Festivals und Events

Die ganze Welt in Berlin

Die ganze Welt kommt irgendwann mal in Berlin vorbei – oder ist schon da. Von Techno bis Soul, von Heavy Metal bis Trance, von Hip Hop bis Jazz, sind in der lebendigen Musikszene Berlins sämtliche Richtungen vertreten. Viele Weltstars treten in Berlins großen Hallen und Arenen auf, dazu gehören die O2 World, die C-Halle am ehemaligen Flughafen Tempelhof oder die Arena an der Spree. Auch auf kleineren Bühnen finden großartige Konzerte statt, ebenso in zahlreichen Musiklokalen, z. B. in den Jazzkneipen Quasimodo oder A-Trane (beide s. S. 156).

info

Die wichtigsten Veranstaltungen und Events

Januar

Berliner Neujahrslauf: am 1. Januar ab Brandenburger Tor, Länge: 4 km, Teilnahme kostenlos (www.berliner-neujahrslauf.de).
Tanztage Berlin: internationales Festival zeitgenössischen Tanzes in den Sophiensälen (www.tanztage.de).
Grüne Woche: Schlemmen bei der weltgrößten Messe für Ernährung, Landwirtschaft, Gartenbau auf dem Messegelände (www.gruenewoche.de).
Berliner Sechstagerennen: seit 1909 renommiertes Radsport-Event mit Wettkämpfen und Showprogramm im Velodrom Landsberger Allee (www.sechstagerennen-berlin.de).
Fashion Week Berlin: mit mehreren Modemessen, u. a. die Bread & Butter im Flughafen Tempelhof (nur Fachbesucher), vielen Showrooms und öffentlichen Veranstaltungen (auch im Juli, www.fashion-week-berlin.com).
Lange Nacht der Museen: Konzerte, Theater, Lesungen und Kulinarisches in vielen Museen, Kombiticket auch für Shuttlebusse gültig (auch im August, www.lange-nacht-der-museen.de).

Februar

Berlinale International Film Festival: eines der wichtigsten Filmfestivals, Hauptevents finden am Potsdamer Platz statt, aber die Filme werden zehn Tage lang in der ganzen Stadt gezeigt (www.berlinale.de).

info

März

ITB: weltgrößte Touristik- und Reisemesse auf dem Berliner Messegelände, Fach- und Publikumsmesse (www.itb-berlin.de).
MaerzMusik: wichtigstes deutsches Festival für zeitgenössische Musik an verschiedenen Aufführungsorten (www.berlinerfestspiele.de).

April

Lange Nacht der Opern und Theater: auf über 20 Bühnen finden bis in die Nacht kurze Aufführungen statt. Für Kinder gibt es ein spezielles Programm. Es verkehren Shuttle-Busse (www.kulturprojekte-berlin.de).
Halbmarathon: Infos und Anmeldung unter www.scc-events.com.
Festtage in Philharmonie und Staatsoper: mit Opern- und Konzertprogramm der Spitzenklasse in Philharmonie und Staatsoper (www.staats oper-berlin.de).

Mai

1. Mai: friedlich buntes „Myfest" in der Kreuzberger Oranienstraße mit Konzerten auf mehreren Bühnen und kulinarischen Angeboten der Anwohner (www.myfest36.de).
Theatertreffen: Festival mit einer Auswahl aktueller deutschsprachiger Theaterproduktionen im Haus der Berliner Festspiele (www.berlinerfestspiele.de).
DFB-Pokalfinale: im Olympiastadion (www.dfb.de).
Karneval der Kulturen: viertägiges, äußerst buntes Straßenfest in Kreuzberg, Höhepunkt ist der große Straßenumzug, zudem gibt es einen Kinderkarneval (www.karneval-berlin.de).

Karneval der Kulturen

Juni

Lange Nacht der Wissenschaften: rund 65 wissenschaftliche Einrichtungen und ausgefallene Orte öffnen ihre Türen oder bieten Programme (www.langenacht derwissenschaften.de).
48 Stunden Neukölln: Kunst- und Kulturfestival im Norden Neuköllns (www.48-stunden-neukoelln.de).
Fête de la Musique: zum Sommeranfang am 21. Juni spielen Open Air und bei freiem Eintritt 700 Bands auf 80 Bühnen im gesamten Stadtgebiet (www.fetedelamusique.de).
CSD Parade: Berliner Christopher Street Day mit großer Parade durch die Innenstadt bis zur Siegessäule im Tiergarten (www.csd-berlin.de).

info

Juli

Berlin Summer Rave: in den Hangars vom Flughafen Tempelhof (www.berlin-summer-rave.de).
Classic Open Air: Klassikfestival am Gendarmenmarkt (www.classicopenair.de).
Fashion Week Berlin: s. o. Januar.

August

Tanz im August: weltweit bedeutendes Tanzfestivals (www.tanzimaugust.de).
Lange Nacht der Museen: s. o. Januar.
Internationales Berliner Bierfestival: 300 Brauereien aus 86 Ländern verwandeln die Karl-Marx-Allee in eine 2 km lange Biermeile (www.bierfestival-berlin.de).
Historiale: Geschichtsfestival mit Kulturprogramm und Stadtführungen. Das Publikum soll historische Epochen live erleben (www.historiale.de).

September

ISTAF: das berühmteste deutsche Leichtathletik-Meeting im Berliner Oympiastadion (www.istaf.de).
Berlin Music Week: Musikfestival, Konzerte und Events an vielen Orten und Clubs in der Stadt, Open-Air-Veranstaltungen am ehemaligen Flughafen Tempelhof (www.berlin-music-week.de).
Pyronale: internationaler Feuerwerkswettbewerb am Olympiastadion (www.pyronale.de).
Internationales Literaturfestival Berlin: Lesungen, Autorengespräche (www.literaturfestival.com).
Berlin Marathon: größter deutscher Marathon, auch für Rollstuhlfahrer und Inlineskater, Minimarathon für Kinder. Tipp: Auto stehen lassen (www.bmw-berlin-marathon.com).
Internationale Funkausstellung: Neuheiten und Highlights aus der Welt der Technik (ifa-berlin.de).
Berlin Musikfest: Musikfestival, Konzerte und Veranstaltungen an vielen Orten in der Stadt (www.berlinerfestspiele.de).

Oktober

Festival of Lights: fantasievolle Illuminationen von Berliner Wahrzeichen (festival-of-lights.de).

November

JazzFest Berlin: Jazzkonzerte im Haus der Berliner Festspiele und auf anderen Jazzbühnen (www.berlinerfestspiele.de).

Dezember

Über 60 **Weihnachtsmärkte** (s. S. 57 und www.berlin.de).
Silvester: Party entlang der 2 km langen Festmeile im Tiergarten (www.berlin.de).

Stadtentwicklung und Architektur

Verglichen mit anderen großen Hauptstädten Europas ist Berlin ein junger Emporkömmling, hier siedelten keine Römer, hier wurden keine gotischen Kathedralen geschaffen. Wer griechische Tempel oder eine florentinische Basilika sehen möchte, geht ins Pergamon- oder ins Bode-Museum. Während vom mittelalterlichen Kern Berlins nur wenig übrig ist, hinterließen die preußischen Könige seit der **Stadterweiterung** des Großen Kurfürsten im 17. Jh. beachtliche barocke Baukunstwerke. Aber erst der Architekt **Karl Friedrich Schinkel** schuf im Zeitalter des Klassizismus eine Architektur von europäischer Ausstrahlung in Berlin. Die im 19. Jh. einsetzende wirtschaftliche Dynamik machte aus der königlichen Residenz eine **europäische Metropole**. Alleine von 1860 bis 1905 vervierfachte sich die Einwohnerzahl auf 2 Mio. Um die historische Innenstadt entstand ein gewaltiger Ring von Mietshausquartieren und riesigen Fabrikarealen, während es das Bürgertum in den Westen zog. Befreit von der politisch-kulturellen Enge der wilhelminischen Kaiserzeit probierte sich die **Architektenavantgarde** in den 1920er-Jahren mit experimentellen Stilen aus. Gleichzeitig entstanden als städtebaulich-soziale Antwort auf die elenden Wohnverhältnisse in den Arbeiterquartieren die Siedlungen der Moderne.

Junge europäische Metropole

Nach zwölf Jahren Nazi-Herrschaft hinterließ der Zweite Weltkrieg Berlin als größtes zusammenhängendes Ruinengebiet Europas. Der Wiederaufbau folgte unterschiedlichen Leitbildern – im Westen dem Prinzip der Moderne, im Osten dem Vorbild der Sowjetunion. Der Bau der **Berliner Mauer** wirkte sich brutal wie kein anderes Bauwerk auf die weitere Stadtentwicklung aus. Erst ab den 1980er-Jahren ging von Westberlin mit der Internationalen Bauausstellung IBA 87 ein neuer städtebaulicher Impuls aus. Der mit dem Fall der Mauer einsetzende rasante **Bauboom** machte Berlin zu einem Mekka der modernen Architektur. Und auch die Zukunft bleibt spannend.

Mittelalterliche Kaufmannssiedlung

An einem günstigen Spreeübergang zwischen den damals größeren Städten Spandau und Köpenick hatte sich im 13. Jh. das Doppelstädtchen Berlin-Cölln angesiedelt. Bis ins 17. Jh. hinein entstand hier kaum überregional bedeutsame Architektur. Keimzelle Berlins war das **Nikolaiviertel**, welches im Zweiten Weltkrieg nahezu komplett zerstört und 1987 von der DDR als eine Art Altstadt neu erschaffen wurde. Die **Nikolaikirche** und die freistehende **Marienkirche** aus dem 13. Jh. gelten als die ältesten Sakralbauten Berlins. Weitere mittelalterliche Reste sind die Klosterruine der Franziskaner und dahinter sogar ein Stückchen alte Stadtmauer. Ganz unvermutet trifft man aber im Berliner Raum auf zahlreiche gut erhaltene Dorfanlagen, wie **Rixdorf** oder **Lübars**. Die älteste Dorfkirche übrigens steht in **Marienfelde** und stammt aus dem Jahre 1220.

Viele alte Dorfkerne

Von der Renaissance kündet im alten Berlin einzig und allein das **Ribbeckhaus** in der Breiten Straße Nr .35, südlich vom Schlossplatz. Weiter außerhalb bei Spandau liegt jedoch eine der am besten erhaltenen Renaissance-Festungsanlagen, die **Zitadelle** von 1560 (s. S. 303).

Barocke Residenzstadt Berlin

Barocke Blütephase

Unter dem Großen Kurfürsten wurde ab 1648 eine **Festung** mit 14 Bastionen um die erweiterte Doppelstadt errichtet. Reste davon findet man am Köllnischen Park. Gleichzeitig ließ Friedrich Wilhelm im Westen der Stadt eine Lindenreihe angelegen, die bis zum Jagdrevier im **Tiergarten** führte. Nördlich und südlich davon entstanden die barocken Stadterweiterungen der **Dorotheen-** und **Friedrichstadt**, deren schachbrettartiges Straßenraster gut nachvollzogen werden kann (Parallelen zu Unter den Linden oder Friedrichstraße). Als königliche Residenz erlebte Berlin ab 1701 eine barocke Blütephase: Andreas Schlüter baute das kurfürstliche Schloss zu einem **königlichen Palast** aus und errichtete das **Zeughaus**. Weitere prächtige Barockbauten sind das damalige **Kammergericht** (Jüdisches Museum) und das weiter westlich gelegene **Schloss Charlottenburg**.

Deutscher Dom am Gendarmenmarkt

Ab 1734 ließ der Soldatenkönig zur Erweiterung der Stadtfläche eine **Zollmauer** mit 14 Stadttoren errichten. Dazu gehörte auch der Vorgängerbau des Brandenburger Tors. An die anderen Tore erinnern heute Plätze oder U-Bahn-Stationen wie Hallesches Tor, Schlesisches Tor, Oranienburger Tor. In der Friedrichstadt wurden drei neue Plätze geschaffen: **Quarree** mit vier Ecken (Pariser Platz), **Octogon** mit acht Ecken (Leipziger Platz) und **Rondell** (Mehringplatz). Außerhalb des Stadtgebiets wurden Exerzierplätze angelegt – einer davon wurde später zum **Flughafen Tempelhof** ausgebaut. Der einzig erhaltene Barockturm im alten Berlin gehört zur **Sophienkirche**, in der Spandauer Vorstadt gelegen zwischen malerischen alten Straßenzügen.

Wenzelslaus von Knobelsdorff setzte Mitte des 18. Jh. das Staatsverständnis Friedrichs des Großen baulich mit dem **Forum Fridericianum** um. Rund um den **Opernplatz** (Bebelplatz) entstanden die spätbarocke Staatsoper, Königliche Bibliothek und Hedwigskathedrale. In Potsdam baute Knobelsdorff auf einem künstlichen Weinberg das Rokokoschloss **Sanssouci**. Die beiden Kuppelbauten neben den Kirchen am **Gendarmenmarkt** ließen einen der schönsten Plätze der Stadt entstehen.

Klassizismus und erste Welle der Gründerzeit

Die erstarkte freiheitliche Bürgergesellschaft fand trotz rückständiger Politik ihr architektonisches Ideal in der griechischen Antike, bestens ausgedrückt mit dem Neubau des **Brandenburger Tors**. Bereits 1786 wurde mit dem **Schloss Bellevue** (s. S. 140) das erste königliche Schloss im klassizistischen Stil für den jüngeren Bruder Friedrichs II. im Tiergarten errichtet. Kein anderer Architekt prägte das klassizistische Berlin wie **Karl Friedrich Schinkel** (1781–1841). Seine ungeheure schöpferische Kraft und seine Vielseitigkeit auch als Maler, Bühnenbildner und Designer ließen ihn zum universalen Künstler, ja zum besten deutschen Architekten des 19. Jh. werden. Sein Credo lautet: „Überall ist man nur da wahrhaft lebendig, wo man Neues schafft." Als Leiter des preußischen Staatsbauamts greift er oft in die Gestaltung größerer Bauvorhaben vom Rheinland bis Ostpreußen ein. Seine Hauptwerke sind das Alte Museum, die Neue Wache und das Schauspielhaus am Gendarmenmarkt. Auch neugotische Bauten wie die Friedrichwerdersche Kirche oder das Kreuzbergdenkmal stammen von ihm. Die würfelförmige rote Bauakademie gilt als wegweisend für spätere moderne Rasterbauten. Überall in Berlin trifft man auf Kirchen, kommunale Bauten oder Wohnhäuser, die von ihm oder seinen Schülern Stüler, Persius und Strack stammen.

Größter preußischer Baumeister

Gefördert vom „romantischen König" Wilhelm IV., entstand hinter dem Alten Museum das preußische „Spree-Athen" – das UNESCO-Weltkulturerbe **Museumsinsel**. Zusammen mit Architekten der Schinkelschule schuf der Landschaftsarchitekt **Lenné** eine einzigartige arkadische Schlösser- und Gartenlandschaft in Potsdam und Berlin, heute ebenfalls Welterbe der UNESCO.

Gleichzeitig brach ab 1820 das Industriezeitalter mit einer ungeheuren wirtschaftlichen Dynamik an, die zu ganz neuen Herausforderungen führte. Im Zeitalter der Eisenbahn, die erste preußische Linie führte 1837 von Berlin nach Potsdam, entstand 1847 der älteste Bahnhof Berlins, heute Museum **Hamburger Bahnhof**. Ab 1856 baute man städtische Wasserleitungen und das erste Wasserwerk. Eingemeindet wurden 1861 Gesundbrunnen und Wedding, Tempelhof, Moabit und Nord-Schöneberg, während sich innerhalb der abgerissenen alten Zollmauern die Stadt enorm verdichtete. Herausragende Einzelbauten aus dieser Zeit sind die **Neue Synagoge**, **Rotes Rathaus** und die **Kreuzberger Thomaskirche**.

Industriezeitalter

Kaiserzeit, Wilhelminismus, Historismus

Mit der Gründung des Deutschen Reichs erlebte Berlin als Hauptstadt den gewaltigsten Wirtschaftsboom in seiner Geschichte. Der bereits 1862 von Regierungsbaumeister **James Hobrecht** konzipierte Bebauungsplan sah eine Vergrößerung der Stadtfläche um das Fünfeinhalbfache mit Radialen und Ringstraßen, regelmäßigen Straßenrastern und auflockernden Plätzen vor. Die Straßen mussten mindestens 22 m breit sein und die Häuser durften eine Traufhöhe von 20 m nicht überschreiten. Mangels weiterer Bauregeln verdichteten Grundbesitzer und Bauspekulanten ihre Parzellen radikal mit mehreren Quergebäuden und Seitenflügeln. Einzig die Innenhöfe mussten mindestens 5,30 m² groß sein, damit die Feuerspritze wenden konnte. Von diesen Berliner „**Mietskasernen**“ hatte sich Hobrecht eigentlich eine gesunde soziale Durchmischung versprochen: Die Reicheren sollten in den Vorderhäusern, die Ärmeren in den Hinterhäusern wohnen.

Zille-Milljöh

Das Zusammenleben verschiedener Schichten hielt jedoch nicht lange. Bald schon zog es die Wohlhabenden gen Westen (Charlottenburg, Wilmersdorf), sie richteten sich dort in großbürgerlichen Prachtbauten mit 8- bis 14-Zimmer-Wohnungen oder in Villenkolonien (Grunewald) ein. Die maßlos überbelegten Arbeiterquartiere wie Wedding oder Prenzlauer Berg wurden aufgrund der **schlechten sanitären Bedingungen** zu Brutstätten von Krankheit (Typhus) und Elend. Alleine auf Kreuzberger Gebiet, heute 150.000 Einwohner, lebten um 1910 über 400.000 Menschen. Der Dichter Heinrich Zille brachte die Verhältnisse so auf den Punkt: „Man kann den Menschen mit einer Wohnung erschlagen wie mit einer Axt.“

Der Berliner Dom: wilhelminischer Monumentalbau

Zusammen mit dem Arzt Rudolf Virchow realisierte Hobrecht ab 1873 ein modernes **Kanalisationsnetz** mit mehreren Pumpwerken, was Berlin 1907 zur saubersten Metropole Europas und Hobrecht zum weltweit gefragten Experten machte. Doch die düsteren Mietskasernen blieben überbelegt. Erst 1925 wurden Quer- und Seitengebäude verboten. Trotz Kriegszerstörungen und Abrissen prägen bis heute die großen Mietshausquartiere das Berliner Stadtbild und die sanierten Altbauten gehören mitlerweile zu den beliebtesten Wohnformen für alle Bevölkerungsgruppen.

Gründerzeit-viertel

Neben prachtvollen evangelischen **Kirchenbauten** aus rotem Backstein kann man in den Altbauquartieren zahlreiche reizvolle **kommunale Großbauten** entdecken. So baute Stadtbaurat und Architekt Ludwig Hoffmann innerhalb von 30 Jahren die kaum vorstellbare Anzahl von 60 Schulen und Turnhallen, zudem 13 Krankenhäuser und mehrere Stadtbäder. Dazu gehören das schlossartige neobarocke **Rudolf-Virchow-Klinikum** in Wedding, das **Märkische Museum** (s. S. 30) mit architektonischen Zitaten Brandenburger Städte oder die schönsten Wasserspiele Berlins, der **Märchenbrunnen** im Friedrichshain (s. S. 204). Mal im Stil der Renaissance, mal barock oder klassizistisch – das Wilhelminische Zeitalter mit seiner „Lust am Dekorativen" war **Historismus** pur. So wurden auch die Mietshäuser mit historisierendem Fassadenschmuck aufgewertet, mal einfach, mal üppig (Riehmers Hofgarten, s. S. 179). Leider hat man in den 1960er-Jahren vielen Altbauten die Stuckdekoration abgeschlagen.

Prächtige Baudenkmäler

Auch die Kernstadt veränderte mit vielen neuen Geschäfts- und Verwaltungsbauten grundlegend ihr Gesicht. Dazu zählten das **Bankenviertel** rund um die Behrenstraße, prächtige **Kaufhäuser** (viele zerstört), Museen und Theater, die **Hackeschen Höfe**, elegante Geschäftshäuser wie der **Zollernhof** (s. S. 103) oder die Monumentalbauten **Berliner Dom** und **Reichstagsgebäude**. Der Campus der **Charité** (s. S. 129) bildete mit seinen prägenden drei- bis fünfgeschossigen Backsteinbauten ein malerisches Ensemble und ab 1882 bahnte sich das **Stadtbahnviadukt** mit insgesamt 700 S-Bahnbögen (Bahnhof Hackescher Markt) seinen kurvenreichen Weg durch die Innenstadt. Ringförmig ums Zentrum entstehen neben repräsentativen Bahnhofsbauten wie dem Anhalter

Bahnhof (alle zerstört) Hafenanlagen, Kanäle, Schlachthöfe und riesige Fabrikanlagen. Im Westen erwachte ein neues neoromanisches Zentrum rund um die **Gedächniskirche** mit Kurfürstendamm, prachtvollen Wohnpalästen sowie neuen Straßenzügen und Schmuckplätzen in **Wilmersdorf** (Ludwigkirchplatz oder Rüdesheimer Platz). 1902 fuhr die erste deutsche U-Bahn auf der Hochbahntrasse über die wohl schönste Spreebrücke der ganzen Stadt, die **Oberbaumbrücke** (s. S. 209).

Oberbaumbrücke mit Eisschollen auf der Spree

Im Zuge der gewaltigen Expansion Berlins fanden die großen **Industriebetriebe** in der Innenstadt keine Erweiterungsflächen mehr. So wanderte der Lokomotivhersteller Borsig aus dem damaligen „Feuerland“ an der Chausseestraße ins nördliche Tegel. Siemens & Halske, gegründet in Kreuzberg, verlegte seine neuen Werke nach Spandau und Oberschöneweide, gefolgt von der AEG, die außerdem nach Moabit und Wedding zogen. Orientiert am Schinkelschen Klassizismus und an industriellen Erfordernissen, entstanden faszinierende **Kathedralen der Arbeit** aus Glas, Stahl und Backstein. Mit ihrer eindrucksvollen Architektur sind auch andere ehemalige Fabriken, Schlachthöfe, Brauereien und Speicherhallen heute zu gefragten Immobilien für Start-Up-Unternehmen, New Economy, Design und nicht zuletzt für Kulturbetriebe und Partymeilen geworden.

Weltstadt Berlin und Zentrum Neuen Bauens

Weltmetropole

Mit dem rasanten Anwachsen Berlins waren Ende des 19. Jh. entlang der Bahnlinien Villenvororte und Gartenstädte wie Frohnau aus dem märkischen Boden geschossen und sogar Großstädte wie Schöneberg oder Rixdorf gegründet worden. 1920 schlossen sich acht Städte, 59 Landgemeinden und 27 Gutsbezirke zur **Einheitsgemeinde Groß-Berlin** zusammen. Damit war Berlin für die nächsten Jahre die flächenmäßig (878 km²) zweitgrößte und von der Bewohnerzahl (3,8 Mio.) nach New York und London die **drittgrößte Stadt** der Welt.

Neue Sachlichkeit

Die heiß ersehnten demokratischen Freiheiten nach dem Ende der Kaiserzeit kamen einem künstlerischen Befreiungsschlag gleich. Deutschland erlebte in den Zwanzigern eine **Blütezeit** in Kunst, Kultur und Wissenschaften, Berlin wurde DAS Zentrum des Neuen Bauens zwischen Paris und Moskau. Neue Architekturstile vom Expressionismus bis zur Neuen Sachlichkeit wurden propagiert, in Weimar das **Bauhaus** gegründet. Allerdings waren die Zeiten nicht rosig: Wegen der irrsinnigen Inflation wurde bis 1923 kaum gebaut. Danach setzte eine enorme Bautätigkeit ein, die bis zur Weltwirtschaftskrise 1929 anhielt. Neben Wohn- und Villensiedlungen, Sportanlagen und Filmpalästen realisierte man große **Infrastrukturprojekte** wie Strom- und Wasserwerke oder den Flughafen Tempelhof. Alleine für das U-Bahnnetz entwarf der Architekt Alfred Grenander 70 U-Bahnhöfe.

Doch das wichtigste baupolitische Ziel war die Schaffung von bezahlbaren Wohnungen für die ärmeren Schichten. So wurde Berlin zum Zentrum des **sozialen Wohnungsbaus**. Große Industriebetriebe wie Siemens oder Borsig hatten bereits für ihre Arbeiter Siedlungen wie Siemensstadt oder Borsigwalde errichtet. Zwischen 1924 und 1929 entstanden rund 140.000 Wohnungen – meist im Auftrag gemeinnütziger oder genossenschaftlicher Bauträger. Geprägt von den Erfahrungen der katastrophalen hygienischen Wohnverhältnisse in den engen Mietskasernen sollten die neuen Siedlungen nun locker im Grünen verstreut liegen. Mit dem Leitbild „Licht, Luft und Sonne" war untrennbar der Name des Stadtbaurats und Architekten **Martin Wagner** verbunden. Er entwickelte sogenannte **Grün-Richtwerte**, nach denen Bauträger einen bestimmten Grün- oder Parkanteil pro Einwohner nachweisen mussten, was noch heute in der Freiraumplanung Anwendung findet. Als Architekt baute Wagner das **Strandbad Wannsee** und erstmals in Deutschland 1925 eine kleine Siedlung in Plattenbauweise in Lichtenberg. Zusammen mit dem Architekten Bruno Taut realisierte er u. a. die **Hufeisensiedlung** (s. S. 268), die heute zusammen mit fünf weiteren Siedlungen der Moderne zum Weltkulturerbe der UNESCO gehört.

„Licht, Luft, Sonne"

Höchst abwechslungsreiche Siedlungsformen, die vom dörflichen Charme bis zu Großprojekten reichen, machten Berlin zu einem Mekka der **Neuen Sachlichkeit**. Verstreut über ganz Berlin (weniger im Zentrum), bietet jeder Bezirk herausragende Beispiele. Der damalige Streit zwischen Modernisten und Traditionalisten über die deutsche Baukultur gipfelte im „Zehlendorfer Dächerkrieg", wo zwei benachbarte Siedlungen um die „richtige" Dachform konkurrierten (Flach- oder Satteldach).

Auch in vielen **Villenkolonien** kann man eine Vielzahl schöner Beispiele entdecken, wie z. B. die Villa Lemke (s. S. 241) von Mies van der Rohe. Der Architekt Erich Mendelsohn ließ expressionistische Bauten entstehen wie den revolutionäre Einsteinturm in Potsdam, das Mosse-Verlagshaus oder den Komplex der heutigen Schaubühne am Kurfürstendamm. Kraftvoller **Backsteinexpressionismus** ist oft in **Gewerbebauten** zu finden wie dem Borsigturm (s. S. 307) oder dem Ullstein-Haus von Eugen Schmohl (s. S. 284). Fast sakral muten die mächtigen Bauten der „Elektropolis Berlin" an mit gigantischen Heizkraftwerken, z. B. Klingenberg oder Charlottenburg sowie zahlreichen Umspannwerken wie den legendären E-Werken in der Mauerstraße oder im Prenzlauer Berg. In der **Siemensstadt** baute Hans Hertlein 1927 das erste Industriehochhaus Europas mit zehn Geschossen. Am **Messegelände** konzipierte Hans Poelzig das erste deutsche Funkhaus (s. S. 163), während sich am Landwehrkanal ein wunderbares Beispiel **organischer Architektur** mit dem wellenförmigen, scheinbar fließenden Shell-Haus *(Stauffenbergstr.)* präsentiert.

Expressionismus

Einige neue **Kirchenbauten** entpuppen sich ebenfalls als expressionistische Juwelen, wie die Fritz-Högers-Kirche am Hohenzollerndamm, die Kreuzkirche in Schmargendorf, die Gustav-Adolf-Kirche in Charlottenburg-Nord oder die katholische St.-Augustinus-Kirche im Prenzlauer Berg (s. S. 223).

Nationalsozialismus und Herrschaftsarchitektur

Die Nationalsozialisten lehnten die Moderne ab und verboten das Bauhaus als undeutschen Baustil. Architekten wie Walter Gropius oder Mies van der Rohe mussten emigrieren. Propagiert wurde der **Heimatschutzstil** à la Schultze-Naumburg, der sich bereits 1917 mit dem **Potsdamer Cecilienhof** einen Namen gemacht hatte. Allerdings wurde er lediglich auf die wenigen Wohnsiedlungen aus dieser Zeit angewandt wie die Kameradschaftssiedlung der SS am Rande des Grunewalds mit ihrer schlicht-biederen Gestaltung und steilen Satteldächern. In Abkehr dazu folgten große Verwaltungsbauten einem groben **neoklassizistischen Stil** wie die **Reichsbank** (heute Außenministerium) oder das prägende Ensemble am Fehrbelliner Platz in Wilmersdorf. Die Stahlkonstruktionen sind dabei stets mit Naturstein oder Muschelkalk verkleidet wie der Monumentalbau des **Reichsluftfahrt-Ministeriums** (s. S. 114), mit 2000 Zimmern der damals größte Bürobau Berlins. Einzelne Großbauten der Industrie wurden sogar von einem ins Monumentale gesteigerten Bauhausstil inspiriert wie das ehemalige Siemens-Luftgerätewerk in Hakenfelde. Zu den bekanntesten baulichen Giganten zählen der damals weltweit größte Gebäudekomplex **Flughafen Tempelhof** sowie das **Olympiastadion**.

Monumentalbauten

Diese zeigen allerdings nur eine „harmlose" Kostprobe vom ideologischen Größenwahn der NS-Ideologie. Hitler beauftragte Albert Speer mit der Umgestaltung Berlins zur **Welthauptstadt „Germania"**. Herrschaftsarchitektur mit erdrückenden Dimensionen sollte entstehen. Vorgesehen war eine rund 300 m breite und 7 km lange Via Triumphalis in Nord-Süd-Richtung, flankiert von Monumentalbauten. Südlich wurde ein gigantischer Triumphbogen geplant, während in Höhe des heutigen Regierungsviertels eine 290 m hohe Kuppelhalle, natürlich der größte Bau der Welt, Platz für 180.000 Menschen bieten sollte. Für diesen ganzen Wahnsinn musste man zunächst großflächig abreißen und begann mit dem Alsenviertel im heutigen Regierungsviertel, bevor der Zweite Weltkrieg weitere Ausführungen stoppte. Das einzige Relikt der Speerschen Planungen ist der bizarre **Schwerbelastungskörper** in Schöneberg (s. S. 203).

Architektonischer Größenwahn

Im Zuge der Umgestaltungsmaßnahmen während des „Dritten Reichs" versetzte man die **Siegessäule** auf ihren heutigen Standort und ließ Italien und Japan als verbündete Achsenmächte große **Botschaftsbauten** (s. S. 138) errichten. Kurze Zeit später versank die Stadt im schrecklichsten aller Bombenkriege. Während einige der **Luftschutzbunker** heute als abgefahrene Kulisse für Kunst oder Grusel dienen, sind Reste von **Flaktürmen** zu beliebten Aussichtspunkten (s. S. 149) geworden.

Nachkriegszeit, Visionen, Systemkonkurrenz

Zum Ende des Zweiten Weltkriegs waren 35 % der Wohnungen total zerstört und die Wirtschaftskraft der wichtigsten Industriestadt Mitteleuropas um 85 % reduziert. Von 4,3 Mio. Einwohnern zu Kriegsbeginn waren 1945 2,3 Mio. übrig. Der **größte Zerstörungsgrad** betraf die Gegend von der City West über die gesamte historische Innenstadt bis zum Ostbahnhof. Die ersten Nachkriegsjahre bis 1949 waren bestimmt von den Aufräumarbeiten der Trümmerfrauen, Instandsetzungen beschädigter Wohnungen und der Wiederherstellung des städtischen Gefüges. Gigantischer Trümmerschutt ließ den **Teufelsberg** im Grunewald, den **„Mont Klamott"** im Friedrichshain, den **Humboldthain** oder den **Insulaner** in Schöneberg auftürmen, heute beliebte Grün- und Ausflugsflächen.

Ruinen und Trümmerberge

Anknüpfend an das Leitbild der Moderne entwarf der Visionär **Hans Scharoun** den radikalen Kollektivplan einer aufgelockerten und entmischten Stadt, die wie amerikanische Großstädte von einem dichten Autobahnnetz durchzogen werden sollte. Zwar konnte er kaum umgesetzt werden, aber die Abkehr vom gewachsenen Stadtgefüge sollte noch bis in die 1970er-Jahre in Westberlin – und in vielen Städten der alten Bundesrepublik – eine Rolle spielen.

Aufgrund der politischen Teilung vollzog sich nach 1949 der Wiederaufbau in konkurrierender Weise. Im Ostteil stampfte man mit der Karl-Marx-Allee unter großem Aufwand einen **„sozialistischen Boulevard"** nach sowjetischem Vorbild aus dem Boden, während im Westen mit der „Interbau 1957" Architekten wie Gropius, Niemeyer und Le Corbusier z. B. das neue **Hansaviertel** (s. S. 141) entstehen lassen. Bereits 1956 wird in Westberlin die erste **Stadtautobahn** Europas eröffnet. Der Umbau des „Knies" zum **Ernst-Reuter-Platz** mit seinen freistehenden Bürohochhäusern entspricht dem neuen und autogerechten Leitbild. In den nächsten Jahren gestalten Architekten wie Paul Schwebes und Egon Eiermann das westliche Zentrum rund um die Gedächtniskirche völlig neu.

Systemkonkurrenz

Mauerbau und zweimal Berlin

Mit dem Mauerbau 1961 wurde die Stadt nun auch physisch endgültig getrennt. Schockiernde Folgen im Westen: Privatfirmen und Konzerne verließen die Stadt, viele Bewohner folgten. **Westberlin** hing nun am Tropf der alten Bundesrepublik, wo inzwischen das Wirtschaftswunder Realität geworden war. Der zusammenbrechende Immobilienmarkt Berlins wurde mit hohen Subventionen aus der öffentlichen Hand aufgefangen. In den nachfolgenden Jahren entstanden das **Kulturforum** unter Hans Scharoun, **die Deutsche Oper** in Charlottenburg und später das **Internationale Kongresszentrum** am Messegelände.

Mauerschock

Auf der **Ostseite** führte der Wegfall der Systemkonkurrenz zu einem wirtschaftlichen Aufschwung. Im radikalen Bruch mit der alten Stadtstruktur verwirklichte man weiträumig rund um den **Alexanderplatz** das neue, sozialistische Zentrum der „Hauptstadt der DDR". Das Prinzip des vergesellschafteten Bodens nahm keine Rücksicht auf alte Grundstücksgrenzen oder übliche Marktgesetze und so konnten riesige Freiflächen wie am Fernsehturm entstehen. Anstelle des gesprengten Stadtschlosses präsentierten sich in den Folgejahren Staatsratsgebäude, Außenministerium und Palast der Republik – der Schlossplatz hieß nun **Marx-Engels-Platz**. Gleichwohl wurden die prachtvollen historischen Bauten **Unter den Linden** u. a. von Richard Paulick wieder aufgebaut, während wüste Verkehrsschneisen wie Gruner- und Leipziger Straße den ältesten Berliner Siedlungsbereich (Cölln) unter sich begruben. Später ließ man das **Nikolaiviertel** als Keimzelle der Stadt neu aufbauen.

Sozialistisches Zentrum

Berlin: Hauptstadt der DDR

Um dem Wohnungsmangel als größtem gesellschaftlichem Problem zu begegnen, wurde ab 1972 der preisgünstige, industriell vorgefertigte **Plattenbau** zum wichtigsten Neubautypus in der DDR. Großsiedlungen entstehen insbesondere in Lichtenberg und am östlichen Stadtrand, wo es zur Gründung neuer Bezirke wie Hohenschönhausen, Marzahn und Hellersdorf kommt. Alleine in Deutschlands größtem Plattenbaugebiet Marzahn lebten Ende der 1980er-Jahre 150.000 Menschen. Gleichzeitig verfielen ganze **Gründerzeitviertel** wie Prenzlauer Berg oder Friedrichshain, die perspektivisch abgerissen und durch Neubau ersetzt werden sollten.

Auch in Westberlin sollten **Trabantenstädte** wie die Gropiusstadt in Britz (Neukölln) oder das Märkische Viertel in Reinickendorf den Wohnungsmangel beheben. In Abkehr von der gründerzeitlichen Stadt begann man in Kreuzberg, Schöneberg und Wedding mit dem systematischen **Abriss** der heute so beliebten alten Mietshäuser, um sie durch Neubauten und Schnellstraßen zu ersetzen. Dagegen formierte sich insbesondere in Kreuzberg Widerstand der Bevölkerung und der alternativen **Hausbesetzerszene**, was zum Umdenken in der Politik führte. Mit der Internationalen Bauausstellung 1984 verabschiedete man sich endgültig von der „Zweiten Stadtzerstörung" und wendete sich hin zur **„Stadtreparatur"**: Altbauquartiere blieben erhalten und wurden saniert, während Neubauten auf kriegsbedingten Brachflächen gemischte städtische Strukturen wiederbeleben sollten.

Alternative Szene

In Abkehr von der schnörkellosen Strenge des modernen Wohnungsbaus bildete sich in den 1980er-Jahren die **Postmoderne** mit ihren verspielten Dekorationen heraus. Gestalterisch wurde auf bisherige Baustile zurückgegriffen, z. B. in Form von Säulen, Ornamenten oder bunten Farben. Beste Beispiele in Westberlin sind

Verspielte Dekorationen

die Neubauten am **Tegeler Hafen** (s. S. 209) und in der südlichen **Friedrichstadt**, in Ostberlin gefällige Plattenbau-Gestaltung, am deutlichsten am **Friedrichstadtpalast**.

Neue Hauptstadt Berlin

Die **Wiedervereinigung** im Oktober 1990 bescherte der Stadt einen ungeheuren **Bauboom**. Alleine in der Innenstadt zählte man 1995 über 900 Baustellen. Auf die riesigen Brachlandschaften mitten im Zentrum – Resultat von Zerstörung und Teilung – stürzten sich nun Planer, Investoren und Architekten aus aller Welt; bekanntestes Beispiel dafür war der **Potsdamer Platz**. Auch das neue **Regierungsviertel** aus Glas und Beton entstand dort, wo die Narben der Geschichte noch bis zum Fall der Mauer deutlich sichtbar waren – zentral am ehemaligen Mauerstreifen. **Internationale Stararchitekten** erschufen ein neues Stadtbild: Renzo Piano und Hans Kollhoff mit ihren Hochhäusern am Potsdamer Platz, Helmut Jahn mit seinem futuristischen Sonycenter und dem gläsernen Kanzlereck, Norman Foster mit der Reichstagskuppel, Daniel Libeskinds mit dem spektakulärer Bau des jüdischen Museums, Ming Pei mit seinem eleganten Ausstellungsbau des Deutschen Historischen Museums, Meinhard von Gerkan mit dem gläsernen neuen Hauptbahnhof, David Chipperfield mit dem Masterplan für die Museumsinsel.

Stararchitekten

Innerhalb der vorhandenen Stadträume wurden zahlreiche Baulücken geschlossen, indem man Neues konzipierte oder Zerstörtes rekonstruierte. Dem Leitbild **„Kritische Rekonstruktion"** des Baudirektors Stimmann folgend, wurde konsequent die Wiederherstellung verloren gegangener Stadträume oder historischer Straßenzüge beschlossen, wie am Pariser Platz, Leipziger Platz oder rund um die im neuen Glanz erwachte Friedrichstraße.

Tipp

Das Berliner Stadtmodell des Senats für Stadtentwicklung (Haus am Köllnischen Park 3, ☎ 90251525, Mo–Sa 10–18 Uhr, Eintritt frei) zeigt in beeindruckender Weise den hohen Anteil an Neubauten in der Berliner Innenstadt, farblich unterschieden vom bisherigen Baubestand.

In den vernachlässigten und heruntergekommenen Altbauquartieren in Mitte (ab s. S. 117), Prenzlauer Berg und Friedrichshain wurden gemäß den Leitlinien der IBA 1984 die größten Sanierungsmaßnahmen Deutschlands in Angriff genommen. Heute sind die ehemaligen Mietskasernen heiß begehrte Wohnadressen und die urbanen Quartiere Synonym für **Gentrifizierung** (Verdrängung Ärmerer durch Wohlhabende) geworden.

Umfassende Sanierungsmaßnahmen

In wenigen Jahren wird hinter den wiedererrichteten barocken Fassaden des zerstörten Berliner Stadtschlosses das **Humboldt-Forum** mit Museen und Veranstaltungsräumen eröffnet werden. Auch in Zukunft werden die Leitbilder „Stadtreparatur" und „Stadtrekonstruktion" als unveränderte Zielvorgabe Gültigkeit haben. Einer der Schwerpunkte wird dann in der Gestaltung der historischen Innenstadt liegen.

2. BERLIN ALS REISEZIEL

Allgemeine Reisetipps von A–Z

Anreise

Mit Auto und Mitfahrgelegenheit

Alle Autobahnen münden in den Berliner Ring (A10). Von dort führen verschiedene Zubringer in die Innenstadt: von Süden und Westen über die A115 oder die Avus (A110), von Nordwesten (Hamburg) über die A111, von Norden über die A114 sowie von Osten über die B1/B5, von Südosten und vom Flughafen über die A113.

Wer **Mitfahrgelegenheiten** sucht oder anbieten möchte: www.mitfahrgelegenheit.de, www.flinc.org, www.mfz.de, www.mitfahrzentrale.de.

Achtung Umweltzone: Zum Schutz der berühmten Berliner Luft dürfen in der Innenstadt (innerhalb des S-Bahnrings) nur Fahrzeuge mit Umweltplaketten fahren: Pkw brauchen die grüne Plakette, die man vor der Reise oder in Berlin von der Zulassungsstelle, TÜV, DEKRA oder dem Kfz-Gewerbe erhält. Ohne Plakette drohen 40 € Strafe und ein Punkt in Flensburg.

Mit der Bahn

Fahrpläne und Buchung: ☎ 0180-5996633 oder gebührenfreie automatische Auskunft ☎ 0800-1507090, www.bahn.de.

Im 2006 eröffneten, zentralen **Hauptbahnhof** verkehren oberirdisch Fern-, Regionalzüge und S-Bahnen in Ost-West-Richtung, unterirdisch fahren Fern- und Regionalzüge in Nord-Süd-Richtung. An den beiden Hauptausgängen, Washingtonplatz im Süden (Richtung Regierungsviertel) und Europaplatz im Norden (Zugang Buslinien), befindet sich jeweils ein Service-Point der Deutschen Bahn. Im EG Richtung Europaplatz findet man die Touristeninfo (8–22 Uhr), im 1. OG DB-Reisezentrum sowie Gepäckaufbewahrung (6–22 Uhr), Schließfächer stehen im 1. UG. Die meisten Geschäfte (außer Modeläden) sind tgl. 8–22 Uhr geöffnet, die Apotheke im 1. OG durchgehend. Gastronomische Angebote reichen von Diekmanns' Austernbar über Sushi und Fish&Chips bis zum Hopfingerbräu mit Außenterrasse. Mit der im Bau befindlichen U-Bahnlinie U55 gelangen Sie derzeit bis zum Brandenburger Tor.

Weitere Fernbahnhöfe

Ostbahnhof, in der östlichen Innenstadt (Friedrichshain) nahe der East-Side-Gallery mit Ladenpassage und großzügiger Bahnhofshalle. Die Supermärkte im Untergeschoss sind tgl. bis 22 Uhr geöffnet. Am Ausgang Stralauer Platz befindet sich eine Galeria Kaufhof.
Bahnhof Südkreuz, verkehrsgünstig am südlichen S-Bahnring in Tempelhof-Schöneberg gelegen.
Bahnhof Gesundbrunnen (Wedding), rein funktional und verkehrsgünstig am nördlichen S-Bahnring gelegen.
Bahnhof Spandau, neben der Spandauer Altstadt (s. S. 301).
Weitere Regional- und wichtige Umsteigebahnhöfe mit DB-Kundenzentren und täglich geöffneten Geschäften sind: Friedrichstraße, Alexanderplatz, Zoologischer Garten und Lichtenberg.

Mit dem Bus

Der **Zentrale Omnibusbahnhof ZOB** (www.iob-berlin.de) liegt in Charlottenburg, Masurenallee 4–6, gegenüber vom Funkturm am Messegelände. Hier starten und enden Fernbusse aus dem In- und Ausland. **Transfer**: S-Bhf. Messe Nord/ICC (Ringbahn) oder U-Bhf. U2 Kaiserdamm (Richtung Zoo, Potsdamer Platz, Alexanderplatz). Der Bus M49 (Richtung Zoo) fährt Tag und Nacht.

Mit dem Flugzeug

Der meist frequentierte **Flughafen Tegel Otto Lilienthal** (TXL) gilt als Airport der kurzen Wege und liegt nur 8 km nordwestlich der Innenstadt. **Transfer**: ExpressBus TXL (im 10-Minuten-Takt zum Alexanderplatz über Hauptbahnhof, Brandenburger Tor und Straße Unter den Linden, ca. 35 Min. Fahrtdauer); ExpressBus X9 (im 10-Minuten-Takt zum Zoologischen Garten, Ku'dammnähe, ca. 20 Min. Fahrtdauer); Taxi zum Ku'damm/Zoo (ca. 14,50 €), zum Alexanderplatz (ca. 19,50 €).

Der **Flughafen Schönefeld** (SXF) liegt am südöstlichen Stadtrand in 18 km Entfernung zur Innenstadt und wird besonders von Low-Budget-Fluggesellschaften frequentiert. **Transfer**: Bhf. Flughafen Schönefeld (6 Min. Fußweg vom Terminal oder mit kostenlosem Shuttle Airport-Express, weitere Regionalbahnlinien sowie S-Bahn fahren in die Berliner Innenstadt, Fahrtdauer Alexanderplatz 20 Min., Zoologischer Garten 35 Min.); die Buslinien 171 und X7 (direkt vom Terminal zum nächstgelegenen U-Bhf., U7 Rudow); Taxi (bis Ku'damm/Zoo ca. 30,50 €, zum Alexanderplatz ca. 27,50 €).

Voraussichtlich ab Oktober 2013 öffnet der neue **Berliner Hauptstadtflughafen BER Willy-Brandt** am südöstlichen Stadtrand bei Schönefeld. Die Flughäfen Tegel und Schönefeld sollen dann schließen. Ausführliche Infos unter www.berlin-airport.de und ☎ 0180-5000-186. Voraussichtlicher **Transfer**: Bahn (Airport-Express und Regionalbahnen 4.30–23 Uhr etwa alle 15 Min. zum Berliner Hauptbahnhof, Fahrtzeit ca. 30 Min., RE7 und RB14 passieren Ostbahnhof, Alexanderplatz, Friedrichstraße und Bahnhof Zoo, RE9 Südkreuz und Potsdamer Platz, RB22 fährt direkt nach Potsdam, die S-Bahnlinie S9 fährt alle 20 Min. über Ostkreuz in Richtung Prenzlauer Berg und Pankow, die S45 alle 20 Min. über Neukölln und Tempelhof bis zum Südkreuz); Bus (mehrere Schnellbusse fahren u. a. zum nahen U-Bhf. Rudow der U7, auch Nachtbuslinien); Taxi (Fahrtpreis in die City West z. B. Bhf. Zoo, Kurfürstendamm ca. 35 €, in die City Ost z. B. Alexanderplatz ca. 30 €).

Apotheken/Ärztliche Versorgung

Apotheken: 24-Stunden-Dienst hat die Apotheke im Berliner Hauptbahnhof, 1. Obergeschoss in Richtung Europaplatz, ☎ 20614190. **Notdienstapotheken** findet man unter **www.akberlin.de**, die **Notdienst-Hotline** der Apotheken unter ☎ 22833 (Handy) oder 0800-0022833 (kostenlos aus dem deutschen Festnetz).
Ärztlicher Bereitschaftsdienst: ☎ 310031, www.kvberlin.de sowie ☎ 116117, www.kbv.de.

Auskunft und Information

Offizielles Informationsportal für Besucher ist **www.visitberlin.de**. Etwas übersichtlicher ist das eigentliche Stadtportal **www.berlin.de**, das auch viele Infos für Besucher enthält. Beide Portale ermöglichen Buchungen für Hotels und viele Veranstaltungen. Über das Callcenter für Berlintouristen kann man auch Hotels und Veranstaltungstickets buchen, ☎ 250025. Berlininfos und aktuelle Veranstaltungen erhält man auch in den Stadtmagazinen **Zitty** (www.zitty.de) und **Tip** (www.tip-berlin.de).

In den **Berliner Infostores** kann man alle möglichen touristischen Informationen erhalten, Hotels direkt buchen und Tickets kaufen. Filialen gibt's an folgenden Standorten:
- Südflügel Brandenburger Tor, U-/S-Bhf. Pariser Platz, tgl. 10–19 Uhr;
- Alexa-Shopping-Center, Grunerstr. 20, U-/S-Bhf. Alexanderplatz, Mo–Sa 10–20 Uhr;
- Hauptbahnhof, EG nahe Ausgang Europaplatz, tgl. 8–22 Uhr;
- Neues Kranzlereck, Kurfürstendamm 22, U-Kurfürstendamm, Mo–Sa 10–20, So 9.30–18 Uhr;
- Flughafen Berlin Brandenburg, s. Anreise S. 51.

Berlin-Bücher und -Karten findet man am besten im Berlin-Story (S. 107), im Kulturkaufhaus Dussmann (S. 107) und bei Landkarten Schropp (S. 156). Anregende Berlin-Blogs: www.hauptstadtblog.de, blog.inberlin.de, www.literaturport.de, Button „Literatouren Berlin".

Aussichtspunkte und Rundflüge

Aussichtspunkte

Mitte: Fernsehturm am Alexanderplatz (S. 97), Aussichtsterrasse Park Inn Hotel, Berliner Dom, Französischer Dom, Reichstagskuppel, Siegessäule, Panoramapunkt Potsdamer Platz, Turm Matthäuskirche am Kulturforum (S. 115).
Charlottenburg-Wilmersdorf: Cafeteria der TU im Telefunken-Hochhaus am Ernst-Reuter-Platz, Funkturm (S. 163), Glockenturm im Olympiagelände (S. 175), Teufelsberg, Grunewaldturm.
Noch Innenstadt: Plattform auf dem Kreuzberg (S. 179), Turm Rathaus Schöneberg, Humboldthain.
Köpenick: Müggelturm (S. 257).

Himmel über Berlin

Berlin Hi Flyer: Wilhelmstr./Ecke Zimmerstr., ☎ 226678811, www.air-service-berlin.de, April–Okt. tgl. 10–22, Nov.–März tgl. 11–18 Uhr, 19 €, Anfahrt: U-Bhf. Mohrenstraße (U2) oder U-Bhf. Kochstraße (U6). Ohne wegzufliegen steigt der riesige Fesselballon ganzjährig auf 150 m (solange keine starken Winde wehen). Oben genießt man eine phänomenale Aussicht weit in die Umgebung.

Rundflüge

Air Service Berlin: Flughafen Berlin-Schönefeld, Gebäude Y 085, ☎ 53215321, www.air-service-berlin.de; Abflüge (bis auf Wasserflugzeug) ab GAT (General Aviation Terminal) am Flughafen Schönefeld (heißt ab Okt. 2013 BER-Flughafen);

Blick auf den ehemaligen Flughafen Tempelhof

• mit dem **Wasserflugzeug**, Start auf der Spree in Treptow beim Restaurantschiff „Klipper“ (s. S. 250), Mai–Okt. Fr–So 5 x tgl., 30 Min. 189 € inkl. Champagner;
• mit dem weltweit größten **Doppeldecker** „Antonow AN2“, 30 Min. 149 €;
• mit dem **Helikopter**, Kurzflug 124 € oder Panoramaflug, 30 Min. 124 €;
• mit der historischen **Ju 52** („Tante Ju“), Deutsche Lufthansa Berlin-Stiftung, www.lufthansa-ju52.de. für 30 Min. Flugzeit 199 €, 1 Std. 372 €.

Besucher mit Handicap

Unter **www.mobidat.net/barrierefrei-leben/tourismusfreizeit** findet man alles Wissenswerte für den barrierefreien Berlinbesuch, z. B. Restaurants, Theater, Führungen oder Schiffstouren. Blinde und Sehbehinderte erhalten spezielle Auskunft unter www.berlinfuerblinde.de. Infos zum barrierefreien Nahverkehr unter www.bvg.de und www.vbbonline.de. Zudem gibt es einen kostenlosen Begleitservice für Bus und Bahn (Mo–Fr 7–18 Uhr), der am Vortag unter ☎ 34649940 bestellt werden kann. Viele Museen bieten spezielle Führungen für Blinde oder Gehörlose sowie für Rollstuhlfahrer an, Info unter www.museumsportal-berlin.de.

Diplomatische Vertretungen

Österreichische Botschaft Berlin, Stauffenbergstr. 1, ☎ 202870, www.bmeia.gv.at/berlin. Anfahrt: U-/S-Bhf. Potsdamer Platz.
Schweizerische Botschaft, Otto-von-Bismarck-Allee 4A, ☎ 3904000, www.eda.adMin.ch/berlin. Anfahrt: Hauptbahnhof.

Einkaufen/Märkte

Berlin ist ein Eldorado für Einkaufsfreudige. Es gibt allein 60 Shoppingcenter. Das kaum überschaubare Angebot an Modegeschäften reicht von international bis Berliner Streetware, von großen Flagstores bis zu ausgefallenen Szeneläden, von preiswert bis luxuriös. Ob man etwas für den besonderen Musikgeschmack sucht, witzige Berlin-Souvenirs entdecken oder auf Flohmärkten stöbern möchte – es besteht die Qual der Wahl! Die Infos zu den Geschäften im Einzelnen stehen unter den Reisepraktischen Informationen des jeweiligen Stadtteils.

Die meisten Geschäfte haben Mo–Sa 10–20 Uhr geöffnet, einige in den großen Einkaufsgebieten Do und Fr auch bis 22 Uhr. Kleinere Geschäfte öffnen erst ab 11 oder 12 Uhr. Zehn Mal im Jahr gibt es verkaufsoffene Sonntage zu Anlässen wie Grüne Woche, Festival of Lights oder Adventszeit. Sonst sind sonntags nur einzelne Spezial- und Souvenirläden, die Geschäfte im Flughafen, Hauptbahnhof, Bahnhof Friedrichstraße und Ostbahnhof geöffnet und natürlich die Floh- und Kunstmärkte.

Einkaufsviertel und Shoppingareale

City West: Am Wittenbergplatz beginnt die umsatzstärkste Einkaufsmeile Berlins mit der Tauentzienstraße und reicht weiter auf den östlichen Kurfürstendamm.

Hier finden sich bekannte Markengeschäfte wie P&C und Zara oder Flagshipstores wie Niketown und Apple. Auf dem nobelsten Abschnitt des Ku'damms zwischen Schlüterstraße und Olivaer Platz haben sich internationale Designer wie Yves Saint Laurent, Chanel oder Louis Vuitton angesiedelt. Auch die Seitenstraßen sind sehr attraktiv.

Die **Friedrichstraße** avancierte zur edlen Einkaufsmeile mit Nobelboutiquen und glanzvollen Autosalons, den luxuriösen Friedrichstadtpassagen und dem Edelkaufhaus Galeries Lafayette. Der **Alexanderplatz** in der **City Ost** ist umgeben von großen Warenhäusern und erstaunlichen Shoppingmalls. Die **Spandauer Vorstadt** ist bevorzugter Standort für internationale Galeristen, Designer und Modeateliers, Flagshipstores der trendigen, insbesondere der Berliner jungen Mode geworden. Die wichtigsten Adressen dafür sind die Rosenthaler Straße zwischen Hackescher Markt und Rosenthaler Platz, die Neue Schönhauser- und Münzstraße sowie die Oranienburger Straße.

In den **Szenekiezen** findet man die extravagantesten und schrägsten Läden und Boutiquen, viel Vintagemode und Berliner Label: am Prenzlauer Berg rund um Kastanienallee, Kollwitz- und Helmholtzplatz, in Friedrichshain rund um den Boxhagener Platz, in Kreuzberg rund um Oranien- und Bergmannstraße. Weitere große **Einkaufsareale** bieten die Schloßstraße in Steglitz, die Wilmersdorfer Straße in Charlottenburg, die Karl-Marx-Straße in Neukölln und die Spandauer Altstadt.

Die schönsten Wochenmärkte

Kollwitzplatz im Prenzlauer Berg, Wochenmarkt Sa 9–16 Uhr, Ökomarkt Do 12–19 Uhr (s. S. 216);
Boxhagener Platz in Friedrichshain, Sa 8–14 Uhr (s. S. 201);
Chamissoplatz in Kreuzberg, Sa 8–14 Uhr, kleiner Ökomarkt (s. S. 182);
Winterfeldtplatz in Schöneberg, Sa 8–16, kleiner Mi 8–14 Uhr, einer der schönsten Märkte der Stadt (s. S. 200);
Maybachufer, Di und Fr 11–18.30 Uhr, bekanntester Türkenmarkt (s. S. 193);
Crellestraße, Mi und Sa 10–15 Uhr, authentischer Türkenmarkt (s. S. 279).

Klein-Vietnam in Lichtenberg

Dong-Xuan-Center (vietnamesisch für Deutsch „Frühlingswiese"): Herzbergstr. 128–139, 10365 Berlin, ☏ 55152038, www.dongxuan-berlin.de, Mi–Mo 11–20 Uhr, Anfahrt: Tram M8/21 Herzbergstraße/Industriegebiet. In vier riesigen Lagerhallen der ehemaligen VEB Elektrokohle Lichtenberg ist Berlins größter Asiamarkt mit Lebensmittelläden, Nagelstudios, Textilien- und Plastikblumen- sowie Nippesständen entstanden. In kleinen Restaurants gibt es typische Gerichte – auch wenn man nichts versteht – ausprobieren! Viele Kunden kommen von weit her. In Zukunft ist eine Asiatown geplant mit Kulturhaus und Pagoden, kleinen Läden, Hotel und Gesundheitszentrum.

Interessante Floh- und Kunstmärkte

Berliner Trödel- und Kunstmarkt am 17. Juni, Straße des 17. Juni am Charlottenburger Tor im Tiergarten, Sa/So 10–17 Uhr, Anfahrt: S-Bhf. Tiergarten. Viele Touristen, relativ hohe Preise, professionelle Händler und sehr große Auswahl.

Kunstmarkt am Zeughaus (s. S. 101), Sa/Sa 11–17 Uhr, Anfahrt U-/S-Bhf. Friedrichstraße (U6). Schönes, z. T. kitschiges Kunsthandwerk, etwas touristisch, aber angenehm, weiter nördlich am Kupfergraben viele Bücher.
Boxhagener Platz in Friedrichshain (s. S. 201), So 10–18 Uhr.
Flohmarkt am Mauerpark (s. S. 221), So 10–17 Uhr.
Nowkoelln Flowmarkt am Maybachufer, jeden dritten So im Monat 10–18 Uhr. Second Hand, Retro, Livemusik, junges Kiezpublikum.
Trödelmarkt Arkonaplatz, So 10–16 Uhr, Anfahrt: U-Bhf. Bernauer Straße (U8). Klein und sympathisch, DDR-Relikte und Retro-Hausrat, junges Publikum.
Hallentrödelmarkt Treptow (s. S. 210), Arena-Gelände, Sa/So 10–17 Uhr, Anfahrt: S-Treptower Park oder U1 Schlesisches Tor. Haushaltskram und Sanitär, unglaublich viel Ramsch.
RAW-Flohmarkt, Revaler Str. 99, So 6–19 Uhr, Anfahrt: U-/S-Bhf.Warschauer Straße (U1). Kleiner trashig-szeniger Flohmarkt im morbiden Charme des ehemaligen Bahnausbesserungswerks, Livemusik, alles Amateure.

➤ Weihnachtsmarktauswahl
Gendarmenmarkt, ab Ende November bis 31. Dez., tgl. 11–22 Uhr, 1 € Eintritt. Elegant-stilvoll vor schöner Kulisse. Bildende Kunst, alte Handwerkskunst, tolle Unikate, Spitzengastronomie in den Zelten und eine Bühne vor dem Konzerthaus.
Altstadt Spandau, ab Ende November bis 30. Dez., tgl. 10–21/22 Uhr, Anfahrt: U7 Altstadt Spandau. Der wohl schönste Weihnachtsmarkt. Bis zu 400 Stände verteilen sich in der Altstadt von Spandau, viele Angebote für Kinder, Weihnachtskrippe mit lebenden Tieren, Bühnenprogramm. Gute Stimmung, volkstümlich.
Schloss Charlottenburg, ab Ende November bis 26. Dez., Mo–Do 14–22, Fr–So 10–22 Uhr, Anfahrt: Bus M45/309 Schloss Charlottenburg. Besonders gepflegt vor herrlich beleuchteter Barockfassade, höherwertige Angebote, ausgewählte Gastronomie, weihnachtliches Rahmenprogramm.
Alt-Rixdorfer Weihnachtsmarkt, nur zweites Adventswochenende, Fr 17–21, Sa/So 14–21/20 Uhr, Anfahrt: U-Bhf. Karl-Marx-Straße (U7). Traditioneller Markt mitten in Neukölln, stimmungsvoll dörfliches Ambiente. Karitative Ausrichtung, schöne Stände, viel Selbstgebasteltes, allerlei Kulinarisches, Bühnenprogramm.

Essen und Trinken

Das gastronomische Angebot ist vielfältig und reicht von der Currywurstbude am Straßenrand bis zum edlen Gourmettempel. Den Ruf als kulinarische Wüste hat Berlin längst abgelegt – mittlerweile leuchten hier 16 Michelinsterne am Gastrohimmel. Rund 7000 Restaurants stehen zur Auswahl. Da ist die traditionelle, eher schlichte Berliner Küche, die neudeutsche Küche junger Spitzenköche, flippige Szenelokale und jede Menge Ethnoküchen aus der ganzen Welt. Ob Hausmannskost, Fließbandsushi, Kobe-Rind-Burger, vegane Eistorte oder Algen im Wok: Die vergleichsweise erschwinglichen Preise versetzen Besucher oft in Erstaunen.

Aber was ist besonders typisch? Es ist wohl die Breite an preiswerten Restaurants, in denen keine Sterneköche brutzeln. In den schicken Gourmettempeln, die irgendwie fehl am Platze zu sein scheinen, findet man kaum Einheimische. Am besten sieht man sich im Kiez um – garantiert gibt es dort etwas Gutes und Bezahlbares. Eine Auswahl findet man unter den jeweiligen Reisepraktischen Tipps zu den einzelnen Vierteln.

Morgens

Standardbrötchen beim Bäcker heißen nicht Semmel, Rundstück oder Weck, sondern *Schrippen* (Brötchen aus Weizenmehl). *Schusterjungen* sind etwas dunkler unter Zugabe von Roggenmehl. Die leicht süßen und fetten *Splitterbrötchen* sind unter einer krümmeligen Kruste ziemlich weich. Ordert man einen „Berliner", wird man verständnislose Blicke ernten. Andernorts auch als Krapfen bezeichnet, heißen sie hier *Pfannkuchen*. Was woanders Pfannkuchen sind, nennen die Berliner *Eierkuchen* (Omelett). Frühstücken kann man in Berlin oft bis 16 Uhr, manchmal auch länger. Am Wochenende bieten viele Lokale reichhaltige Brunchbüfetts an.

Traditionelle Berliner Küche

Zu den Klassikern, geprägt von den eingewanderten Schlesiern, Böhmen und Hugenotten, gehören Eisbein mit Erbspüree, Kasseler mit Sauerkraut, Schnitzel, Königsberger Klopse und Bulette (Frikadelle). *Hoppelpoppel* ist ein traditionelles Resteessen aus Bratkartoffeln, Bratenresten und Eiern. Auch in die russische *Soljanka*, zu DDR-Zeiten sehr verbreitet, kommen schmackhafte Fisch- oder Fleischreste und stets sauer eingelegtes Gemüse. Zum Kulturgut gehört die Berliner Currywurst, der sogar ein Museum gewidmet wurde (s. S. 60). Man bestellt sie „mit" oder „ohne" Darm, womit die Wurstpelle gemeint ist.

Saisonales

Die Berliner lieben Beelitzer Spargel (aus dem Südwesten von Berlin), der von Anfang April bis Ende Juni auf kaum einer Speisekarte fehlt. Als Delikatessenbeilage gelten Teltower Rübchen (junge Rüben aus Teltow am südlichen Stadtrand) ab Oktober, aber auch ganzjährig.

Traditionelle Berliner Getränke

Um 1800 gehörte die Berliner Weiße zu den Lieblingsgetränken der Berliner. Sogar die Soldaten Napoleons adelten den untergärigen Trunk als „Champagner des Nordens". Damals war das besser schmeckende obergärige Bier aus Bayern und Böhmen noch unbekannt. Heute ist Berliner Weiße eher bei Touristen beliebt. Das leichte und säuerliche Bier wird „mit Schuss", d. h. mit süßem Himbeer- oder Waldmeistersirup aus breiten Kelchen, manchmal mit Strohhalm, getrunken. Traditionsbiere sind Schultheiss, Berliner Pils, Berliner Kindl und Berliner Bürgerbräu, die heute alle zur Radeberger-Gruppe gehören. Viele Gaststätten haben ihre eigene kleine Hausbrauerei (köstlich). Wer eine Fassbrause bestellt, erhält eine alkoholfreie Kräuterlimonade, ursprünglich vom Fass, heute in Flaschen serviert.

Die schönsten Biergärten

Im Tiergarten: Café am Neuen See (s. S. 144), Schleusenkrug (s. S. 145);
An der **Spree** und gegenüber vom **Kanzleramt**: Zollpackhof (s. S. 116);
Am **Wannsee**: Loretta mit Blick auf den Wannsee (s. S. 299);
Charlottenburg/Spree: Biergarten Caprivi (Caprivibrücke);
Prenzlauer Berg: Prater (s. S. 221);

Treptow/Spree: Eierschale Zenner (s. S. 251);
Tegeler See: Fährhaus im Saatwinkel;
Hohenschönhausen: Oranke am See, Lounge mit Ikea-Betten (s. S. 241);
Haselhorst/Havel: im Industriegebiet mit Blick auf die Zitadelle Spandau;
Friedrichshagen: Schrörs am Müggelsee mit Dampferanleger (s. S. 258).

Strandbars
Strandbar Mitte an der Museumsinsel, „Mutter" aller Strandbars (s. S. 134);
Capital-Beach gegenüber Hauptbahnhof (s. S. 117);
Metaxa Bay, größter Livestyle-Beachclub, am Hauptbahnhof (s. S. 117);
Yaam, bei East-Side-Gallery, Strandgut und Oststrand (s. S. 211);
Arena-Badeschiff mit cooler Strandbar (s. S. 68);
Deck 5 im Prenzlauer Berg, höchste Strandbar der Stadt (s. S. 226).

Fundbüros

Zentrales Fundbüro: Platz der Luftbrücke 6, ☎ 75603101, Anfahrt: U-Bhf. Platz der Luftbrücke (U6).
BVG-Fundbüro: Potsdamer Str. 180, BVG-Callcenter ☎ 19449, Anfahrt: U-Bhf. Kleistpark (U7).
S-Bahn bzw. **Deutsche Bahn**: Bahnhof Zoologischer Garten, ☎ 29749322, Anfahrt: U-/S-Bhf. Zoologischer Garten.

Internet/WLAN/bluespots

Internetcafés und gratis WLAN Spots finden sich überall in Berlin, eine umfangreiche Liste unter **www.digitale-chancen.de/einsteiger**, ☎ 01805-383725. Unter **www.hotspot-locations.de** findet man rund 120 WLAN Hotspots in Berlin. 64 *bluespot*-Terminals erlauben Gratistelefonieren und -surfen im Internet und enthalten Besucher-Infos, insbesondere über Einrichtungen in der Nähe der Terminals.

Kinder

@ Ausflüge und jede Menge Freizeittipps für Familien unter **www.ytti.de**. Angebote für Kinder in Museen unter **www.museumsportal-berlin.de**. Einen umfassenden Überblick über Spielplätze bietet **www.ihrspielplatz.de**.

FEZ Berlin, Str. zum FEZ 2, ☎ 53071-0, www.fez-berlin.de, Di–Fr 9–22, Sa 13–19, So 12–18 Uhr, in Schulferien abweichend, bitte erkundigen, Anfahrt: S-Bhf. Wuhlheide oder Tram 27, 63, 67 Freizeit und Erholungszentrum. Großes gemeinnütziges Kinder-, Jugend- und Familienzentrum im ehemaligen Pionierpalast umgeben vom Waldgebiet der Wuhlheide im Südosten Berlins. Auf 100.000 m^2 Outdoor- und 13.000 m^2 Indoornutzfläche gibt es Theater, Schwimm- und Sporthalle, Kinderkino, Ökoinsel, viele Spielplätze, Badesee und Liegewiese, Kletterwald, Bungalowdorf und eine Parkeisenbahn, die von den Kindern selbst betrieben wird.

Kinderbetreuung

Kinderinsel am Nordbahnhof, Eichendorffstr. 17, 10115 Berlin, ☎ 41716928, www.kinderinsel.de, Anmeldung mind. 1 Tag vorher. Von sechs Monaten bis 14 Jahre, mit Abhol-Bring-Dienst, Themenfeste, Erlebnistouren, Lesenächte und Pyjamapartys.

Cafés/Restaurants

Ampelmannrestaurant, Stadtbahnbogen 159/160 nahe S-Bhf. Hackescher Markt am Monbijoupark, 10–24 Uhr, ☎ 84710709, ampelmann-restaurant.de. Terrasse und große Spielwiese, günstige Preise, für Kinder Pasta und Pizza für 3 €. Sonntags zum Brunch dürfen Kinder ihre eigene Pizza kreieren.

Kindercafé Kiezkind, Helmholtzplatz im Prenzlauer Berg, ☎ 0177-4440437, tgl. 10–19 Uhr, Anfahrt: U-Bhf. Eberswalder Straße (U2), S-Bhf. Prenzlauer Allee, M12 Pappel-/Raumer Straße. Mit Indoor- und Outdoorspielplatz, daneben Kinderflohmarkt.

Familienrestaurant Charlottchen, Droysenstr. 1, 10629 Berlin, ☎ 3244717 www.mosaik-berlin.de, Mo–Fr ab 15, Sa/So ab 10 Uhr, Anfahrt: S-Bhf. Charlottenburg, U-Bhf. Adenauer Platz. Preisgünstige Gerichte, am Wochenende Frühstücksbüfett. Großes Spielzimmer mit Holzkletterburg, angeschlossenes professionelles Kindertheater (Kartenpreis 5 €, ☎ 3243829).

Museen

Labyrinth Kindermuseum, Osloer Str. 12, 13359 Berlin-Wedding, ☎ 8009 21150, www.kindermuseum-labyrinth.de, Fr/Sa 13–18, So 11–18 Uhr, in Schulferien auch werktags, Anfahrt: Tram M13/50 Prinzenallee/Osloer Straße. In denkmalgeschützter ehemaliger Montagehalle für Zündholzmaschinen. Erlebnisausstellungen mit zahlreichen Aktivitäten für Kinder. Herzstück ist ein großer Irrgarten mit „Fußtastpfaden" und dem „Nicht-Berühren-Weg".

Legoland Discovery Center im Sony-Center am Potsdamer Platz, ☎ 01805-66690110, www.legolanddiscoverycentre.de, tgl. 10–19 Uhr, ab 16 €, Online-Buchung günstiger, Anfahrt: U-/S-Bhf. Potsdamer Platz.

MACH mit Museum, Senefelderstr. 5, 10437 Berlin-Prenzlauer Berg, ☎ 7477 8200, www.machmitmuseum.de, Anfahrt: Tram M2/M10 Prenzlauer Allee/Danziger Straße. Zum Mitmachen, Entdecken, Probieren, Erforschen und Klettern im riesigen Kletterregal.

Technikmuseum mit dem benachbarten **Science Center Spektrum**, in dem auch die ganz Kleinen spielerische Experimente in Akustik, Optik und Schwerkraft machen können (s. S. 184).

Jugendmuseum Schöneberg, Hauptstr. 40–42, 10827 Berlin, ☎ 902776162, www.jugendmuseum.de, Anfahrt: S-Bhf. Schöneberg. Entdecken von Fundstücken in Schatzkammern und Wunderkisten.

Naturkundemuseum s. S. 128.

Computerspielemuseum s. S. 207.

Deutsches Currywurst-Museum, Schützenstr. 70, 10117 Berlin, ☎ 88718647, www.currywurstmuseum.de (nähe Checkpoint Charlie), Anfahrt: U2/U6 Stadtmitte. Hier dreht sich alles um den Berlin-Klassiker Currywurst. Kinder ab 8 Jahren können mehr darüber erfahren, wenn sie mit der unterhaltsamen Museumsralley auf Entdeckungstour gehen.

Alice-Kindermuseum, s.o., FEZ Wuhlheide. Interaktives Museum für junge Weltentdecker.
Puppentheater-Museum und **Taschenlampenführungen** s. S. 261.

Stadtführungen

Stadtführungen speziell für Kinder bzw. für Familien unter **www.berlin-mit-kindern.de**, ☎ 33029870. Auf **www.visitberlin.de** findet man Vorschläge für Stadtrundgänge, die an vielen Spielplätzen (innen oder außen) vorbeiführen.

Ab ins Wasser

Kinderbad Monbijou, Oranienburger Str. 78, 10178 Berlin, ☎ 01803-102020, www.berlinerbaederbetriebe.de, im Sommer tgl. 11–19 Uhr, Anfahrt: Tram M1/M6 Monbijoupark, S-Bhf. Oranienburger Straße/Hackescher Markt. Nur für die kleinen Gäste zum Planschen und Toben mit ihren Eltern. Zentral an der Spree gegenüber der Museumsinsel gelegen.

Ab in die Natur

Botanischer Garten s. S. 287.
Zoologischer Garten s. S. 153 und **Tierpark Friedrichsfelde** s. S. 244.
Irrgarten in den **Gärten der Welt** s. S. 246.
Domäne Dahlem, Königin-Luise-Str. 49, 14195 Berlin-Dahlem (s. Karte S. 286), ☎ 666300-0, www.domaenedahlem.de, Mi–Mo 10–18 Uhr, Anfahrt: U-Bhf. Dahlem-Dorf (U3). Freilandmuseum für Agrar- und Ernährungskultur, mit Bauernhoftieren, Traktoren zum Beklettern und Mitfahren im „Domänenexpress", Marktfeste, Ponyreiten und Kutschfahrten. Hofladen und Café.
Modellpark Berlin-Brandenburg, Eichgestell 4, 12459 Berlin Wuhlheide, ☎ 36446019, April–Okt. tgl. 9–19 Uhr, 4 €, Kinder 2 €, Anfahrt: S-Bhf. Karlshorst + Tram M17/27/37 Hegemeisterweg + Fußweg. Über 65 Sehenswürdigkeiten aus Berlin und Brandenburg in detailreicher Miniatur.

Theater, Figuren- und Puppentheater, Planetarium

ATZE Musiktheater, Luxemburger Str. 20, 13353 Berlin-Wedding, ☎ 81799188, www.atzeberlin.de, Anfahrt: U-Bhf. Amrumer Straße (U9). Jugend- und Musiktheater, Klassiker wie „Ronja Räubertochter" sowie eigene Stücke.
Grips-Theater, ☎ 39747477, www.grips-theater.de. Es gibt zwei Bühnen: Altonaer Str. 22 im Hansaviertel, Anfahrt: U-Bhf. Hansaplatz (U9), und Klosterstr. 68, Anfahrt: U-Bhf. Klosterstraße (U2). Kinder-, Jugend- und Erwachsenentheater, Musicals wie die berühmte Linie 1, die Linie 2 sowie aktuelle Stücke. Fetzige Melodien und kluge Texte.
Theater an der Parkaue, Parkaue 29, 10367 Berlin-Lichtenberg, ☎ 55775252, www.parkaue.de, Anfahrt: U-/S-Bhf. Frankfurter Allee (U8) oder Tram M13/16 Rathaus Lichtenberg. Größtes Kinder- und Jugendtheater Deutschlands mit 90 Mitarbeitern und drei Bühnen. Großes Repertoire und Neuaufführungen.
Schaubude, Greifswalder Str. 81–84 im Prenzlauer Berg, ☎ 4234314, www.schaubude-berlin.de, Anfahrt: S-Bhf. Greifswalder Straße. Puppen-, Figuren- und Objekttheater, ein Riesenspaß für Kinder und Erwachsene.
Fliegendes Theater, Urbanstr. 100, 10967 Berlin Kreuzberg, ☎ 6922100, www.fliegendes-theater.de, Anfahrt: U-Bhf. Hermannplatz (U7/U8). Eines der besten Fi-

gurentheater Berlins und mehrfach ausgezeichnet, z. B. „Der kleine König Dezember", in ehemaligem Fabrikgebäude.

Puppentheater Berlin, Gierkeplatz 2, 10629 Berlin-Charlottenburg, ☎ 342 1950, www.puppentheater-berlin.de, Anfahrt: U-Bhf. Richard-Wagner-Platz (U7). Kider- und Erwachsenenstücke.

Zaubertheater Igor Jedlin, Roscherstr. 7, 10629 Berlin-Charlottenburg, ☎ 3233777, www.zaubertheater.de, Anfahrt: U-Bhf. Adenauer Platz (U7).

Planetarium und **Sternwarte**, auf dem erhöhten Schöneberger Berg „Insulaner", Munsterdamm 90, 12169 Berlin, ☎ 790093-0, www.planetarium-berlin.de.

Zeiss-Großplanetarium, Prenzlauer Allee 80, 10405 Berlin im Prenzlauer Berg, ☎ 4218450, www.sdtb.de, Anfahrt: Tram M2 oder S-Bhf. Prenzlauer Allee. Riesige Silberkugel mit Sternenkuppel.

Verschiedenes

Jacks Fun World, Miraustr. 38, 13509 Berlin, ☎ 419002-42, www.jacks-funworld.de, Di–Fr 14–19, Sa/So/Ferien 10–19 Uhr, Kinder 5 €, Erwachsene 3 €, Anfahrt: Bus X33/322 Miraustraße ab S-Bhf. Eichborndamm oder U-Bhf. Rathaus Reinickendorf (U8). Der größte Berliner Indoorfreizeitpark mit Trampolinbungee, Kindereisenbahn, Hüpfburgen, Minigolf, Seilbahn und mehr.

Klettern: Hochseilgärten und Kartbahnen (s. S. 66).

Potsdam: Filmpark Babelsberg und AbenteuerPark Potsdam (s. S. 331).

Kinos

Berlin ist Kino-Hauptstadt mit rund 100 Lichtspieltheatern und insgesamt ca. 290 Leinwänden. Trotz seiner zwölf Multiplexkinos, das größte ist das Cinemaxx am Potsdamer Platz mit 19 Kinosälen, existieren noch 86 traditionelle Spielstätten.

Besondere Kinos

Arsenal im Sony Center, www.arsenal-berlin.de, Anfahrt: U-/S-Bhf. Potsdamer Platz (U2). Das Institut für Film und Videokunst zeigt einzigartige experimentierfreudige und innovative Filme aus der ganzen Welt.

Astor Film Lounge, Kurfürstendamm 255, www.astorfilmlounge.com, Anfahrt: U-Bhf. Kurfürstendamm (U1/U9). Eleganter Filmpalast am Kurfürstendamm aus den 1950er-Jahren mit neuester Technik. Besonders breite Ledersessel, auch für Paare, Parkservice, Aperitif und Bedienung am Platz mit Fingerfood während des Films.

Babylon Mitte: Rosa-Luxemburg-Str. 30, www.babylonberlin.de, Anfahrt: U-Bhf. Rosa-Luxemburg-Platz (U2). Traditionskino von 1929 mit historischer Kinoorgel im großen Saal, die bei Stummfilmen gespielt wird, ein Genuss. Gutes Programm, auch Konzerte und Lesungen.

Delphi-Filmpalast, Kantstr. 12a, www.delphi-filmpalast.de, Anfahrt: U-/S-Bhf. Zoologischer Garten (U2/U9). Schöner großer Kinosaal im ehemaligem Tanzpalast der wilden 1920er-Jahre. Gemäldekunst auf den Filmplakaten.

Event Cinema im Cine Star/Sony Center, www.cinestar.de, Anfahrt: U-/S-Bhf. Potsdamer Platz (U2). Die größte Leinwand Berlins im ehemaligen IMAX mit modernster Technik und bester Sicht von ungewöhnlich großen Ledersesseln.

Freiluftkino im **Volkspark Hasenheide** (s. Karte S. 262), www.freiluftkino-hasenheide.de, Anfahrt: U-Bhf. Südstern (U7) oder U-Bhf. Hermannplatz (U7/U8).
Freiluftkino Friedrichshain, Volkspark Friedrichshain, 10249 Berlin, ☎ 2936 1629, www.freiluftkino-berlin.de, Anfahrt: Tram M5/M6/M8 Platz der Vereinten Nationen. Schönstes Freiluftkino Berlins.
International, Karl-Marx-Allee 33, 10178 Berlin, ☎ 24756011, www.yorck.de, Anfahrt: U-Bhf. Schillingstraße (U5). Wunderbares DDR-Großraumkino.
Krokodil, Greifenhagener Str. 32, 10405 Berlin im Prenzlauer Berg, www.kino-krokodil.de, Anfahrt: U-/S-Bhf. Schönhauser Allee (U2). 1912 in ein Wohnhaus eingebautes Ladenkino, auf russische und osteuropäische Filme spezialisiert,
Sputnik, im 3. Hinterhof auf der 5. Etage in den Höfen am Südstern, Hasenheide 54 in Kreuzberg, www.sputnik-kino.com, Anfahrt: U-Bhf. Südstern (U7). Kleines Kino mit gemauerten Sitzen, gutes Programm, Arthouse, Filmgespräche.

Medien/Zeitung/TV live

Ganze zehn **Tageszeitungen** erscheinen in der Hauptstadt: Tagesspiegel, Berliner Zeitung, Berliner Morgenpost, taz, Bild, B.Z., Berliner Kurier, Die Welt, Neues Deutschland und Junge Welt. Wichtigste Stadtmagazine sind Zitty und tip.

Radio, TV, Film

Über 50 Radio- und Fernsehstationen gibt es in Berlin. Der öffentlich-rechtliche Rundfunk Berlin Brandenburg (RBB) betreibt zwei Studios, im Haus des Rundfunks (s. S. 163) und in Potsdam Babelsberg. Weitere öffentliche und viele private Sender haben sich in der Nähe des Regierungsviertels postiert, z. B. das ARD-Hauptstadtstudio (s. S. 110). Mit über 300 Filmproduktionen jährlich ist Berlin wieder zu einer wichtigen **Filmstadt** geworden. Mehrere 100 Produktionsfirmen mit über 35.000 Beschäftigten in der Filmbranche arbeiten in Berlin. Wichtige Drehorte sind der Medienstandort Adlershof, Berliner Union-Film in Tempelhof sowie die großen Studios in Potsdam Babelsberg.

Folgenden TV-Sendungen kann man live beiwohnen:
ZDF Morgenmagazin und **Maybrit Illner**, im ZDF-Hauptstadtstudio Unter den Linden (s. S. 103), Tickets unter veranstaltungen.zdf.de.
Anne Will, Studio Berlin (Studio D), Am Studio 20b, 12489 Berlin, ☎ 31166660 bei www.eventtixx.de, Anfahrt: S-Bhf. Adlershof.
Hart aber fair mit Frank Plasberg, Fernsehwerft Berlin am Osthafen, Studio 4, Stralauer Allee 8a, 10245 Berlin Friedrichshain, Tickets über hart-aber-fair@wdr.de, Anfahrt: U-/S-Bhf. Warschauer Straße.
Günter Jauch, im Schöneberger Gasometer, Torgauer Str. 12–15, Tickets unter ☎ 01805-243249, www.tvtickets.de, Anfahrt: S-Bhf. Schöneberg.

Nachtleben

Selbst wenn der Tag an den Kräften gezehrt hat, sollte man sich das Nachtleben in der Metropole nicht entgehen lassen. Das Angebot ist kaum zu überbieten – für jeden ist etwas dabei. Sei es, dass man den Tag in einer Berliner Kneipe ausklingen lassen oder den Abend in einer Cocktailbar erst starten möchte. Seit jeher genießt das Berliner Nachtleben einen legendären Ruf. Zum Partymachen strömen bis zu 15.000 junge Leute aus ganz Europa jedes Wochenende in die Clubszene. Also: neugierig sein und auf Entdeckungstour gehen in den Ausgehvierteln dieser Stadt, die niemals schläft. Die einzelnen Empfehlungen findet man bei den Reisepraktischen Infos des jeweiligen Viertels. Die meisten Ausgeh- und Szeneviertel befinden sich in der Berliner Innenstadt (innerhalb des S-Bahnrings) und sind mit öffentlichen Verkehrsmitteln Tag und Nacht gut zu erreichen.

Berlin Mitte

Entree für das Szeneviertel in der Spandauer Vorstadt bilden der Hackesche Markt mit zahlreichen Lokalen rund um den Platz, der Bereich zwischen Rosenthaler und Rosa-Luxemburg-Platz mit einem Gemisch aus coolen Cocktailbars und gemütlichen Bierpinten sowie Oranienburger Tor. Auch rund um Friedrichstraße und Gendarmenmarkt gibt es schicke Bars, während die Clubs überall verteilt sind.

Prenzlauer Berg

Im „Notting-Hill“ Berlins hatten sich nach der Wende viele originelle Clubs und schräge Kneipen angesiedelt, die inzwischen von zwar originellen, aber eher kuschelig-braven Cafés abgelöst oder wegen Anwohnerbeschwerden geschlossen wurden. Viele schöne Lokale findet man rund um Kollwitz, Helmholtz und Senefelder Platz, während das trendbewusste junge Publikum eher an der Kastanienallee und rund um die Gethsemanekirche anzutreffen ist. Typische Gastronomieform der Neuzeit sind wohnzimmerähnliche, mit Sofas und alten Möbeln ausgestattete Café-Bars.

Kreuzberg

Natürlich sind Kreuzberger Nächte lang! Zum nächtlichen Ausschwärmen bieten sich gleich mehrere Gegenden an: der Bereich Bergmannstraße/Mehringdamm mit zahlreichen Restaurants und kleinen Bars, die Gegend um die Oranienstraße und Wiener Straße mit gemütlichen Kneipen und kultigen Szenetreffs. Weiträumig rund um die Oberbaumbrücke haben sich auf beiden Seiten der Spree (Kreuzberg und Friedrichshain) in ehemaligen Gewerbebauten die angesagtesten Clubs der House- und Technomusik angesiedelt, die zu den besten weltweit zählen. Mit zum Nachtleben gehören im Sommer die Strandbars.

Friedrichshain

Flippig, jung und garantiert nicht edel ist das nächtliche Leben in Friedrichshain. Entlang der Simon-Dach-Straße und rund um den Boxhagener Platz finden sich szenige Cafés und alternativ-schräge Kneipen.

Neukölln

Angrenzend an Kreuzberg sind in „Kreuzkölln“ provisorisch anmutende Bars und Kunsträume entstanden, die eher von Studenten und jungen Touristen als „letzter Schrei“ bevölkert werden, insbesondere Weser- und Weichselstraße. Aber auch zwischen Richardplatz und Emser Straße schießen derzeit einfache alternativ-studentische Kneipen wie Pilze aus dem Boden.

City West

Im Westen nichts Neues? Von wegen. Touristennepp und künstliche Kneipenlandschaften der 1970er-Jahre sind inzwischen von Ku'damm und Lietzenburger Straße weitgehend verschwunden sind, rund um den Savignyplatz in Charlottenburg laden eine Vielzahl gediegener Restaurants, stimmungsvoller Musikkneipen und Bars zum Verweilen ein. Rund um den Ludwig-Kirch-Platz in Wilmersdorf findet man eine ganze Reihe Cocktailbars.

Schöneberg

Wichtige Ausgehmeile mit netten Kneipen, Bars und Szenecafés ist der Bereich Maaßenstraße, Winterfeldtplatz, Goltzstraße bis hin zur Akazienstraße. Rund um den Nollendorfplatz bilden insbesondere Motz- und Fuggerstraße das Zentrum des schwul-lesbischen Nachtlebens.

Schwule und Lesben

Berlin gehört zu den größten schwul-lesbischen Metropolen weltweit. Die historisch gewachsene und selbstbewusste *gay community* bietet ein breites Angebot an Bars und Restaurants, eine legendäre Clubszene und eine riesige Palette an sonstigen Einrichtungen – vom schwulen Männerchor bis zum lesbischen Fußballverein. Es gibt gayfreundliche Hotels und Pensionen, schwul-lesbische Buchläden, Galerien, ein schwules Museum und seit 2001 einen offen schwulen Regierenden Bürgermeister – „und das ist auch gut so!". Im Nischenkino Xenon an der Schöneberger Kolonnenstraße laufen viele „queere" Filme. Umfassende Infos und aktuelle Termine sind im kostenlosen schwul-lesbischen Monatsmagazin Siegessäule zu finden, das in den Szeneläden ausliegt. Viele Infos auch unter **berlin.gay-web.de**.

Der traditionelle Gaykiez hat sich in Schöneberg am Nollendorfplatz rund um die Motz- und Fuggerstraße platziert. Hier findet auch alljährlich das bunte Straßenfest (s. S. 36) statt. Weitere Szeneschwerpunkte sind Prenzlauer Berg und insbesondere Kreuzberg, wo zum Christopher Street Day parallel zur großen Mainstreamparade eine links-alternative „transgeniale" Demo am Heinrichplatz endet. Wichtiges Beratungszentrum für **Schwule** ist das **Mann-O-Meter** am Nollendorfplatz, Bülowstr. 106, ☎ 2168008, Di–Fr 17–22, Sa/So 14–20 Uhr, für **Lesben** das **Lesbenberatungszentrum** in der Kulmer Str. 20, Mo–Fr 10–17/19 Uhr, ☎ 2152000, Anfahrt: U-Bhf. Kleiststraße (U7).

Sport und Wellness

Base Flying, Bungee & Co

Base Flying: Ein beherzter Sprung vom 40-geschossigen Park Inn Hotel am Alexanderplatz (s. Hotels S. 73) ist tagsüber bei freier Terminwahl für 79 €, vormittags 10–11 Uhr ab 49 € zu haben.
Wer **Bungee Jumping** machen möchte, findet einen **Kran** in **Schmöckwitz**, umgeben vom natur- und wasserreichen Südosten Berlins. Kosten: 89 €, Frühflieger 9–10 Uhr für 69 €, Anfahrt: S-Bhf. Grünau + Tram 68 + Fußweg.

Mit dem Gesicht voran kann man am **Andel's Hotel** hinunterlaufen. Das **House Running** kostet 69 € oder 9–10 Uhr 49 €, Anfahrt: S-Bhf. Landsberger Allee. **Infos und Buchung**: ☏ 01805-606036, www.angst-lust.de.

Beach-Volleyball

Beach Mitte, ehemaliger Stettiner Bahnhof, Reservierung ☏ 0177-2806861, www.beachmitte.de, April–Sept. tgl. 10–24 Uhr, 12–16 €/Std., Anfahrt: S-Bhf. Nordbahnhof. Größte Anlage Europas mit 60 Beachfeldern, Flutlichtanlage, Beach-soccer, -tennis u. -handball.
Beach Park 61, Yorckstr. 35, Zugang Bülowstraße oder Yorckstraße, in Kreuzberg, Reservierung ☏ 0177-2322461, www.beach61.de, Sommer Mo–Fr ab 14, Sa/So ab 10 Uhr bis in die Nacht, 8–15 €/Std., Anfahrt: U-/S-Bhf. Yorckstraße (U7). 25 Open-Air-Plätze mit Flutlicht, auf dem Gelände des Gleisdreiecks, auch Beach-soccer und Völkerball.

Eislaufen

Besonders schnell zugefroren ist in einem kalten Winter der Neue See im Tiergarten. Wenn freigegeben, herrscht auf Wannsee oder Müggelsee Volkfeststimmung. Spree und Landwehrkanal sollte man grundsätzlich wegen warmer Einleitungen nicht betreten.
Künstliche Eisbahnen, klein und kostenfrei, Schlittschuhverleih möglich:
- am Marlene-Dietrich-Platz, Nov.–Jan., Anfahrt: U-/S-Bhf. Potsdamer Platz (U2):
- am Neptunbrunnen Rotes Rathaus, im Dez., Anfahrt: U-/S-Bhf. Alexanderplatz.

Große **Eisstadien**, Okt.–März, für 3,30 € (Auswahl):
- Horst-Dohm-Eisstadion, Fritz-Wildung-Str. 9, Wilmersdorf, Okt.–März, ☏ 89732734, www.horst-dohm-eisstadion.de, Anfahrt: S-Bhf. Hohenzollerndamm;
- Erika-Hess-Eisstadion, Müllerstraße 185, Wedding, ☏ 46907955.

Fußball, Eishockey und Basketball, Handball – die Spielstätten

Fußball: Hertha BSC, Olympiastadion, www.herthabsc.de, knapp 75.000 Plätze; Union Berlin, an der alten Försterei in Köpenick, An der Wuhlheide 263, www.fc-union-berlin.de, 18.400 Plätze, Anfahrt: S-Bhf. Köpenick.
Eishockey: EHC Eisbären, O²-World, Mühlenstr. 12–30, www.eisbaeren.de, rund 17.000 Plätze.
Basketball: ALBA Berlin, Max-Schmeling-Halle (s. Karte S. 214), Falkplatz 1, Prenzlauer Berg, www.albaberlin.de, 9000 Plätze.
Handball: Füchse Berlin, Max-Schmeling-Halle, Falkplatz 1, Prenzlauer Berg, www.fuechse-berlin.de.

Golf

Golf Club Gatow, Sparnecker Weg 100, Spandau, ☏ 3650006, www.golfclubgatow.de. 18- und 6-Loch.
Golf- und Landclub Berlin-Wannsee, Golfweg 22, Zehlendorf, ☏ 8067060, www.wannsee.de. 18- und 9-Loch, Platzerlaubnis erforderlich.
Golf Resort Pankow, Blankenburger Pflasterweg 40, Pankow, ☏ 50019490, www.golf-pankow.de, tgl. ab 9 Uhr, Bahnen ab 14 €. Hier dürfen auch Amateure probieren, 18-, 9-, 6- und 3-Loch.

Hochseilgarten und Klettern

Mount Mitte, am S-Nordbahnhof, ☎ 555778922, www.mountmitte.de, April–Okt. Mo–Fr ab 14, Sa/So ab 10 Uhr, ab 19 €. Hochseilgarten aus Stahl mit Aussichtsplattform, 16 m hoch, sechs Parcours mit 90 Elementen und Strandbar.

Magic Mountain, Böttgerstr. 20–26, im Wedding, ☎ 88715790, www.magic mountain.de, Mo–Fr 12–24, Sa/So 10–22 Uhr, 14 €. Über 2500 m^2 können in der Halle erklettert werden, auch für Kinder sowie Schnupperkurse.

Kartbahnen

Berlin Kart, Werbellinstr. 50, Berlin-Neukölln, ☎ 68053565, www.berlin-kart.de, Mo–Do 13–22, Fr/Sa bis 24, So 11–22 Uhr, ab 11 €, Anfahrt: U7-Karl-Marx-Allee. Größte Indoorkartbahn mit 752 m Bahnlänge, 4-Takter bis 60 km/h.

Minigolf

Neben diversen Freiluft-Minigolfanlagen in Berlin gibt es:

Schwarzlicht-Minigolfanlage, Görlitzer Str. 1, Kreuzberg, ☎ 61621960, www.indoor-minigolf-berlin.de, Mo–Fr 12–22, Sa/So 10–22 Uhr, 5,50 €, Reservierung sinnvoll. Mit spacigen 3D-Effekten, im Keller des Parkcafés im Görlitzer Park (s. Karte S. 187), 18 Bahnen in fünf kunstvoll gestalteten Räumen.

Pferderennen

Mariendorf, Mariendorfer Damm 222, Tempelhof, ☎ 7401212, berlintrab.de, ganzjährig Betrieb, Sa/So 3 €, Mo–Fr frei, Anfahrt: U-Bhf. Alt Mariendorf (U6) + Bus M76/179 bis Trabrennbahn. Modernste deutsche Trabrennbahn seit 1913.

Hoppegarten, östlich von Berlin, Goetheallee 1 in 15366 Hoppegarten, ☎ 03342-38930, www.hoppegarten.com, April–Okt., ab 10 €, Anfahrt: S-Bhf. Hoppegarten/Mark. Eine der schönsten Galopprennbahnen Deutschlands.

Schwimmen

Rund 60 Hallen- und Freibäder werden von den Berliner Bäderbetrieben unterhalten bzw. verpachtet, **Service-Hotline** ☎ 22190011, **www.berlinerbaederbetriebe.de**. Der Eintritt kostet in der Regel 4 €, ermäßigt 2,50 €. Tipp: Vor dem Besuch empfiehlt sich ein Anruf, um nicht vor verschlossenen Türen zu stehen.

• Schöne, historische Hallenbäder

Alte Halle des Stadtbads Charlottenburg (s. S. 158), Krumme Str. 10, Öffnungszeiten variieren, Anfahrt: U-Bhf. Deutsche Oper (U2). Wandmalereien und gusseiserne Säulen, Jugendstil und Neoromanik, 25-m-Becken zum Schwimmen.

Stadtbad Neukölln (s. S. 261), Ganghofer Str. 4, im Sommer schließt das Bad, Anfahrt: U-Bhf. Rathaus Neukölln (U7). Baden wie zu Kaisers Zeiten in einem der schönsten Volksbäder von 1914, ausgestattet mit Marmor und Mosaiken und 7 m hohen Säulen. Die damals für Männer und Frauen getrennten Schwimmhallen gleichen dreischiffigen Basiliken, die Becken sind 19 und 25 m lang. Die damit verbundene russisch-römische Saunalandschaft erinnert an die Thermen von Pompeji.

• Architektonisch interessante Hallenbäder

Stadtbad Mitte, Gartenstr. 5, Anfahrt: S-Nordbahnhof. Funktionalismusstil von 1929 mit einer eindrucksvollen lichtdurchfluteten Decke über dem 50-m-Becken.

Stadtbad Schöneberg „Hans Rosenthal" (s. S. 276), Hauptstr. 38, Anfahrt: U-Bhf. Rathaus Schöneberg (U4) oder Bus M48/M85 Albertstraße. Beliebtes, denkmalgeschütztes Bad mit mehreren Becken, Strömungskanal, Rutschbahnen, Solebecken und Whirlpools.
SSE Schwimmhalle im Europapark, Paul-Heyse-Str. 26, Prenzlauer Berg, Anfahrt: S-/Tram Landsberger Allee. Eine der modernsten Schwimmhallen Berlins, gebaut für die Olympiabewerbung 2000. Im Schwimmstadion kann man beim Turmspringen zusehen, im großen 50-Meter-Becken selbst schwimmen.

• **Freibäder** (Ende April–Sept., tgl. 8–19 bzw. 7–20 Uhr)
Prinzenbad, Prinzenstr. 113, Anfahrt: U-Bhf. Prinzenstraße (U1). Populäres, oft überfülltes Bad mitten im Kreuzberger Kiez mit zwei 50-Meter-Becken, großer Liegewiese und Sicherheitspersonal. Bekannt durch den Film „Prinzessinnenbad".
Olympia-Schwimmstadion (s. S. 157), Anfahrt: U-Bhf. Olympiastadion (U2). Hier wurden die Schwimmwettbewerbe der Olympiade von 1936 ausgetragen. 50-Meter-Sportbecken und 10-Meter-Sprungturm.
• **Das Badeschiff** (s. S. 210), Eichenstr. 4, 12435 Berlin, ☎ 0157-87625919, www.arena-berlin.de, tgl. 8–24 Uhr, 4 €, Anfahrt: S-Bhf. Treptow oder U-Bhf. Schlesisches Tor (U1). Ein schwimmender Pool mit sauberen Wasser. Im Sommer verbunden mit einer coolen Strandbar, die junge trendige Leute anzieht, im Winter ins Winterbadeschiff verwandelt. Dann bekommt es einen außerirdisch anmutenden Kokon übergestülpt inklusive zweier Saunen mit Spreeblick. Das Schiff wird privat betrieben und gehört zum Arena-Areal zwischen Kreuzberg und Treptow.

• **Strandbäder und Seen**
Strandbad Wannsee, der herrliche Klassiker (s. S. 294).
Freibad Plötzensee, Nordufer 26, Berlin-Wedding, Anfahrt: Tram M13/50 bis Virchow-Klinikum. Sandstrand, Liegewiese, Strandkörbe, viele Angebote für Kind und Kegel, FKK-Bereich.
Freibad Orankesee (s. Karte S. 241), Getrudstr. 7, Berlin-Hohenschönhausen, Anfahrt: Tram M4 Buschallee/Hansastraße. Idyllisch mit Sandstrand, Strandkörben und langer Rutsche.
Freibad Lübars am Ziegeleisee, Am Freibad 9, 13469 Berlin Lübars, Anfahrt: Bus 222 Am Vierrutenberg. Eher ruhiger mit weiträumigem Areal, Restaurant mit Terrasse und Festsaal.

An folgenden Seen laden **idyllische Badebuchten** (kein offizielles Bad) zum Sprung ins kühlende Nass ein: entlang der Havelseenlandschaft im Grunewald (s. Karte S. 290), am Uferweg von Wannsee zur Glienicker Brücke, Schlachtensee und Teufelssee im Grunewald sowie der Bereich am Müggelsee bei Friedrichshagen (s. Karte S. 256).

Skaten, BMX

Neben zahlreichen Halfpipes in nahezu jedem Kiez gibt es:
Skatehalle-Berlin im RAW-Gelände Friedrichshain (s. Karte S. 197), Revaler Str. 99, ☎ 29362966, skatehalle-berlin.de, tgl. 14–20/22/24 Uhr, 3–5 €. Auf 1600 m^2 die größte Halfpipe Europas, für Anfänger und Profis, Kurse und Skaterturniere, BMX-Tage.

Mellowpark in Köpenick, An der Wuhlheide 256, ☎ 6526-0377, www.mellowpark.de. Extremsport- und Freizeitpark, größter Open-Air-Skater- und BMXpark Deutschlands mit 2000 m² Streetfläche, Minirampen, Halfpipe und Pisten, auch Fußball, Basketball und Beachvolleyball, ein Traum für Jugendliche.

Wellness/Spa

Liquidrom (s. Karte S. 184), Möckernstr. 10, ☎ 25800782-0, www.liquidrom-berlin.de, So–Do 10–24, Fr/Sa 10–1 Uhr, für 2 Std. 19,50 €, Anfahrt: U-Bhf. Möckernbrücke (U1) oder S-Bhf. Anhalter Bahnhof. Angesagter Wellnesstempel, urbane Badekultur in minimalistisch-stilvollem Ambiente. Saunen, Massagen, großer Whirlpool im Freien, aber die Hauptattraktion ist das fast schwerelose Treiben im Salzwasser im grottenartigen Gewölbe, begleitet von Lichtspielen und sanften Unterwasserklängen.
Thermen am Europa-Center (s. Karte S. 151), Nürnberger Str. 7, ☎ 2575 760, www.thermen-berlin.de, Mo–Sa 10–24, So 10–21 Uhr, 16,50 € für 3 Std., Anfahrt: U-Bhf. Kurfürstendamm (U1/U9). Große Sauna- und Wellnesslandschaft und Außenpool – über den Dächern von Berlin.
Sultan Hamam, Bülowstr. 57, Berlin-Schöneberg, ☎ 21753375, www.sultan-hamam.de, tgl. 12–23 Uhr, Mo Herren, Di–Sa Frauen, So gemischt, 16 € für 3 Std., Anfahrt: U-Bhf. Bülowstraße (U2). Modernes orientalisches Dampfbad auf 1000 m², Massage, Peeling und Hamam-Lounge.
Ayurveda-Wellness-Zentrum **Surya Villa** (s. Karte S. 214), Rykestr. 3, Prenzlauer Berg, ☎ 48495780, www.ayurveda-wellnesszentrum.de, Mo–Sa 10.30–20 Uhr, Anfahrt: Tram M2 Knaackstraße. Ayurveda, Massagen, Bäder, Seminare und Schulungen.

Stadtführungen

Für Kinder, für Filmfans, Kunstbegeisterte, Feinschmecker oder Nachteulen – es werden zu fast jeder Thematik Führungen angeboten. Daneben gibt es Führungen in verschiedensten Fortbewegungsmitteln vom Fahrrad bis zum Trabi sowie Spezialitäten wie Schnitzeljagden oder der Einblick in die Berliner Unterwelten.

Berliner Autoren Führungen, berliner-autoren-fuehrungen.de. Auf den Spuren berühmter Dichter werden auch verschiedene Aspekte der Stadtgeschichte beleuchtet.
Berliner Unterwelten, berliner-unterwelten.de. Spannende Touren unter die Erde, z. B. zu Bunkerruinen, in Geister-U-Bahnhöfe, zu unterirdischen Fluchtwegen.
Berlin on Bike, Knaackstr. 97, Prenzlauer Berg, ☎ 43739999, www.berlinonbike.de. Geführte Radtouren und -verleih, Kulturbrauerei, Hof 4.
Berlin Rallye, www.berlin-rallye.com. Schnitzeljagden und Rätseltouren für Erwachsene in Berlin und Potsdam.
Eat the World, www.eat-the-world.com. Kulinarische Streifzüge mit leckeren Kostproben.
Free Berlin Tours: www.fahrradtouren-berlin.com. Berlin mit dem Rad entdecken.

Fritz Music Tours, www.musictours-berlin.de. Mit Bus oder zu Fuß zu den Stätten der Berliner Rock- und Popmusikszene.
Hop on hop off, www.berlin-city-tour.de, 15 €/Tour. Rundtouren im offenen Doppeldecker zu den klassischen Attraktionen, beliebig oft ein- und aussteigen.
Kultur bewegt, www.kulturbewegt.de. „Inside"-Touren – Frauen führen durch ihren als Problemkiez bekannten Bezirk Neukölln. Außerdem zeigen Jugendliche den ebenfalls schwierigen Stadtteil Wedding.
Kultur Büro Berlin, www.stadtverfuehrung.de. Führungen durch die Berliner Geschichte, Kieze und Villenviertel mit Schwerpunkt Kunst und Architektur.
Lobby Control: www.lobbycontrol.de. Die etwas andere Stadtführung durch den Lobbydschungel im Regierungsviertel und über den Einfluss von Lobbyisten.
Sightseeing Point Berlin, www.sightseeing-point-berlin.de. Große Palette von Führungen zu Fuß, per Bus, mit Rad und ÖV durch Berlin und nach Potsdam; Kombitouren z. B. mit dem Schiff.
Segway Tours, Panoramastr. 1a, www.citysegwaytours.com, z. B. Schnupperfahrt 90 Min. für 43 €, Start am Alexanderplatz. Touren mit dem Segway zu den Highlights der Stadt.
Stattreisen, www.stattreisenberlin.de. Interessante Thementouren in Berlin und Potsdam, Stadtrallyes und Kindertouren.
Tour de Toilette, www.annahaase.de. Rundgang zu den „besonderen" Klos Berlins. Geschichten rund um die Berliner Hygiene- und Toilettenkultur.
Trabi-Safari, cms.trabi-safari.de, Start am Hi-Flyer-Ballon (s. Karte S. 109). Selbst Trabifahren im Konvoi mit Infos über Funk. Zwei Touren (1–2 Std.) zur Auswahl.
Velotaxis und **Rikschas** (s. S. 84)
Videobustour, www.videobustour.de. Ein Ausflug zu Drehorten und Schauplätzen berühmter Berlin-Filme die gleichzeitig als Ausschnitte in Monitoren gezeigt werden.

Theater und Spielstätten

Oper, Klassik, Ballett

Staatsoper Unter den Linden, wegen Sanierung bis 2014 im **Schillertheater**, Bismarckstr. 110, 10625 Berlin, ☎ 203540, www.staatsoper-berlin.de.
Deutsche Oper Berlin, Bismarckstr. 35, 10627 Berlin, ☎ 34384343, www.deutscheoperberlin.de.
Komische Oper Berlin, Behrenstr. 55–57, 10117 Berlin, ☎ 47997400, www.komische-oper-berlin.de.
Berliner Philharmonie, Herbert-von-Karajan-Str. 1, 10785 Berlin, ☎ 25488999, www.berliner-philharmoniker.de.
Konzerthaus Berlin, Gendarmenmarkt, 10117 Berlin, ☎ 203090, www.konzerthaus.de.
Staatsballett Berlin (Spielstätten in den Opernhäusern), ☎ 34384140, www.staatsballett-berlin.de.

Theater, die Klassiker

Berliner Ensemble, Bertolt-Brecht-Platz 1, 10117 Berlin, ☎ 28408155, www.berliner-ensemble.de.

Berliner Festspiele, Schaperstr. 24, 10719 Berlin, ☎ 254890, www.berlinerfestspiele.de.
Deutsches Theater Berlin, Schumannstr. 13a, 10117 Berlin, ☎ 28441225, www.deutschestheater.de.
Hebbel am Ufer, Stresemannstr. 29, 10963 Berlin, ☎ 25900427, www.hebbel-am-ufer.de.
Maxim Gorki Theater Berlin, Am Festungsgraben 2, 10117 Berlin, ☎ 20221115, www.gorki.de.
Renaissance-Theater Berlin, Knesebeckstr. 100/Ecke Hardenbergstraße, 10623 Berlin, ☎ 3159730, www.renaissance-theater.de.
Schaubühne am Lehniner Platz, Kurfürstendamm 153, 10709 Berlin, ☎ 890023, www.schaubuehne.de.
Schlosspark Theater, Schloßstr. 48, 12165 Berlin, ☎ 2176774, www.schlossparktheater.de.
Theater und Komödie am Kurfürstendamm, Kurfürstendamm 206/209, 10719 Berlin, ☎ 8859110, komoedie-berlin.de.
Tribüne, Otto-Suhr-Allee 18, 10585 Berlin, ☎ 3419001, www.tribuene-berlin.com.
Volksbühne am Rosa-Luxemburg-Platz, Rosa-Luxemburg-Platz, 10178 Berlin, ☎ 240655, www.volksbuehne-berlin.de.

Theater – Kleinkunst und Experimentierfreudiges

Ballhaus Naunynstraße, Naunynstr. 27, 10997 Berlin, ☎ 75453725, www.ballhausnaunynstrasse.de.
Dock 11, Kastanienallee 79, 10435 Berlin, ☎ 4481222, www.dock11-berlin.de.
Heimathafen Neukölln, Karl-Marx-Str. 141, 12043 Berlin, ☎ 56821334, www.heimathafen-neukoelln.de.
Neuköllner Oper, Karl-Marx-Str. 131–133, 12043 Berlin, ☎ 68890777, www.neukoellneroper.de.
Radialsystem V (Tanztheater), Holzmarktstr. 33, 10243 Berlin, ☎ 28878850, www.radialsystem.de.
Sophiensaele, Sophienstr. 18, 10178 Berlin, ☎ 2835266, sophiensaele.com/.
Theater 89, Torstr. 216, 10115 Berlin, ☎ 2824656, www.theater89.de.
Theater Thikwa, Fidicinstr. 40, 10965 Berlin, ☎ 695050922, www.thikwa.de.

Kabarett, Varieté, Show

Die Stachelschweine, Europacenter, 10789 Berlin, ☎ 2614795, www.diestachelschweine.de.
Die Wühlmäuse, Pommernallee 2–4, 14052 Berlin, ☎ 30673011, www.wuehlmaeuse.de.
Distel (Kabarett-Theater), Friedrichstr. 101, 10117 Berlin, ☎ 2044704, www.distel-berlin.de.
Bar jeder Vernunft, Schaperstr. 24, 10719 Berlin, ☎ 8831582, www.bar-jeder-vernunft.de.
Chamäleon Theater, Rosenthaler Str. 40/41, 10178 Berlin, ☎ 40005930, www.chamaeleonberlin.com.
TIPI am Kanzleramt, Große Querallee, 10557 Berlin, ☎ 39066550, www.tipi-am-kanzleramt.de.

Revue, Show, Musical

Admiralspalast Theater, Friedrichstr. 101–102, 10117 Berlin, ☎ 32533130, www.admiralspalast.de.
Friedrichstadt-Palast, Friedrichstr. 107, 10117 Berlin, ☎ 23262326, www.show-palace.eu.
Blue Man Group im Bluemax, Marlene-Dietrich-Platz 4, 10785 Berlin, ☎ 259 24450, www.stage-entertainment.de.
Theater am Potsdamer Platz, Marlene-Dietrich-Platz 1, 10785 Berlin, ☎ 259 290, www.stage-entertainment.de.
Theater des Westens, Kantstr. 12, 10623 Berlin, ☎ 31903876, www.stage-entertainment.de.

Übernachten

Berlins Gastgewerbe konnte im Jahr 2011 einen Rekord von über 22 Mio. Übernachtungen registrieren. Deutschlands Reiseziel Nr. 1 (inzwischen zur Nr. 3 in Europa aufgerückt) bietet seinen Besuchern über 760 Hotels mit rund 130.000 Betten – 30.000 mehr als in New York. Allein über 20 Luxushäuser oder 130 Hostels können ausgewählt werden. Dadurch kommt es zu relativ niedrigen Belegungsquoten, was sich günstig auf die Übernachtungspreise auswirkt. Die im folgenden angegeben Preise beziehen sich auf das vom Haus regulär angegebene günstigste Doppelzimmer für die erste Nacht und stellen daher nur einen Richtwert dar. Bei der tatsächlichen Buchung gibt es erhebliche Schwankungen nach oben und unten. Preise vergleichen lohnt sich! Nach Stadtvierteln sortiert werden im Folgenden eher besondere Hotels und außergewöhnliche Unterkünfte vorgestellt.

@ Über folgende Internetseiten kann man Hotels buchen:
Allgemein: www.tripadvisor.de, www.booking.de, www.expedia.de, www.hotel.de, www.hrs.de.
Stadtportale: www.berlin.de und www.visitberlin.de.
Für **Hostels** bietet sich an: www.backpacker-network.de.
Ferienwohnungen ab 45 € unter: www.gaestewohnungeninberlin.de, www.berlin-sofort.de, www.visitberlin.de, www.waytostay.com.
Kleine, **einfache Pensionen** ab 30 € unter: www.deutsche-pensionen.de.
Privatzimmer: www.zimmerdatenbank-berlin.de, www.zimmer-im-web.de.
Private Zimmervermittlung: www.bedandbutter.de.

Mitte/Historische Mitte

Rocco Forte Hotel de Rome (1, s. Karte S. 96), Behrenstr. 37, 10117 Berlin, ☎ 4606090, www.roccofortecollection.com, Anfahrt: U-Bhf. Französische Straße. Der historische Bau am Bebelplatz Unter den Linden war einst die Zentrale der Dresdner Bank und wurde vom Designer Tommaso Ziffer kunstvoll umgewandelt. So schwimmt man heute im ehemaligen Tresorraum. Die 146 edel-zeitgenössischen Zimmer und Suiten haben hohe Decken, das Paroli-Restaurant bietet einen traumhaften Blick von der Dachterrasse. Ab 300 € inkl. Frühstück.
Regent Hotel Berlin (s. Karte S. 96, Nr. 23 der Sehenswürdigkeiten), Charlottenstr. 49, 10117 Berlin, ☎ 20338, www.regenthotels.com, Anfahrt: U-Bhf. Fran-

zösische Straße. Das Fünf-Sterne-Hotel am Gendarmenmarkt ist 2004 in das ehemalige Four Seasons Hotel gezogen. Die 195 Zimmer sind klassisch konservativ mit gediegenem Mobiliar ausgestattet und verfügen über ausgesprochen edle Badezimmer. Die 39 Suiten sind hell und elegant. Natürlich gibt es auch einen Spa-Bereich. Von der vornehmen Lobby mit Marmor und Stilmöbeln gelangt man ins exklusive Gourmetrestaurant Fischers Fritz, das mit zwei Michelin-Sternen sowie 19 Punkten im Gault Millau ausgezeichnet wurde (☎ 20336666, www.fischersfritzberlin.com). Ab 255 € inkl. Frühstück.

Radisson Blu (2, s. Karte S. 96), Karl-Liebknecht-Str. 3, 10178 Berlin, ☎ 238280, www.radissonblu.com, Anfahrt: S-Bhf. Hackescher Markt. Das spektakulärste Atrium Berlins wartet mit dem 25 m hohen Aquadom auf, in dem 1500 exotische Fische schwimmen und durch dessen Mitte ein gläserner Aufzug mit Besuchern des Sealife schwebt. Von 427 Zimmern und Suiten haben etwa 100 den tropischen Meeresblick nach innen, während alle anderen auf Dom, Spree oder Schlossplatz schauen. Das Hotel bietet ein Restaurant mit Showküche und Terrasse zur Spree sowie einen großen Wellness-Bereich. Ab 190 € inkl. Frühstück.

Hotel Eurostars Berlin (3, s. Karte S. 96), Friedrichstr. 99, 10117 Berlin, ☎ 707360, www. eurostarsberlin.com, Anfahrt: U-/S-Bhf. Friedrichstraße. 2011 eröffnet und zentral gelegen, 221 Zimmer mit Präsidentensuite, elegantes Restaurant, Designerbar, Pool und Fitnesscenter. Ab 144 €, Frühstück extra.

Alexander Plaza (4, s. Karte S. 96), Rosenstr. 1, 10178 Berlin, ☎ 240010, www.alexander-plaza.com, Anfahrt: S-Bhf. Hackescher Markt. Zentral zwischen Alexanderplatz und Hackescher Markt gelegen. Der herrschaftlichn Altbau wurde in modernem Design und warmen Farben umgestaltet. Sympathisches Haus mit 95 Zimmern, Restaurant im glasüberdachten Innenhof, Bistro und Loungebar. Ab 125 €, Frühstück extra.

Hotel Park Inn (5, s. Karte S. 96), Alexanderplatz 7, 10178 Berlin, ☎ 23890, www.parkinn-berlin.de, Anfahrt U-/S-Bhf. Alexanderplatz. Ehemaliges DDR-Interhotel Stadt Berlin von 1970 und höchstes Hotel der Stadt mit 40 Geschossen, oben Panoramaterrasse. Von den 1012 Zimmern (nichts besonderes) und Suiten bietet sich in den oberen Etagen ein genialer Ausblick. Vielleicht stürzt ja vor Ihrem Fenster ein Wagemutiger vom Base-Flying vorbei. Ab 84 €, weiter oben ab 94 €.

Arte Luise Kunsthotel (2, s. Karte S. 109), Luisenstr. 19, 10117 Berlin, ☎ 284480, www.luise-berlin.com, Anfahrt: U-Bhf. Friederichstraße. Zentrale Lage in Nähe Brandenburger Tor und Regierungsviertel. Knapp 50 Zimmer in Alt- und Neubau. Übernachten wie in einer Galerie: Jedes Zimmer wurde von einem Künstler zu Themen wie: „Armer Poet", „Tribute to Edward Hopper", „Mauerspringer" gestaltet. Preisgünstige Zimmer in der Mansarde. Ab 79 €, Frühstück extra.

Art'otel Berlin-Mitte Park Plaza (6, s. Karte S. 96), Wallstr. 70–73, 10179 Berlin, ☎ 240620, www.parkplaza.com, Anfahrt: U-Bhf. Märkisches Museum. Ruhig am Historischen Hafen gelegen. Das galerieähnliche Hotel ist ganz Georg Baselitz gewidmet, z. T. mit Originalwerken. Das Restaurant im überdachten Innenhof zwischen Alt- und Neubau bietet frische *Nouvelle Cuisine* sowie im Sommer eine Außenterrrasse zur Spree. Freundlich-modern-minimalistisch eingerichtete Zimmer. Ab 89 €, Frühstück extra.

Motel One Berlin-Hauptbahnhof (3, s. Karte S. 109), Invalidenstr. 54, 10557 Berlin, ☎ 3641005, www.motelone.com, Anfahrt: S-/U-Bhf. Hauptbahnhof. Direkt gegenüber vom Hauptbahnhof (Europaplatz), im Juni 2011 als achtes Haus in Berlin eröffnet, 505 moderne, kleinere Zimmer, Flachbildfernseher mit iPod-/MP3-Anschluss, WLAN in der Lounge. Ab 84 €, Frühstück extra.

Mitte/Potsdamer Platz/Tiergarten

Hotel Grand Hyatt Berlin (**1**, s. Karte S. 109), Marlene-Dietrich-Platz 2, 10785 Berlin, ☎ 25531234, www.grand.hyatt.com, Anfahrt: U-/S-Bhf. Potsdamer Platz. Das Fünf-Sterne-Hotel liegt direkt gegenüber von Musicaltheater und Spielbank. Äußerlich eher schlicht, innen vom Schweizer Hannes Wettstein großzügig designt mit edlen, zeitlosen Materialien, warmen Farben. 342 Zimmer und Suiten, genialer Spa-Bereich auf der Dachterrasse, Toprestaurant mit Showküche, eine der besten deutschen Bars mit 240 Whiskeysorten, Humidor und Live-Jazz. Frühbucher unter 200 € inkl. Frühstück.

Grand Hotel Esplanade (**1**, s. Karte S. 274), Lützowufer 15, 10785 Berlin, ☎ 254780, www.esplanade.de, Anfahrt: Bus M29/100 Lützowplatz (z. B. nur drei Stopps zum KaDeWe). Am Lützowufer (Landwehrkanal) zwischen Siegessäule und City West. Hinter der glasgedeckten Vorfahrt am Lützowufer öffnet sich die weite Lobby des 1988 eröffneten Designer- und 2007 zum Livestyle-Hotel überholten Hauses. Die großzügigen 394 Zimmer und Suiten sind mit Panoramafenstern ausgerüstet. Die öffentlichen Bereiche geben sich nobel und zeitlos. Man kann zwischen Crossoverküche in der trendigen Ellipse Lounge und dem gemütlichen Berliner Eckrestaurant wählen oder in der weltweit berühmten Harry's New York Bar unter 200 Drinks wählen, begleitet von virtuosen Pianospielern. Schöner Spa-Bereich. Ab 109 €, Frühstück extra.

Abion Spreebogen Waterside Hotel (**1**, s. Karte S. 138), Alt Moabit 99, 10559 Berlin, ☎ 399200, www.abion-hotel.de, Anfahrt: U-Bhf. Turmstraße, S-Bhf. Bellevue. Zentral, aber ruhig und direkt an der Spree gegenüber dem alten Hansaviertel schließt der moderne Hotelbau im Industriedesign die denkmalgschütztBacksteinbauten der ehemaligen Bolle Meierei ab. Es gibt 224 Zimmer in mehreren Standards (die besten mit Wasserblick) und kostenloses WLAN im gesamten Haus. Im historischen Ambiente der Alten Meierei gibt's Frühstück, im Restaurant Lanninger Neukreationen der Alt Berliner Küche. Die Bar gehört zu den besten Berlins. Es gibt einen eigenen Schiffsanleger für Spreefahrten. In fußläufiger Nähe liegen Schloss Bellevue, Tiergarten und Siegessäule. Ein perfekter Ort zum Entspannen mitten in Berlin. Ab 115 € ohne Frühstück.

Hotel Residenz Begaswinkel (**2**, s. Karte S. 274), Genthiner Str. 30a, 10785 Berlin, ☎ 85621400, www.residenz-begaswinkel.de, Anfahrt: U-Bhf. Kurfürstenstraße. Umgeben von Möbelhäusern liegt oasenähnlich das letzte verbliebene klassizistische Villenensemble im südlichen Tiergartenviertel. Hier unterhielt das Malerehepaar Begas einen Künstlersalon, der heute als Frühstücksraum mit Terrasse dient. Alle 19 liebevoll eingerichteten Hotelzimmer haben Ausblick auf die Gründerzeitvillen oder auf den schönen Innenhof. Charmante, herrschaftlich intime Atmosphäre. Ab 95 € inkl. Frühstücksbüffet.

Mitte/Spandauer Vorstadt

Circus Hotel Berlin (**1**, s. Karte S. 118), Rosenthalerstr. 1, 10119 Berlin, ☎ 20003939, www.circus-berlin.de, Anfahrt: U-Bhf. Rosenthaler Platz. Zentral direkt am Rosenthaler Platz, liebevoll eingerichtete Zimmer, Ausleihe von iPod, Rollerblades und Smart Car möglich. Ruhige Zimmer nur zum Hinterhof, auch Apartments. Im Restaurant kann man prima speisen, im grünen Hinterhof entspannen. Ab 90 € ohne Frühstück, kleine Zimmer ab 80 €.

Hotel MANI (s. Karte S. 118), Torstr. 136, 10119 Berlin, ☏ 53028080, www.amanogroup.de, Anfahrt: U-Bhf./Tram Rosenthaler Platz. Zentrale Lage am Rosenthaler Platz mit vielen netten Kneipen, Cafés und Boutiquen in der Umgebung. Vorherrschende Farbe des exklusiven und intimen Designhotels mit 63 Zimmern ist Schwarz. Das Restaurant mit moderner Kaminlounge bietet Di–Sa ab 19 Uhr außergewöhnliche Speisen nach israelischer und französischer Art. Ab 80 €, Frühstück extra.

Hotel Amano (2, s. Karte S. 118), Auguststr. 43, 10119 Berlin, ☏ 8094150, www.amanogroup.de, Anfahrt: U-Bhf. Rosenthaler Platz. Zentral gelegen, 2009 eröffnet, 163 schlicht-elegante Standardzimmer und stilvolle Apartments, zur Rosenthaler Straße nicht ruhig, elegante Bar und Kaminlounge, Restaurant mit *Nouvelle Cuisine*. Die Dachterrasse bietet einen tollen Blick auf die umliegende Stadtlandschaft. Ab 84 €, Frühstück extra.

Arcotel Velvet Hotel (s. Karte S. 118), Oranienburger Str. 52, 10117 Berlin, ☏ 2787530, www.arcotelhotels.com, Anfahrt: U-Bhf. Oranienburger Tor. Toplage am Oranienburger Tor direkt neben der Ruine Kunsthaus Tacheles. Anstelle von zwei abgebrannten Altbauten entstand 2004 das Designhotel mit videoanimierter Hightechfassade, dahinter wird es eher behaglich. Die Zimmer zur lebhaften Oranienburger Straße sind alle mit Fenstern bis zum Boden ausgestattet, nach hinten ist es ruhiger und dunkler. Ab 88 €, Frühstück extra.

Honigmond Hotel (3, s. Karte S. 118), Tieckstr. 11, ☏ 2844550 sowie 300 m entferntes Schwesternhotel **Honigmund Garden**, Invalidenstr. 122, ☏ 28445577, 10115 Berlin, www.honigmond-berlin.de, Anfahrt: S-Nordbahnhof. Jedes Zimmer im kleinen feinen Boutiquehotel ist ein Unikat mit Stuckdecken, Ölgemälden und historischem Mobiliar. Das Garden Hotel stammt von 1845 und bietet einen zauberhaften Garten mit Teich, Goldfischen, Wasserfall und Palmen. Ab 145 € bzw. 125 € im Garden Hotel, beide inkl. Frühstück.

Augustinenhof (4, s. Karte S. 118), Auguststr. 82, 10117 Berlin, ☏ 308860, www.hotel-augustinenhof.de, Anfahrt: S-Bhf. Oranienburger Straße. Zentral und ruhig gelegen, freundliches Hotel in schönem Altbau mit 66 Zimmern und Apartments, einige davon rollstuhlgerecht. Nettes italienisches Restaurant Dolce im Haus. Ab 94 € inkl. Frühstück.

Albrechts Hof (5, s. Karte S. 118), Albrechtstr. 8, 10117 Berlin, ☏ 308860, www.hotel-albrechtshof.de, Anfahrt: U-/S-Bhf. Friedrichstraße. Zentral im Theaterviertel und nah am Bahnhof Friedrichstraße gelegen ist das christliche Familienhotel seit 1910 das am längsten durchgängig betriebene Hotel Berlins. Seine Gewinne kommen karitativen Zwecken der Stadtmission zugute. Gäste waren Martin Luther King, Willy Brandt, Johannes Rau und Egon Bahr. Es verfügt über 99 modern ausgestattete Zimmer, einen italienisch anmutenden Hofgarten, ein Restaurant mit exquisiter regionaler Küche und eine kleine Kapelle, in der allmorgendlich eine Andacht stattfindet. Ab 111 € inkl. Frühstück.

BaxPax downtown (6, s. Karte S. 118), Ziegelstr. 28, 10117 Berlin, ☏ 27874880, www.baxpax.de, Anfahrt: S Bhf. Oranienburger Straße. Gelungenes Hostel in bester und ruhiger Lage. Neben preiswerten und freundlichen Mehrbettzimmern auch Einzel- und Doppelzimmer mit Bad sowie Studios mit Küche. Highlight ist die Dachterrasse mit Planschbecken. Entspannt-gemütliche Atmosphäre, auch für junggebliebene Traveller geeignet. Preise im Schlafsaal ab 10 €, Doppelzimmer ab 30 €, Frühstück extra 5,50 €.

City West/Charlottenburg-Wilmersdorf

Waldorf Astoria (1, s. Karte S. 151), Hardenbergstr. 27–28, 10623 Berlin, ☏ 8140000, www.waldorfastoria.com/deu, Anfahrt: U-/S-Bhf. Zoologischer Garten. Direkt an Gedächtniskirche, Zoo und Kurfürstendamm gelegen setzt das im Sommer 2012 eröffnete internationale Luxushotel mit 119 m Höhe neue Maßstäbe. Neben dem Atrium Peacock Alley im Art-déco-Stil liegt das Romanische Café in Erinnerung an das berühmte Künstlerlokal der 1920er-Jahre. Weitere Highlights bieten das französische Restaurant mit Sterne Koch Pierre Gagnaire, die nach Fritz Lang benannte Bar, eine Event- und Sonnenterrasse, die Bibliothek auf der 15. Etage sowie das erste Guerlain Spa in Deutschland. 233 große Zimmer und Suiten sind in zeitlosem Stil eingerichtet. Wer Glück hat, ab 250 € ohne Frühstück. Die Präsidentensuite auf der 31. Etage ist für einen fünfstelligen Betrag zu haben.

Concorde-Hotel (2, s. Karte S. 151), Augsburger Str. 41, 10789 Berlin, ☏ 8009990, www.concordehotels.de, Anfahrt: U-Bhf. Kurfürstendamm. Imposanter 17-stöckiger Bau in bester Lage am Kurfürstendamm gegenüber vom Kranzler Eck. Die 311 Zimmer und Suiten sind im luxuriös minimalistischen Stil und warmen Farben gehalten, die Brasserie Le Faubourg, die Lutèce-Bar und das Frühstücksrestaurant St. Germain versprechen echtes *Savoir-vivre* am Kurfürstendamm. Großzügiger Wellness-Bereich. Ab 150 €, Frühstück extra.

Hotel Ellington (3, s. Karte S. 151), Nürnberger Str. 50–55, 10789 Berlin, ☏ 683150, www.ellington-hotel.com, Anfahrt: U-Bhf. Augsburger Straße. Zwischen KaDeWe und Kurfürstendamm in einem herrlichen ehemaligen Bürohaus der 1920er-Jahre-Neuen-Sachlichkeit gelegen, später als Szenedisko Dschungel berühmt geworden. Die 285 Zimmer mehrerer Kategorien sind in schickem hellem Design gehalten. Die Turmsuiten ermöglichen einen tollen Rundumblick. Von der in weiß gehaltenen Lobby geht es ins Duke-Restaurant mit schönem Sommergarten und Bar. Ab 128 €, Frühstück extra.

Askanischer Hof (4, s. Karte S. 151), Kurfürstendamm 53, 10707 Berlin, ☏ 8818033, www.askanischer-hof.de, U-Bhf. Adenauer Platz. Familiär geführtes Boutiquehotel in bester Lage am Kurfürstendamm mit Boutiquen, Restaurants und Bars. In der Beletage des repräsentativen Altbaus liegen 15 Zimmer und eine Suite. Hier scheint die Zeit stehen geblieben zu sein: kein Designhotel, sondern nostalgisch im Stil der 1920er-Jahre eingerichtet. Im Frühstücksraum mit Stuck und Antiquitäten hängen Autogrammkarten alter UFA-Stars an den Wänden. Ab 120 € inkl. Frühstück.

Savoy Hotel (s. Karte S. 151), Fasanenstr. 9–10, 10623 Berlin, ☏ 311030, www.hotel-savoy.com, Anfahrt: S-Bhf. Savignyplatz, Bhf. Zoologischer Garten. Beste Lage nahe Ku'damm und Savignyplatz. Traditionsreiches Hotel von 1929, in dem erstmals in Berlin jedes Zimmer ein eigenes Bad hatte. Hier logierten u. a. Maria Callas, Romy Schneider, Henry Miller, Thomas Mann und Heinrich Böll. Die Times Bar gehört zu den Klassikern inklusive Bibliothek und kubanischen Zigarren. Ganz oben befindet sich eine Dachterrasse, unten in klassizistischen Räumen das Restaurant Weinrot mit regionaler Küche, im Sommer auch im ruhigen Garten. Das Haus verfügt über 125 individuell eingerichtete Zimmer und Suiten (viele Stammgäste). Frühbucher unter 100 €, Frühstück extra.

Hotel Q (5, s. Karte S. 151), Knesebeckstr. 67, 10623 Berlin, ☏ 8182570, www.loock-hotels.com, Anfahrt: S-Bhf. Savignyplatz. Dieses extravagante Hotel nahe dem Kurfürstendamm hat schon Design- und Hotelauszeichnungen bekommen. Stylisches Design aus dunklen Hölzern, Lichtinstallationen und geschwungene Formen. Im „Bathtube room" steht die Badewanne direkt neben dem Bett. Wellness und Spa. Ab 110 € ohne Frühstück.

Hotel Bogota (6, s. Karte S. 151), Schlüterstr. 45, 10707 Berlin, ☏ 8815001, www.bogota.de, Anfahrt: Bus Olivaer Platz. In ruhiger Seitenstraße am Kurfürstendamm gelegen hatte in dem 100 Jahre alten Wohnhaus die Modefotografin Yva ihr Atelier und Helmut Newton war ihr Lehrling. Nur wenig wurde modernisiert und nichts durchgestylt. Dafür blieben Charme und Atmosphäre erhalten, die Stammgäste anzieht, die sich eigentlich mehr Luxus leisten könnten. Viele Antiquitäten, bunte Teppiche und Tapeten, Gemälde und Fotos, knarrende Holzböden, Leseraum und netter Hinterhofgarten. Im „Photoplatz" wechselnde Fotoausstellungen, außerdem Lesungen. Die 130 Zimmer verfügen nicht alle über ein eigenes Bad. Ab 66 € inkl. Frühstück (WC/Dusche auf Flur), ab 89 € mit WC/Dusche.

Hotel Pension Funk (7, s. Karte S. 151), Fasanenstr. 69, 10719 Berlin, ☏ 8827193, www.hotel-pensionfunk.de, Anfahrt: U-Bhf. Uhlandstraße und Kurfürstendamm. Ruhig gelegen inmitten der City West mit Theatern, Restaurants, Cafés und Boutiquen in nächster Nähe. In dem Gründzeitbau von 1895 wohnte der Stummfilmstar Asta Nielson. Man taucht in den Charme der Belle Époque – mit originalen Jugendstilmöbeln, Stuck, Kronleuchtern, Blümchentapeten und Häkeldeckchen – ein Magnet für viele Filmteams. Die 14 Zimmer sind entsprechend eingerichtet. Ab 52 € (Dusche/WC auf Flur) inkl. Frühstück, ab 82 € (mit Bad).

Art'otel city west center (8, s. Karte S. 151), Lietzenburger Str. 85, 10719 Berlin, ☏ 8877770, www.artotels.com, Anfahrt: U-Bhf. Uhlandstraße. Hier gibt es stilistisch nur ein Thema: Andy Warhol. Angelehnt an sein Atelier in New York heißen Restaurant und Bar Factory. Überall hängen Originale. Auch die schicken 152 Zimmer sind mit ihren Farben und Formen der Pop-Art angelehnt. Ab 109 € inkl. Frühstück.

Pension Kettler (9, s. Karte S. 151), Bleibtreustr. 19, 10623 Berlin. ☏ 8834949, brunnenfee-berlin.de, Anfahrt: U-Bhf. Uhlandstraße, S-Bhf. Savignyplatz. In dem 1902 erbauten hochherrschaftlichen Haus übernahm 1972 Isolde Josipovici die Pension Kettler und vermietet in ihrer 280 m²-Wohnung sechs Gästezimmer. Alle sind höchst individuell mit Antiquitäten eingerichtet, nachträglich auch mit Duschen, WC aber nur auf dem Gang. Ab 65 € inkl. Frühstück.

Propeller Island City Lodge (s. Karte S. 151), Albrecht-Achilles-Str. 58, 10709 Berlin, ☏ 8919016, www.propeller-island.com, Anfahrt: U-Bhf. Adenauer Platz. Hinter der Schaubühne am Kurfürstendamm gelegen. Total abgefahrenes „bewohnbares Kunstwerk": Jedes Zimmer ist ein Unikat – man schläft z. B. in einem komplett verspiegelten Zimmer, in Sarg- oder Käfigbetten, auf einem Minischloss in „Castle-Town" oder im schwebenden Betten in „Flying Town". Ab 79 € pro Person + 15 € für eine weitere Person, Frühstück extra.

Artemisia (s. Karte S. 151), Brandenburgische Str. 18, 10707 Berlin, ☏ 8609320, www.frauenhotel-berlin.de, Anfahrt: U-Bhf. Konstanzer Straße. 1989 wurde das erste Frauenhotel Deutschlands zwischen Kurfürstendamm und Fehrbelliner Platz eröffnet. Auf der idyllischen Dachterrasse kann man auch frühstücken. Eine kleine Kunstgalerie zeigt Wechselausstellungen zeitgenössischer Künstlerinnen. Die billigsten (ab 49 €) der 19 Zimmer haben Gemeinschaftsbad, die teuersten (ab 74 €) sind neu eingerichtet. Das Frühstücksbüffet ist auch für Nicht-Gäste zugänglich.

Hotel Pension Kima (10, s. Karte S. 151), Wielandstr. 27, 10707 Berlin, ☎ 8834185, www.hotel-kima.de, Anfahrt: Bus Olivaer Platz. Günstige Alternative in direkter Ku'dammnähe. Die Pension liegt auf der zweiten Etage eines schönen Gründerzeithauses und bietet Ein- bis Vierbettzimmer, WLAN sowie Frühstück. Einzelzimmer ab 35 €, Doppelzimmer ab 65 €, Mehrbett ab 65 €, inkl. Frühstück.

Schlosshotel Grunewald (s. Karte S. 167), Brahmsstr. 4–10, schlosshotelberlin.com, Anfahrt: S-Bhf. Grunewald + Bus 186 Richard-Strauss-Straße. Die traditionsreiche Luxusvilla in schlossartigen Stil liegt westlich und abseits der City West in der Villenkolonie Grunewald. Hier residierten u. a. Josphine Baker, Romy Schneider und 2006 die deutsche Fußball-Nationalmannschaft. Da hatte Karl Lagerfeld das Interieur bereits stilvoll umgestaltet. Umgeben von alten Bäumen gehört das prachtvolle Palais heute zur spanischen ALMA-Gruppe. Wahrlich königlich wohnen lässt sich in den 53 luxuriösen Zimmern und Suiten. Zum Hotel gehören das Restaurant Vivaldi, eine Bar und der Wintergarten Le Jardin.

Prenzlauer Berg und Friedrichshain

ackselhaus & bluehome (1, s. Karte S. 214), Belforter Str. 21, 10405 Berlin, ☎ 44337633, www.ackselhaus.de, Anfahrt: U-Bhf. Senefelder Platz. Nah am Wasserturm gelegen, passen ackselhaus & bluehome genau zum Prenzl'berg-Kiez. In den beiden benachbarten Gründerzeithäusern bekommen die Gäste ihre erträumte Urlaubswelt geboten, sei es in einer maritimen Fischerstadt, in einer Safarilodge oder im Strandhaus. Jedes Zimmer oder Apartment ist einem Reisethema gewidmet – nur für die Berlin-Besichtigung muss man die Traumwelt verlassen. Frühstück in der grünen Hofgartenoase des Café del Mar. Ab 170 €.

Hotel Pension Kastanienhof (2, s. Karte S. 214), Kastanienallee 65, 10119 Berlin, ☎ 443050, www.kastanienhof.biz, Anfahrt: U-Senefelder Platz. An der Kastanienalle zwischen Mitte und Prenzlauer Berg mit Boutiquen, Cafés und Kneipen gelegen. Das Drei-Sterne-Hotel verfügt über 35 Zimmer und Suiten und hebt sich erfrischend ungekünstelt von der trendigen Umgebung ab. Familienfreundlich, Fahrradverleih, Internet und WLAN. Ab 77 €, Frühstück extra.

Nhow Hotel (3, s. Karte S. 209), Stralauer Allee 3, 10245 Berlin, ☎ 2902990, www.nhow-hotels.com, Anfahrt: U-Bhf. Warschauer Straße. Gelegen im medialen Spreeareal von Friedrichshain direkt neben Universal Music und MTV. Aus dem 2010 eröffneten Vier-Sterne-Hotel ragt ein metall-gläserner Wolkenbügel 21 m über das Spreeufer. Die einzigartige Inneneinrichtung stammt von Karim Rashid und enthält ein Music-Sound-Floor mit zwei Hightech-Tonstudios. An die pinken Farben muss man sich gewöhnen. Von den 304 spacig-poppigen Zimmer haben leider nur die größeren Suiten einen tollen Spreeblick. Dafür kann man sich eine Gitarre oder ein Keyboard aufs Zimmer bestellen. Bar und Restaurant verfügen über eine tolle Terrasse am Spreeufer. Ab 125 €, Frühstück extra.

Ostel (s. Karte S. 209), Wriezener Karree 5 (am Ostbahnhof), 10243 Berlin, ☎ 25768660, www.ostel.eu, Anfahrt: S-Ostbahnhof. Bezeichnet sich als DDR-Design-Hotel und hält Wort: Das Haus ist ein renovierter Plattenbau, die Zimmer sind im DDR-Retrostil eingerichtet: Schrankwände, bunte Tapeten und Erich Honecker an der Wand. Vom Pionierlager (15 € im Mehrbettzimmer), Doppelzimmer (32 €) bis zur DDR-Ferienwohnung (80 €). Frühstück extra.

Hotel Michelberger (1, s. Karte S. 209), Warschauer Str. 39/40, 10234 Berlin, www.michelbergerhotel.com, Anfahrt: U-/S-Bhf. Warschauer Straße. In einem großem Fabrikgebäude in Nähe des Boxhagener Kiezes in Friedrichshain sowie der East-Side-Gallery gelegen, bietet diese lässig-coole Location im Klinkerbau preislich für jeden etwas, vom Einzel- bis Mehrbettzimmer, sogar WG-Plätze. Das Haus verfügt über ein Café, Bibliothek, Spa, Kino und Biergarten. 119 gestylte Zimmer in verschiedenen Kategorien, Doppelzimmer ab 69 €.
EastSeven Berlin Hostel (3, s. Karte S. 214), Schwedter Str. 7, 10119 Berlin, ☏ 93622240, www.EastSeven.de, U-Bhf. Senefelder Platz. 2009 wurde das Haus im Prenzlauer Berg zu „Germanys Best Hostel" gewählt – für freundlichen Service, Atmosphäre, Lage, Sicherheit, Sauberkeit und Spaßfaktor. Es gibt 25 Zimmer für 1–8 Personen, eine Selbstversorgerküche, einen ruhigen Wohnzimmergarten zum Entspannen und gratis WiFi-Internet.
Yes-Residenz (4, s. Karte S. 214), Fehrbelliner Str. 83, 10119 Berlin, www.yes-berlin.de, Anfahrt: U-Bhf. Senefelder-, U-Bhf. Rosenthaler Platz. Derzeit die wohl die kurioseste Herberge Berlins, bestehend aus zwei Feldbetten auf grünem Kunstrasen, die in ein ehemaliges Ladenlokal eingebaut wurden. Darüber ist eine grüne Plane gespannt und die Wand mit grüner Fototapete versehen. Hinter diesem „Zelt im Wald" liegt eine Wohnküche, die auch als Bad dient. Das Ganze kostet dreiste 66 € für 2 Personen, Reservierung erforderlich.
Eastern Comfort hostelboat (2, s. Karte S. 209), Mühlenstr. 73–77, 10243 Berlin, ☏ 66763806, www.eastern-comfort.com, Anfahrt: S-/U-Bhf. Warschauer Brücke. Wer mitten auf der Spree in einer Kajüte die Nacht verbringen möchte, kann das an der East-Side-Gallery nahe der Oberbaumbrücke tun. 25 Kabinen (Einzel- bis Mehrbett) hinter Bullaugen oder großen Fenstern stehen zur Verfügung. Erster-Klasse-Doppelbettkabine ab 78 €, zweiter Klasse ab 58 €, Dritter-Klasse-Mehrbett 16 € pro Person und Holzklasse Zelt auf Deck 12 €. Besonders beliebt bei Backpackern.

Kreuzberg und Kreuzkölln

Hotel Riehmers Hofgarten (1, s. Karte S. 181), Yorckstr. 83, 10965 Berlin, ☏ 78098800, www.riehmers-hofgarten.de, Anfahrt: U-Bhf. Mehringdamm. Nahe am Kreuzberg und der Ausgehmeile Bergmannstraße liegt das Drei-Sterne-Hotel in einem prächtigen Gründerzeitensemble mit reizvoller grüner Hofanlage. Die Zimmer und Apartments mit hohen Decken sind mit Bildern zeitgenössischer deutscher Künstler ausgestattet. Sie liegen entweder zur lauten Straße oder zum ruhigen Innenhof. Das Restaurant e.t.a. Hoffmann im Haus bietet eine ausgezeichnete, höherpreisige Küche mit saisonalen Gerichten. Ab 126 €, Frühstück extra.
Hotel Pension Sarotti-Höfe (2, s. Karte S. 181), Mehringdamm 57, 10961 Berlin, ☏ 60031680, www.hotel-sarottihoefe.de, Anfahrt: U-Bhf. Mehringdamm. Wohnen in der ehemaligen Schokoladenfabrik inmitten vieler Cafés, Kneipen und Restaurants. Die charmant eingerichteten Gästezimmer mit WLAN in mehreren Kategorien, sogar Suiten, liegen im ruhigen Hinterhof, sind aber etwas dunkel. Das stilvolle Restaurant im ehemaligen Kesselhaus bietet ab 17 Uhr Crossover-Küche, zur Straße liegt das nette Sarotti-Café. Ab 99 €.
IMA Loft Apartments (1, s. Karte S. 187), Ritterstr. 12–14, 10969 Berlin, ☏ 61675110, www.imalofts.com, Anfahrt: U-Bhf. Moritzplatz. Wohnen in einem alten Fabrikhof, der heute Tanzschule, Künstlerateliers, Werkstätten und Designerbü-

ros birgt. Mit einem alten Lastenaufzug gelangt man zu den nett eingerichteten Lofts (mit Kochecke, ohne TV) in verschiedenen Kategorien: Miniloft (1–2 Personen) ab 55 € bis Loftsuite (4–6 Personen) ab 120 €. Nachts ist es sehr ruhig. Im eindrucksvollen Industriehof befindet sich das Café/Bistro, im Sommer auch mit Außenbereich. In der Nähe liegt die Szenemeile Oranienstraße.

„Die Fabrik“ (4, s. Karte S. 209), Schlesische Str. 18, 10997 Berlin, ☎ 6117116, www.diefabrik.com, U-Bhf. Schlesisches Tor. Inmitten des Szenekiezes nahe der Oberbaumbrücke gelegen geht es durch eine Einfahrt in einen ehemaligen Fabrikhof der Jahrhundertwende, in dem das Hostel 1995 eingerichtet wurde. Es gibt freundliche und helle Ein- bis Mehrbettzimmer, aber keine Schlafsäle. WC und Duschen sind aussschließlich auf dem Gang, kein TV. Eine Solaranlage auf dem Dach sorgt für das warme Wasser, Fabrikcafé für's Frühstück und kleine Speisen. Einzelzimmer ab 38 €, Doppelzimmer ab 52 €.

Hüttenpalast (1, s. Karte S. 262), Hobrechtstr. 65, 12047 Berlin, ☎ 37305806, www.huettenpalast.de, Anfahrt: U-Bhf. Hermannplatz. In der Halle einer ehemaligen Staubsaugerfabrik kann man seit Mai 2011 in drei kunstvoll-charmant gestalteten Wohnwagen und in drei kleinen Holzhütten übernachten. WC/Bad für alle (sehr sauber). Auch sechs „normale“ Zimmer mit Privatbädern werden angeboten. Frühstück wird im hübschen Vorgarten umgeben von eindrucksvollen gründerzeitlichen Industriebauten serviert. Das Café zur Straße hin bietet Köstliches wie Rhabarbersaftschorle oder Stuttgarter Wullebier. Wagen und Hüttchen (2 Personen) 65 € inkl. Croissant und Kaffee, im Doppelzimmer 85 €.

Außerhab der Innenstadt und Kurioses

Hotel Alt-Tegel (1, s. Karte S. 308), Treskowstr. 3, 13507 Berlin, ☎ 4380070, www.hotel-alt-tegel.de, Anfahrt: U-Bhf. Alt Tegel (U6), mit U-Bahn ca. 20 Min. nach Berlin-Mitte. Preiswert, gemütlich und im Herzen von Alt-Tegel. Durchaus für längeren Aufenthalt in Berlin geeignet. 5 Gehminuten zum Tegeler See. Doppelzimmer 99 € inkl. Frühstück.

Alte Bäckerei (s. Karte S. 229), Wollankstr. 130, 13187 Berlin, ☎ 4864669, www.alte-baeckerei-pankow.de, Anfahrt: S-Bhf. Wollankstraße + 600 m Fußweg; Bus 255 Wilhelm-Kuhr-Straße; Tram M1 Rathaus Pankow. Herberge unterm Dach im alten Ortskern von Pankow nah am Bürgerpark und Schloss Schönhausen. In dem dörflichen Haus wird seit 1875 Brot gebacken und in der kleinen Giebelwohnung darüber können bis zu 4 Personen übernachten. Kein TV und Radio, dafür eine historische Holztrogbadewanne unter der Dachluke. Darunter zeigt ein Museum das dörfliche Leben in Pankow um 1900, während in der Historischen Backstube köstliches Brot wie vor 130 Jahren gebacken wird. Übernachtung pro Person 35 € oder zu viert für 80 € (ehrenamtliche Mitarbeiter).

DAS ANDERE HAUS VIII (1, s. Karte S. 238), BerlinCampus, Erich-Müller-Str. 12, 10317 Berlin, ☎ 55440331, www.dasanderehaus8.de, Anfahrt: U-Bhf. Frankfurter Tor + Tram M21 Kosankesiedlung + 10 Min. Fußweg. In den historischen Backsteingemäuern des ehemaligen Arresthauses von 1879 an der Rummelsburger Bucht in Lichtenberg, von den Berlinern spöttisch „Seehotel“ genannt, sind einstige Häftlingszellen zu fünf höchst individuellen Schlafzellen im modern-minimalistischen Stil umgebaut worden. Manche der Zellen haben Wasserblick, alle verfügen über moderne Dusche und WC. Es gibt Frühstück, gratis WLAN, kein TV, dafür aber bewegende Geschichte wie der „Raum der Stille“ im Kellergewölbe sowie eine traumhafte Umgebung direkt am Spreeufer. Doppelzimmer mit Wasserblick 65 €.

Hotel Alte Feuerwache (I, s. Karte S. 241), Waldowstr. 1, 13053 Berlin, ☏ 9819560, www.hotelaltefeuerwache.de, Tram M5 vom Alexanderplatz bis Freienwalder Straße. Ruhig im Villengebiet von Hohenschönhausen und in nächster Nähe zu zwei idyllischen Seen gelegen bietet der stattliche Bau der ehemaligen Feuerwache von 1912 heute einfache Hotelzimmer. In der alten Garage der Löschfahrzeuge serviert das Restaurant mit Außenterrasse Frühstück sowie ab 17 Uhr frische saisonale Küche zu moderaten Preisen. Ab 39 € ohne Frühstück.

11. Himmel, Wittenberger Str. 85, 12689 Berlin, ☏ 93772052, www.pension-11himmel.de, Anfahrt: S7 bis Mahrzahn + Tram 16 bis Niemegker Straße (45 Min. ins Zentrum). In der 10./11. Etage eines Plattenbaus mitten in Marzahn Hellersdorf. Übernachten kann man u. a. in Hängematten oder im Themenzimmer „wie bei Oma zuhause". Die Pension mit 3 Doppel- und 2 Einzelzimmern, Bibliothek, Kaminsalon, Küche und Esszimmer wird von Jugendlichen geführt, Träger ist der Kinderring Berlin. 11 € pro Person + 3 € Bettwäsche, inkl. Frühstück.

Restaurant & Hotel Schloss Britz, Alt-Britz 73, 12359 Berlin, ☏ 60979230, www.schloss-britz-berlin.de, Anfahrt: U-Bhf. Parchimer Allee + Bus M46 Fulhamer Allee (30 Min. ins Zentrum). Ausbildungsprojekt, südlich von Neukölln gelegen im Gut Britz (s. S. 268). Das Neuköllner Estrel-Hotel hat gemeinsam mit dem Bezirksbürgermeister Heinz Buschkowsky 2009 ein einzigartiges Projekt ins Leben gerufen: Vier ausgewählte Azubis des Estrel-Hotels betreiben im Schloss Britz drei Doppelzimmer (59 €) sowie zwei Apartments (109 €) mit Terrasse sowie ein Restaurant im historischen Gewölbe mit Terrasse.

Camping/Reisemobile (stadtnah und ganzjährig)

City-Camping & Hotel, Gartenfelder Str. 1, 13599 Berlin, ☏ 33503633, www.hettler-lange.de, Anfahrt: Bus X33/133 Gartenfeld + U7-Haselhorst (ca. 45 Min. ins Zentrum). Angenehme Lage auf der Gartenfeldinsel am Hohenzollernkanal in Siemensstadt (Spandau) gelegen. 2 Personen im Zelt 15 €, im Wohnmobil 17,50 €. Im angeschlossenen Hotel Einzel- bis Mehrbettzimmer, Doppelzimmer 35 €, Frühstück 5,50 €, gemütliche Bar am Wasser, kein Restaurant.

Reisemobilstation, Chausseestr. 82, 13353 Berlin, ☏ 46797549, www.reisemobilstation.com, Anfahrt: U-Bhf. Reinickendorfer Straße (U6). Zentral am ehemaligen Mauerstreifen zwischen Mitte und Wedding, aber absolut unromantisch. Wohnmobil mit 2 Pers. 18–20 €, Ver- und Entsorgung, Strom, WC/Dusche.

Unterwegs in Berlin

Öffentlicher Nahverkehr

Der ÖPNV ist die billigste und einfachste Möglichkeit, kreuz und quer in Berlin unterwegs zu sein. Das größte deutsche Nahverkehrsnetz bringt Sie in fast jeden Winkel der Hauptstadt und ins Berliner Umland wie nach Potsdam. Zum Verkehrsverbund Berlin-Brandenburg (VBB) gehören die Berliner Verkehrsbetriebe (BVG) mit U-Bahn-, Straßenbahn- (Tram), Bus- und Fährlinien, die DB-Tochter mit der S-Bahn sowie die Regionalbahnen der Deutschen Bahn. Information, Tarife, Liniennetz unter **www.bvg.de**. **BVG**: ☏ 19449, **S-Bahn**: ☏ 29743333.

Fahrscheine

An den Automaten in jedem U- und S-Bahnhof, bargeldlose Zahlung mit EC-/Kreditkarte möglich. Vergessen Sie nicht, das Ticket vor der Fahrt abzustempeln! Ein Ticket ohne Stempel gilt als Schwarzfahren und kostet 40 € Strafe. Im Straßenbahnwagen stehen Automaten, im Bus erhält man Tickets beim Fahrer – hier nur Einzelfahrscheine und Tagestickets. Kleingeld bereithalten. Verkaufsstellen in den Fern- und Regionalbahnhöfen, wichtigen S- und U-Bahnhöfen, in den Touristeninfos sowie in Kiosken mit dem Logo BVG (€-Angaben Stand 2012). Tarif AB gilt für das gesamte Stadtgebiet, Tarif ABC mit Umland z. B. Potsdam oder Flughafen.
Einzelfahrschein: Tarif AB: 2,30 €, Umsteigen so oft man möchte (alle Verkehrsmittel), Aufenthalt zwischendurch möglich, solange das Ziel in 2 Std. erreicht wird. Tarif ABC: 3 €.
Tageskarte: Tarif AB: 6,30 €, für das gesamte Stadtgebiet in allen Verkehrsmitteln bis 3 Uhr früh am Folgetag. Tageskarte ABC: 6,80 €.
Kleingruppen Tageskarte: Tarif AB: 15 €, wie Tagesticket, auf dem bis zu 5 Personen fahren können. Tarif ABC: 15,50 €.
Kurzstrecke: 1,40 €, bis zu 3 Stationen mit U- und S-Bahn, Umsteigen möglich; oder bis zu 6 Stationen mit Bus und Straßenbahn ohne Umsteigen. Kein Aufenthalt zwischendurch.
Anschlussfahrschein: 1,50 €, wer bereits ein AB-Ticket hat und z. B. nach Potsdam möchte.
7-Tage-Umweltkarte: Tarif AB: 27,20 €, Tarif ABC: 33,50 €. Sa/So und Mo–Fr ab 20 Uhr kann man einen weiteren Erwachsenen und bis zu 3 Kinder mitnehmen. Das lohnt sich evtl. für Familien oder Paare, die übers Wochenende in Berlin sind.
Monats-Umweltkarte: Tarif AB: 74 €, Tarif ABC 91 €, wie 7-Tage-Umweltkarte, gleitend erhältlich.
Kinder bis 6 Jahre fahren kostenlos, von 6–14 Jahre ermäßigt.
Fahrradmitnahme in U- und S-Bahnen, je nach Platz auch in der Straßenbahn, **Rad-Tickets**: AB: 1,50 €, ABC: 2,10 €, Kurzstrecke 1,10 €, Tageskarte AB 4,50 €, ABC: 5,10 €.

Touristische Angebote

Die **BerlinCityTourCard** (www.citytourcard.com) und die **BerlinWelcomeCard** (www.visitberlin.de/welcomecard) bieten freie Fahrt für sämtliche Verkehrsmittel, Stadtplan und Ermäßigungen für viele touristische Attraktionen, Museen, Geschäfte und Restaurants. Es gibt zeitliche und räumliche Varianten:
48-Stunden-Ticket AB: 16,90 €, ABC: 19,90 €;
72-Stunden-Ticket AB: 22,90 €, ABC: 25,90 €, mit Museumsinsel: 34 € (freier Besuch der Häuser ohne Sonderausstellungen);
5-Tage-Ticket AB: 28,90 €, ABC: 35,90 €;
Für Familien: Das ABC-Ticket erlaubt die Mitnahme von bis zu drei Kindern.

Verkehrsmittel Tag und Nacht

U-Bahn: Die BVG unterhält mit 146 km und 173 Bahnhöfen (Stand 2012) das größte U-Bahnnetz in Deutschland. Die U-Bahn fährt nicht nur unter der Erde, sondern auch als Hochbahn. Täglich nutzen 1,3 Mio. Fahrgäste die zehn Linien, auf denen 1200 Waggons eingesetzt werden. Sie verkehren 4.30–0.30 Uhr, tagsüber im 5-Minuten-Takt, Fr/Sa, Sa/So nachts und vor Feiertagen alle 15 Min. (außer U4+U55).

Ein Erlebnis nicht nur für U-Bahn-Fans

Als am 15. Februar 1902 der elektrisch betriebene Waggon mit kaiserlicher Ministerbegleitung aus dem U-Bahnhof Potsdamer Platz rollte, hatte die Geschichte der ältesten deutschen Hoch- und Untergrundbahn begonnen. Vielfahrer merken, dass die Züge der alten Linien U1 bis U4 schmaler sind als die der anderen Linien. Heute ist die U-Bahn ein Hauptpfeiler im Berliner Nahverkehrsnetz, das zusammen mit S-Bahn, Straßenbahn und Bussen jährlich 1,3 Milliarden Fahrgäste an ihr Ziel bringt. Darüber hinaus bietet ihr Streckennetz von rund 150 km Länge mit 173 Bahnhöfen zahlreiche Besonderheiten, die nicht nur die Herzen eingefleischter U-Bahn-Fans höher schlagen lassen.

Den schönsten Abschnitt befährt die legendäre Linie 1 auf dem 5 km langen Hochbahnviadukt vom Gleisdreieck bis Warschauer Brücke. Kurz hinter Gleisdreieck blickt man auf fast gleicher Höhe einem originalen US-Rosinenbomber von 1948 entgegen. Aber nicht nur der Blick nach draußen ist ein Erlebnis. Die Fahrt führt in das alternativ und orientalisch geprägte Kreuzberg – mit entsprechend buntem Publikum. Arbeiter, Studenten und Künstler sitzen dicht gedrängt, eine Gruppe verschleierter Frauen unterhält sich angeregt, neben einem Punker mit Ratte auf der Schulter sieht man völlig unbeeindruckt einen schläfrigen Banker. Aus dem Knopf im Ohr von Jugendlichen dringt lautstark Musik nach außen, während der Verkäufer der Obdachlosenzeitung allen „noch einen schönen Tach" wünscht. Nur wenig Fantasie ist nötig, um sich in das seit 1986 erfolgreiche Musical „Linie 1" des Grips-Theaters zu versetzen (s. S. 61). Hinter dem Schlesischen Tor, wo die Fahrt zu Westberliner Zeiten endete, überquert man mit herrlicher Sicht auf Spree und Fernsehturm die wohl schönste Brücke der Stadt – die Oberbaumbrücke mit ihren roten Backsteintürmen.

Auch die „Linie 2" wird musikalisch im Grips-Theater dargeboten. Schöne Ausblicke ergeben sich auf ihrer Hochbahnstrecke zwischen Bülowstraße und Potsdamer Platz sowie im Prenzlauer Berg zwischen Eberswalder Straße und Schönhauser Allee. Zwischen Alex und Potsdamer Platz windet sie sich laut quietschend durch die engen Kurven des Berliner Untergrunds. Der Bahnhof Märkisches Museum erinnert mit seinem glänzenden Tonnengewölbe an die Pariser Metro. Die Station Mohrenstraße ist gänzlich mit roten Marmorplatten verkleidet, die aus der im Krieg zerstörten Reichskanzlei stammen sollen.

Einer der schönsten Bahnhöfe ist der Heidelberger Platz an der U3. Die sakral wirkenden Kreuzgewölbe und die mächtigen Leuchten lassen an die Paläste der Moskauer Metro denken. Einige Stationen weiter wähnt man sich auf dem Land: Das Empfangsgebäude von Dahlem-Dorf wurde im norddeutschen Stil als Fachwerkbau mit Reetdach gebaut und gleicht

info

im Inneren einem Jagdschloss. Im neoklasszistischen Stil erbaute Alfred Grenander den Bahnhof Wittenbergplatz (U1 bis U3). Von dem in einer Talsenke gelegenen Bahnhof Rathaus Schöneberg blickt man ins Grüne. Idyllisch im Rudolf-Wilde-Park errichtet, ähnelt er von außen einer Orangerie des Jugendstils. Wie mächtig wirkt dagegen der 1926 im Art-déco-Stil erbaute Kreuzungsbahnhof Hermannplatz der U7 und U8. Seinerzeit einzigartig war der direkte Zugang ins Kaufhaus Karstadt von der hohen Bahnhofshalle der U7 mit ihren reich verzierten Stützen und Kapitellen.

Prächtig und teilweise knallbunt ausgestattet sind die letzten vier Bahnhöfe der U8 bis Wittenau sowie die der U7, insbesondere der schon fast monumentale Bahnhof Rathaus Spandau. Doch das Edelste und Aufwendigste, was die Berliner U-Bahn derzeit zu bieten hat, sind die neuen Bahnhöfe der (noch) kurzen U55. An den anthrazitfarbenen Wänden der Station Brandenburger Tor zeigen Bilder die Geschichte von Tor und Mauer, und in der 11 m hohen Halle im Hauptbahnhof sind ehemalige Fernbahnhöfe abgebildet.

Tipp
Ungenutzte, öffentlich nicht zugängliche Stationen und Geistertunnel können besucht werden (s. Stadtführungen, Unterwelten S. 69). Nächtliche Tunnelfahrten im Cabrio sind auch möglich.

Busse: Die BVG verfügt über 1300 Busse, die tgl. auf 151 Buslinien 2611 Haltestellen anfahren. Sie fahren meist 4.30–0.30 Uhr. Nachtbusse sind mit „N“ bezeichnet. Die Nachtbuslinien 1–9 fahren entlang der U-Bahnstrecken mit gleicher Nummer (außer U4+U55). Die mit „M“ gekennzeichneten Busse sind sogenannte Metrobusse, die Tag und Nacht fahren. Man steigt vorne ein und zeigt dem Fahrer unaufgefordert seine Fahrkarte. Hinten steigt man aus.
Tram: In Berlin verkehren derzeit 22 Linien auf 190 km. Sie fahren vorrangig im Ostteil. Sie wird heute auch im Westteil ausgebaut. Die Bahnen fahren ca. 5–0.30 Uhr. Metro-Trams sind mit „M“ gekennzeichnet und fahren Tag und Nacht.

Die **S-Bahn** mit 15 Linien fährt auch ins Brandenburger Umland (z. B. Potsdam). Alleine in Berlin verfügt sie über 257 km Streckennetz und über 133 Bahnhöfe, auch unterirdisch. Eine Fahrt auf der Ringbahn (S41/S42) einmal um die Berliner Innenstadt dauert genau 1 Std. Die S-Bahn fährt ca. 4–0.30 Uhr, Fr/Sa und Sa/So nachts sowie vor Feiertagen rund um die Uhr.

Sightseeing mit öffentlichen Verkehrsmitteln

s. auch Stadtführungen S. 68.
Bus 100: Der Doppeldecker fährt vom Alexanderplatz zum Bahnhof Zoologischer Garten (30 Min.) und passiert dabei Schlossplatz, Unter den Linden, Reichstag, Tiergarten mit Siegessäule, Gedächtniskirche.
Bus 200: Auch dieser Doppeldecker fährt vom Alex zum Zoo, aber nicht über Reichstag und Tiergarten, sondern über Potsdamer Platz und Botschaftsviertel.

Bus M29: Doppeldecker fährt vom Hermannplatz (Neukölln), Görlitzer Bahnhof und Oranienstraße (Kreuzberg), Checkpoint Charlie, Neue Nationalgalerie, Wittenbergplatz mit KaDeWe, Gedächtniskirche, gesamter Kurfürstendamm, ins Villengebiet Grunewald (1 Std.).
S-Bahnfahrt zwischen **Ostkreuz** und **Westkreuz** (Linien S3, S5, S7, S75), dabei passiert man Ostbahnhof, Alexanderplatz, Museumsinsel, Regierungsviertel, Tiergarten, City West und Charlottenburg.
U-Bahn U1 entlang der Hochbahnstrecke zwischen Gleisdreieck und Warschauer Straße durch Kreuzberg, über die Oberbaumbrücke an der East-Side-Gallery.
U-Bahn U2 auf der Hochbahnstrecke zwischen Wittenbergplatz und Potsdamer Platz mit Blick auf die Skyline vom Potsdamer Platz.

Taxi

Rund 7600 Taxen sind in der Hauptstadt Tag und Nacht unterwegs – die schnellste und bequemste Variante, um von A nach B zu gelangen (Preise s. S. 90).
Würfelfunk: 210101 oder freecall: ☎ 0800-2222255,
Quality Taxi: 263000 oder freecall: ☎ 0800-263000-0,
Funk Taxi Berlin: ☎ 261026,
TaxiFunk Berlin: ☎ 443322,
Cityfunk: ☎ 210202.

Velotaxi/Rikschas

April–Okt., Mitnahme bis 2 Pers. + 1 Kind: 1. km 6 €, danach 4 €/km; für 30 Min., 22 €, für 1 Std. 38 € bzw. für Rundfahrten mit Erklärungen etwas Verhandlungssache. Velotaxis gondeln zwischen Alexanderplatz, Brandenburger Tor, Potsdamer Platz, Gendarmenmarkt, Tiergarten und der City West. Einfach heranwinken oder vorbestellen (3 € extra): ☎ 0178-8000041, 28031609, www.velotaxi.de.

Auto, Vermietungen

Wahrscheinlich aufgrund des ausgezeichneten ÖPNV-Angebots fahren nur 31 % der Berliner ein eigenes Auto, die niedrigste Pkw-Dichte aller deutschen Städte. So kommt man mit dem eigenen Auto relativ zügig voran. Im Berliner Zentrum ist die Umweltzone (s. Anreise S. 51) zu beachten. Wer nicht in Parkhäuser fährt, sollte Kleingeld für die **Parkzonen** parat halten, die mittlerweile fast flächendeckend in der Berliner Innenstadt sowie in Spandau eingerichtet sind. Es können Gebühren bis zu 3 €/Std. anfallen. Achten Sie auf die entsprechenden Parkscheinautomaten. Alternativ kann die Gebühr per Handy bezahlt werden, wofür eine vorherige Anmeldung erforderlich ist (www.mobil-parken.de).

Autovermietung: Alle internationalen Autoverleiher wie Europcar, Sixt, Avis oder Hertz sind überall in der Stadt verteilt, u. a. am Flughafen, am Hauptbahnhof, Ostbahnhof, Bahnhof Spandau oder am Europacenter (City West).
Portale Mietwagenvergleich:
- Mietwagenmarkt.de: free call: ☎ 0800-5888258, www.mietwagenmarkt.de;
- Billiger Mietwagen.de: free call: ☎ 0800 334334334, www.billiger-mietwagen.de;
- Mietauskunft.de: Hotline: ☎ 0800-5511400, www.mietwagen-auskunft.de;
- Berlin Welcome Tourist Servicepoint, 1 Std. 35 €, 24 Std. 135 €, Gärtnerstr. 12 am Boxhagener Platz, 10245 Berlin, ☎ 29774786, www.touristservicepoint.de;

• Fa. Trabant Berlin, Tannhäuserstr. 97–102, 10318 Berlin in Lichtenberg, ☎ 688 35372, www.trabantberlin.de, 2 Std. 60 €, bis 24 Std. 129 €.

Segways für 15 €/Std. sowie **Elektroroller** für 39 €/Tag bei yoove-mobility, www.yoove.com, im NH-Hotel Friedrichstr. 96, ☎ 4360289797. Weitere Segway-Stationen: Ramada-Hotel am Alexanderplatz, Karl-Liebknecht-Str. 32, in den Potsdamer Platz Arkaden, Esplanade-Hotel am Lützowufer 15, Hardenbergstr. 14, Nähe Bhf. Zoo, am Borsigturm 68 in Tegel.

Scooter/Motorroller, mehrere Verleiher, darunter:
• Scooter Rent Berlin, ab 25 €/Tag, Rotherstr. 16, an der Warschauer Brücke in Friedrichshain, ☎ 0171-5525588, www.rollerverleih-berlin.de;
• City Scooter, ab 29 €/Tag, Zimmerstr. 97/Ecke Wilhelmstr. (Nähe Checkpoint Charlie), ☎ 0151-20209944, www.cityscooter-berlin.de.

Fahrrad

Mit einem Radwegenetz von über 770 km und ohne nennenswerte Berge lässt sich Berlin mit dem Fahrrad wunderbar und sicher erkunden. An Kreuzungen ohne Ampeln sollte man einen siebten Sinn für rechtsabbiegende Pkw entwickeln, auch wenn man selbst Vorfahrt hat. Busspuren dürfen mitbenutzt werden. Für weite Strecken bietet sich die Mitnahme von Rädern in U- und S-Bahnen an (s. S. 91).

Radverleiher findet man überall in der Stadt. Oft bieten auch Hotels Gästen einen Verleihservice. Die Leihgebühr beträgt 10–15 €/Tag, je nach Radausstattung. Oft reduziert sich der Preis bei mehrtägiger Ausleihe. Die meisten Berliner Radverleiher sind alphabetisch und nach Bezirken geordnet: **www.adfc-berlin.de**.

Fahrradstation, www.fahrradstation.de. Gute Räder, auch E-Bikes und Tandems.
• Dorotheenstr. 30, Nähe Bhf. Friedrichstraße, ☎ 28384848;
• Bergmannstr. 9, Kreuzberg, ☎ 2151566;
• Kollwitzstr. 77, Prenzlauer Berg, ☎ 9395813;
• Goethestr. 46, Charlottenburg, ☎ 93952757.

Fat Tire Bike Tours, ☎ 68836217, www.stadtundrad.de. Bequeme City-Cruiser, 12 €/Tag.
• Panoramastr. 1a, am Fernsehturm Alexanderplatz;
• Hardenbergpl. 11, direkt am Bhf. Zoo.

Geführte Radtouren s. S. 69.
Berliner Mauer-Radweg, s. S. 28.
Tipps für Radtouren in Potsdam s. S. 333.

Ausflugsschiffe

Das sollten Sie sich nicht entgehen lassen: Auf rund 200 km Wasserstraßen inklusive mehrerer Flüsse, Seen und vieler Kanäle lässt sich Berlin bestens vom Wasser aus betrachten.
Kurze Spreefahrten: 60–90-minütige Stadtkernfahrten zwischen Jannowitzbrücke und Tiergarten, die an Museumsinsel und Regierungsviertel vorbeiführen. Von

den Ablegestellen rund um den Berliner Dom startet alle 30 Min. ein Schiff (Nikolaiviertel, Karl-Liebknecht-Straße, Dom, Alte Börse, Friedrichsbrücke), 9–12 €.
Brückenfahrt: Während der lohnenswerten 3,5-stündigen Rundfahrt durch Spree und Landwehrkanal passiert man über 60 Brücken. Mehrmals tgl. ab Jannowitzbrücke (Reederei Stern & Kreis, www.sternundkreis.de), Märkisches Ufer (Reederei Riedel, www.reederei-riedel.de) sowie Schlossbrücke Charlottenburg (Reederei Winkler, www.reedereiwinkler.de), 19–21 €. Zustieg an weiteren Anlegestellen möglich.
Diverse Fahrten von Schlemmer-, Brunch- und BBQ- bis Abendfahrten und Party-Touren. Die Berliner Geschichtswerkstatt bietet Themenfahrten von Kriminal-, Mauer- Musik-, Literatur- bis zur Rio-Reiser-Tour an, www.berliner-geschichts werkstatt.de, ☎ 2154450.

Auch Ziele wie Spandau, Tegel, Köpenick mit Müggelsee, Wannsee mit Potsdam und diverse Destinationen im Umland werden angesteuert oder große Rundfahrten unternommen. Die **größten Anbieter** sind:
• Stern & Kreis Schifffahrt, ☎ 5363600, www.sternundkreis.de;
• Reederei Riedel, ☎ 6934646, www.reederei-riedel.de;
• Reederei Bruno Winkler, ☎ 3499595, www.reedereiwinkler.de.
Einen Überblick über weitere Anbieter von kleinen Linien- und Charterschiffen bis zur Luxusjacht gibt der **Reederverband Berlin**, www.reederverband-berlin.de.

Mit dem eigenen Boot

Wenn Sie mit dem eigenen Boot durch Berlin fahren, hilft zur Orientierung das Symbol der „Gelben Welle“ auf rund 70 Anlegestellen, Marinas, Gastliegeplätzen, Bootshäusern, Gaststätten und Hotels. Auf der Spree zwischen Oberbaumbrücke und Tiergarten darf man nur mit Motorbootsführerschein und ab 5 PS fahren. Außerdem ist tagsüber eine UKW-Sprechfunkanlage nötig. Wer rast oder mit mehr als 0,5 Promille erwischt wird, hat ein Bußgeld von 190 € zu zahlen – die Wasserschutzpolizei kontrolliert.

Bootsverleih

In den herrlichen See- und Erholungsgebieten Müggelsee im Südosten und Havelseen im Westen sowie in Potsdam gibt es zahlreiche Bootsverleihe vom Kajak, Tret- und Ruderboot bis zum Solar-, Motor- und Sportboot (mit und ohne Führerschein). Auch Floßfahrten können unternommen und auf Grillbooten gefeiert werden. **Anbieter**:

Rund um den Müggelsee (s. Karte S. 256)

• Spreepoint (Friedrichshagen): Wassersportzentrum am Müggelseedamm 70, ☎ 6411291, www.bootsverleih-spreepoint.de. Führerscheinfrei ab 12 €/Std., auch Grillboote, Kajaks, Ruderboote.
• Hessenwinkel (Dämeritzsee/Neu Venedig), Triglawstr. 20, ☎ 0173-1043917, www.bootsverleih-hessenwinkel.de. Führerscheinfrei ab 12 €/2 Std., Flöße.
• Kanuverleih (Rahnsdorf/Neu Venedig), Am Küstergarten 18, ☎ 0162-4850310, www.13kanus.de, 8 €/Std., 24 €/Tag.
• Rübezahl (Müggelsee Südseite), Müggelheimer Damm 143, ☎ 6566168816, www.bootsjunge.de. Motorboote (führerscheinfrei ab 20 €/Std.), Tretboote, Segelboote, Flöße, Hausboote.

- Aquaris (Altstadt Köpenick), Katzengraben 19, ☎ 67818084, www.aquaris.info. Führerscheinfrei ab 13 €/Std.
- Solarboote (Altstadt Köpenick), Müggelheimer Str. 1d, ☎ 0160-6309997, www.solarwaterworld.de.

Bereich Havelseen von Tegel (s. Karte S. 308) über Spandau (s. Karte S. 301) bis Potsdam (s. Karte in der hinteren Umschlagklappe):
- Tegel/Tegeler See: Gabrielenstr. 77, www.bootsvermietung-am-tegeler-see.de. Führerscheinfrei ab 20 €/Std.
- Spandau/Tiefwerder: Dorfstr. 15, www.bootsvermietung-online.de. Ab 19 €/2 Std.
- Spandau/Pichelsdorf: Scharfe Lanke 67, ☎ 0151-21808811, www.nautik-charter.de. Motorboote und -jachten ab 150 €/4 Std. sowie Segelboote.
- Spandau/Pichelsdorf: Scharfe Lanke 109–131, www.lanke-bootsvermietung.de. Ab 19,90 €/Std. mit und ohne Führerschein.
- Potsdam: Marina am Tiefen See, Schiffbauergasse 8, ☎ 0331-8170617, www.just-for-fun-potsdam.de.
- Potsdam Wassersport am Campingpark Sanssouci, An der Pirschheide 41, ☎ 0331-2704280, www.wassersport-in-potsdam.de. Surfschule, Kanu, Drachenboot, Segel- und Motorboote.

Stadtnah am Treptower Park/Insel der Jugend:
- Rent a' boat, An der Abteibrücke, ☎ 0177-2993262, www.rent-a-boat-berlin.com. Ruder-, Paddel-, Tret- sowie Motorboote (führerscheinfrei ab 50 €/2 Std.).

Flöße und Grillboote:
- Floß und los, Friedrichshagen am Müggelsee und Ableger am Treptower Park, ☎ 6455756, www.flossundlos.de. Vom Tipi bis zum großen Floß, ab 70 €/3 Std., 120 €/Tag.
- Huckleberry's Tours, Schiffbauergasse 9, Potsdam, ☎ 20672889, www.huckleberrys-tour.de. Flöße mit Motor, ab 25 €/Std., mit Übernachtung ab 112 €.
- Grill Boot Berlin: Kladow Promenadenhafen Imchenallee und Spree bei Treptow, ☎ 42851239, www.grill-boot.de, ab 35 €/Std.,

➤ **Fliegen und Ballonfahrten** (s. Aussichtspunkte und Rundflüge S. 54)

Zoll

Freie Einreise ohne **Personenkontrolle** besteht für alle Reisende aus dem Schengen-Raum, zu dem auch die Schweiz gehört.

Innerhalb der EU bestehen keine Beschränkungen für das **Reisegepäck** und ausschließlich zu privaten Zwecken mitgeführte Waren (als Richtwert gelten 800 Zigaretten, 10 l Spirituosen bzw. 90 l Wein). Die Freimengengrenzen für Reisende aus Nicht-EU-Staaten sind geringer (200 Zigaretten, 1 l Spirituosen bzw. 2 l Wein, 50 g Parfüm). Infos unter: www.zoll.de.

Das kostet Sie ein Aufenthalt in Berlin

Allgemein

Im Vergleich zu anderen deutschen und europäischen Städten können Besucher in der Hauptstadt preisgünstig Urlaub machen. Das Reiseportal Tripadvisor hat ermittelt, dass eine Übernachtung im Vier-Sterne-Hotel, eine Pizza, ein Longdrink an der Hotelbar und eine Taxifahrt über 8 km hier im Durchschnitt 115 € kosten.

Die Vergleichskosten betragen in Hamburg 145 €, in Frankfurt 134 € und in Köln 124 €. Aber auch im europäischen Vergleich liegt Berlin preislich eher auf den hinteren Rängen. Spitzenwert hält Paris mit 304 € (hohe Hotelkosten), gefolgt von Zürich und London mit jeweils über 265 € (Quelle: Süddeutsche Zeitung).

Anreise

Mit dem Flugzeug
Bei Vergleich der unterschiedlichen Anbieter, mit etwas Vorlauf und einer gewissen Flexibilität sollte der Preis für Hin- und Rückflug von einem deutschsprachigen Flughafen sowie aus der Schweiz und Österreich nicht über 200 € liegen. Reguläre Flugtickets sind allerdings viel teurer.

Mit der Bahn
Je früher Sie buchen, desto günstiger der Bahnpreis. Wer sich direkt in den ICE setzt, zahlt ohne Bahncard z. B. von Stuttgart hin und zurück weit über 200 €, von Hamburg 132 €. Mit einigem Vorlauf ist das wesentlich preiswerter, z.B. von Hamburg nur noch 73 €. Wer nicht freitags oder sonntags fährt, erhöht die Chance auf ein Sparangebot. Der Kauf einer Bahncard sollte bei größeren Entfernungen in Erwägung gezogen werden. Außerdem bietet die Bahn viele weitere Angebote an, z.B. das Quer-durchs-Land-Ticket für 42 €. Für diesen Preis gelangt man auch von weiten Zielen wie Aachen oder Freiburg günstig in die Hauptstadt, sitzt dann allerdings ewig in Regionalzügen und muss oft umsteigen.

Mit Bus und Mitfahrgelegenheit
Nicht so komfortabel wie die Bahn, aber günstiger sind einige Busanbieter, z. B. Hamburg hin und zurück für 78 € oder von Düsseldorf 140 €. Wer sehr flexibel ist, sucht im Portal **deinbus.de** nach verfügbaren Busfahrten, z. B. Mannheim hin und zurück für 84 €. Mitfahrgelegenheiten im Auto sind die günstigste Variante, z. B. München hin und zurück für 60 €, Leipzig für 20 €.

Ausgehen

Bars verlangen in der Regel keinen Eintritt. Tanzlokale, Diskos und Clubs haben ihre ganz eigene Preispolitik: Manche sind kostenfrei, andere nehmen erst ab einer bestimmten Uhrzeit Eintritt, z. B. 10–15 €. Sogar am frühen Morgen kann in den angesagten Clubs immer noch ein Eintritt fällig werden.

Lokale/Restaurants

Die Kosten für Essen und Trinken unterscheiden sich in der Hauptstadt nicht wesentlich vom bundesdeutschen Durchschnitt. Sie liegen höher als in ländlichen Gebieten, aber niedriger als in Städten wie München, Stuttgart oder Hamburg. Für ein reichhaltiges Frühstück ohne Getränke zahlt man z. B. in den Straßencafés im Prenzlauer Berg 9–15 €. In der Mittagszeit bieten viele Restaurants günstige Menüs von 6–14 € (ohne Getränke) an. Am Abend kann man für ein gutes Abendessen mit zwei Gängen, ein Glas Wein oder Bier ab 20 € rechnen, darüber hinaus sind keine Grenzen gesetzt.

Museen

Der Eintritt für die meisten großen Museen liegt bei 6–10 €. Wer sich alle fünf Museen auf der Museumsinsel an einem Tag ansehen möchte, zahlt 14 € für die Bereichskarte. Sämtliche im Reiseführer angegebenen Preise beziehen sich auf den regulären Eintritt. Für temporäre Sonderausstellungen gelten gesonderte Preise, die auch nicht im Museumspass enthalten sind.

Mit dem **Museumspass Berlin** für 19 € können an drei aufeinanderfolgenden Tagen über 50 Museen besucht werden, darunter sämtliche Staatliche Museen einschließlich der Museumsinsel, große Häuser wie das Jüdische Museum, Technikmuseum oder Naturkundemuseum. Er ist erhältlich in den beteiligten Museen, den Touristinfos oder online unter www.visitberlin.de. Die **BerlinCityCard** und insbesondere die **Berlin Welcome Card** enthalten viele Ermäßigungen in Museen (s. S. 82).

Manche Museen sowie die meisten Gedenkstätten sind kostenfrei, z. B. Alliiertenmuseum, Ort der Information des Holocaustdenkmals und Friedrichswerdersche Kirche, Gedenkstätte Deutscher Widerstand, Gedenkstätte Berliner Mauer oder Topographie des Terrors. Kinder sowie Jugendliche bis zum 18. Lebensjahr haben in den meisten Berliner Museen freien Eintritt oder zahlen einen reduzierten Preis.

Stadtverkehr

➤ Taxi

Die Kosten liegen geringfügig unter den durchschnittlichen Taxikosten in Deutschland, **Preisbeispiel**: Hbf. bis Wittenbergplatz in der City West ca. 11,50 €. Der Grundpreis (Stand 2012) beträgt 3,20 €, pro Kilometer kommen 1,65 € dazu, ab 7 km 1,28 €. Sperrige Gepäckstücke können mit 1 € berechnet werden. Für bargeldlose Zahlung wird 1,50 € extra verlangt. Es gibt einen Kurzstreckentarif von

4 € für eine Maximalstrecke von 2 km. Dafür müssen Sie einen fahrenden Wagen heranwinken und den Tarif dem Fahrer beim Einsteigen mitteilen.

➤ Öffentliche Verkehrsmittel
Der Einzelfahrschein für U-/S-/Straßenbahn sowie Busse kostet 2,30 €, die Tageskarte in ganz Berlin 6,30 €, mit Potsdam 6,80 €. Es gibt Kurzstreckentarife sowie Tickets für die Fahrradmitnahme in U- und S-Bahnen.
Ausführliche Infos s. ab S. 82.

Mit der **Berlin CityTourCard** oder **Berlin Welcome Card** kann man in ganz Berlin fahren und erhält dazu Ermäßigungen für viele Attraktionen inklusive Museen. Es gibt sie in mehreren Varianten, z. B. für 2 Tage 17–20 € oder für 3 Tage 23–26 € (s. auch S. 82).

➤ Stadtrundfahrten
Eine Rundfahrt mit einem der offenen Doppeldecker-Busse kostet 15 € (s. S. 70).

Gehört dazu: eine Bootsfahrt duch Berlin

Diverse Unternehmen bieten öffentliche Stadtrundgänge oder öffentliche Radtouren zu festen Zeiten an (s. S. 69). Die Kosten liegen bei 10–15 € pro Führung (1–2 Std.). Individuell gebuchte Stadtführer oder Rundfahrten sind zwar teurer, lohnen sich aber ab einer bestimmten Personenanzahl.

Unterkunft

Im Gegensatz zu anderen Metropolen sind die Hotelpreise in Berlin in den letzten Jahren nicht gestiegen, sondern gesunken! Viele Hoteleröffnungen hatten niedrigere Belegungsquoten und aggressive Preispolitik zur Folge, was sich vorteilhaft für die Gäste auswirkte. Der Durchschnittspreis liegt um die 80 €, niedriger als in ganz Deutschland (Durchschnitt 88 €), Österreich (99 €) und der Schweiz (151 €). Auch in der Luxusklasse der Fünf-Sterne-Hotels kann man in Berlin vergleichbar günstig übernachten – der Durchschnitt lag hier 2011 tatsächlich bei nur 132 €, auch wenn die Preise auf den hoteleigenen Infoseiten deutlich höher angegeben sind. *
* Quelle: Hotel Price Index (HPI) 2011 des Buchungsportal hotels.com

3. BERLIN ENTDECKEN

Tourenvorschläge

Die im historischen Stadtzentrum gelegenen touristischen Attraktionen zwischen Brandenburger Tor und Alexanderplatz sind bequem fußläufig erreichbar. Andere im Stadtgebiet verteilte Highlights oder empfohlene Quartiere sind nur zu entdecken, wenn man sie mit Bus und Bahn ansteuert. Mit dem öffentlichen Verkehrsnetz erreicht man nahezu jeden Winkel der Stadt, wofür aber aufgrund der Entfernungen mitunter mehr Zeit eingeplant werden sollte, als man erwartet. In die folgenden Tourenvorschläge sind keine Museumsbesuche eingeplant.

Berlin an einem Tag

Schnupperbesuch

Für den **ersten Überblick** des eiligen Besuchers bietet der offene Doppeldecker (hop on hop off) eine Rundfahrt durch die Innenstadt (s. S. 70). Für ein **intensiveres Kennenlernen** empfiehlt sich ein Spaziergang durch das historische Berlin (s. S. 95), dann geht's mit der U-Bahn zum Hauptbahnhof, Spaziergang Neues Berlin (s. S. 108), danach mit der U-Bahn zum Wittenbergplatz, Spaziergang durch die City West. Den Abend ausklingen lassen: am Savignyplatz, Hackeschen Markt, Kollwitzplatz, im Prenzlauer Berg oder in der Bergmannstraße in Kreuzberg.

Berlin am Wochenende

Samstag: Zunächst wie oben (Spaziergang Historisches Berlin), dann verkürzter Spaziergang Neues Berlin vom Brandenburger Tor bis Potsdamer Platz, Fahrt mit der U-Bahn zum Wittenbergplatz und Spaziergang City West. Abend wie oben.

Sonntag: Z. B. Brunch in Prenzlauer Berg, Besuch einer der Flohmärkte oder Spaziergang durchs Regierungsviertel, Spaziergang Neues Berlin. Am Nachmittag Spaziergang Spandauer Vorstadt (Hackescher Markt).

Berlin an drei bis vier Tagen

Abseits der Touristenpfade

Wie oben, aber jetzt kann man sich mehr Zeit lassen, z. B. mit dem Spaziergang Historisches Berlin abseits der touristischen Pfade. Am dritten Tag bieten sich die Rundgänge in Kreuzberg oder im Prenzlauer Berg an. Auch das Charlottenburger Schloss und eine Schifffahrt sollten bei diesem Programm dabei sein.

Berlin für „Fortgeschrittene"

Die vorgeschlagenen Touren und Ziele im Entdecken-Teil führen Sie in die interessantesten Winkel der Stadt, sei es durch die spektakuläre Villenkolonie Grunewald, durch arme Stadtviertel wie Wedding mit toller Industriearchitektur oder Neukölln mit charmantem Dorfkern, nicht zu vergessen in die herrlichen Erholungsgebiete von Tegel, Köpenick oder Wannsee und natürlich nach Potsdam.

Hinweis

Die **Entdecken-Kapitel** sind nach den Berliner Stadtbezirken geordnet und zwar geografisch, von innen nach außen (Mitte, Charlottenburg-Wilmersdorf, Friedrichshain-Kreuzberg) und dann im Uhrzeigersinn, angefangen mit Pankow inklusive Prenzlauer Berg.

Mitte

Unschwer vom Namen abzuleiten, ist Mitte tatsächlich die Mitte Berlins. Hier an der zentralen Spreeinsel liegt die mittelalterliche Keimzelle der Stadt. In Mitte stehen die preußischen Prachtbauten entlang der Straße Unter den Linden, die vom Schlossareal und der Museumsinsel bis zum Brandenburger Tor reicht, dem damaligen westlichen Stadtausgang. Neben der planmäßig angelegten barocken Stadterweiterung inklusive Friedrichstraße und Gendarmenmarkt entstanden im 18. Jh. in nördlicher und östlicher Richtung eher ungeordnet mehrere Vorstädte wie die Spandauer Vorstadt mit ihren schmalen Straßen und vielen Hofanlagen, u. a. den berühmten Hackeschen Höfen.

Zum heutigen vielschichtigen Bezirk Mitte gehört auch der Tiergarten, die größte deutsche innerstädtische Parkanlage inklusive Siegessäule und Schloss Bellevue. Den südlichen Tiergartenrand begrenzt das neue Botschaftsviertel, während sich

Treffpunkt am Alexanderplatz: die Weltzeituhr

nördlich das Hansaviertel anschließt – eine gebaute Utopie aus den 1950er-Jahren und ein Überbleibsel ehemals herrschaftlichen Wohnens (s. S. 140). Dahinter liegt das ehemalige Arbeiter- und Industriequartier Moabit (s. S. 143). Nördlich vom historischen Zentrum gehen die Vorstädte aus dem 18. Jh. allmählich in die riesigen Arbeiterquartiere des 19. Jh. über, wie Wedding und Gesundbrunnen mit ihren denkmalgeschützten Industriearealen (s. S. 145). Hier leben etwa 163.000 Menschen, nicht wenige unter prekären Verhältnissen. Insgesamt zählt der knapp 40 km² umfassenden Bezirk heute 340.000 Einwohner.

Historisches Berlin

Das historische Zentrum war während der Teilung der Stadt auch Zentrum Ostberlins, am deutlichsten abzulesen an den großen Straßenfluchten und Plätzen zwischen Schlossareal und Alexanderplatz, weithin markiert vom Fernsehturm. Die durch Krieg und Mauerbau geschundene alte Mitte rund um die Friedrichstraße erwachte nach der Wende zu neuem Leben mit edlen Geschäften und glitzernden Fassaden. Daneben entstanden schicke neue Wohnquartiere und Townhouses.

Spaziergang durch das Historische Berlin

Dauer: *ohne Innenbesichtigungen 3 Std., (ohne Abstecher ca. 5,5 km)*
Anfahrt: *S- u. U-Bhf. Alexanderplatz (U2, U5, U8)*
Karte: *s. S. 96*

Alexanderplatz (I)

Berlins größter Nahverkehrsknotenpunkt wird täglich von 300.000 Menschen frequentiert, die hier umsteigen, den Platz bevölkern oder einkaufen gehen. Nicht gerade ein Ausbund der Schönheit, aber aufgrund seiner Ausmaße und der vielen Menschen ein sehr lebhafter und faszinierender Ort. Der ehemalige „Ochsenmarkt" erlangte anlässlich des Besuchs des russischen Zaren Alexander I. seinen heutigen Namen. Im Laufe der

Redaktionstipps

Historisches Berlin

➤ Kein Geheimtipp, aber dennoch überwältigend: Blick vom **Fernsehturm am Alexanderplatz** und Speisen im Himmel über Berlin (S. 97).

➤ Besuch des **Berliner Doms** und Ausblick von der Kuppel (S. 99).

➤ Durch die Luxuswelt der **Friedrichstadtpassagen** und der **Galeries Lafayette** bummeln (S. 103).

➤ Bis Mitternacht im **Kulturkaufhaus Dussmann** stöbern (S. 105).

Neues Berlin

➤ Den Parlamentariern aufs Dach steigen und die Aussicht aus dem Inneren der Hightech-Glaskuppel des **Reichstags** genießen (S. 111).

➤ Am **Potsdamer Platz** das Sonycenter besuchen und hinauf auf den Panorama-Point sausen (S. 112).

➤ Die herausragende **Gemäldegalerie** am Kulturforum garantiert einen perfekten Kunstgenuss (S. 115).

➤ Im Foyer der Philharmonie **Lunchkonzerten** lauschen (S. 115).

➤ **Restaurant Zollpackhof:** drinnen oder im Biergarten in traumhafter Uferlage lecker speisen (S. 116)

Spandauer Vorstadt/Alter Norden

➤ Rund um den **Hackeschen Markt** in Altberliner Straßen Cafés, Galerien, Läden verweilen (S. 117).

➤ In **Clärchens Ballhaus** wird bis in den Morgen getanzt (S. 124, 132).

➤ Berühmte Persönlichkeiten sind auf dem **Dorotheenstädtischen Friedhof** zu finden (S. 127).

➤ In der abgefahrenen Kulisse eines Bunkers die außergewöhnliche **Sammlung Boros** erleben (S. 128).

➤ **Gedenkstätte Berliner Mauer** – die Realität des Mauerbaus (S. 130).

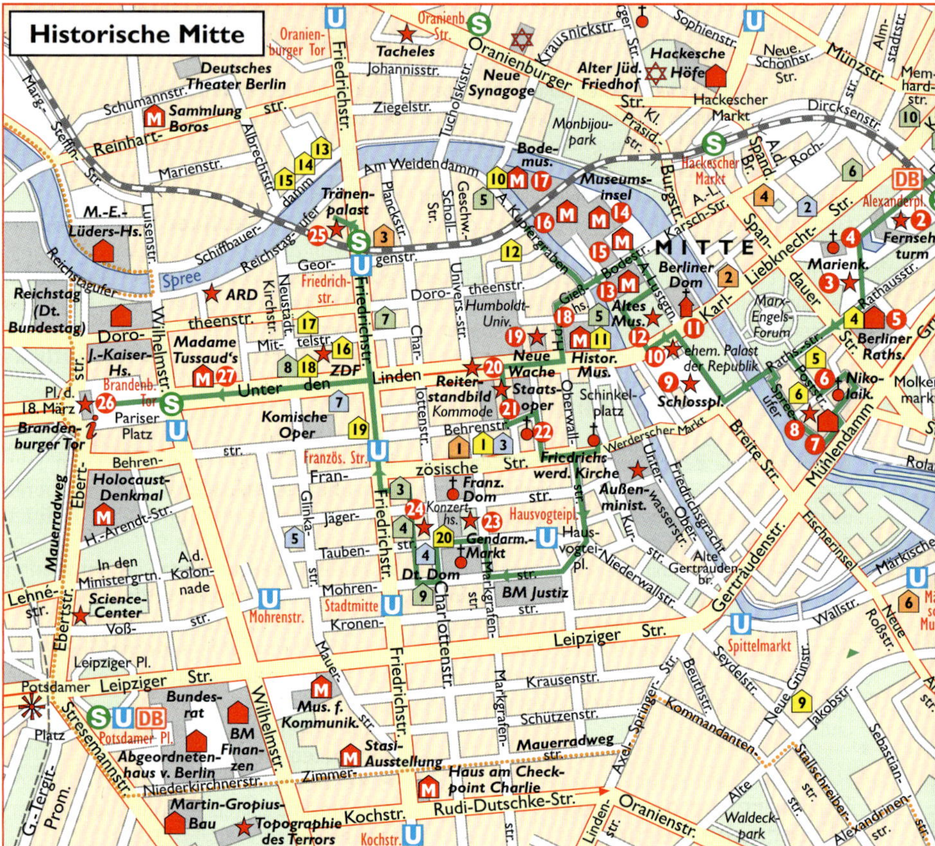

Sehenswürdigkeiten
1 Alexanderplatz
2 Fernsehturm
3 Neptunbrunnen
4 Marienkirche
5 Berliner Rathaus
6 Nikolaikirche
7 Ephraimpalais
8 St.Georg
9 Schlossplatz
10 Humboldtbox
11 Berliner Dom
12 Lustgarten
13 Altes Museum
14 Alte Nationalgalerie
15 Neues Museum
16 Pergamonmuseum
17 Bodemuseum
18 Historisches Museum
19 Neue Wache
20 Reiterstandbild
21 Staatsoper
22 St.-Hedwigs-Kathedrale
23 Gendarmenmarkt
24 Friedrichstadtpassagen
25 Tränenpalast
26 Brandenburger Tor
27 Madame Tussaud's

Hotels
1 Hotel de Rome
2 Radisson Blue
3 Eurostar Berlin
4 Alexander Plaza
5 Park Inn Alexanderplatz
6 Art'otel berlin-mitte

Restaurants/Cafés
1 Hofbräu Berlin
2 Podewil
3 Zur letzten Instanz
4 Kantine Rotes Rathaus
5 Zur Gerichtslaube
6 Brauhaus Georgbräu
7 Deckshaus
8 Bei Lydia
9 Tapas y mas
10 Café im Bodemuseum
11 Café/Restaurant Zeughaus
12 12 Apostel
13 Brechts'
14 Berliner Republik
15 Ständige Vertretung
16 Vapiano
17 Ishin Jap. Deli
18 Café Einstein
19 Bocca di Bacco
20 Lutter & Wegner

Ausgehen
1 Panorama-Lounge Park Inn
2 HBC-Bar im ehemaligen Haus Ungarn
3 Bebel Bar im Hotel de Rome, Dachterrasse

Newton-Bar
Weingalerie Nö!
Weekend
Cookies
Sage Club
Tresor

Einkaufen
Alexa
Galeria Kaufhof
Galeries Lafayette
Friedrichstadtpassagen
Kunstmarkt am Zeughaus
Ostpaket
Dussmann-Kulturkaufhaus
Berlin Story
Fassbender & Rausch
Aus Berlin

© graphic

Jahrhunderte mehrfach umgebaut, resultiert sein heutiges Aussehen aus den Aufbauplänen Ostberlins. Auf dem für Großveranstaltungen konzipierten „sozialistischen Platz" fand im November 1989 die größte nicht staatlich gelenkte Demonstration mit einer halben Million Menschen statt, ein Höhepunkt der friedlichen DDR-Revolution.

Nutten-brosche

Wichtige Treffpunkte sind die **Weltzeituhr** und der Brunnen der Völkerfreundschaft mit 17 Kupferschalen, der aufgrund seiner bunten Glassteine gelegentlich als „Nuttenbrosche" bezeichnet wird. Das vergrößerte und mit einem schicken Lichthof versehene ehemalige Centrum Warenhaus der DDR ist heute **Galeria Kaufhof**. Einzig die als modernes Stadttor 1931 von Peter Behrens errichteten Geschäftshäuser Alexander (Berliner Landesbank) und Berolina (C&A) hatten den Krieg überstanden. Hinter der Berliner Landesbank liegt das riesige Einkaufszentrum Alexa, das 2007 mit Angeboten wie Flachbildschirme für 1 € eröffnete. Tumulte mit Verletzten und hohe Sachschäden waren damals die Folge. Übrigens: Wer seinen Kopf nach oben streckt, kann beobachten, wie von der 40. Etage des Park Inn Hotels Leute mit kühnem Sprung in die Tiefe stürzen (s. S. 65).

Telespargel

Auf der anderen Seite des Bahnhofs erhebt sich ein Wahrzeichen der Stadt und das höchste deutsche Bauwerk – der 368 m hohe **Fernsehturm (2)**. Im Prestigebau der DDR von 1969 gelangen Besucher in 40 Sekunden auf die Panorama-Etage in 203 m Höhe, darüber dreht sich das Restaurant halbstündlich um sich selbst. Die Aussicht ist grandios.
Fernsehturm, *☏ 24757537, www.tv-turm.de, tgl. 9–24, im Winter ab 10 Uhr, 11 €, mit VIP-Ticket für 19,50 € erspart man sich Wartezeit, buchbar im Internet.*

Einer der schönsten Brunnen der Stadt plätschert gleich in der Nähe: der 1891 von Reinold Begas geschaffene **Neptunbrunnen (3)**. Die vier Frauengestalten am Brunnenrand personifizieren die ehemals preußischen Flüsse Rhein und Elbe, Oder und Weichsel. Sie werden scherzhaft als einzige Berlinerinnen, die den Rand halten können, tituliert.

Die scheinbar schräg daneben platzierte **Marienkirche (4)** aus dem 13. Jh. war einst umringt vom dicht bebauten Marienviertel. Stufen geht es hinab auf mittelalterliches Bodenniveau. Im Inneren der Turmhalle befindet sich in 22 m Länge die älteste erhaltene Dichtung Berlins: ein Schriftband erläutert das Fresko des Totentanzes von 1484.
Marienkirche, *☏ 2424467, www.marienkirche-berlin.de, tgl. 10–21, im Winter 10–18 Uhr. Neben evangelischen Gottesdiensten finden regelmäßig Konzerte auf der barocken Wagnerorgel statt.*

Neptunbrunnen vor dem Roten Rathaus

Auf der anderen Seite des Neptunbrunnens weht auf 97 m Höhe die Landesflagge mit dem Berliner Bären. Der gewaltige Bau des **Berliner Rathauses (5)**, 1869 von Hermann Waesemann im Stil der italienischen Frührenaissance errichtet, wird aufgrund seiner roten Backsteinziegel auch als **Rotes Rathaus** bezeichnet. Es ist Sitz des Regierenden Bürgermeisters Klaus Wowereit. Um das gesamte Gebäude verläuft ein Terrakottafries mit Szenen von den Anfängen Berlins bis zur Reichsgründung. Öffentlich zugänglich sind neben der Vorhalle der Wappensaal, der Große Festsaal sowie der 9 m hohe Säulensaal mit Gipsfiguren aus dem ehemaligen Schloss (☎ *90260, Mo–Fr 9–18 Uhr*).

Nikolaiviertel

Nach Überqueren der Spandauer Straße ist das Nikolaiviertel erreicht, der älteste Siedlungskern Berlins. Da es im Zweiten Weltkrieg es nahezu restlos zerstört wurde, schuf die DDR anlässlich der 750-Jahr-Feier der Stadt eine Collage aus aufwendig rekonstruierten Gebäuden sowie Neubauten mit Plattenelementen. Diese Illusion einer **Altstadt**, die eigentlich keine ist, erfreut sich mit kleinen Läden, Museen und gemütlichen Restaurants großer Beliebtheit bei Besuchern. Ungestört vom Autoverkehr kann man zu Fuß durch die Sträßchen bummeln.

Berliner Milljöh

Biegt man von der Rathausstraße links in die Poststraße ein, entdeckt man auf der linken Seite (Nr. 28) das Restaurant Gerichtslaube, eine 1987 errichtete Kopie der barocken Alten Ratswaage. Das Original steht auf dem Babelsberg in Potsdam (s. S. 330). Kurz dahinter erinnert ein Denkmal an **Heinrich Zille** – ein Museum widmet sich dem berühmten Zeichner und Karikaturisten des „Berliner Milljöhs".
Zille-Museum, *Propststraße 11,* ☎ *24632500, www.heinrich-zille-museum.de, tgl. 11-19, im Winter bis 18 Uhr, 5 €.*

Die **Nikolaikirche (6)** ist die älteste Berliner Kirche, erwähnt erstmalig 1230, später mehrfach umgebaut und erweitert und nach Kriegszerstörung wiederaufgebaut. Nach umfassender Sanierung wurde sie 2010 mit einer Dauerausstellung über die ereignisreiche Geschichte der Kirche wieder der Öffnetlichkeit zugänglich gemacht. Vor der Kirche liegen das Stadtsiegel von 1253 und der Gründungsbrunnen mit Bär und Adler.
Nikolaikirche, *Nikolaikirchplatz, ☎ 24002-162, tgl. 10–18 Uhr, 5 €.*

Auf dem Weg im Uhrzeigersinn um die Kirche passiert man das Restaurant Zum Nussbaum, das eine Kopie der im Krieg zerstörten Gaststätte ist, Wohnungsbauten in Plattenbauweise sowie einige schöne Bürgerhäuser. Im Schillerhaus befindet sich die Gedenkbibliothek für Stalinopfer, daneben die kleine Mundartbühne Theater im Nikolaiviertel. Das stattliche Knoblauchhaus (Poststraße 23) von 1760 wurde nicht zerstört. Die Wohnräume der Familie Knoblauch können besichtigt werden *(Di–So 10–18 Uhr, Eintritt frei)*.

Die schönste Ecke Berlins

Ein Stückchen weiter und einige Treppenstufen höher an der Ecke zum lauten Mühlendamm steht das **Ephraimpalais (7)**, errichtet für den damaligen Münzmeister Friedrichs II. Im 18. Jh. als „schönste Ecke Berlins" tituliert, wurde das Rokokopalais mit seinen goldenen Balkongittern für die Erweiterung des Mühlendamms 1935 sorgfältig abgetragen und in 3000 Einzelteile eingelagert. Erst ab 1983 wurde es um 12 m versetzt wieder zusammengefügt. Hinter dem Ephraimpalais kann man am Spreeufer vorbei an einigen Restaurants, Cafés und Gartenlokalen weiterbummeln. Die mächtige Bronzefigur **St. Georg (8)** im Kampf mit dem Drachen stand ursprünglich im Hof des Berliner Schlosses. Ein Stückchen weiter steht das repräsentative Kurfürstenhaus am Spreeufer Nr. 5 mit Neorenaissancefassade.

Schlossplatz (9)

Ab der Rathausbrücke geht's an der Spree entlang in Richtung Berliner Dom, je nach Baustellensituation auf der rechten oder linken Uferseite. Der Blick von der Rathausbrücke macht den Weg frei auf die ehemals große Leere – und jetzt große Baustelle. Hier stand einst das mächtige Hohenzollernschloss der Preußen, im Zweiten Weltkrieg ausgebrannt und unter DDR-Regie gesprengt, um Platz für Aufmärsche und den Palast der Republik zu schaffen. Dieser ist inzwischen selbst Geschichte – er wurde 2008 abgerissen. Der Stahl ging übrigens nach Dubai und wurde in das höchste Haus der Welt eingebaut. Das Schloss soll bis 2019 unter Leitung des italienischen Architekten Franco Stella wiederaufgebaut werden. Die blaue **Humboldtbox (10)** informiert auf fünf Etagen über Vergangenheit und zukünftige Nutzung des Humboldt-Forums. Von den Aussichtsterrassen mit Café-Restaurant besteht ein guter Blick auf die Baustelle des über 550 Mio. € teuren Projekts.

Humboldtforum

Humboldtbox, *Schlossplatz 5, ☎ 01801/5030707, www.humboldt-box.com, Fr–Mi 10–18, Do 10–22 Uhr, Restaurant-Café 10–23 Uhr, 4 €.*

Berliner Dom (11) und Lustgarten

Die Hauptkirche des deutschen Protestantismus wurde 1905 unter Kaiser Wilhelm II. als Monumentalbau anstelle des kleineren Vorgängerbaus errichtet. Anklänge an den Petersdom in Rom waren beabsichtigt. Über der mit prächtigem Altar, Kaiserloge und Sauer-Orgel ausgestatteten Predigtkirche erhebt sich die

mächtige, 70 m hohe Kuppel. Die Mühe des Aufstiegs in 270 Stufen auf den Kuppelumgang wird mit einem grandiosen Ausblick auf die Museumsinsel und die Historische Mitte der Stadt belohnt. In der Hohenzollerngruft fanden die Mitglieder des preußischen Königshauses ihre letzte Ruhe.
Berliner Dom, *Mo–Sa 9–20, So 12–20 Uhr, 5 €. Gottesdienste und Konzerte unter www.berliner-dom.de, ☎ 20269136.*

Kartoffelanbau

Vom **Lustgarten (12)** aus kann man die prächtige Kulisse mit Altem Museum und Berliner Dom genießen. Der damalige Küchengarten des Schlosses, in dem im 17. Jh. erstmals Kartoffeln angepflanzt wurden, diente später als Aufmarsch- und Demonstrationsplatz. Mit der modernen Umgestaltung ist er seit 1999 wieder wunderschön.

Museumsinsel

Gegenüber dem einstigen Schloss lockt eines der größten Schatzhäuser der Welt Kunst- und Kulturliebhaber. Die Museumsinsel, im Laufe von 100 Jahren bis 1930 entstanden, zählt zum Weltkulturerbe der UNESCO. Fünf große Museumsbauten repräsentieren 6000 Jahre Menschheitsgeschichte: von den Ursprüngen in Ägypten bis hin zum 19. Jh. Alle Gebäude werden derzeit bei laufendem Betrieb saniert und technisch auf den neuesten Stand gebracht.

Vor dem **Alten Museum (13)** steht die weltgrößte Granitschale – die „Berliner Suppenschüssel". Sie sollte ursprünglich ins Museum, passte aber nicht durch die Eingänge. 1834 eingeweiht, wurde sie als Weltwunder der Biedermeierzeit gefeiert. Das Gebäude von 1830 gilt als Schinkels Meisterwerk. Mit 18 Säulen erinnert die Hauptfront an einen griechischen Tempel. Das Museum zeigt Kunst und Skulpturen der Griechen und Römer. Tipp: die Rotunde mit Kuppel im Gebäudeinneren ist kostenfrei zugänglich. Rechts hinter dem Alten Museum an der Bodestraße thront die **Alte Nationalgalerie (14)** wie ein Tempelbau auf einem Sockel, umgeben von einem Arkadenhof mit Säulenkolonnaden. Sie beherbergt 440 Gemälde aus dem 19. Jh. darunter Werke von Caspar David Friedrich und Adolf Menzel, Sezessionisten und französische Impressionisten. Außerdem werden 80 Skulpturen ausgestellt, wie etwa das Original der bekannten „Prinzessinnengruppe" von Schadow.

Die schönste Berlinerin

Das im Krieg schwer beschädigte **Neue Museum (15)** wurde von David Chipperfield eindrucksvoll rekonstruiert. In der ägyptischen Sammlung kann man die Schönheit der 3400 Jahre alten Nofretete-Büste bewundern. Neben dem Neuen Museum entsteht die James-Simon-Galerie mit Besucherzentrum, von dem eine unterirdische Promenade in die einzelnen Museen führen wird. Das 1930 eröffnete und für die Großplastiken des Altertums maßgeschneiderte **Pergamonmuseum (16)** beeindruckt mit dem Pergamonaltar, dem Markttor von Milet, der Prozessionsstraße von Babylon sowie Sammlungen der Islamischen Kunst. Das **Bodemuseum (17)** an der Nordspitze der Insel wirkt wie ein mächtiger Schiffsbug. Im Inneren steht eine florentinische Basilika. Die Ausstellung umfasst Byzantinische Kunst sowie Skulpturen, u. a. von Riemenschneider und Donatello.
Museumsinsel, *☎ 266424242, www.smb.museum, Fr–Mi 10–18, Do 10–20/21/22 Uhr (Alte Nationalgalerie Mo geschl.), 8–10 € (je Museum), 14 € (alle Museen), bis 18 Jahre frei. Die Cafés der Museen sind frei zugänglich (Ausnahme Neues Museum).*

Unter den Linden

Die Bodestraße führt zur Spreebrücke und geht über in die Straße Hinter dem Gießhaus, die nach einer Linkskurve zur Straße Unter den Linden führt. Dabei passiert man den modernen Bau des berühmten Architekten Ming Pei mit aktuellen Ausstellungen des **Deutschen Historischen Museums (18).** Dieses hat seinen Hauptsitz im Zeughaus, einem benachbarten prächtigen Barockgebäude von 1706.

Deutsches Historisches Museum, *Unter den Linden 2, ☎ 2030444, www.dhm.de, tgl. 10–18 Uhr, 6 €.*

Die berühmte Prachtmeile Unter den Linden führt in einer Länge von knapp 1,5 km vom ehemaligen Schloss bis zum Brandenburger Tor. Bereits im 17. Jh. ließ der Große Kurfürst auf dem alten Reitweg Linden- und Nussbäume anpflanzen. Später entstanden entlang der Repräsentationsmeile die königlichen Prachtbauten. Die **Neue Wache (19)**, 1818 von Schinkel ursprünglich als Arrestzelle konzipiert, wurde Gedenkort für Kriegsgefallene. Sie ist frei zugänglich. Im Inneren der asketisch anmutenden Halle steht die Kopie der Skulptur „Mutter mit totem Sohn“ von Käthe Kollwitz.

Nuss- und Lindenbäume

Das **Reiterstandbild (20)** in der Mitte der Straße zeigt König Friedrich den Großen hoch zu Ross. Das **Forum Friedericianum** auf der anderen Straßenseite, heute Bebelplatz, sollte die geistige und künstlerische Haltung des Monarchen widerspiegeln. Dazu gehören die **Staatsoper (21)** von 1742, der geschwungene Bau der Königlichen Bibliothek (heute Juristische Fakultät der HU) sowie an der Südostecke die katholische **St.-Hedwigs-Kathedrale (22)** als Ausdruck seiner religiösen Toleranz. In der Mitte des Bebelplatzes liegt eine Glasscheibe, unter der sich bei genauem Hinsehen ein Raum mit leeren Bücherregalen befindet. Diese „versunkene Bibliothek“ soll der Bücherverbrennung der Nazis von 1933 und dem kulturellen Verlust gedenken. Die im Krieg schwer zerstörten Bauten wurden zu DDR-Zeiten wiederaufgebaut – nach außen originalgetreu und im Inneren meist vereinfacht.

Die versunkene Bibliothek

St.-Hedwigs-Kathedrale (kath. Bischofskirche), *☎ 2034810, www.hedwigs-kathedrale.de, Mo–Sa 10–17, So 13–17 Uhr.*

Friedrichswerdersche Kirche

Südlich hinter der Hedwigskathedrale biegen wir links auf die Französische Straße und erreichen die Friedrichswerdersche Kirche. Für die damalige Gemeinde Friedrichswerder schuf Karl Friedrich Schinkel 1830 ein Gotteshaus, das dem Stil englischer Kirchen ähnelt – ein Hauptwerk der deutschen Neogotik. In dem schwer beschädigten und in den 1980er-Jahren wieder hergestellten Bau werden heute Skulpturen des 19. Jh. gezeigt, u. a. eine Gipskopie der „Prinzessinnengruppe“ von Schadow. Die filigranen und ornamentenreichen Treppenaufgänge führen auf die Empore, auf der das Leben des berühmten Architekten dokumentiert wird. Schräg gegenüber geht's südlich in die Oberwallstraße. Der verglaste Lichthof der Deutschen Telekom ist Teil des prächtigen Telegrafenamts (Oberwall-/Ecke Jägerstraße), von dem 1877 das erste Telefonat Deutschlands in das 1 km entfernte Postgebäude an der Leipziger Straße (Museum für Kommunikation) geführt wurde

Friedrichswerdersche Kirche, *☎ 20905577, www.smb.spk-berlin.de, tgl. 10–18 Uhr, Eintritt frei.*

Hausvogteiplatz

Das einstige Zentrum der Berliner Modekonfektion wurde im Krieg fast vollständig ausgelöscht. Einzig das Haus Nr. 12 mit der weithin sichtbaren Uhr ist ein Beispiel für die einstigen Textilkontorhäuser. Umgeben von schicken Wohn- und Geschäftsbauten und der wiederhergestellten alten Brunnenanlage ist der Platz seit 2008 ein echtes Schmuckstück. Das begehbare „Denkzeichen" in der Platzmitte, bestehend aus drei zueinander geneigten „Ankleidespiegeln" aus Edelstahl sowie die im Boden eingelassenen Texttafeln erinnern an das Schicksal der von den Nazis verfolgten jüdischen Konfektionsunternehmer. Geht man die Stufen zum U-Bahnhof hinunter, werden die Namen von jüdischen Modefirmen sichtbar.

Begehbares Denkzeichen

Die Mohrenstraße führt an den „Mohrenkolonnaden" vorbei, die ursprünglich eine Brücke über den Stadtgraben im 17. Jh. zierten. Heute dienen sie als Vorbauten des Bundesjustizministeriums. In Höhe der Mohrenstraße 36 sieht man links die verglaste Tordurchfahrt der ehemaligen DDR-Pressekonferenz, dahinter leere Stuhlreihen auf einer schiefer Ebene. Diese **Kunstinstallation** erinnert an die Konferenz vom 9. November 1989, in der Günter Schabowski die Reisefreiheit – zu früh – verkündete und damit den Ansturm auf die Mauer auslöste.

Gendarmenmarkt (23)

Der Name geht auf das Regiment des Soldatenkönigs zurück, die *gens d'armes*, die hier ihre Stallungen hatten. Die beiden identischen Kuppelbauten, die 1781 an die bereits bestehenden Kirchen angebaut wurden, sollten den Platz verschönern. Der **Deutsche Dom** auf der Südseite des Platzes, ursprünglich die „Neue Kirche" für die deutschsprachigen Einwanderer, wird heute als Ausstellungsraum genutzt, der die Entwicklung der deutschen Demokratie zeigt. Auf fünf Etagen wandelt man durch das Labyrinth der Parlamentsgeschichte.
Deutscher Dom, *☎ 22730431, Di–So 10–19, Winter bis 18 Uhr, Eintritt frei.*

Der **Französische Dom** an der Nordseite geht zurück auf die aus Frankreich geflohenen Hugenotten. Im Kuppelbau informiert das Hugenottenmuseum über deren Geschichte. Noch heute finden im Kirchenraum Gottesdienste auf Französisch statt. Lohnenswert ist der Blick von der Aussichtsplattform des Doms.
Französischer Dom, *☎ 2291760, www.franzoesischer-dom.de, tgl. 10–19 Uhr, 2,50 €. Museum, Di–So 12–17 Uhr, 2 €.*

Französische Gottesdienste

Das **Schauspielhaus/Konzerthaus** in der Platzmitte ist ein klassizistisches Meisterwerk von Schinkel. Seit 1821 ersetzt es das Königliche Theater, das während einer Aufführung komplett abgebrannt war. Der gesamte Platz wurde im Zweiten Weltkrieg zerstört und entstand zu DDR-Zeiten wieder neu.

Friedrichstraße

Die 3 km schnurgerade in Nord-Süd-Richtung führende Friedrichstraße, in den wilden 1920er-Jahren als „Saufstraße" berühmt geworden und im Zweiten Weltkrieg fast völlig zerstört, erwachte erst nach der Wiedervereinigung zu neuem Leben. Innerhalb von wenigen Jahren entstand ein Geschäftszentrum mit noblen Boutiquen, Autosalons, schicken Hotels und Restaurants. Bestes Beispiel für die Nobelmeile sind die **Friedrichstadtpassagen (24)**, beginnend an der Mohrenstraße

mit Block Q 205. Hier geht es die Rolltreppe abwärts und durch den elegantesten Block Q 206, eine Art-déco-Welt. Die Passage mündet in der Gourmet-Abteilung des Pariser Edelkaufhauses Galeries Lafayette.
Friedrichstadtpassagen, *Friedrichstr. 76–78, Mo–Sa 10–20 Uhr.*

Tränenpalast

info

Ein wichtiger Verkehrsknotenpunkt ist der **Bahnhof Friedrichstraße**, wo auf mehreren Etagen S- und Regionalbahnlinien, U-Bahn und Straßenbahn aufeinandertreffen. Während der Teilung Berlins fungierte der Bahnhof als beklemmender Grenzübergang mit labyrinthischen Gängen und Treppenläufen. Schmerzhafte Verabschiedungsszenen machten ein weiteres Kontrollgebäude auf der Nordseite des Bahnhofs zum legendären **Tränenpalast (25)**. Die Ausstellung **Grenzerfahrungen** zeigt im historischen Ort dramatische wie alltägliche Einzelschicksale und ein Modell der getrennten Bahnhofs- und Kontrollbereiche. Eine Kontrollkabine lässt die demütigende Abfertigung erahnen bzw. Erlebtes schaurig wach werden.
Tränenpalast, ☏ *4677779-0, www.hdg.de/berlin, Di–Fr 9–19, Sa/So 10–18 Uhr, Eintritt frei.*

In nächster Umgebung liegt das traditionsreiche Theaterviertel mit Admiralspalast, Kabarett Distel und Berliner Ensemble am Spreeufer. Zurück Unter den Linden findet man in den Kaiserhöfen Nr. 26–30 (neben dem Haus der Schweiz) eine Büste Seiner Majestät Kaiser Wilhelm II. und einen historischen Säulenbrunnen. Lohnenswert ist der Blick ins verglaste Atrium im ehemaligen Kontorhaus Zollernhof (Nr. 36), dem heutigen **ZDF-Hauptstadtstudio**. Hier werden u. a. „Berlin-Mitte", „aspekte" und das „Morgenmagazin" produziert. Der äußerlich touristisch wirkende Laden Berlin Story birgt einen Schatz an Berlin-Büchern und ein Museum, in dem Audioguides durch die Stadtchronik leiten. Das Willy-Brandt-Forum (Nr. 62–68) zeigt den Werdegang des bedeutenden Staatsmanns. Gegenüber erhebt sich der stalinistische Prunkbau der heutigen russischen Botschaft.

Pariser Platz und Brandenburger Tor (26)

Die Straße Unter den Linden findet mit dem Pariser Platz und dem Brandenburger Tor ein würdevolles Ende. Letzteres erbaute Carl Langhans 1791 nach antikem griechischem Vorbild. Von Schadow mit der Quadriga ergänzt, sollte es der Verschönerung des einstigen Stadtausgangs dienen. Wo heute Touristenscharen, Pantomimen und falsche Soldaten den Platz bevölkern, standen bis Ende 1989 DDR-Grenzsoldaten. Jahrzehntelang lag das Tor inmitten einer kahlen und deprimierenden Fläche des Mauer-Todesstreifens, unerreichbar für den Normalsterblichen und Ausdruck einer tiefen Sehnsucht für Ost- und Westdeutsche. Im linken Torhaus befindet sich heute eine **Touristeninformation** *(tgl. 10–19 Uhr)*, während im rechten Torhaus der **„Raum der Stille"** zur Besinnung und inneren Einkehr auffordert *(tgl. 11–18 Uhr, im Winter bis 16 Uhr, Eintritt frei)*.

Ehemaliger Todesstreifen

Wahrzeichen der Stadt: das Brandenburger Tor

Nach 1990 entstanden sämtliche Gebäude rund um den Pariser Platz neu, wie die Botschaften von Frankreich und den USA, Repräsentanzen von Banken und das berühmte Hotel Adlon, welches an eine 100-jährige Tradition anknüpft. Hier haben Europas Könige, amerikanische Präsidenten, Filmdiven oder auch der „King of Pop" logiert. Heute kann man Michael Jackson einen Steinwurf von hier entfernt im Wachsfigurenkabinett von **Madame Tussauds (27)** betrachten.
Madame Tussauds, *Unter den Linden 74, tgl. 10–19 Uhr, 20,95 €.*

Wechselnde Ausstellungen

Die **Akademie der Künste** mit kompletter Glasfassade bietet wechselnde Ausstellungen, ein Café von Sarah Wiener, eine Buchhandlung sowie einen Durchgang zur Behrenstraße mit dem dahinter befindlichen Holocaustdenkmal (s. S. 111). Akademiepräsident im Vorgängerbau war der berühmte Maler Max Liebermann, der 1933 aus Protest gegen die Nazis seine Ämter niederlegte. Sein ehemaliges Wohnhaus (Liebermann-Stiftung) neben dem Brandenburger Tor hat man historisch korrekt wieder aufgebaut.
Akademie der Künste, *Pariser Platz 4, www.adk.de, ☎ 200570-1000.*

U-Bahnhof Brandenburger Tor

Im Zwischengeschoss informieren Kurzfilme und eine Stadtkarte über die Chronik der Berliner Mauer. Auf dem U-Bahnsteig zeigen großformatige Bilder die wechselhafte Historie des Brandenburger Tors.

Reisepraktische Informationen Historisches Berlin

Essen und Trinken

Hofbräu Berlin (1), *Karl-Liebknecht-Str. 30, ☎ 679665520, www.hofbraeuhaus-berlin.de. In München steht ein Hofbräuhaus, aber das größte Europas steht am Alexanderplatz. Bayerische Dekowelt mit Bierbänken für 2500 Gäste, Musik zum Schunkeln, Weißwurst und Brezn. Die Preise sind erfreulich moderat.*

Kantine Rotes Rathaus (4), *Eingang Rathausstr./Ecke Jüdenstr., Mo–Fr 11.30–14 Uhr. Preiswerter Mittagstisch im Gewölbekeller.*

Zur Gerichtslaube (5), *Poststr. 28, ☎ 2415697, www.gerichtslaube.de, tgl. 11.30–24 Uhr. Rustikale Atmosphäre im Kreuzgewölberaum der nachgebauten Ratswaage, gutbürgerliche Küche, angenehme Terrasse unter großen Kastanienbäumen.*

Brauhaus Georgbräu (6), *Spreeufer 4, ☎ 2424244, www.georgbraeu.de,, ab 12 Uhr. Rustikal eingerichtete Räumlichkeiten sowie Biergarten an der Spree. Deftige Berliner Küche und vorzügliches selbstgebrautes Bier.*

Café im Bodemuseum (10), *Am Kupfergraben/Monbijoubrücke, ☎ 20214330, Fr–Mi 10–18, Do 10–22 Uhr. Man sitzt im historischen Ambiente des Rundbaus mit hoher Decke oder am golden verzierten Geländer in der Kuppelhalle mit Blick auf Freitreppe und Reiterstandbild. Regionale Gerichte, Kaffee und Kuchen.*

12 Apostel (12), *Georgenstr. 2, ☎ 2010222, www.12-apostel.de. Steinofenpizza, Pasta und günstige Mittagsgerichte in beeindruckendem Raum unter den Stadtbahnbögen, kleiner Außenbereich.*

Café Restaurant im Zeughaus (11), *☎ 20642744, tgl. 10–19 Uhr. Kaffeehaus-Atmosphäre im historischen Zeughaus mit großer Sommerterrasse am Spreeufer, reiche Kuchenauswahl, auch klassische regionale Gerichte, moderate Preise.*

Nördliche Spree

Brechts (13), *Schiffbauerdamm 6–7, ☎ 28598585, www.brechts.de, tgl. 11.30–1 Uhr, Küche bis 23.30 Uhr. Behagliche klassisch-moderne Inneneinrichtung, die Terrasse liegt unmittelbar an der Spree mitten im Theaterviertel am Bahnhof Friedrichstraße. Vorwiegend klassisch-österreichische Küche mit entsprechenden Weinen. Neben den Klassikern auch Kreatives wie Riesengarnelen oder Dorade im Erdäpfelsud. Sehr liebenswürdiger und professioneller Service. Preise für Hauptgerichte um 20–22 €.*

Ständige Vertretung (15), *Schiffbauerdamm 8, ☎ 2823965, www.staev.de, tgl. ab 11 Uhr. Benannt nach der einstigen BRD-Vertretung in der Hannoverschen Straße, kulinarischer Zufluchtsort für „Bonner" nach dem Regierungsumzug. Kölsch, Eifler Kartoffelsuppe und Rheinischer Sauerbraten sowie „Himmel un Ääd". Terrasse an der Spree.*

Berliner Republik und Bierbörse (14), *Schiffbauerdamm 8, ☎ 30872293, tgl. 10–6 Uhr früh. Neben der „Ständigen Vertretung" wartet die sogenannte Hauptstadtkneipe mit typischen Berliner Gerichten und Hausmannskost auf. Der Witz aber sind 18 gezapfte Biersorten, deren Preise ab 17 Uhr entsprechend der Nachfrage variieren.*

Unter den Linden/Gendarmenmarkt und Umgebung

Lutter & Wegner am Gendarmenmarkt (20), *Charlottenstr. 56, ☎ 2029540, Mo–So 11–3 Uhr, Küche bis 1 Uhr. Gediegen gemütliches Traditionslokal, in dem man zuverlässig gut essen kann. Deutsch-österreichische, gute Weinauswahl – in der Weinhandlung kann man sehr nett in intimer Runde speisen. Mittags 12–18 €, abends 16–32 €.*

Bocca di Bacco (19), *Friedrichstr. 167/168, ☎ 20672828, www.boccadicacco.de, Mo–Sa 12–24, So 18–24 Uhr. Italien vom Feinsten – kreiert von Loriano Mura und seinem Team. Die klassischen italienischen Spezialitäten bestechen durch Frische und Geschmack. Sehr gute italienische Weine, hervorragender Service. Klares Design im wilhelminischen Bau. Preise für Hauptgerichte 20–30 €. Reservierung erwünscht.*
Café Einstein (18), *Unter den Linden 42, ☎ 302043632, www.einsteinudl.com, tgl. 7–24 Uhr. Institution für Promis aus Politik und Medien sowie Besucher zum „Leute gucken" im sonnigen Außenbereich. Wiener Spezialitäten vom kleinen Braunen bis Sachertorte u. a. Speisen. Angeschlossen ist eine Galerie mit Fotoausstellungen und Lesungen.*
Vapiano (16), *Mittelstr. 51, ☎ 305015, Mo–Sa 10–1, So 10–24 Uhr. Schnellrestaurant-Kette mit italienischer Küche und gutem Preis-Leistungs-Verhältnis, Gerichte um 8 €. Ruhige Lage „hinter" den Linden bei den Kaiserhöfen.*
Ishin Japanese Deli (17), *Mittelstr. 24, ☎ 20674829, www.ishin.de, Mo–Sa 11–21 Uhr. Japanische Restaurant-Kette mit ausgezeichneten Sushi-Menüs von 5,50–18 €. Mittags zur Happy Hour voller junger Leute. Sympathisch.*

Fischerinsel Umgebung

Tapas y mas (9), *Neue Grünstr. 17, ☎ 28099353, www.tapasymas-berlin.de, Mo–Fr ab 11, Sa/So ab 17 Uhr. Große Tapas-Auswahl und viele spanische Gerichte, gute spanische und portugiesische Weine. Mittags ruhiger und günstige Lunchkarte. Schöne Weinbar, Außenterrasse in historischem Gewerbehof.*
Deckshaus (7), *Märkisches Ufer 1, ☎ 21791404, Sommer tgl. 12 Uhr–*open end, *Winter 12–20 Uhr. Bistro und Café. Man sitzt auf dem Schlepper Jeseniky im historischen Hafen. Aus der Kombüse kommen Matjes, Buletten und Saisonales (6–10 €).*
Bei Lydia (8), *Inselstr. 8a, Mo–Fr 7–19 Uhr. Kleines russisches Imbisscafé in authentisch-sympathischem Ambiente. Zu empfehlen sind Pilmeni, Bortsch oder einfach nur ein Milchkaffee.*
Restaurant und Biergarten im Podewil (2), *Klosterstr. 68–70, angeschlossen am Kulturzentrum, meist Mo–Fr 10–18 Uhr und zu Veranstaltungen am Abend oder Wochenende geöffnet. Das Bistro-Café bietet kleine Speisen, Kaffee und Kuchen, die Terrasse liegt im stimmungsvollen barocken Innenhof des Podewilschen Palais.*
Zur letzten Instanz (3), *Waisenstr. 14–16, ☎ 2425528, www.zurletzteninstanz.de. Ältestes Restaurant der Stadt von 1621 mit 200 Jahre altem Majolika-Kachelofen, an dem Napoleon gesessen haben könnte. Kleiner Biergarten vor dem Haus. Niveauvoll-deftige Berliner Küche, große Portionen zu gehobenen Preisen. Reservierung empfohlen.*

Ausgehen

Clubs/Tanzen

Weekend (6), *Alexanderpl. 7, Do–Sa ab 23 Uhr. Im ehemaligen Haus des Reisens kann man heute tanzen mit tollem Ausblick von der Dachterrasse. Techno und House werden von angesagten DJs aufgelegt.*
Cookies (7), *Unter den Linden 41, Di u. Do ab 22.30 Uhr. Mix aus Extravaganz, Prominenz und Berliner Lebenskünstlern, Elektro/Techno.*
Sage Club (8), *Köpenicker Str. 76. Ehemaliger Underground-Club, Mix aus Indie/Britpop/Metal/Retro, Do ab 20 Uhr after-work, später heiße Rhythmen, Fr–So KitKatClub – Fetisch und keinesfalls jugendfrei …*
Tresor (9), *Köpenicker Str. 70, Mo ab 23, Mi, Fr, Sa ab 24 Uhr. Die einstige Techno-Legende, nun in der Kulisse eines ehemaligen Fernheizkraftwerks, Techno/Elektro/House.*

Bars und Kneipen

Panorama-Lounge (1), *im Park Inn Hotel am Alexanderplatz mit toller Aussicht von der 40. Etage, Sommer Mo–So 15–22 Uhr.*

HBC-Bar (2), *Karl-Liebknecht-Str. 9 (auf Beschilderung achten), Mo–Sa 10–2 Uhr. Coole Location, auch Restaurant und Kino.*

Bebel Bar (3), *Behrenstr. 37, tgl. 9–1 Uhr. Noble Bar im Hotel de Rome, im Sommer mit Dachterrasse und traumhaftem Blick auf das historische Berlin.*

Newton-Bar (4), *Charlottenstr. 57, Do–Sa 10–4, So–Mi 10–3 Uhr. Schicke Cocktailbar mit dicken rotledernen Sesseln und leicht anrüchigem Charme wegen Newtons riesigem Aktfoto „Big Nudes" an der Wand.*

Weingalerie und Café Nö! (5), *Glinkastr. 23, Mo–Fr 12–1, Sa 19–1 Uhr. Kleines Weinlokal, in dem man sehr gemütlich sitzt und zum Getränk kleine Speisen und Elsässer Flammkuchen serviert bekommt.*

Einkaufen

Galeria Kaufhof (2), *Alexanderplatz 9, Mo–Mi 9.30–20, Do–Sa 9.30–22 Uhr. Eines der attraktivsten Kaufhäuser Berlins. Mit 36.000 m² Verkaufsfläche das Flagschiff des Kaufhof-Konzerns.*

Alexa-Shoppingcenter (1), *Grunerstr. 20, Geschäfte Mo–Sa 10–21 Uhr, Loxx, Gastronomie, Bowling und Fitnesscenter auch So. Riesiges Einkaufszentrum mit Art-déco-Elementen, 180 Geschäften, Touristeninfo und Mediamarkt auf vier Etagen sowie eindrucksvoller Modellbahnausstellung mit Berliner Miniaturen (Loxx tgl. 10–20 Uhr, 12 €).*

Ostpaket (6) *im Berlin Carré, Karl-Liebknecht-Str. 13, Mo–Fr 9–19, Sa 9–18 Uhr. Ausschließlich Ost-Produkte wie Tempo-Linsen, Schlager-Süßtafel oder Novum Seife. Sogar Ostpakete lassen sich schnüren und verschicken.*

Aus Berlin (10), *Karl-Liebknecht-Str. 17, Mo–Sa 11–19 Uhr. Kleines Kaufhaus mit breiter Palette ausgefallener Artikel aus Berlin, z. B. Neuköllnisch Wasser, Fernsehturm-Lolly oder das Brandenburger Tor als Ausstechform.*

Kunstmarkt am Zeughaus (5), *Am Kupfergraben, Sa 11–17, So 10–16 Uhr. Ein Stück weiter findet am Bodemuseum auch der Antik- und Buchmarkt statt.*

Berlin Story (8), *Unter den Linden 40, Mo–Sa 10–19, So 10–18 Uhr. Eine größere Auswahl an Berlin-Büchern gibt es nicht. Auch Souvenirartikel sowie ein Museum mit Audioguides zur Stadtgeschichte.*

Fassbender & Rausch (9), *Charlottenstr. 60/Ecke Mohrenstr., Mo–Sa 10–20, So 11–20 Uhr. Reservierung Café ☏ 0800/7578810. Berlins größtes Schokoladenhaus mit Schokobrunnen und hauseigenem Café-Restaurant darüber. Folgerichtig haben sich weiter oben im Haus mehrere Zahnärzte angesiedelt.*

Friedrichstadt-Passagen (4), *Friedrichstr. 67–78, Mo–Sa 10–20 Uhr. Unterirdische luxuriöse Fußgängerzone, die drei Blocks entlang der Friedrichstraße inklusive Galeries Lafayette verbindet. Feine Spezialgeschäfte, Edelboutiquen, Designerläden und Cafés.*

Galeries Lafayette (3), *Friedrichstr. 76–78/Ecke Französische Str., Mo–Sa 10–20 Uhr. Pariser Edelkaufhaus auf fünf Etagen. In der Gourmetabteilung kann sich der Feinschmecker wie Gott in Frankreich fühlen.*

Dussmann, das KulturKaufhaus (7), *Friedrichstr. 90, Mo–Fr 10–24, Sa 10–23.30 Uhr. Riesige Auswahl an Büchern, Musik und Filmen auf fünf Etagen, im Untergeschoss weltgrößte Klassikabteilung. Bei den Aufzügen trifft man auf die Sphinx der ägyptischen Hatschepsut-Königin (eine Leihgabe des Ägyptischen Museums) und auf eine Tropenwand.*

Neues Berlin

Dort, wo der Zweite Weltkrieg und später der Mauerbau riesige Brachflächen und Wüsten hinterlassen hatten, wuchs in den 1990er-Jahren mit rasantem Tempo ein neues städtisches Zentrum rund um den Potsdamer Platz mit Shopping Mall, Sony-Center und Hochhäusern, ebenso das neue Regierungsviertel und der Glaspalast des neuen Hauptbahnhofs.

Spaziergang durch das Neue Berlin

Dauer: *ohne Innenbesichtigungen 2–3 Std., (ohne Abstecher 5,5 km)*
Anfahrt: *U- und S-Bhf. Hauptbahnhof*

Hauptbahnhof (1)

Moderne Architektur

Der Berliner Hauptbahnhof gehört zu den Top-Highlights der modernen Architektur und ist seit seiner Eröffnung 2006 auch für die Berliner immer noch etwas Besonderes. Im Inneren eröffnet sich ein faszinierender Blick auf die lichtdurchfluteten Ebenen dieser „Kathedrale der Schienenstränge" mit all ihren Rolltreppen, Glasaufzügen, Menschengewusel, Unmengen von Geschäften, Restaurants, Servicebereichen und Zügen. Diese begegnen sich auf verschiedenen Ebenen: Ganz oben halten die Züge im Ost-West-Verkehr, fünf Ebenen darunter verläuft die Trasse mit acht Gleisen im Nord-Süd-Tunnel. Vom südlichen Ausgang (Washingtonplatz) ist das Regierungsviertel in der Ferne bereits sichtbar. Nach Überqueren der großen Freifläche führt eine Fußgängerbrücke über die Spree.

Spreebogenpark (2)

Am anderen Ufer angelangt, lohnt es sich, nach links der leicht ansteigenden Rasenfläche bis zur rostfarbenen Stahlwand zu folgen. Hier oben ergibt sich ein wunderbares **Panorama** auf Hauptbahnhof, Spreebogen, Charité und die neuen Regierungsbauten. Der Einschnitt zwischen den Rostwänden weist auf eine frühere Straße hin, die einst durch das vornehme Alsenviertel führte.

Welthauptstadt Germania

Dieses war im Zuge der größenwahnsinnigen Planungen von Architekt Speer und Hitler abgerissen worden (s. S. 46). Einzig die Schweizer Botschaft überlebte, versank im geteilten Berlin im Dornröschenschlaf und hat nun einen prominenten Nachbarn: das Bundeskanzleramt.

Hotels
1 Grand Hyatt
2 Arte Luise Kunsthotel
3 Motel One Hauptbahnhof

Restaurants/Cafés
1 Zollpackhof
2 Theodor Tucher
3 Lindenbräu
4 Bistro-Café Kulturforum
5 Kantine Berliner Abgeordnetenhaus
6 Kaffeehaus Museum für Kommunikation
7 Tazpresso
8 Sale e Tabachi

Ausgehen
1 Strandbar Capital Beach
2 Strandbar Metaxa Bay
3 Solar
4 Billy Wilder's
5 Adagio
6 40Seconds

Einkaufen
1 boxoffberlin
2 Frau Tonis Parfum

Bundeskanzleramt (3)

Nach dem Gang über die Wiese ist das „Band des Bundes" erreicht, das die ehemalige Sektorengrenze überspannt und auf dem die Regierungsbauten aufgefädelt sind. Auf der rechten Seite erhebt sich das 2001 von Axel Schultes und

★ **Sehenswürdigkeiten**

1 Hauptbahnhof
2 Spreebogenpark
3 Bundeskanzleramt
4 Paul-Löbe-Haus
5 Elisabeth-Lüders-Haus
6 Jakob-Kaiser-Haus
7 Reichstag / Bundestag
8 Holocaust-Denkmal
9 Homo-Denkmal
10 Potsdamer Platz
11 Abgeordnetenhaus
12 Martin-Gropius-Bau
13 Topographie des Terrors
14 Stasi-Ausstellung
15 Haus am Checkpoint Charlie
16 Museum für Kommunikation
17 Musikinstrumentenmuseum
18 Philharmonie
19 Gemäldegalerie
20 St.-Matthäus-Kirche
21 Neue Nationalgalerie

Bundestag im alten Reichstagsgebäude: Triumph der Demokratie

Charlotte Frank gebaute **Bundeskanzleramt**. Das Zentrum des Monumentalbaus beherbergt u. a. Kanzlerbüro, Kabinettsräume und Konferenzsäle, in den Seitenarmen befinden sich Büros für über 400 Mitarbeiter.

Kleiner Umweg – große Symbolik

Die riesige, abends hell erleuchtete Glasfassade gegenüber dem Bundeskanzleramt gehört zum **Paul-Löbe-Haus (4)**. Im Uhrzeigersinn um das Gebäude herum kann man von außen in die Büros und die gläsernen Rotunden sehen, in denen die Fachausschüsse tagen. Die doppelte Brücke über die Spree am Gebäudeende symbolisiert den „Sprung" über den ehemaligen Todesstreifen an genau dieser Stelle. Von der Brücke ergibt sich eine tolle Aussicht auf die beeindruckenden Neubauten. Die obere Brücke ist nur für die Parlamentsmitarbeiter zugänglich und wird auch als „höhere Beamtenlaufbahn" tituliert. Weiter geht's am gegenüberliegenden Ufer entlang des **Elisabeth-Lüders-Haus (5)** mit seiner riesigen runden Glasfassade. Hier befinden sich u. a. Parlamentsbibliothek und wissenschaftliche Archive. Kaum vorstellbar, dass dort einst der unüberwindbare Grenzstreifen verlief. Das öffentlich begehbare **Mauermahnmal** im Haus (kostenfrei zugänglich) sowie die weißen Kreuze am Ufer gegenüber erinnern an die Maueropfer.

Symbolische Transparenz

Der Uferweg steigt etwas zur Marschallbrücke an, die man jetzt überquert. Dahinter haben sich einige Hauptstadtsender angesiedelt – vorneweg die ARD, die auch ein Infocenter unterhält. Auf der anderen Uferseite geht's nun wieder zurück, vorbei am **Jakob-Kaiser-Haus (6)**, Sitz vieler Abgeordnetenbüros und der Fraktionen. Wo heute wie früher die Abgeordneten das Reichstagsgebäude betreten, stand die Berliner Mauer – erkennbar an der Markierung auf dem Boden.

Reichstag/Bundestag (7)

Ein besseres Spiegelbild der deutschen Demokratiegeschichte gibt es nicht. Der 1894 von Paul Wallot fertiggestellte Bau war bei Seiner Majestät Kaiser Wilhelm II. höchst unbeliebt. Er beschimpfte es als „Gipfel der Geschmacklosigkeit" und als „Reichsaffenhaus". Von hier rief 1918 der Abgeordnete Philipp Scheidemann die Republik aus und der neu gewählte Reichstag verabschiedete die Weimarer Verfassung. Mit der Machtübernahme Adolf Hitlers und dem Reichstagsbrand 1933 wurde die noch junge erste deutsche Demokratie zu Grabe getragen. Nach dem Zweiten Weltkrieg diente der funktionslos gewordene Parlamentsbau lediglich als düstere Kulisse für fußballspielende Westberliner oder legendäre Open-Air-Konzerte; direkt dahinter verlief die Berliner Mauer. Nach der Wiedervereinigung wurde der Bau für den deutschen Bundestag von Stararchitekt Norman Foster umgebaut und mit der wunderschönen, öffentlich begehbaren Hightech-Glaskuppel ergänzt. Oben genießt man einen außergewöhnlichen Blick auf das neue Berlin.

Glaskuppel mit Fernsicht

Reichstag, ☏ *227-32152, www.bundestag.de/besuche/index.jsp, tgl. 8–24 Uhr. Aus Sicherheitsgründen muss man sich mind. 2 Tage vorher anmelden. Kurzentschlossene melden sich (mit Wartezeit) vor Ort beim Besucherdienst und besuchen 2 Std. später Dach und Kuppel. Außerdem gibt es Führungen inklusive Besuch des Plenarsaals. Eintritt frei.*

Denkmal für die ermordeten Sinti und Roma

Südlich beim Berlin-Pavillon (Bistro) überquert man die Scheidemannstraße und steuert auf den durch den Tiergarten führenden Simsonsweg das Brandenburger Tor an. Linkerhand betritt man durch eine Türöffnung den im Grünen gelegenen Denkmalsbereich des israelischen Künstlers **Dani Karavan**, feierlich eingeweiht im Oktober 2012. Im Zentrum liegt ein dunkles, Ruhe ausstrahlendes Wasserbecken, darin ein versenkbarer Granitstein mit einer täglich frischen Rose. Tafeln auf Deutsch und Englisch informieren über die Ermordung von Sinti und Roma während der NS-Terrorherrschaft. Das Denkmal ist Tag und Nacht frei zugänglich.

Denkmal für die ermordeten Juden Europas (8)

Historisches Gedenken

Südwärts am Rand des Großen Tiergartens überquert man die Scheidemannstraße und gelangt zum Wahrzeichen der Stadt, dem Brandenburger Tor (s. S. 103) und zum Pariser Platz. Durch die komplett verglaste Akademie der Künste, läuft man hindurch, am Café vorbei und kommt auf der Rückseite wieder heraus. Hinter der Behrenstraße ist bereits das Stelenfeld zu sehen.

Das am 10. Mai 2005 eröffnete Mahnmal des US-Architekten Peter Eisenman untermauert mit seiner exponierten Lage im Zentrum der deutschen Hauptstadt das Bestreben, den Holocaust als einen wichtigen Bestandteil der deutschen Identität wachzuhalten. Das an Grabsteine auf jüdischen Friedhöfen erinnernde **Stelenfeld** besteht aus 2711 Betonquadern, die bis zu 4,70 m hoch sind. Mit der Begehung „taucht" man in ein Meer aus Stille und Düsternis – sehr beeindruckend und beklemmend. In Ergänzung zum abstrakten Stelenfeld zeigt der unterirdisch gelegene

Meer aus Stelen

Ort der Information die historische Dimension des Holocaust und schafft mit der Darstellung von Einzelschicksalen eine erstaunliche Nähe.

Stelenfeld, *frei zugänglich.* **Ort der Information**, *Eingang Cora-Berliner-Str., ☎ 263943, Di–So 10–18 Uhr, Eintritt frei, www.stiftung-denkmal.de.*

Homosexuellen-Denkmal (9)

Am Rande des Großen Tiergartens steht ein einzelner Betonquader, hinter dessen eingelassenem Fenster ein Kurzfilm mit zwei sich manchmal innig, manchmal heimlich küssenden Männern oder Frauen läuft. Das Denkmal soll an die Verfolgung und Ermordung Homosexueller im Nationalsozialismus erinnern.

Entlang der Ebertstraße in südlicher Richtung sieht man auf der linken Seite die **Landesvertretungen** von Niedersachsen und Schleswig-Holstein sowie die von Hessen. Auf den grünen Wiesenhügeln wächst sogar hessischer Wein.

Potsdamer Platz, die „Neue Mitte" (10)

Nach einigen Schritten ist der Potsdamer Platz erreicht, der Ende des 19. Jh. entstand. Markantes Symbol für den damals verkehrsreichsten Platz Europas war der **Ampelturm** von 1924, auf dessen Kanzel ein Polizist die Ampel manuell bediente. Auf der anderen Straßenseite sieht man eine originalgetreue Nachbildung der ersten deutschen Ampel. Im Zweiten Weltkrieg war dieser Teil Berlins vollkommen zerstört, als riesige Brache zurückgelassen und später mit dem Mauerstreifen zerteilt worden. Nach der Wiedervereinigung brach ein rasanter Bauboom aus. Drei Hochhäuser markieren den Auftakt der neuen City.

Der halbkreisförmige Glasturm wird als Konzernzentrale der Deutschen Bahn genutzt. Dahinter befindet sich das futuristisch anmutende **Sony Center** mit der riesigen Dachkonstruktion aus Stahl, Textil und Glas, die den heiligen japanischen Berg Fujiyama symbolisiert. Neben der Europazentrale von Sony sowie weiteren Büros und Wohnungen findet man drinnen das Film- und Fernsehmuseum, Kinos, Legoland und zahlreiche Restaurants.

Auf der roten Mittelpromenade der verkehrsreichen Potsdamer Straße werden auf dem **Boulevard der Stars** deutschsprachige Prominente aus Film und Fernsehen geehrt – in Anlehnung an den *Walk of Fame* in Hollywood. Der Gag sind Guckkästen mit Hologrammen von Berühmthei-

Im Sony Center am Potsdamer Platz

ten, z. B. Marlene Dietrich, Anke Engelke oder Til Schweiger, neben denen sich Besucher gerne fotografieren lassen.

Das sogenannte **Daimler-Quartier** auf der anderen Straßenseite verwandelt sich alljährlich zur Berlinale im Februar zum glanzvollen Laufsteg leibhaftiger Stars. Am **Marlene-Dietrich-Platz** liegen Musical Theater, Spielcasino und Blueman-Theater, in der Nähe die Potsdamer Platz Arkaden mit 140 Geschäften, das größte Cinemaxx Berlins mit 19 Kinosälen, Hotels und natürlich Büro- und Wohnhäuser. Tatsächlicher Höhepunkt ist der **Panorama-Point** auf dem mittleren, tonfarbenen Hochhaus, gebaut von Hans Kollhoff am Potsdamer Platz Nr. 1. Er bietet neben der tollen Aussicht eine Fotoausstellung über die Chronik des Potsdamer Platzes sowie ein Café, erreichbar in nur 20 Sekunden mit dem schnellsten Aufzug ganz Europas *(☎ 25937080, www.panoramapunkt.de, tgl. 11–20 Uhr, 5,50 €).*

Tolle Ausblicke

Für Kunstinteressierte lohnt sich ein Abstecher zu **Dalí Berlin**, wo ca. 450 Werke des Surrealisten Salvador Dalí aus privaten Sammlungen zusammengetragen wurden *(Eingang Leipziger Pl. 7, www.daliberlin.de, Mo–Sa 12–20, So 10–20 Uhr, 11 €).*

Im **Weinhaus Huth** zeigt die Galerie Daimler Contemporary zeitgenössische Kunst *(Alte Potsdamer Str. 5, tgl. 11–18 Uhr, Eintritt frei).* Durch die Seitendurchgänge gelangt man zur Skulptur „The Riding Bikes" von Robert Rauschenberg. Dahinter erhebt sich ein **grüner Deich**, auf dem Angestellte ihre Pause verbringen. Tipp: Nachmachen und die spektakuläre Kulisse der modernen Bürobauten genießen.

Berliner Abgeordnetenhaus (11) und Martin-Gropius-Bau (12)

Vorbei an einer markant abgerundeten Fassade (Potsdamer Pl. 10) geht es die Stresemannstraße entlang. Bald taucht am Boden die doppelte Pflasterlinie auf, die den ehemaligen Mauerverlauf markiert. Rechts davon liegt West-, links davon Ostberlin und der ehemalige „Todesstreifen". Der Linie folgend biegt man links in die Niederkirchner Straße. Hier stehen sich zwei mächtige Gebäude gegenüber. Links hinter der Figur von Freiherr vom Stein erhebt sich der ehemalige preußische Landtag, das **Berliner Abgeordnetenhaus**, Sitz des Landesparlaments. Der Bau ist öffentlich zugänglich (Sicherheitskontrolle) und sehenswert. Hinter der Eingangshalle mit imposantem Treppenhaus informiert eine Ausstellung über die Geschichte des Hauses und politische Hintergründe. Im Gang des ersten Obergeschosses rund um den Plenarsaal sind die Portraits Berliner Ehrenbürger zu sehen *(Mo–Fr 9–18 Uhr).*

Berliner Ehrenbürger

Der prächtige **Martin-Gropius-Bau** gegenüber wurde 1877 als Königliches Kunstgewerbemuseum eröffnet, im Krieg schwer beschädigt und wieder aufgebaut. Besonders schön ist der obere Fassadenteil mit Terrakotta-Relief. Heute bietet der Bau eine herrliche Kulisse für große internationale Ausstellungen *(Niederkirchnerstr. 7, ☎ 25486-0).*

Topographie des Terrors und Restmauer (13)

Hinter diesem kläglichen Mauerrest mit seinen Löchern und Witterungsschäden standen einst schöne Altbauten und Palais, die die Nationalsozialisten übernahmen und als Kulisse für ihre Terrorzentralen nutzten. Dazu gehörten der Sicherheitsdienst der SS, die Gestapo und das Reichssicherheitshauptamt unter Heinrich

Himmler. Von hier aus bespitzelten die nationalsozialistischen Machthaber die Bevölkerung, schüchterten sie ein und organisierten im Rassenwahn nicht nur den Eroberungskrieg sondern auch ihre Verfolgungs- und Vernichtungspolitik. Heute signalisieren die Schottersteine auf der Freifläche, dass über diesen Ort des Schreckens kein Gras wachsen darf. Im 2010 eröffneten Flachbau gibt es eine sehr beeindruckende Ausstellung, im Außenbereich führt ein Rundweg zu 15 Stationen, u. a. in den Keller mit dem Hausgefängnis der Gestapo.
Topographie des Terrors, *Niederkirchner Str. 8, tgl. 10–20 Uhr, Eintritt frei.*

Wechselnde Nutzung

Das 200 m lange Stück Restmauer schützt nun selbst ein Zaun gegen die endgültige Abtragung durch Mauerspechte. Gegenüber erhebt sich das riesige ehemalige **Reichsluftfahrtministerium** von Hermann Göring mit 2100 Zimmern und knapp 7 km Korridoren, dem heutigen **Bundesfinanzministerium**. Im vom Krieg kaum beschädigten Bau gründete man im Oktober 1949 die DDR und bis 1989 lenkten vom „Haus der Ministerien" verschiedene Fachbehörden die DDR-Planwirtschaft. Eine spektakuläre Flucht gelang 1965 einer Familien aus Sachsen, die sich tagsüber in einer Toilette versteckte, nachts aufs Dach kletterte und sich mit einem präparierten Seil über die Mauer abseilte.

info

Checkpoint Charlie

War Charlie ein Soldat? Schon möglich, aber der Name des berühmtesten Grenzübergang Berlins markiert in der NATO-Buchstabiertafel das C. Die Codierungen für A und B waren bereits für die Kontrollstellen Alpha (bei Helmstedt) und Bravo (Dreilinden, Potsdam) vergeben. Der Welt stockte der Atem, als sich am 25. Oktober 1961 amerikanische und sowjetische Panzer in Schussweite gegenüber standen. Vorausgegangen war der Versuch Ostberlins, die für ganz Berlin geltende Bewegungsfreiheit der Westalliierten mittels Kontrollen einzuschränken. Nach drei Tagen Hochspannung zogen die Sowjets ihre Panzer zurück – für den Ausbruch eines Krieges war Westberlin doch nicht wichtig genug. Heute posieren vor der nachgebauten Kontrollbaracke falsche Soldaten und lassen sich fotografieren – für ein bis zwei Euro, wenn man mit aufs Foto will. Fliegende Händler preisen sowjetische Pelzmützen *made in China* an. Auch Gasmasken, garantiert »originale« Mauersplitter und Visastempel sind im Angebot. Authentisch ist hier nichts.

STASI (14) und Checkpoint Charlie

Der Mauerlinie folgend kontrastieren nun touristisches Disneyland und authentische Geschichtsmeile. An der Ecke Wilhelmstraße oder in 150 m Höhe schwebt der **Fesselballon HiFlyer** (s. S. 54), gefolgt von bunten Trabi-Modellen (s. S. 70). In der Zimmerstraße Nr. 90 informiert die gut gemachte **Ausstellung STASI** über die in der DDR allgegenwärtige Staatssicherheit, ihre Methoden und zeigt beeindruckende Einzelschicksale. Dahinter berichtet die mit großen Fotowänden aus-

gestattete Open-Air-Galerie entlang der Zimmer- und Friedrichstraße über missglückte und gelungene Fluchtversuche, informiert über die Geschichte des Checkpoint Charlie und zeigt Schauplätze des globalen Kalten Kriegs.
STASI-Ausstellung, *☎ 23247951, www.bstu.bund.de, tgl. 10–18 Uhr, Eintritt frei.*

Das private Museum **Haus am Checkpoint Charlie (15)** zeigt ein Potpourri einzigartiger Objekte und Dokumente rund um das Thema Mauer, allerdings recht plakativ und im Zeitalter des Kalten Kriegs stehengeblieben. An der Ecke Zimmer-/ Friedrichstraße präsentiert in Vorgriff auf ein mögliches „Museum des Kalten Kriegs" eine **schwarze Infobox** rund 200 Objekte, Videos und Filmausschnitte, welche die internationale Dimension der Ost-West-Konfrontation beleuchten.
Haus am Checkpoint Charlie, *Friedrichstr. 43, ☎ 253725-0, www.mauermuseum.de, tgl. 9–22 Uhr, Eintritt 12,50 €.*

Museum für Kommunikation (16)

Bereits außen ist eine Klangkulisse aus Musik und Alltagsgeräuschen installiert. Im prächtigen Bau wird man von kontaktfreudigen Robotern begrüßt und zu Stationen auf der Kommunikationsgalerie geleitet. Neben Exponaten zur Informationsgesellschaft gibt es die legendäre Blaue und Rote Mauritius zu bewundern. Das Museumscafé im Wiener Kaffeehaus-Stil ist ein guter Ort für eine Rast.

Roboter weisen den Weg

Museum für Kommunikation, *Leipziger Str. 16, ☎ 20076560, www.mfk-berlin.de, Mi–Fr 9–17, Di 9–20, Sa/So 10–18 Uhr, 3 €. Anfahrt: U-Bhf. Stadtmitte.*

Kulturforum

Westlich vom Potsdamer Platz liegt das Kulturforum, entstanden ab den 1960er Jahren auf ehemals Westberliner Seite. Im **Musikinstrumentenmuseum (17)** gibt es über 3000 kostbare Exponaten, u. a. eine Wurlitzer Kinoorgel, die samstags 12 Uhr gespielt wird.
Musikinstrumentenmuseum, *Eingang Ben-Gurion-Str., ☎ 25481178, www.sim.spk-berlin.de.*

Das markanteste Gebäude ist die von Hans Scharoun gebaute **Philharmonie (18)** von 1963 mit goldgelber Außenhülle. Seit 2002 gibt Sir Simon Rattle dem Orchester den Takt an, akustisch hervorragend von jedem der 2452 Sitzplätze zu verfolgen. Ähnlich konzipiert ist der **Kammermusiksaal** mit 1100 Plätzen.

Zirkus Karajani

Philharmonie, *Herbert-von-Karajan-Str. 1, ☎ 25488-999, www.berliner-philharmoniker.de. Es gibt einstündige Führungen durch beide Häuser, tgl. 13.30 Uhr, Eingang Parkplatz Potsdamer Str., 3 €. Di, 13 Uhr kann man im Foyer die kostenfreien „Lunchkonzerte" sowie kulinarische Köstlichkeiten genießen.*

Die herausragende **Gemäldegalerie (19)** ist selten überfüllt und die Meisterwerke europäischer Maler wie Botticelli, Rembrandt, Dürer, Carvaggio und Rubens lassen sich in dem modernen und angenehmen Bau perfekt genießen.
Gemäldegalerie, *☎ 266424242, www.smb.museum/smb, Fr–Mi 10–18 Uhr, Do 10–22 Uhr, 8 €.*

Nach der Kriegszerstörung wurde der historische Bau der **St.-Matthäus-Kirche (20)**, errichtet 1846 vom Schinkel-Schüler August Stüler, äußerlich originalgetreu

wiederaufgebaut. Der Blick ins Innere mit gelegentlichen Ausstellungen und täglicher Orgelandacht *(12.30–12.50 Uhr)* lohnt. Vom Turm hat man eine tolle Aussicht.
St.-Matthäus-Kirche, ☏ *2621202, www.stiftung-stmatthaeus.de, Di–So 12–18 Uhr.*

Kostbarkeiten der Moderne

Dahinter liegt die **Neue Nationalgalerie (21)** von 1968, das letzte Bauwerk des im Alter von 83 Jahren gestorbenen berühmten Bauhaus-Architekten Mies van der Rohe. Das quadratische Dach, eine riesige 65 x 65 m Stahlplatte, ruht auf der komplett verglasten und stützenlosen Haupthalle. Darunter werden Kostbarkeiten der Moderne und große Sonderausstellungen präsentiert.
Neue Nationalgalerie, *Info s. Gemäldegalerie.*

Reisepraktische Informationen Neues Berlin

Essen und Trinken

Zollpackhof (1), *Elisabeth-Abegg-Str. 1,* ☏ *33099720, www.zollpackhof.de, 11–24 Uhr (Küche). Restaurant und Biergarten. Im Restaurant wird niveauvolle deutsche Küche, Flammkuchen und Pasta serviert, Gerichte von 10–18 €, Mittagsmenü 8,90 € inkl. Getränk. Schöner Ausblick von der Terrasse. Unter einer alten Rosskastanie liegt der Selbstbedienungs-Biergarten an der Spree mit Blick zum Kanzleramt.*

Theodor Tucher (2), *Pariser Platz 6a,* ☏ *22489463. Von der Terrasse kann man das Treiben auf dem Pariser Platz beobachten und dabei ein Frühstück, kleine Gerichte, die literarische Currywurst (8 €) oder das Dreigängemenü ab 22 € genießen. Bei schlechtem Wetter bietet sich die Leselounge auf der Galerie zum ausgiebigen Schmökern an.*

Lindenbräu (3), *Bellevuestr. 3–5,* ☏ *25751280, tgl. 11–1.30, Sa/So–2.30 Uhr. Hauptsächlich von Touristen frequentiertes Brauhaus mit deftiger Berlin-Bayerischer Küche (Leberknödel, Weißwürste, Eisbein, 11–18 €) und selbstgebrautem Weißbier. Reizvoller Ausblick von der Terrasse im Obergeschoss ins SonyCenter.*

Berliner Abgeordnetenhaus (5), *Niederkirchner Str. 5,* ☏ *23251945, Mo–Fr 8.30–16 Uhr, Mittagstisch 11.30–14.30 Uhr, an Sitzungstagen bis 13.15 Uhr den Abgeordneten vorbehalten. Auszeichnung als Top-Kantine. Alles Bio, 4–6 €.*

Kaffeehaus im Museum für Kommunikation (6), *Leipziger Str. 16, Mi–So 11–17, Di 11–20 Uhr. Wiener Kaffeehaus-Tradition unter Regie von Sarah Wiener. Im schönen Ambiente mit hohen Decken und roter Brokattapete genießt man Einspänner, Kaiserschmarrn, Torten oder Herzhaftes von der Tageskarte (11–17 €).*

Bistro-Café im Kulturforum (4), *Matthäikirchplatz,* ☏ *266428501, Di–So 10–18 Uhr. Das einfache Selbstbedienungsrestaurant liegt im Obergeschoss mit Galerie zum Foyer und bietet warme Speisen, Salatbuffet und Kuchen. Mittagsgerichte 8–12 €.*

Tazpresso (7), *Rudi-Dutschke-Str. 23,* ☏ *25902164, Mo–Fr 8–20 Uhr. Café der Zeitung „taz" und öffentliche Betriebskantine im gläsernen Neubau. Mittagsgerichte 6–8 €, alles Bio und fair gehandelt. Zum Kaffee und Kuchen liegen alle gängige Tageszeitungen bereit. Taz-Shop und kostenloses W-LAN.*

Ristorante Sale e Tabachi (8), *Rudi-Dutschke-Str. 23,* ☏ *2521155, www. sale-e-tabacchi.de, Mo–So 10–23.30 Uhr. Top-Italiener und Adresse für wahre Kenner, Prominenz und Stammgäste. Erstklassige norditalienische Küche (Hauptgerichte unter 20 €, Menüs 11–18 €), dazu Weine aus allen Regionen. Speisesaal in klassisch italienischer Eleganz, imposante Bar und Innenhof-Terrasse.*

Ausgehen

Clubs/Tanzen

Adagio (5), *Marlene-Dietrich-Pl. 1, Fr/Sa ab 23 Uhr. Schick-nostalgischer Club mit VIP-Lounge und Separees, Partymusik/Charts/R&B/Funk.*

40Seconds (6), *Potsdamer Str. 58, Fr/Sa ab 23 Uhr. Schickimicki-Club auf drei Dachterrassen mit toller Aussicht. Promis, Designer und Studenten. R&B/Hip-Hop.*

Bars

Billy Wilder's (4), *Potsdamer Str. 2 (im Filmhaus/SonyCenter), tgl. ab 9 Uhr. Cocktailbar im Art-déco-Stil, über 120 Cocktails und 85 Wodka-Sorten!*

Solar (3), *Stresemannstr. 76, gegenüber Anhalter Bhf., So–Do 18–2, Fr/Sa 18–4 Uhr, zu späterer Stunde oft kein Einlass mehr. Ein Aufzug an der Außenfassade führt ins 17. Geschoss, zwei komplett verglaste Etagen sorgen für tolle Ausblicke. Bar und Restaurant.*

Capital Beach (1), *Ludwig-Erhard-Ufer, im Sommer ab 10 Uhr. Blick auf die Spree und den Hauptbahnhof. Cocktails und kleine Gerichte, ein DJ sorgt für das Ambiente, gelegentlich Tanz-Events.*

Metaxa Bay (2), *Invalidenstr. 78, Sommer ab 10 Uhr. Großer sogenannter „Livestyle-Beachclub" mit Ostseestrand, Palmen, Beachvolleyball und Außenduschen.*

Einkaufen

Bob boxoffberlin (1), *Zimmerstr. 11, tgl. 11–18 Uhr. Individuelle Souvenirs von Berliner Designern sowie Mini-Café.*

Frau Tonis Parfum (2), *Zimmerstr. 13, Mo–Sa 10–18 Uhr. Feine stilvoll-puristische Parfüm-Manufaktur, in der nichts vom reinen Dufterlebnis ablenken soll. Neben Düften wie „Berlin Summer" und „Unter den Linden" kann in individuellen „Schnupperkursen" das maßgeschneiderte Parfüm kreiert werden.*

Spandauer Vorstadt und alter Norden

Das von vielen als eigentliche Berliner Altstadt betrachtete Viertel war zu DDR-Zeiten dem Verfall preisgegeben. Heute gehört der Bereich zwischen Hackescher Markt, Oranienburger Tor und Rosenthaler Platz zu den angesagtesten Mode-, Galerien- und Szenekiezen Berlins.

Angesagter Kiez

Spaziergang Spandauer Vorstadt und alter Norden

Dauer: *3–4 Std., 6 km*
Anfahrt: *S-Bhf. Hackescher Markt*
Karte: *s. S. 118*

Hackescher Markt (1)

Der unter Friedrich II. amtierende Stadtkommandant Graf von Hacke legte unmittelbar hinter der einstigen Altstadtbefestigung den dreieckigen Platz an, der heute den attraktiven Auftakt für das quirlige Viertel bildet. Der Name **Spandauer Vorstadt** hat seinen Ursprung in einer mittelalterlichen Wegeverbindung (Orani-

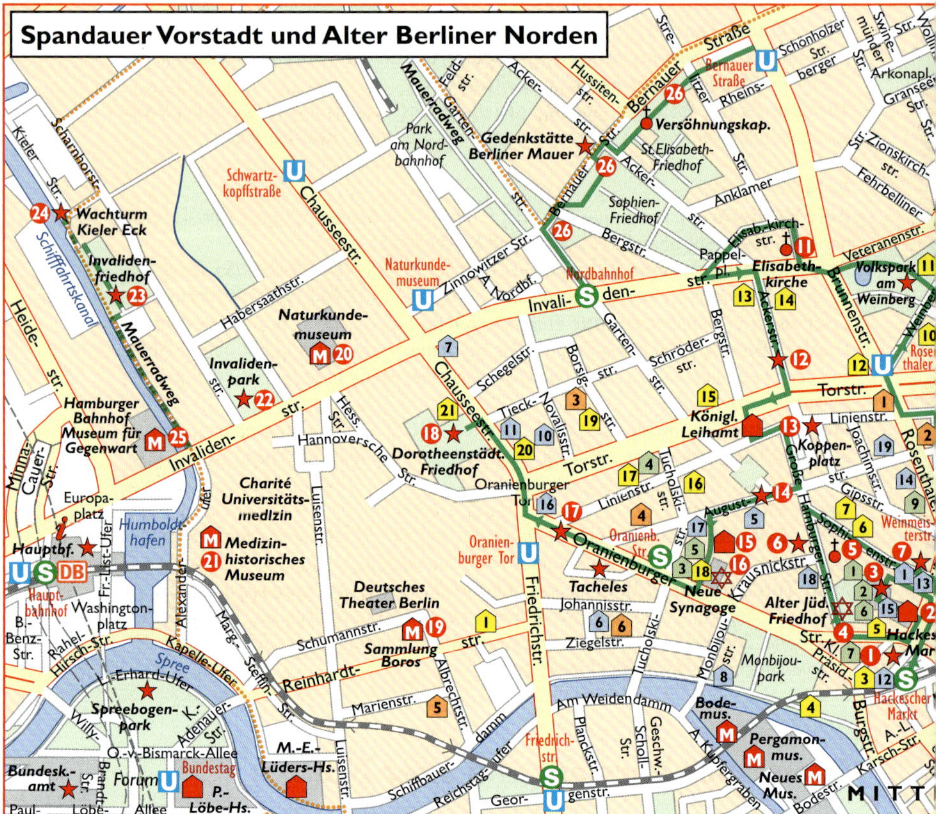

★ Sehenswürdigkeiten

1 Hackescher Markt
2 Haus Schwarzenberg
3 Hackesche Höfe
4 Alter Jüdischer Friedhof
5 Sophienkirche
6 St.Hedwig
7 Sophienstraße
8 Neue Schönhauser Straße
9 Scheunenviertel
10 Alter Garnisonsfriedhof
11 Elisabethkirche
12 Ackerstraße
13 Koppenplatz
14 Auguststraße
15 Heckmannhöfe
16 Neue Synagoge
17 Oranienburger Straße
18 Dorotheenstädtischer Friedhof
19 Sammlung Boros
20 Naturkundemuseum
21 Medizinhistorisches Museum
22 Invalidenpark
23 Invalidenfriedhof
24 Wachturm Kieler Eck
25 Hamburger Bahnhof, Museum
26 Gedenkstätte Berliner Mauer

0 Hotels

1 Circus Berlin
2 Amano
3 Honigmond
4 Augustinerhof
5 Albrechts Hof
6 BaxPax downtown

0 Restaurants/Cafés

1 Van Long
2 Brauhaus Lemke
3 Osteria Tarantina
4 Ampelmann-Restaurant
5 Hasir-Mitte
6 Barcomi's Deli
7 Altes Europa
8 Susuro
9 Unsichtbar
10 Café Galao
11 Nola's am Weinberg
12 Mein Haus am See
13 Schneiders Schokoladen
14 Papà Pane di Sorrento
15 Bandol sur Mer
16 Beth Café
17 Bötzow-Privat
18 Café Orange
19 Honigmond Restaurant Café
20 Speisezimmer
21 Kellerrestaurant

0 Ausgehen

1 Sophienclub
2 Bohannon Club
3 Grüner Salon
4 Kaffee Burger
5 Clärchens Ballhaus
6 Kalkscheune
7 Hafenbar
8 Strandbar Mitte
9 Neue Odessa-Bar

10 Reingold
11 Weinbar Rutz
12 1a Lauschgift
13 Sophien11
14 b-flat
15 Eschloraque Rümschrümp
16 Gambrinus
17 Zosch
18 Anna Koschke
19 Hackbarth's

0 Einkaufen
1 Ampelmann
2 Golem-Kollektion
3 Bonbonmacherei
4 Confiserie Orientale
5 Sterling Gold
6 BFN Conceptstore
7 Barfuß oder Lackschuh
8 14 oz.
9 Waahnsinn Berlin
10 Jünemann's Pantoffeleck

enburger Straße) ins weit entfernte Spandau. Eingerahmt von historischen Gebäuden und dem denkmalgeschützten S-Bahnhof mit rotem Klinker und Terrakottaschmuck herrscht hier ein ständiges Treiben, besonders an Markttagen. Übrigens stammen die bunten Plastikschalensitze aus der früheren Bestuhlung des Olympiastadions. Beim Verlassen des Platzes auf der nordöstlichen Seite sieht man bereits die stolze Fassade der Hackeschen Höfe auf der Rosenthaler Straße.

Haus Schwarzenberg (2)

Zunächst geht es an den Hackeschen Höfen vorbei und hinein in den Hof der Rosenthaler Straße Nr. 39. Dieser, benannt nach dem Verein Schwarzenberg e.V., öffnet ein Zeitfenster auf die jüngste Geschichte des gesamten Viertels. Der morbide Charme der verfallenen Häuser strahlte nach der Wende eine ungeheure Anziehungskraft auf die Kreativen und die wilde Clubszene der 1990er-Jahre aus. Hier sieht man noch Street Art und im 2. Hinterhof den riesigen Schrottvogel „Bloch", der für 1 € mit den Flügeln schlägt und die Glubschaugen verdreht. Im Monsterkabinett erwecken die „Dead Chickens" ihre Maschinenmonster zum Leben (☎ *0178-8060202, www.monsterkabinett.de, Do 18–22, Fr/Sa 16–22 Uhr, 8 €).*

Schrottvögel und Monster

Wer einen Raum besuchen möchte, in dem zur Zeit des Naziterrors jüdische Angestelle versteckt wurden, um der Deportation zu entgehen, kann dies im **Museum Otto-Weidt-Blindenwerkstatt** tun. In der **Gedenkstätte Stille Helden** werden weitere beeindruckende Beispiele couragierten Handelns gezeigt
Otto-Weidt-Blindenwerkstatt/Gedenkstätte Stille Helden, *Rosenthaler Str. 39, tgl. 10–20 Uhr, Eintritt frei.*

Hackesche Höfe (3)

Der Kontrast im übernächsten Hof, Rosenthaler Straße Nr. 36, könnte kaum größer sein. Der Durchgang führt nach Passieren einer Rokokotreppe in die kitschig-charmante Welt der Rosenhöfe. Sie münden in den Hof Nr. 6 der Hackeschen Höfe. Ein Bummel durch die wohl berühmteste Hofanlage mit insgesamt acht Höfen gleicht einer Entdeckungsreise durch eine bunte, gleichwohl inszenierte Mischung aus Restaurants, Designer- und Souvenirläden, Galerien, Kinos und dem Varieté Chamäleon (s. S. 71). Besonders prächtig ist der erste Hof mit bunt glasierten Fliesen in einer Mischung aus

Berühmte Hofanlage

Art-Déco-Glasursteine in den Hackeschen Höfen

Jugendstil und Art-déco. Er führt zurück auf die Rosenthaler Straße. Die Route führt nach rechts, weiter entlang der Oranienburger Straße und biegt nach rechts auf die Große Hamburger Straße.

Alter Jüdischer Friedhof (4) und Große Hamburger Straße

Die Große Hamburger Straße wurde einst wegen der evangelischen, katholischen und jüdischen Einrichtungen im Volksmund auch „Toleranzstraße" genannt. Das Haus Nr. 19a ist das älteste Haus der Spandauer Vorstadt, es stammt von 1691 und war ursprünglich eine Schnapsbrennerei. Gegenüber befand sich der Alte Jüdische Friedhof, der von der Gestapo zerstört und später als Parkanlage gestaltet wurde. Der einzige noch verbliebene Grabstein (Kopie) gedenkt des Philosophen und Aufklärers **Moses Mendelssohn**. Unmittelbar neben dem Friedhof stand das jüdische Altersheim, das von der Gestapo 1942 geräumt und als Sammellager für die Deportationen von insgesamt 55.000 Berliner Juden missbraucht wurde. Daran erinnern ein Gedenkstein sowie die Figurengruppe „Jüdische Opfer des Faschismus".

Kunst am Ort des Gedenkens

An den Brandwänden zwischen den Häusern 15 und 16 sind Emailletafeln angebracht, die an die damaligen Bewohner des dort zerbombten Hauses erinnern. Diese die Leerstelle ins Bewusstsein rufende Installation nennt sich „The Missing House" und stammt von dem französischen Künstler Christian Boltanski.

Einige Schritte weiter auf der rechten Seite erreichen wir die von neobarocken Wohnhäusern eingerahmte evangelische **Sophienkirche (5)** von 1712. Ihr Name geht auf die beim Volk beliebte preußische Königin Sophie Luise zurück, die Stifterin der Kirche. Unter ihrem Stiefsohn, dem Soldatenkönig, entstand der heute einzig erhaltene barocke Kirchturmbau der Stadt *(Außerhalb des Gottesdienstes am Sonntag Mi 15–18 und Sa 15–17 Uhr geöffnet).*

Eingelöstes Versprechen

Die rote Backsteinfassade auf der linken Seite gehört zum katholischen Krankenhaus **St. Hedwig (6)**. Im Bombenhagel des 28. November 1943 gelobte der katholische Pfarrer von Unhold, der Feuerschutzpatronin Heilige Agatha eine Statue zu errichten, wenn das Krankenhaus verschont bliebe. Sein Gebet wurde erhört und das Gelübde, wenn auch erst nach 53 Jahren und in modifizierter Form, erfüllt. Seit 1993 kann man sich im Hof des Krankenhauses den St.-Agatha-Brunnen ansehen.

Sophienstraße (7)

Mit schmucken Altbauten aus dem 18. Jh. und Handwerksbetrieben taucht man ein in den malerischen Charme einer Kleinstadt. Wer neugierig ist, dem eröffnen sich immer wieder kleine Überraschungen hinter den Fassaden. Waltraut Balzar z. B. ist seit 1926 eine der ältesten Bäckereien Berlins und bietet im Ostcharme beste Prassel- und Pfannkuchen *(Sophienstr. 30).*

Gegenüber des alten Kirchhofs der Sophiengemeinde geht's in die **Sophie-Gips-Höfe** (Nr. 20/21). In der ehemaligen Nähmaschinenfabrik haben die Kunstsammler ein Ensemble aus Arbeit, Wohnen, und Leben geschaffen. Durch die private Penthouse-Galerie mit zeitgenössischer Kunst gibt es Führungen. Das Café Barcomi's im 2. Hof war früher ein Geheimtipp und ist heute ein Kultladen (s. S. 131).
Sammlung Hoffmann, *2. Hof, ☏ 28499121, nur Sa und mit Anmeldung, 10 €.*

Internationales Theater

An der Sophienstraße Nr. 18 erreichen wir die **Sophiensäle** mit Terrakotta-Doppelportal, auf dem ein Textrelief und der symbolische Handschlag auf die ehemalige Nutzung als Handwerkervereinshaus hinweisen. Insbesondere nach 1918 fanden hier viele Veranstaltungen der revolutionären Arbeiterbewegung statt. Heute haben sich die Sophiensäle als international angesehene Spielstätte für zeitgenössische Theaterproduktionen und zahlreiche Festivals etabliert. Auf dem letzten Stück der Sophienstraße passiert man kleine Spezialläden und das Puppentheater Firlefanz, das 1892 von Harald Preuß gegründet wurde („Preußsches Theater").

Stolpersteine

info

Wer aufmerksam durch die Straßen geht, entdeckt vor einigen Häusern im Gehweg eingelassene 10 x 10 cm große glänzende Messingplatten. Sie erinnern an Verfolgte des NS-Regimes, die gewaltsam aus diesen Häusern geholt und in den Konzentrationslagern ermordet wurden. Gerade hier findet man auffallend viele dieser sogenannten Stolpersteine, denn in diesem Viertel war der Anteil der jüdischen Bevölkerung besonders hoch. Das Projekt des Kölner Künstlers Gunter Demnig, der 1994 erstmals probeweise

info

und ungenehmigt Steine verlegte, ist heute das weltweit größte dezentrale Mahnmal. Allein in Berlin liegen über 2000 Stolpersteine, finanziert über private Spenden und Initiativen. Sie kosten jeweils 120 € inkl. Verlegung und werden zum größten Teil in einer Berliner Metallwerkstatt hergestellt.

Neue Schönhauser Straße (8) und Scheunenviertel (9)

Nach Überqueren der Rosenthaler Straße geht es weiter auf der **Neuen Schönhauser Straße** schräg gegenüber. Plötzlich befindet man sich inmitten der trendigen Modeszene mit Flagshipstores internationaler Marken, kleinen Designer- und Delikatessenläden. Das „Haus mit den 6 Mädchenköpfen“ *(Neue Schönhauser Str. 8)* gehört zu den ältesten Bürgerhäusern Berlins. Im Innern kann man ein barockes Treppenhaus mit herrlich schiefen Stufen bewundern. Hinter der repräsentativen Fassade von Nr. 13 konnten ursprünglich in den Volksspeisehallen mittellose alleinstehende Frauen und Männer für wenig Geld essen und Kaffee trinken. Heute führen die Eingangsportale nicht mehr in die Speisesäle, sondern in den Modeladen 14 oz. mit großem Aquarium. Hinter der Hofeinfahrt Nr. 20 befinden sich die Kurt-Berndt-Höfe mit drei Gewerbehöfen, in denen das Goethe-Institut ansässig ist.

Verruchtes Viertel und elegante Mode

Über die Münzstraße hinweg führt die Alte Schönhauser Straße in das ehemalige **Scheunenviertel**, in dem im 17. Jh. Scheunen errichtet wurden, die später Altbauten und Plattenbauten wichen. Vor über 100 Jahren war das Scheunenviertel berüchtigt als Brutstätte für Armut, Kriminalität und Prostitution. Die **Mulackstraße**, 2. Querstraße links, galt als verruchteste Straße im Quartier. Abbrisspläne zu DDR-Zeiten scheiterten letztlich am Widerstand der Bewohner und dank der Wende 1989. Viele Altbauten konnten gerettet und später saniert werden. Die einst berüchtigte Milljöh-Kneipe Mulackritze rettete Charlotte von Mahlsdorf ins Gründerzeitmuseum (s. S. 248). Wo früher bitterste Armut herrschte, schlendert man heute an schönen Altbauten und eleganten Penthäusern vorbei. Die Mode- und Designershops sind begehrtes Ziel internationaler Kundschaft.

Alter Garnisonsfriedhof (10)

Verwunschener Park

Die Mulackstraße mündet auf die Kleine Rosenthaler Straße. Nach wenigen Schritten ist rechts der Alte Garnisonsfriedhof erreicht, Berlins ältester Militärfriedhof. Er wurde ab 1702 angelegt – die Jahreszahl 1722 über dem Eingang weist auf die nicht mehr existente Garnisonskirche hin. Der Rundgang durch diesen verwunschenen Friedhofspark führt gleichzeitig durch eine Schatzkammer der preußisch-königlichen Eisengusskunst, einige Grabanlagen wurden von Schinkel, Gilly und Tieck entworfen.

Rosenthaler Platz und Weinbergspark

Einst stand hier das Rosenthaler Tor als eines der vielen Stadteingänge entlang der Zollmauer, die Alt-Berlin im 18. Jh. von seinem nördlichen Umland abgrenzte. Dahinter ließ Friedrich II. Saison-Bauarbeiter aus dem sächsischen Voigtland ansiedeln. Mit der einsetzenden Industrialisierung im 19. Jh. verdichtete sich das Gebiet und aus der Kolonie Neu-Voigtland ging die inzwischen nach Berlin eingemeindete Rosenthaler Vorstadt hervor. Anstelle der einstigen Kolonistenhäuser entstanden

Berlin-typische Mietskasernen und Gewerbehöfe. Am verkehrsreichen und quirligen **Rosenthaler Platz** gab es in den 1920er-Jahren bei Aschinger für wenig Geld Erbsensuppe und soviel Brot wie man wollte. Im gleichen Gebäude, Nr. 72, sitzen heute im Café St. Oberholz trendige Leute mit aufgeklapptem Laptop.

Über die Torstraße hinweg gelangt man auf den Weinbergsweg, wo viele kleine Lokale zur Stärkung zwischendurch einladen. Wer sich im Grünen ausruhen möchte, folgt der leicht ansteigenden Straße und geht dann links in den **Weinbergspark**. Vor langer Zeit wurde hier tatsächlich Wein angebaut. Die spätere dichte Bebauung wurde im Krieg zerstört und in den 1950er-Jahren entstand dieser Park. Von der oberen Hanglage hat man einen netten Blick. Vorbei an der Skulptur Heinrich Heines überqueren Sie die Brunnenstraße und gehen zunächst nach links.

Ausruhen im Grünen

Im gründerzeitlichen Komplex **Brunnenhof** von 1909 mit vier Höfen *(Brunnenstr. 181)* befindet sich im dritten Hinterhof das gläserne Foyer der Philipp-Schaeffer-Bibliothek, die im Jahr 2000 zur besten Großstadtbibliothek gekürt wurde.Zurück an der Kreuzung Brunnen-/Veteranenstraße verweist das repräsentative Eckgebäude schräg gegenüber, einst stolzes Jandorf-Kaufhaus, auf die Bedeutung der Brunnenstraße als einstige Einkaufsmeile. Nach dem Mauerbau geriet die Rosenthaler Vorstadt plötzlich in eine Randlage, verlor an Bedeutung und die Häuser verfielen zunehmend. Inzwischen haben sich in der Brunnenstraße zahlreiche Galeristen angesiedelt. Überquert man die Invalidenstraße und folgt dieser nach links, erhebt sich auf der rechten Seite die Elisabethkirche.

Elisabethkirche (11)

Dieser klassizistische Kirchenbau von Schinkel sollte 1833 den „entsetzlichen Verfall des kirchlichen Lebens“ in der Vorstadt aufhalten. Bis 1990 blieb die im Krieg ausgebrannte Kirche eine Ruine, die Grünfläche davor war vollkommen verwildert. Heute als kulturelles Zentrum für Konzerte, Tanz und Ausstellungen genutzt, wird sie nach und nach instandgesetzt. Zwischen Kirche und Pfarrhaus führt ein Weg auf die Elisabethkirchstraße mit schönen Fassaden, der man nach links folgt. Auf dem Dach des üppig begrünten Hauses Nr. 14 ein Stückchen weiter links kann man eine Metallskulptur winken sehen. Über die Ackerstraße hinweg neben der kleinen Skater- und Streetballanlage sieht man auf dem Brunnen den überlebensgroßen „Geldzähler“, der an den ursprünglich hier gelegenen kleinen Markt erinnert.

Morbider Schinkelbau

Ackerstraße (12)

Die Gründerzeitbauten in der **Ackerstraße** befanden sich vor der Wende in einem teilweise katastrophalen baulichen Zustand. Nach umfassender Sanierung strahlt dieser Kiez heute besonders für junge Leute und Familien eine erstaunliche Anziehung aus. Der Eingang mit der Aufschrift „Markthalle IV“ führt in eine der wenigen erhaltenen alten Markthallen mit originaler Fassade und Deckenkonstruktion. Heute gibt es hier neben kleinen Imbissständen einen Supermarkt.

Alte Markthalle

Im Café **Schneiders Schokoladen** gegenüber gibt es neben Naschwerk auch leckeren Kuchen – Spezialität des Hauses ist die Ackertorte! Der Straße mit den schmucken Altbauten, kleinen Läden und Restaurants folgend, lohnt der Blick hinter den Durchgang des Hauses Nr. 14/15 mit eng bebauten Wohnhöfen, Rundbögen und einem Fabrikgebäude. Als einziges unrenoviertes Haus sticht der **Schokoladen** in Nr. 169/170 hervor. Allerdings gibt's hier keine Torten, sondern seit 1990 subkulturelle Veranstaltungen. Es handelt sich um eine der letzten „Bastionen" alternativer Kulturprojekte, die zusammen mit dem „Club der polnischen Versager" und dem „Theater im Schokohof" darauf hoffen, bleiben zu können. Nach Überqueren der Torstraße folgt man dieser bis zur Nr. 168. Der stattlicher Ziegelbau von 1847 war das ehemalige **Königliche Leihamt** und erfüllte dies Funktion noch bis 1990. Heute wird er u. a. vom japanischen Restaurant Kyo und der Musikbar Waldo genutzt. Durch die beiden dunklen Höfe der ehemaligen Lagerhäuser gelangt man bis zur Linienstraße. Auf dieser geht's nach links zum Koppenplatz.

Alternative Kultur

Koppenplatz (13)

Gleich vorne in der kleinen Parkanlage sieht man einen überdimensionierten Tisch und zwei Stühle, von denen einer umgekippt auf dem parkettartigen Boden liegt. Rund herum zieht sich ein Band mit Versen von Nobelpreisträgerin Nelly Sachs. Das Denkmal **„Der verlassene Raum"** von Karl Biedermann war bereits 1988 von der Ostberliner Verwaltung vorgesehen, wurde aber erst 1996 realisiert. Es zeichnet ein Bild des Moments, in dem während des Holocaust jüdische Mitbürger von der Gestapo aus ihren Wohnungen verschleppt wurden.

Der verlassene Raum

Ursprünglich hatte sich hier ein Armenfriedhof befunden, gestiftet vom Berliner Stadthauptmann Christian Koppe, der später bebaut oder als Grünfläche angelegt wurde. Zu Ehren Koppes hatte man 1855 über dessen Familiengruft ein antikes Säulenportal errichtet, das heute in Verbindung mit dem Neubau, Koppenplatz Nr. 13 im Südwesten des Platzes, recht kurios erscheint. Die Route führt nun nach rechts auf die hinter dem Bau verlaufende Auguststraße, die einstige „Armesündergasse".

Auguststraße – Straße der Galerien (14)

Die Straße der Galerien, Designer und Spezialläden gilt als DAS Beispiel für den Aufstieg der Spandauer Vorstadt zum Szeneviertel. Nach der Wende hatte man begonnen, die Häuser zu sanieren und für langfristige und moderate Mietverträge zu sorgen. Baulücken wurden mit ansprechenden Neubauten geschlossen.

Aufstieg zum Szeneviertel

Auffallend im Nachkriegszustand verblieben ist die Fassade von **Clärchens Ballhaus** auf der linken Seite, in dem bereits seit 100 Jahren geschwoft wird, was das Zeug hält. Wo einst das kriegszerstörte Vorderhaus stand, kann man bei schönem Wetter im bunt gemischten Biergarten sitzen. Drinnen wird ausgelassen und Generationen übergreifend bis in die frühen Morgenstunden das Tanzbein geschwungen – seit einem Betreiberwechsel ist das Publikum deutlich jünger geworden. Im wieder zugänglichen Spiegelsaal im ersten Stock (meist geöffnet) finden sonntags Konzerte statt.

Im neuen Stadthaus (Nr. 68) neben dem Sportplatz präsentiert die **Galerie me Collectors Room** die z. T. recht eigenwillige Sammlung des Essener Kunstmäzens Olbricht. In der modernen, etwas düsteren Eingangshalle befinden sich ein Café mit Eichentischen, ein Loungebereich und einShop *(Di–So 12–18 Uhr, Ausstellung 6 €).*

Direkt daneben, in Nr. 69, betritt man durch das Vorderhaus von 1794 einen wechselnd künstlerisch bepflanzten Hof, in dem sich ein Glaskubus mit dem **Café Bravo** befindet. In den Gebäuden einer ehemaligen Margarinefabrik wird seit 1991 nicht nur Kunst präsentiert, sondern auch produziert. Ergänzt von einer white cube-Ausstellungshalle sowie zwölf Atelierwohnungen haben die **Kunst-Werke** längst internationales Renommee erlangt. Seit 1996 richten sie die alljährliche Berlin Biennale für Zeitgenössische Kunst aus, auch für noch wenig etablierte Künstler. *Kunst-Biennale*

Vor dem Holocaust war diese Gegend stark jüdisch geprägt: Das Haus Nr. 14 gehörte ursprünglich zum jüdischen Krankenhaus, nach 1900 zog hier das Kinderheim Ahavah (Liebe) ein. Unter dem Nazi-Terror wurde das Haus zum Sammellager für alte Menschen vor ihrer Deportation in die Vernichtungslager. Der benachbarte rote Klinkerbau war einst die jüdische Mädchenschule. Nach langem Leerstand wird das Gebäude nun von den hochpreisigen Restaurants **Pauly Saal**, **The Kosher Classroom** (koschere Küche) und **Mogg & Melzer Delicatessen** (New Yorker Spezialitäten) genutzt. Zudem präsentiert hier seit Herbst 2012 das **Museum The Kennedys** das Leben des berühmten amerikanischen Präsidenten („Ich bin ein Berliner!“) und seiner Familie.
Museum The Kennedys, *Auguststr. 11–13, ☎ 20653570, www.thekennedys.de, Di–So 11–19 Uhr, 5 €.*

Was wie ein unfertig renoviertes Haus mit merkwürdigem Baugerüst erscheint (Nr. 10), ist so gewollt. Die verwitterte Fassade wurde konserviert und gehört zum Kunsthaus **KuLe** (Kultur + Leben), das sich als unkommerzieller und experimentierfreudiger Kunstort versteht. Nicht nur drinnen gibt es Theaterräume, auch außen wird die „zweite Haut“ in Form von Trägern und Seilen für kreative Projekte „bespielt“. Direkt daneben geht's in die Heckmannhöfe.

Heckmannhöfe (15)

Hinter dem ersten Wohnhof eröffnet sich die idyllische Hofanlage der einstigen Maschinenfabrik Heckmann, die nach der Wende von deren Erben rekonstruiert wurde. Im malerischen Ambiente werden heute die ehemaligen Bauten und Schuppen von kleinen Schmuck- und Modeläden genutzt. Das Schaufenster der Edel-Secondhand-Boutique **Sterling Gold** gibt einen Einblick in die amerikanische Prinzessinnenwelt der 1950–80er-Jahre. Echte Märchen für Kinder zeigt das **Galli-Theater** am Nachmittag, während abends Komödien für Erwachsene aufgeführt werden. In der Backsteinremise mit Pferdekopf befindet sich das Gourmet-Restaurant **Neu**. Im dritten Hof werden vor den Augen der Kunden Bonbons wie noch vor 100 Jahren hergestellt – ideal als Mitbringsel oder zum Selbstverzehr (s. S. 135) Der nächste Durchgang führt auf die Oranienburger Straße. *Idyllischer Hof*

Die Neue Synagoge: prächtiger Sakralbau mit golden glänzender Kuppel

Neue Synagoge – Centrum Judaicum (16)

Am besten wechselt man die Straßenseite, um die prächtige Fassade mit der vergoldeten Kuppel besser sehen zu können. Die 1866 eröffnete Neue Synagoge im maurischen Stil bot 3000 Personen Platz und war damals die größte in ganz Deutschland. Als in den Novemberprogromen 1938 alle Synagogen brannten, alarmierte der Polizist Krützfeld beherzt die Feuerwehr, die den Brand löschte. Allerdings fiel die Synagoge dem Krieg zum Opfer. In den 1990er-Jahren wurde der sichtbare Teil mit Kuppel rekonstruiert, nicht jedoch der Gemeindesaal. In der Ausstellung „Tuet auf die Pforten" wird die Geschichte des Hauses und die der jüdischen Gemeinde in diesem traditionsreichen jüdischen Viertel gezeigt. Die Kuppel ist zugänglich.

Traditionsreiche Synagoge

Stiftung Neue Synagoge Berlin – Centrum Judacium, *Oranienburger Str. 28–30, ☎ 88028300, So–Do 10–18, Fr 10–14 Uhr, 3 €, Sicherheitskontrolle.*

Oranienburger Straße (17)

Wer süchtig nach einem weiteren schönen Hof ist, suche den **Kunsthof** auf der Oranienburger Str. 27 unweit der Synagoge auf. Unter dem gusseisernen Balkon der ehemaligen Wohnung der Bankiersfamilie Goldberger hindurch gelangt man in eine vollständig erhaltene Hofanlage, die mit klassizistischen Fassaden an Schinkel und an italienische Villen erinnert. Hier gibt es Galerien, künstlerische Werkstätten und ein Café-Restaurant.

Die Kreuzung zur Tucholskystraße wird von dem imposanten Klinkerbau des Postfuhramts von 1881 dominiert. Im dahinter liegenden Hof standen einst bis zu 240 Pferde; außerdem war der Komplex Zentrale der Berliner Rohrpost. Noch bis 1995 gab es hier Postbetrieb, danach begann die Ära der temporären Ausstellungen und Kunstaktionen, die mit der glanzvollen Fotogalerie c/o Berlin im März 2013 enden wird. Die mittlerweile weltweit bekannte Fotogalerie wird wahrscheinlich im Amerika-Haus am Bahnhof Zoo ein neues Heim finden *(Info: www.co-berlin.info).*

Berühmte Kulturruine

Der Oranienburger Straße westwärts folgend, ist nach 300 m die wohl berühmteste Ruine Berlins erreicht. Von der ehemaligen Kaufhaus-Passage, die im Zweiten Weltkrieg beschädigt und unter dem DDR-Regime gesprengt wurde, blieb dieser Teil stehen und wurde 1990 von der **Künstlerinitiative Tacheles** (Jiddisch: Klartext reden) besetzt. Binnen kurzer Zeit avancierte das Alternativzentrum mit Ateliers, Metallwerkstätten, Bühnen und Gastrobereichen zum Touristenmagneten und strahlte auf die gesamte Umgebung ab. Das weckt Begehrlichkeiten: Inzwischen sieht man hier gesichtslose, auf Massenabfertigung ausgerichtete Restaurants und Cocktailbars, abends kann man in organisierten Sauftouren das „echte, unverfälschte Berlin" erleben. Die Zukunft der Kulturruine ist nach erfolgter Versteigerung und Räumung im September 2012 weiterhin offen. Dort, wo die Einmündung der Linienstraße einen kleinen Platz bildet, finden sich eine Reihe von netteren Restaurants und Imbissen.

Dorotheenstädtischer Friedhof – Ruhestätte berühmter Persönlichkeiten (18)

Brechts Wohnhaus

Neben dem Eingang zum Dorotheenstädtischen Friedhof befindet sich das **Brechthaus** mit Gedenkstätte, Archiv und Literaturforum. Die ehemaligen Wohn- und Arbeitsräume von Bertold Brecht und Helene Weigel im Hofgebäude können nur im Rahmen einer Führung besichtigt werden.

Brechthaus, *Chausseestr. 125, ☎ 200571844, www.lfbrecht.de u. www.adk.de, Führungen (max. 8 Pers.) alle 30 Min. Di 10–15.30, Mi–Fr 10–11.30, Do auch 17–18.30, Sa 10–12, 13–15.30, So stdl. 11–18 Uhr, Eintritt frei, s. auch S. 34.*

An der Chausseestraße 126 geht es in den Friedhof hinein. Der Weg führt zunächst an der Mauer des benachbarten Französischen Friedhofs der ehemaligen Hugenottengemeinde entlang. Als im Berlin des 18. Jh. zunehmend Friedhofsflächen fehlten, vergab Friedrich II. freies Land außerhalb der Stadtmauern, auf denen die innerstädtischen Kirchengemeinden ihre Toten bestatten konnten. Hier wurde der

Friedhof der Kirchengemeinden Dorotheenstadt und Friedrichswerder gegründet. Dort wiederum entstanden wichtige Institutionen: Akademien der Wissenschaften und der Künste, Bauakademie, Universität und die Charité. Aus diesem Grunde hat sich der Friedhof bis heute zum *who is who* der geistigen Elite entwickelt. Er ist gut überschaubar und lässt sich in Ruhe besichtigen.

Friedhof der geistigen Elite

Rechts hinter dem Standbild von Martin Luther, im nördlichen Friedhofsteil, sieht man die ersten Grabanlagen ab 1770 mit gusseisern verzierten Kreuzen, während die berühmten Persönlichkeiten auf dem südlichen Teil mit kunstvollen Grabanlagen, Statuen und Mausoleen ihre letzte Ruhe fanden. Dazu gehören Baumeister wie Karl-Friedrich Schinkel und Georg Friedrich Schadow, Philosophen wie Johann-Gottlieb Fichte und Georg Friedrich Wilhelm Hegel, Künstler und Literaten wie Arnold Zweig, Heinrich Mann, Anna Seghers, Bertold Brecht, Helene Weigel, George Tabori und Heiner Müller, Hanns Eisler und Johannes Becher, der Erfinder der bekannten Säule, Ernst Litfaß, sowie der Erfinder des Ringofens Hoffmann mit einer mondänen gekachelten Grabanlage. Ferner findet man August Borsig, Politiker wie Günter Gaus, der die Ständige Vertretung der BRD in der DDR leitete, die Bürgerrechtlerin Bärbel Bohley, den früheren Bundespräsident Johannes Rau und die Schriftstellerin Christa Wolf.

Weitere Ziele in Spandauer Vorstadt/Altem Norden

Sammlung Boros (19) – Kunst im Bunker

Moderne Kunst im Bunker

Einer der wohl ungewöhnlichsten Ausstellungsorte für moderne Kunst ist der umgebaute Hochbunker in der Reinhardtstraße. 1942 als „Reichsbahnbunker Friedrichstraße“ für 2000 Personen konzipiert, sollte er Reisenden vom Bahnhof Friedrichstraße und Besuchern des Deutschen Theaters Schutz vor alliierten Luftangriffen bieten. Die DDR nutzte ihn als Lager für Südfrüchte, die Bevölkerung nannte ihn „Bananenbunker“. Nach der Wende wummerte bis 1996 harter Techno-Sound aus der neuen Party- und SM-Fetisch-Location. Seit 2003 gehört der Bunker dem Kunstsammler-Ehepaar Boros. Sie setzten auf sein 1000 m²-Dach ein Penthouse mit Terrasse und Dachgarten und bauten das fünfgeschossige Stahlbeton-Monster mit 2 m dicken Außenwänden um. In höchst abgefahrener Kulisse kann man heute Performances sowie Licht- und Rauminstallationen zeitgenössischer Künstler wie Damian Hirst, Olafur Eliasson oder Anselm Reyle erleben.

Sammlung Boros, *Reinhardtstr. 20, ☎ 27594065, www.sammlung-boros.de, nur nach Voranmeldung mit Führung Fr–So, 10 €. Rechtzeitig anmelden, da oft wochenlang ausgebucht.*

Im Naturkundemuseum: das weltweit größte Dinosaurierskelett

Naturkundemuseum (20)

200 m westlich der Chausseestraße steht das mächtige und weltberühmte Naturkundemuseum von 1889 mit rund 30 Mio.

Sammlungsobjekten. Highlights sind das weltweit größte Dinosaurierskelett mit über 13 m Höhe und seit 2010 eine begehbare und faszinierende gläserne Großvitrine im rekonstruierten Ostflügel: Hier lagern in 276.000 Gläsern unzählige Fische, Spinnen, Amphibien und Säugetiere – in 82.000 Litern Alkohol. Zum Erhalt der Sammlung kann man Patenschaften erwerben. So gibt es Patenkinder von Klaus Wowereit (Wombat), Günter Grass (Steinbutt) oder Angela Merkel (Seeadler).

Naturkundemuseum, *Invalidenstr. 43, ☎ 20938591, www.naturkundemuseum-berlin.de, Di–So 9.30/10–18 Uhr, 6 €, Anfahrt: U-Bhf. Naturkundemuseum (U6).*

Charité

Weltberühmtes Krankenhaus

Die größte Universitätsklinik Europas, die **Charité**, blickt auf eine über 300-jährige Geschichte zurück. 1710 als Pesthaus und Lazarett entstanden, genießt sie heute weltweites Ansehen. Hier wirkten Rudolf Virchow, Ferdinand Sauerbruch und Robert Koch. Aus der parkähnlichen Krankenstadt zwischen Robert-Koch-Platz und Schumannstraße mit ihren historischen Backsteinbauten und High-Tech-Instituten ragt seit 1982 das von der DDR gebaute Bettenhochhaus mit damals 24 OP-Sälen und über 1000 Betten empor. Das **Medizinhistorische Institut (21)** zeigt die Geschichte von Medizin und Krankheiten der letzten 400 Jahre inklusive organische Missbildungen – nichts für schwache Nerven.

Medizinhistorisches Institut, *Charitéplatz 1, ☎ 450536156, www.bmm.charite.de, Di–So 10–17/19 Uhr, nicht für Jugendliche unter 16 Jahren, 7 €.*

Invalidenpark (22)

Aus der Wasserfläche des Invalidenparks ragt die begehbare 7 m hohe Skulptur „Versinkende Mauer" des Landschaftsarchitekten Christophe Girot auf. Der minimalistisch gestaltete Platz wird von zwei Bundesministerien umrahmt. Östlich stehen Alt- und Neubauten des Verkehrs- und Bauministeriums, westlich das Gelände des Wirtschaftsministeriums. Dort hatte 1747 Friedrich II. das Invalidenhaus für Kriegsversehrte aus den Schlesischen Kriegen bauen lassen. Der mächtige Bau an der Invalidenstraße entstand 1905 als militärärztliche Kaiser-Wilhelm-Akademie und diente später dem Obersten Gericht der DDR unter der als „rote Guillotine" gefürchteten Hilde Benjamin.

Gräber auf dem Todesstreifen

Von der Invalidenstraße führt ein 500 m langer Uferweg am Spandauer Schifffahrtskanal neben dem Wirtschaftsministerium bis zum **Invalidenfriedhof (23)**. 1747 zusammen mit dem Invalidenhaus angelegt, dient er vor allem für hohe preußische Militärs aus den napoleonischen Befreiungskriegen als letzte Ruhestatt. Mit dem Mauerbau geriet das gesamte Kanalufer zum Grenzgebiet, störende Gräber auf dem Sicht- und Todesstreifen wurden beseitigt und andere verwüstet. Von 3000 Grabanlagen, oft von hohem künstlerischen Wert, blieben nur 200 übrig, darunter das monumentale Scharnhorst-Grab von 1824 mit schlafendem Löwen. Man durchquert den Friedhof auf dem alten Postenweg. Die Friedhofsmauer am Ufer fungierte als vordere Mauer. Teile der Hinterlandmauer blieben als Mahnmal erhalten.

Nach weiteren 250 m entlang des Uferwegs erreicht man die **Gedenkstätte** für das erste erschossene Mauer-Opfer. Der 24-Jährige **Günter Litfin** war im August 1961 beim Versuch, in der Nähe des heutigen Hauptbahnhofs die Grenze schwimmend zu überqueren, erschossen worden. Sein Bruder richtete 1992 in der au-

thentischen Kulisse des **Wachturms Kieler Eck (24)** den Gedenkort ein.
Gedenkstätte Günter Litfin, ☎ *0163-3797290, März–Okt. Sa–Do 12–17 Uhr, Eintritt frei.*

Hamburger Bahnhof (25)

Wo Mitte des 19. Jh. die Züge in Richtung Hamburg starteten, ist 1996 das Museum für Gegenwart eingezogen. Markenzeichen des prächtigen neoklassizistischen Baus ist die blau-grüne Lichtinstallation von Dan Flavin im Ehrenhof. Innen finden sich Werke von Andy Warhol, Robert Rauschenberg, Roy Lichtenstein, Anselm Kiefer und Joseph Beuys. Dahinter befindet sich heute in den Hallen des Lehrter Güterbahnhofs die hochkarätige Friedrich Christian Flick Collection. Die „Halle am Wasser" mit sechs Galerien rundet den Campus zeitgenössischer Kunst ab.

Zeitgenössische Kunst

Hamburger Bahnhof, *Invalidenstr. 50-51,* ☎ *39783411, www.hamburgerbahnhof.de, Fr–Mi 10/11–18, Do 10–20 Uhr.*

Gedenkstätte Berliner Mauer – Bernauer Straße (26)

Zu Mauerzeiten war der **unterirdische S-Bahnhof Nordbahnhof** einer von vielen im Ostsektor gelegenen „Geisterbahnhöfen". Für Ostberliner waren diese Bahnhöfe unzugänglich, während die Westberliner S- und U-Bahnen ohne Halt durchfuhren. Grenzsoldaten patrouillierten im schummrigen Licht und passten auf, dass die Bahnen nicht anhielten. Über diese Absurdität informiert eine Ausstellung im Zwischengeschoss.

An kaum einer anderen Stelle als entlang der Bernauer Straße lässt sich heute noch die brutale Auswirkung des Mauerbaus auf das Leben der Anwohner nachvollziehen. Während in der Stadt kaum mehr als die doppelte Pflasterlinie an die trennende Mauer erinnert, ist hier über einen Kilometer Länge die breite Schneise des Grenzstreifens noch deutlich sichtbar. Sie wird als **Gedenkstätte Berliner Mauer**, bestehend aus mehreren Abschnitten mit Informationsinseln, Originalobjekten und Originalmauer, offen gehalten. „Archäologische" Fenster ermöglichen einen Blick auf die tödlichen Grenzanlagen.

Schicksale an der Mauer

Nachdem man den ersten Abschnitt dieser offenen Geschichtslandschaft durchlaufen hat, folgt das **Denkmal Berliner Mauer** in Form zweier quer liegender 8 m hoher Stahlwände (Rost und Metall), zwischen denen ein 60 m langer originaler Grenzstreifen aufgebaut ist. Der Eingang zum Denkmal befindet sich an der Ackerstraße um die Ecke. Das **Dokumentationszentrum** gegenüber enthält das Besucherarchiv mit umfassenden Hör- und Lesestationen und informiert in einer Ausstellung über die „Perfektionierung" des Todesstreifens im Laufe der Jahre.

Von der **Aussichtsplattform** *(Di–So 9.30–18/19 Uhr, kostenfrei)* hat man den besten Blick auf den ehemaligen Mauerstreifen und auf das Berliner Stadtzentrum. Nachts tauchte die Lichtertrasse den „antifaschistischen Schutzwall" in ein gleißendes Licht, gespenstisch und totenstill. Als am 13. August 1961 die Sektorengrenze vollständig abgeriegelt wurde, kam es zu dramatischen Fenstersprüngen aus den Ostberliner Wohnhäusern, die nun plötzlich im Grenzgebiet lagen. Bewegende Fotos innerhalb des nächsten Abschnitts zeigen zugemauerte Häuser, deren Abriss sowie die rücksichtslosen Umbettungen von Gräbern auf dem Sophienfriedhof zugunsten der allmählich unüberwindbaren Grenzanlagen. Noch 1986 wurde ein „störender" Kirchenbau gesprengt. An dieser Stelle steht heute die täglich geöffnete **Kapelle der Versöhnung**, in der Di–Fr um 12 Uhr eine 15-minütige Gedenkandacht an die Mauertoten erinnert.

Im weiteren Verlauf der Bernauer Straße in Richtung Mauerpark markieren Ereignistafeln die Orte, an denen Fluchtversuche stattfanden. Dazu gehören der spektakuläre Sprung des DDR-Grenzpostens Conrad Schumann über den Stacheldraht sowie die Flucht von 57 Menschen durch einen 140 m langen Tunnel, aber auch der tödlich endende Sprung der 77-jährigen Frieda Schulze aus dem Fenster im zweiten Stock, nachdem bereits Volkspolizisten und Stasi-Mitarbeiter in die Wohnung eingedrungen waren.

Sprung in die Freiheit

Gedenkstätte Berliner Mauer, ☎ *467986666, www.berliner-mauer-gedenkstaette.de, Di–So 9.30–18/19 Uhr. Das Außengelände ist immer und kostenfrei betretbar. Das rostfarbene Besucherzentrum an der Ecke Bernauer-/Gartenstr. bietet Infos, Buchladen, WC sowie den kurzen Einführungsfilm „Eingemauert". Für den Rundgang über das gesamte Gelände kann man einen Multimediaguide ausleihen. Anfahrt: S-Bhf. Nordbahnhof. Wegkommen: U-Bhf. Bernauer Straße (U8, früher ebenfalls ein Geisterbahnhof). Die Tram M10 fährt die gesamte Bernauer Straße entlang und weiter bis zum Mauerpark im Prenzlauer Berg (s. S. 222).*

Tipp

Weitere **Infos** zur Berliner Mauer und zum Mauerradweg s. S. 28.

Reisepraktische Infos Spandauer Vorstadt/Alter Norden

Essen und Trinken

Spandauer Vorstadt

Van Long (1), *Reinhardtstr. 8, ☎ 2823570, tgl. 12–23 Uhr. Thailändisch-vietnamesische Küche, angenehm kitschfreies Ambiente, freundlicher Service und gute authentische Gerichte (8–16 €).*

Brauhaus Lemke (2), *Dircksenstr./S-Bahnbogen 143 nahe Hackescher Markt, ☎ 24728727, tgl. 12–open end. Neben selbst gebrauten Biersorten (Pils, Dunkles, Weizen) gibt es saisonal u. a. Märzen, Maibock oder Stout. Steaks vom Grill, Würste aus aller Welt und Flammkuchen. Gerichte 8–16 €. Man sitzt im urigen Ambiente unter denkmalgeschützten Stadtbahnbögen in lebhafter Atmosphäre, draußen netter Biergarten.*

Osteria Tarantina (3), *Große Präsidentenstr. 5, ☎ 28387090, Mo–Fr 12–24, Sa/So 17–24 Uhr. Abseits vom quirligen Treiben rund um den Hackeschen Markt lockt ein kleiner Italiener Stammgäste, Kenner und Touristen gleichermaßen an. Etwas eng, aber urgemütlich und authentisch, der apulische Gastwirt serviert ausgezeichnete landestypische Gerichte zu moderaten Preisen (6–16 €). Im Sommer auch draußen.*

Hasir Mitte (5), *Oranienburger Str. 4, ☎ 28041616, tgl. 12–1 Uhr. Ausgezeichnetes türkisches Restaurant in sehr ansprechenden Räumen rund um einen historischen Gewerbe-Innenhof mit orientalischem Ambiente. Speisen 13–18 €.*

Ampelmann-Restaurant (4), *im Stadtbahnbogen am Monbijoupark, s. S. 60.*

Barcomi's Deli (6), *Sophienstr. 21 (Sophie-Gips-Höfe, 2. Hof), ☎ 28598363, Mo–Sa*

9–21, So 10–21 Uhr. Leckere Kuchen, Bagels, Süßspeisen. Der Außenbereich liegt im charmanten denkmalgeschützten Innenhof.

Altes Europa (7), *Gipsstr. 11, ☎ 28093840, tgl. ab 11 Uhr. In legerer, ungezwungener Kiez-Atmosphäre genießt man – im Sommer auch an der Straße – kleine und größere Gerichte zu günstigen Preisen sowie preiswerte Biere und Weine. Drinnen ein Sammelsurium alter zusammen gewürfelter Möbel und gemütliche, lockere Atmosphäre.*

Susuro (8), *Rosa-Luxemburg-Str. 17, ☎ 21111, www.susuru.de, Mo–So 11.30–23.30 Uhr. Susuro heisst auf Japanisch schlürfen – und das kann man hier, z. B. Udon-Suppe (dicke japanische Weizennudeln). Japanische Tapas wie Rock Shrimps. Minimalistisch–japanisches Ambiente, erfrischendes Innendesign. Wechselndes preiswertes Tagesgericht.*

Unsichtbar (9), *Gormannstr. 14, ☎ 24342500, www.unsicht-bar-berlin.de, tgl. 18–1 Uhr. Trotz gehobener Küche kann die Abendgarderobe zuhause bleiben. Kleckern darf passieren, denn man diniert in vollkommener Dunkelheit (mindestens 2 Std.) – eine höchst interessante Erfahrung für die Sinne. 3–4-Gang-Menüs 40–60 €, Reservierung notwendig.*

Café Galao (10), *Weinbergsweg 8, Mo–Sa 8–20, So 9–19 Uhr. Im Winter eine kleine Espressobar mit südländischem Flair, im Sommer lümmelt junges Szenevolk auf den Stufen davor und genießt Ciabatta, Frischkäse-Brownies oder getoastete Paninis.*

Nola's am Weinberg (11), *Veteranenstr. 9, ☎ 44040766, www.nola.de, tgl. 10–1 Uhr. Schönes und gepflegtes Café im Weinbergspark mit herrlicher Sonnenterrasse. Das „Schweizer Bergrestaurant" wartet mit reichhaltigem Frühstück, Gerichten wie Bündner Gerschtä Suppä, Geissä-Chäs usem Ofe, verschiedenste Fondues und natürlich Kaffee und Kuchen auf. Hauptgerichte 7–20 €, Sonntagsbrunch 11,50 €.*

Mein Haus am See (12), *Brunnenstr. 197/Rosenthaler Platz, ☎ 23883561, durchgehend geöffnet. Auf den ersten Blick erscheint dieses Café wie ein riesiges Wohnzimmer mit Sofas und Sesseln, die eine gewisse künstlerische Boheme ausstrahlt. Man kann von der Empore den weiten Raum und die Besucher betrachten und dabei einen Cappuccino und ein Sandwich zu sich nehmen – bis tief in die Nacht, wenn das Café zur Party-Location mutiert.*

Bandol sur Mer (15), *Torstr. 167, ☎ 67302051, tgl. ab 18 Uhr. Im ehemaligen Dönerimbiss gruppieren sich schlichte Tische und harte Stühle um die offene Küche. Aus der kommen unglaublich gute französische Gerichte. Hochwertige Zutaten, immer frisch und perfekt zubereitet. Verlässliche Weinempfehlung. Gerichte 12–25 €, Menüs 35–60 €, keine Kreditkarten. Gegessen wird in zwei Schichten (18 und 21 Uhr), der kleine Innenraum bietet Platz für max. 20 Gäste – unbedingt reservieren.*

Schneiders Schokoladen (13), *Ackerstr. 149, ☎ 40054569, Mo–Sa 11–19, So 12–19, im Winter bis 18 Uhr. Klein, aber fein: Torten- und Schokoladen sowie Kaffee – Konditormeister Klaus Schneider hat sich einen Lebenstraum erfüllt. Spezialität: Ackertorte!*

Papà Pane di Sorrento (14), *Ackerstr. 23, ☎ 28092701, tgl. 12–24 Uhr. Italienisches Restaurant mit riesigen preisgekrönten Steinofenpizzen (6–9 €). Beliebt im Kiez, oft lebhaft und am Wochenende wird Reservierung empfohlen.*

Bötzow-Privat (17), *Linienstr. 113, ☎ 28095390, 9.30–23 Uhr (Küche). Eine Kneipe wurde in ein süddeutsches Restaurant mit Gerichten wie Kalbsrahmgulasch und Käsespätzle verwandelt (8–15 €). Rustikale Einrichtung mit wunderschönem Büfett aus den 1920er-Jahren. Im Sommer auch draußen. Frühstück bis 17.30 Uhr.*

Beth Café (16), *Tucholskystr. 40, ☎ 2813135, So–Do 12–20 Uhr, Fr fragen. Das ruhige Café bietet ausnahmslos koscher zubereitete israelische und jüdische Spezialitäten an. Betreiber ist die orthodoxe Adass Jisroel Gemeinde. Hübscher Innenhof.*

Café Orange (18), *Oranienburger Str. 32, ☎ 28385242, Mo–Do 9–24, Fr–So 9–2 Uhr. Angenehm unprätentiöses Café-Restaurant mit hohen Decken und Jugendstillampen. Bereits Anfang der 1990er-Jahre Pionier im aufstrebenden Szeneviertel, bildet das Café heute einen entspannenden Kontrast zur Touristen- und Szenemeile Oranienburger Straße.*

Alter Norden

Kellerrestaurant im Brecht-Haus (21), *Chausseestr. 125, ☎ 2823843, tgl. ab 18 Uhr. Gekocht wird nach Rezepten Helene Weigels, die aus Wien stammte. Gemütlicher Kellerraum, bei gutem Wetter kann man im Innenhof essen – abends reservieren. Gerichte 12–16 €.*

Speisezimmer (20), *Chausseestr. 8, ☎ 814529430, www.sarahwiener.de, Mo–Fr 12–16 und 18–23, Sa 18–23 Uhr. In einem ruhigen Innenhof der ältesten Lokfabrik von Borsig versteckt, sitzt man im Sommer auf der Terrasse, sonst drinnen bei eher nüchtern minimalistischem Ambiente. Die Küche ist eine Mischung aus Meer, Österreich und Havelland, sehr schmackhaft und authentisch. Leichte Tagesgerichte (10–17 €), abends kreativ und abwechslungsreich, eher hochpreisig. Manch Vertreter aus Politik und Wirtschaft geht hier gerne essen.*

Honigmond-Restaurant und Kaffeehaus (19), *Borsigstr. 28, ☎ 2857505, www.honigmond-berlin.de, tgl. 8–24 Uhr. Stimmungsvoll-gemütliches Ambiente im traditionsreichen Haus, im Sommer Außenterrasse. Qualitätsvolle klassische Küche, von Quiches bis Königsberger Klopse (8–14 €). Günstiges Mittagsbuffet, am Wochenende Brunch 8–15 Uhr. Sehr freundlicher Service.*

Ausgehen

Clubs/Tanzen

Bohannon Club (2), *Dircksenstr. 40, unprätentiöse, warme Lounge-Atmosphäre, Funk/Soul/Reggae/Groove, Mo (Reggae), Do (unregelmäßig), Fr/Sa/So, ab 23 Uhr.*

Kaffee Burger (4),*Torstr. 60, tgl. ab 19/20 Uhr, ab 23 Party. „Tanzwirtschaft und Burgerbar" im Charme eines ehemaligen Kaffeehauses. DJ-Partys Indie/Rock/Pop/Balkan, 2x monatlich Russendisko von Wladimir Kaminer, auch Kleinkunst und Lesungen.*

Sophienclub (1), *Sophienstr. 6, tgl. ab 23 Uhr. Seit 1985 und kaum verändertes Diskotheken-Feeling, junges Publikum. Disco/Brit-Pop/Wave/Indie/Soul.*

Grüner Salon in der Volksbühne (3), *Rosa-Luxemburg-Platz 2, auf rechter Seite, www.gruener-salon.de. In grün gehaltener Salon im Stil der 1920er-Jahre mit Spiegelwand und Parkett, gemischt-niveauvolles Publikum. Soul/Disco/Indie, Di Salsa (ab 21.30 Uhr), Do Tango (ab 21.30 Uhr), Fr/Sa auch Live Bands (z. B. Swing), Öffnungszeiten abhängig von Konzerten.*

Hafenbar (7), *Chausseestr. 20, Fr/Sa ab 21 Uhr. Traditionsreiche Tanzbar mit maritimer Einrichtung wie Bullaugen oder Schiffstauen. Heute beliebte Schlagerpartys mit Publikum zwischen 20 und 50 Jahren, Sa Karaoke.*

Clärchens Ballhaus (5), *Auguststr. 24, www.ballhaus.de, Mo–Sa ab 21/22 Uhr, So Tanztee ab 15 Uhr. Herrlicher Ballsaal, Spiegelsaal und gemütlicher Biergarten (tgl. ab 10 Uhr). Walzer/Salsa/Tango, Publikum von jung bis alt, tolles Ambiente. Auch Tanzkurse ohne Voranmeldung sowie andere Veranstaltungen.*

Kalkscheune (6), *Johannisstr. 2, hinter dem Friedrichstadtpalast, Sa ab 21 Uhr. Freundlich gestaltete Räume und grüner Innenhof einer Kalkfabrik. R&B/Soul/House, Publikum über 30, „Schöne Party" und „MaBaker".*

Bars

Strandbar Mitte (8), *Monbijoustr. 3, 10 Uhr–open end. Die „Mutter" aller Strandbars, traumhafte Lage an der Spree gegenüber vom Bodemuseum, abends wird der Pizzaofen angeworfen und Salsa und Tango unterm Sternenhimmel getanzt.*

1 a Lauschgift (12), *Kleine Präsidentenstr. 3, tgl. ab 20 Uhr. Clublounge im 70er-Jahre Retro-Ambiente, Cocktails mit Electro/House-Begleitung, eher junges Publikum.*

Neue Odessa Bar (9), *Torstr. 89, tgl. ab 19 Uhr. Plüschig-schummriges Ambiente mit Elektro-Lounge-Musik, schickes, aber entspanntes Publikum. Das Gemeinschafts-WC mit goldenen Waschtischen ist alleine schon sehenswert. Ab 21 Uhr rappelvoll.*

Reingold (10), *Novalisstr. 11, Di–Sa ab 19 Uhr. 17 m langer Tresen im Stil der 1920er-Jahre mit großem Bild von Klaus und Erika Mann, Terrasse. Gemixt werden experimentierfreudige Cocktails mit hausgemachten Sirups. Kleine Küche.*

Weinbar Rutz (11), *Chausseestr. 8, Di–Sa ab 20 Uhr. Eine stylische Weinbar mit nicht nur einer unglaublich umfangreichen Weinkarte, Säften und Bieren, sondern auch mit delikaten Speisen, ausgezeichnet von Michelin und Gault-Millau.*

Gemütlich/Kneipe/Sonstige

Sophien11 (13), *Sophienstr. 11, Mo–Fr ab 17, Sa/So ab 16 Uhr. Kuscheliges Kleinod im ältesten Haus der Sophienstraße von 1750 mit romantischem Hofgarten, Restaurant mit Berliner Küche, mehr als 20 offene Weine.*

Clärchens Ballhaus: beliebt bei Tänzern und Biergartenbesuchern

Gambrinus (16), *Linienstr. 133, tgl. 12–3, Fr/Sa 12–4 Uhr. Echtes und uriges Wirtshaus von 1892 mit rekonstruiertem Tresenbereich. Zur Molle mit Korn gibt's deftige Küche zu moderaten Preisen inklusive herzlicher Berliner Schnauze, mit Außenplätzen.*
Eschloraque Rümschrümp (15), *Rosenthaler Str. 39, im 2. Hinterhof, tgl. 14–2 Uhr. Schummriger Klassiker mit Metall-Monsterfiguren, bizarrer Kontrast zur schicken Umgebung, abends Live-DJ (Elektro).*
Anna Koschke (18), *Krausnickstr. 11, tgl. ab 17 Uhr. Kneipe und Altberliner Kaffeestube, mit Hinterhofgarten, Kleinkunst (Mundart-Kabarett „Herzschmerz").*
Bötzow Privat, s. *Restaurants.*
Hackbarth's (19), *Auguststr. 49a, tgl. ab 10 Uhr. Wendezeit-Pionier für Nachtschwärmer. Die gemütliche Café-Bar konnte ihren sympathisch maroden Charme von 1992 erhalten. Zum Bier gibt's auch Tapas oder spanische Tortillas.*
Zosch (17), *Tucholskystr. 30, tgl. ab 16 Uhr. Oben Bar und rustikale Kneipe, unten Jazzkonzerte im Backsteinkeller, tgl. 16 Uhr*–open end, *Livejazz Mi–Sa ab 21 Uhr.*
b-flat (14), *Rosenthaler Str. 13, So–Do ab 20, Fr/Sa ab 21 Uhr. Renommierte und schlicht gehaltene Jazzbar, gute Konzerte (Klassiker und Experimentelles) in netter Atmosphäre, dazu ausgewählte Cocktails und Snacks.*

Einkaufen

Ampelmann (1), *Rosenthaler Str. 40/41, Hackesche Höfe, Hof V, Mo–Sa 9.30–22, So 10–19 Uhr. Den beliebten Ost-Klassiker gibt's auf Taschen, Tellern, T-Shirts, als Gummibärchen, Nudel, Eiswürfel usw.*
Golem Kollektion (2), *Rosenthaler Str. 40/41, Hackesche Höfe, Hof VII, Mo–Fr 10–19, Sa 10–20, April–Okt. So 12–18 Uhr. Einmalige Manufaktur für Wand- oder Bodenfliesen im Jugendstil, die man hier auch einzeln kaufen kann.*
Bonbonmacherei Kolbe und Stecher (3), *Oranienburger Str. 32, Heckmannhöfe, Mi–Sa 12–20 Uhr. Bonbonherstellung vor den Augen der Kunden von einem der letzten Bonbonmacher Europas. 30 verschiedene Sorten.*
Confiserie Orientale (4), *Linienstr. 113, Di–Fr 11–19, Sa/So 12–18 Uhr. Feinstes Naschwerk aus Marzipan, türkischem Honig, Mandel und Schokolade des mehrfach ausgezeichneten Konditors, zum Genießen mit türkischem Mokka oder zum Mitnehmen.*
14oz. (8), *Neue Schönhauser Str. 13. Breiter Mix aus hochwertigen Marken, Schuhen und Accessoires, betrieben vom Gründer der Modemesse bread & butter. Auf Wunsch kann man exklusiv und ganz privat in Räumen im Obergeschoss shoppen.*
BFN Concept Store (6), *Rosenthaler Str. 40/41, Hackesche Höfe, Hof III, Mo–Sa 11–20 Uhr. Große Auswahl an Berliner und internationalen Modelabels von leger bis High Fashion auf zwei Ebenen, dazu die passende Musik – natürlich auch aus Berlin.*
Sterling Gold (5), *Oranienburger Str. 32, Heckmannhöfe, Mo–Fr 10–20, Sa 12–18 Uhr. In dem Schmuckkästchen mit goldenen Schaufensterrahmen hängen rauschende Party- und Ballkleider aus den 1950er- bis 80er-Jahren, Brautmode und Kaschmirmäntel, alles aus zweiter Hand.*
Waahnsinn Berlin (9), *Rosenthaler Str. 17, Mo–Sa 12–20 Uhr. Eine Fülle an Vintage-Klamotten, Retro-Möbeln und Sonstigem, alles Secondhand.*
Barfuß oder Lackschuh (7), *Oranienburger Str. 89, Mo–Fr 11–20, Sa 10–19 Uhr. Große Auswahl an schönen Schuhen von leger bis edel.*
Jüneman's Pantoffeleck (10), *Torstr. 39, Mo–Fr 9–18 Uhr. Seit 1908 besteht die kleine Manufaktur im Familienbetrieb und stellt noch heute in vierter Generation Filzpantoffeln und Hausschuhe her, die Puschen für 10–20 €.*

Großer Tiergarten und Umgebung

Gleich hinter dem **Brandenburger Tor** ist die historische Grenze zwischen Stadt und Land zu spüren. Das ehemalige kurfürstliche **Jagdrevier** dient nicht nur als Spiel- und Erholungsanlage, sondern bietet auf 3 km Länge und 1 km Breite eine einzigartige Mischung gartenkünstlerischer Gestaltung.

Spaziergang durch Tiergarten- und Hansaviertel

Anfahrt: *U- und S-Bhf. Brandenburger Tor*
Dauer: *4 Std. (7,5 km)*
Karte: s. S. *138*
Tipp: *Wer nicht laufen möchte, mietet ein Fahrrad (s. S. 85) oder lässt sich mit dem Velo-Taxi (s. S. 84) kutschieren.*

Kunst im Grünen

Steine aus aller Welt

Das Brandenburger Tor im Rücken überquert man die halbrund verlaufende Ebertstraße und findet linker Hand hinter drei Lindenreihen den Ahornsteig, der auf eine bronzene Löwengruppe zuführt. Etwas weiter tauchen auf der linken Seite fünf riesige Steine auf, die zum **Global-Stone-Friedensprojekt (1)** des Künstlers Kraker von Schwarzenfeld gehören. Die glattpolierten Brocken stammen aus verschiedenen Kontinenten und korrespondieren mit ihren dort befindlichen Geschwistersteinen. Der Ahornsteig führt jetzt in ein Waldstückchen und Sie machen einen Abstecher nach rechts zum 10 m hohen, prachtvollen Musikerbrunnen mit Beethoven, Mozart und Haydn aus Marmor, spöttisch **Musikerofen (2)** genannt. Dahinter lädt der Goldfischteich zum Verweilen ein und gegenüber reitet eine Amazone zu Pferd. Zu Ost-West-Zeiten durchfuhren Autos auf der Entlastungsstraße dieses Gebiet, die Mauer war nicht weit und der gesamte östliche Teil des Tiergartens verwahrloste. Wieder zurück auf dem Ahornsteig, kreuzt dieser die Bellevue-Allee (Vorsicht Radwege!) und führt weiter auf die **Luiseninsel (3)** mit prachtvollen Teppichbeeten und dem Marmordenkmal der vom Volk verehrten Königin. Sie blickt in Richtung ihres Ehemanns König Friedrich Wilhelm III. auf der anderen Wasserseite.

Botschaftsviertel

Internationale Landes-vertretungen

Hinter der Luiseninsel geht es links (südwärts) auf die Tiergartenstraße und Sie haben das ehemalige Geheimrats- oder Diplomatenviertel erreicht. Das im Krieg fast völlig zerstörte Gebiet versank, auf Westberliner Seite gelegen, im Dornröschenschlaf. Nach dem Mauerfall revitalisierten viele Nationen ihre alten Territorien oder erwarben neue Grundstücke. Auf der Straßenseite gegenüber steht die **Botschaft Österreichs (4)** mit der markant geschwungenen Kupferfassade, daneben die strahlend weiße Landesvertretung von **Baden-Württemberg**. Der rote Sandstein der **Indischen Botschaft** stammt aus Rajasthan. Auch die benachbarte beigefarbene Fassade der **Südafrikanischen Botschaft** hat ihren Ursprung in einem Steinbruch bei Johannesburg. Darauf folgt die neue **Türkische Botschaft**: Das die beiden Gebäudeflügel verbindende Glasatrium soll symbolisch Orient und

1001 Nacht: Botschaft der Vereinten Arabischen Emirate

Okzident vereinen. Dahinter zweigt die Hildebrandstraße ab und führt an der **Slowakischen** und **Estnischen Botschaft** vorbei.

Links am Sicherheitszaun des Verteidigungsministeriums steht ein 10 m hoher, schmaler Betonquader, die 2009 eingeweihte zentrale **Gedenkstätte der Bundeswehrsoldaten (5)**. Das gesamte Objekt ist mit einer Art Bronzevorhang umgeben – erinnernd an die im Todesfall halbierten Erkennungsmarken der Soldaten. Drinnen gelangt man in einen schwarz gehaltenen Raum der Stille, auf dessen Wand die Namen der Toten projiziert werden.
Gedenkstätte der Bundeswehrsoldaten, *Hildebrandtstr., Fr–Mi 10–18, Do bis 20 Uhr.*

Ein Abstecher der Tour führt zum sogenannten **Bendlerblock** neben dem Bundesministerium für Verteidigung. In dessen Innenhof wurden Graf von Stauffenberg und andere Widerständler nach dem missglückten Attentat auf Hitler am 20. Juli 1944 erschossen. Heute dient der Bendlerblock als **Gedenkstätte Deutscher Widerstand (6)** mit einer umfassenden Ausstellung über diejenigen, die sich gegen die NS-Diktatur gewehrt haben.
Gedenkstätte Deutscher Widerstand, *Stauffenbergstr. 13–14, ☎ 26995000, www.gdw-berlin.de. Fr–Mi 9/10–18, Do bis 20 Uhr, Eintritt frei, Anfahrt: Bus 200, Tiergartenstraße, oder M29: Gedenkstätte Deutscher Widerstand.*

Von der Hildebrandtstraße führt ein Fußweg auf die parallel verlaufende **Hiroshimastraße**, wo sich bei Nr. 18–20 wie aus 1001 Nacht die **Botschaft der Vereinigten Arabischen Emirate (7)** präsentiert. Die sachlich-leuchtturmrote Fassade daneben gehört zur Landesvertretung von **Bremen**, während **Nordrhein-Westfalen** mit einem stolzen Palast aus Glas, Holz und Stahl aufwartet. Nordwärts vorbei an der Friedrich-Ebert-Stiftung und der neuen **Griechischen**

Botschaft endet die Hiroshimastraße mit zwei mächtigen Kopfbauten, den Botschaften von **Japan** und **Italien (8)**. Deren Gebäude entstanden zu Nazi-Zeiten und waren als Vertretungen der verbündeten Achsenmächte besonders groß ausgefallen. Im Krieg zu Ruinen verwandelt, wurden sie erst nach der Wende wieder flott gemacht.

★ **Sehenswürdigkeiten**	22 Haus der Kulturen der Welt
1 Global Stone	23 Carillon
2 Musikerofen	24 Sowjetisches Ehrenmal
3 Luiseninsel	**Hotels**
4 Österreichische Botschaft	1 Abion Spreebogen Waterside
5 Bundeswehr-Gedenkstätte	**Restaurants/Cafés**
6 Gedenkstätte Deutscher Widerstand	1 Café am Neuen See
7 Botschaft der Vereinigten Arabischen Emirate	2 Schleusenkrug
8 Italienische Botschaft	3 Käptn Schillow
9 Nordische Botschaften	4 Giraffe
10 IBA-Stadtvillen	5 Akademie der Künste
11 Gedenkplatte Rosa Luxemburg	6 Café Buchwald
12 Siegessäule	7 Patio
13 Englischer Garten	8 Kardas Mine Balici
14 Schloss Bellevue	9 Osmanya
15 Altes Hansaviertel	10 Lei e Lui
16 Bolle-Areal	11 Café Viktoria
17 Akademie der Künste	**Ausgehen**
18 Hansaplatz	1 The Lir
19 Niemeyer-Bau	
20 Bungalows	
21 Gaslaternen-Museum	

Die Tiergartenstraße führt in westlicher Richtung an der halbrunden, silbrigen Fassade der **Saudi-Arabischen Botschaft** sowie an der Konrad-Adenauer-Stiftung vorbei, bevor der Komplex der **Nordischen Botschaften (9)** hinter der Kreuzung sichtbar wird. Umschlossen von einem grünen Band aus 4000 Kupferplatten haben sich hier fünf skandinavische Länder zusammengetan.

Tipp

Das öffentlich zugängliche Kulturzentrum der Nordischen Länder, **Felleshus** *genannt, bietet Ausstellungen und eine Kantine, Rauchstr. 1, ☎ 50500, www.nordische-botschaften.org, Mo–Fr 10–19, Sa/So 11–16 Uhr.*

Landwehrkanal und Neuer See

Nach Überquerung der Stülerstraße kommt man auf der Rauchstraße an den **Stadtvillen der IBA'87 (10)** (s. S. 48) vorbei. Die Drakestraße nach links führt zum Landwehrkanal. Dort geht es nach rechts auf den Uferweg bis zu zwei Fußgängerbrücken, eine davon der Rosa-Luxemburg-Steg. Am Ufer gegenüber erinnert eine aus dem Wasser ragende **Gusseisenplatte (11)** daran, dass an dieser Stelle 1919 die ermordete Revolutionärin in den Kanal geworfen wurde. Unmittelbar nach Unterquerung der Brücken führt eine Treppe nach oben. Nordostwärts folgen Sie der Lichtensteinallee. Inzwischen kann man das Grunzen der Wasserschweine hören und unentgeltlich Riesenkänguruhs im **Zoologischen Gartens** sehen. Zu einer herrlichen Pause unter großen Bäumen lädt das **Café am Neuen See** ein (s. S. 144).

Rosa-Luxemburg-Steg

Siegessäule (12)

Die Lichtensteinallee führt in den Park und setzt sich als breite **Fasanerieallee** fort, die schnurgerade auf den Großen Stern mit der bereits sichtbaren Siegessäule zuläuft. Einen eindrucksvollen Auftakt der Fasanerieallee bilden die **bronzenen Jagdszenen** Fuchsjagd und Hasenhetze, ihr Ende schmücken die Büffel- und die Eberjagd. Die 76 m hohe **Siegessäule** war 1873 kurz nach Gründung des Deutschen Kaiserreichs als Erinnerung an die sogenannten Einigungskriege Preußens eingeweiht worden. Sie stand ursprünglich auf dem damaligen Königsplatz vor dem Reichstag, wurde aber im Zuge der größenwahnsinnigen Germania-Planungen von Hitler und Speer auf die Ost-West-Achse (s. S. 46) verpflanzt.

Siegessäule mit Goldelse

Wer die knapp 290 Stufen nach oben erklimmen möchte, durchquert zunächst den Fußgängertunnel unter dem Verkehrsrondell, danach die Säulenhalle mit der Ausstellung über europäische Denkmäler und Wahrzeichen. Zu Füßen der 8 m großen und 35 t schweren **„Goldelse“**, der vergoldeten Siegesgöttin Viktoria, hat man eine tolle Aussicht auf den Tiergarten und die Umgebung. Zur Stärkung bietet sich das Café Viktoria in einem der denkmalgeschützten Torhäuser an.

Siegessäule, *Großer Stern, Mo–Fr 9.30–18.30, im Winter bis 17.30 Uhr, 3 €.*

Englischer Garten (13)

Ein Abstecher über die Altonaer Straße Richtung Nordwesten führt zum Englischen Garten, dessen Anlage durch die Wiederaufforstung nach dem Zweiten Weltkrieg vom britischen Stadtkommandanten **General Bourne** angeregt wurde. Grundstock bildeten die vom englischen Königshaus und zahlreichen englischen Städten gespendeten Gehölze. Fast wie in einem **Botanischen Garten** wandelt man durch eine unerwartet hohe Pflanzen- und Baumvielfalt. Im zentralen Parkhaus mit Schilfdach serviert das Teehaus englisches Frühstück und warme Speisen (s. S. 145). Im Sommer sitzt man im herrlichen Garten oder genießt am Wochenende kostenfrei den **Konzertsommer** mit Jazz, Soul oder Weltmusik *(www.konzertsommer-berlin.de)*.

Schloss Bellevue (14)

Von der Nordseite des Großen Sterns gelangt man vorbei am monumentalen **Bismarck-Denkmal** über den nordöstlich abzweigenden

Spreeweg zum **Schloss Bellevue**. Der 1786 für den jüngsten Bruder Friedrichs des Großen errichtete Bau war 1941 völlig ausgebrannt und diente später als zweiter Amtssitz für den Bundespräsidenten – der erste war die Villa Hammerschmidt in Bonn. Nach der Wiedervereinigung verlegte der damalige Bundespräsidenten Richard von Weizsäcker den Hauptsitz hierher.

Altes Hansaviertel (15)

Kurz vor der Spree zweigt ein Uferweg links ab und führt zwischen Schlossmauer und Spreeufer unter den Gleisen der S-Bahn (S-Bahnhof Bellevue) entlang. Ihm folgt man bis zur Moabiter Brücke und gelangt zum Hansaviertel, das 1874 von Hamburger Unternehmern als gutbürgerliches und vornehmes Wohnviertel zwischen Spree und Tiergarten gegründet worden war. Nur wenige Straßenzüge des im Krieg fast völlig zerstörten „alten" Hansaviertels existieren heute noch. Im Eckhaus Bartningallee/Holsteiner Ufer wird schon in vierter Generation Baumkuchen kreiert: Die **Café-Konditorei Buchwald** ist seit mehr als 100 Jahren DIE Institution des Hansaviertels (s. S. 145).

Vornehmes Wohnviertel

Im weiteren Verlauf des Holsteiner Ufers stehen repräsentative Altbauten mit Vorgarten, Souterraingeschoss, Hochparterre und zwei Hauptgeschossen. Das Spreeufer gegenüber wird seit 1994 durch wuchtige und elegante Bürobauten inklusive Bundesinnenministerium dominiert, gelegen auf einer einstigen Industriebrache, die vormals als **Bolle-Areal (16)** bekannt war. Der Weg führt dann die ruhige Claudiusstraße entlang bis zur Flensburger Straße – schöner Altbau bei Nr. 7 – und am Bahnviadukt zurück zum S-Bahnhof Bellevue von 1880. Die Bartningallee unterquert die Bahntrasse und führt ins eigentliche (neue) Hansaviertel.

Neues Hansaviertel

Berühmte Architekten

Nachdem im Krieg 85 % des Hansaviertels zerbombt worden waren, entschied sich der Westberliner Senat, auf dem Areal südlich der Bahnlinie ein **Wohnquartier** mit zukunftsweisendem Modellcharakter zu errichten. Im Rahmen der vielbeachteten **Interbau 1957** verwirklichten 48 Architekten aus 13 Ländern ihre Vorstellungen der damaligen internationalen Moderne: Im Gegensatz zur vorherigen dichten Blockbebauung entstanden frei angeordnete Hochhäuser, Zeilenbauten und Einfamilienhäuser mit höchst individuellen Innenräumen. Gleichzeitig war das neue Hansaviertel Antwort auf den monumentalen sozialistischen Boulevard der Stalinallee im Ostteil der Stadt (s. S. 205) und damit Ausdruck des ideologischen Wettstreits der Systeme.

Direkt hinter dem S-Bahnhof Bellevue fallen vier Punkthochhäuser auf. In dem gelben 16-Geschosser links, Bartningallee Nr. 16, sollen die Bewohner in den gestapelten Maisonettes das Gefühl haben, in einem Einfamilienhaus zu wohnen. Die meisten der damals im sozialen Wohnungsbau errichteten Wohnungen sind inzwischen in Eigentum umgewandelt. Der Hanseatenweg links führt zur ehemaligen Westberliner **Akademie der Künste (17)**, die nach der Vereinigung mit der Akademie Ost ihr neues Domizil am Pariser Platz eingenommen hat. Hier zeigt die Akademie Ausstellungen und führt vielerlei Veranstaltungen durch. Draußen kann man an den Tischen des Bistro-Restaurants gemeinsam mit der „Großen Liegenden" von Henry Moore die entspannte Atmosphäre am Rand des Tiergartens genießen.

Blick von einem Hochhaus im Hansaviertel auf Tiergarten, Reichstag und Fernsehturm

Die Bartningallee führt zum **Hansaplatz (18)** mit Ladenpassage, U-Bahnhof und dem **Grips-Theater** (s. S. 60). Von der Kreuzung zur Altonaer Straße sieht man den auf V-förmigen Stelzen aufgeständerten **Achtgeschosser (19)** des berühmten brasilianischen Architekten **Oscar Niemeyer**. Der Erbauer der in heißer und trockener Umgebung liegenden Hauptstadt Brasilia sorgte auch hier für „termitensicheres" Wohnen *(Altonaer Str. 4–14)*. Von der Klopstockstraße zweigt die Händelallee mit ihren **eleganten Bungalows (20)** und Privatstraßen ab. Vorbei an der Kaiser-Friedrich-Gedächtniskirche mündet die Händelallee mit dem sanft geschwungenen Zehngeschosser von **Walter Gropius** *(Händelallee 3–9)* wieder auf der Klopstockstraße.

Zum Abschluss der Tour lädt das Restaurant Giraffe ein. Direkt am S-Bahnhof Tiergarten befindet sich der **Berlin-Pavillon**, einstiger Infobau der IBA'57, in den denkmalgerecht Burger King eingezogen ist.

Gaslaternenmuseum (21)

Geschichtsträchtige Beleuchtung

Immer geöffnet, für umsonst und auch für Nachtschwärmer geeignet ist das Freilicht-Gaslaternenmuseum gegenüber dem S-Bahnhof Tiergarten. Rund 90 historische Gasleuchten aus 25 deutschen und elf europäischen Städten kann man hier bewundern. Bei Dämmerung schalten sie sich selbst ein und leuchten den Besuchern vom Schleusenkrug-Biergarten den Weg. Die ersten Berliner Gaslaternen gingen 1826 Unter den Linden in Betrieb. Noch heute gibt es in Berlin über 44.000 Gasleuchten – das ist die Hälfte aller Gaslampen weltweit!

Gaslaternenmuseum, *Straße des 17. Juni.*

Weitere Ziele im Tiergarten

Haus der Kulturen der Welt (22)

Als Beitrag der USA zur Interbau 1957 war mit dem typischen flügelförmigen Dach die damalige Kongresshalle entstanden, von den Berlinern legendär als **„schwangere Auster“** tituliert. Teile der kühnen und für die 1950er-Jahre wagemutigen Dachkonstruktion krachten 1980 zusammen und wurden fünf Jahre später wieder geflickt. Seit 1989 präsentieren im Haus der Kulturen der Welt viele außereuropäische Länder ihre Kultur mit Kunst, Musik und Tanz, eine einzigartige Institution zur Völkerverständigung. Auf der Wasserfläche davor scheint die Skulptur „Big Butterfly“ von Henry Moore trotz tonnenschweren Gewichts zu schweben.

Schwangere Auster

Haus der Kulturen der Welt, *John-Foster-Dulles-Allee 10, ☏ 39787-0, www.hkw.de, tgl. 10–19 Uhr, Anfahrt: Bus 100, Haus der Kulturen der Welt.*

Tipp

Der Blick ins Haus der Kulturen der Welt lohnt allein wegen der Architektur. Vielleicht gibt es auch gerade eine Ausstellung. Wenn man ganz hindurchgeht, gelangt man ans Spreeufer. Im Sommer hat das Restaurant Auster Stühle rausgestellt. Hier genießt man den Blick aufs Kanzleramt oder fährt gleich mit dem Schiff weiter.

Carillon (23)

Östlich neben dem Haus der Kulturen der Welt steht das 42 m hohe **Carillon**, ein Glockenturm aus schwarzem Granit. Das größte Glockenspiel Europas ist ein Geschenk von Daimler-Benz anlässlich der 750-Jahres-Feier der Stadt 1987. Die 68 Glocken erklingen täglich um 12 und um 18 Uhr computergesteuert. Im Sommer wird an Sonn- und Feiertagen um 15 Uhr live konzertiert. Übrigens hat der Turm längst seinen Spitznamen als „Big Benz“ oder als „Wecker der Kanzlerin“ weg.

Größtes Glockenspiel

Carillon, *John-Foster-Dulles-Allee, Konzertprogramm: www.carillon-berlin.de.* **Tipp**: *Nach den Livekonzerten gegen 16 Uhr steigt der Carillonneur vom Turm und lädt zum Aufstieg und Glockenvorspiel ein. Tolle Aussicht (kein Lift), 6 €.*

Sowjetisches Ehrenmal (24)

Noch im Mai 1945 begann der Bau des Sowjetischen Ehrenmals bewusst auf der kaiserlichen Siegesallee und der von Hitler geplanten Nord-Süd-Achse. 8 m erhebt sich die **Bronzestatue** des Rotarmisten, die Granitquader der zentralen Kolonnade stammen aus der zerstörten Reichskanzlei. Dahinter befinden sich die Gräber von über 2500 sowjetischen Soldaten sowie die Unterkünfte der ehemaligen Ehrengarde. Gelegen im damaligen britischen Sektor, bildete das Ehrenmal eine exotische Enklave in Westberlin. Der Eingang wird flankiert von zwei Panzern, die 1945 als erste Berlin erreicht haben sollen.

Sowjetisches Ehrenmal, *Straße des 17. Juni, 300 m westlich vom Brandenburger Tor, Anfahrt: U-/S-Bhf. Brandenburger Tor.*

Moabit

Unmittelbar nördlich vom Tiergarten hatten die Hugenotten als französische Glaubensflüchtinge im 18. Jh. die Kolonie Moabit gegründet, in Anlehnung an das biblische Zufluchtsland *Terre de Moab.* Das heutige Stadtbild wird hauptsächlich durch teilweise gut erhaltene gründerzeitliche Arbeiterwohnquartiere, historische Industriebauten und moderne Bürohäuser bestimmt. Obwohl die meisten der 70.000 Moabiter hier freiwillig leben, ist lediglich das **Kriminalgericht** mit angeschlossenem **Untersuchungsknast** berühmt. Hier verhandelte man berühmte Fälle vom Hauptmann von Köpenick bis Erich Honecker.

Huttenkiez

Anfahrt:
U-Bhf. Turmstraße (U9) oder Bus M27 Wiebestraße.

Moderne Industriearchitektur

Liebhaber von historischem Industriedesign kommen im **Huttenkiez** im westlichen Moabit auf ihre Kosten. Die 1909 von Peter Behrens fertiggestellte **AEG-Turbinenhalle** gilt als Meisterwerk der modernen Industriearchitektur. Die 120 m lange, stützenfreie Halle mit nach außen sichtbarer Stahlkonstruktion und großen verglasten Flächen zeigt ihre Funktion – in Abkehr von historischen Verkleidungen. Heute gehört der „Tempel der Arbeit" zum hochmodernen Gasturbinenwerk von Siemens.
AEG-Turbinenhalle, *Huttenstr. 12, Ecke Berlichingenstr.*

Eine Ecke weiter liegen die **Ludwig-Loewe-Höfe** des ehemaligen Werkzeug- und Waffenfabrikanten, von Alfred Grenander bis 1917 mit einer repräsentativen Backsteinfassade fertiggestellt. Heute dienen sie u. a. als Eventlocation.
Ludwig-Loewe-Höfe, *Wiebestr. 2, Ecke Huttenstr.*

Nicht nur für Autoliebhaber

Der liebevolle Umbau des einst größten **Straßenbahndepots** Europas ist 2004 mit dem Denkmalpreis geehrt worden. Heute glänzen und funkeln in historischem Ambiente die wohl schönsten Autos, die jemals gebaut wurden: Die **Classic Remise** ist nicht nur eine Werkstatt für Oldtimer und rare Automobilexemplare von Aston Martin bis Wartburg. Als Treffpunkt und Ausstellungsort bietet sie auch Showrooms, Glasvitrinen im Garagenformat, Shops, ein Restaurant und einen großen Kinderspielplatz *(Wiebestr. 36–37, ☎ 3640780, www.remise.de).*

Reisepraktische Infos Tiergarten, Hansaviertel, Moabit

Essen und Trinken

Kantine Nordische Botschaften *(im* **Felleshus 9***), Rauchstr. 1, Mo–Fr 13–15 Uhr.*

Café am Neuen See (1), *Lichtensteinallee 2, ☎ 2544930, tgl. 10–23 Uhr. Frühstück, Pizza und Herzhaftes (11–19 €), im Biergarten Selbstbedienung, Bootsverleih.*

Schleusenkrug (2), *Müller-Breslauer-Str. 8, ☎ 3139909, tgl. 10–24, Küche 12–22 Uhr. Szenerestaurant, Frühstück, leichte Küche, Grill. Im Biergarten Selbstbedienung.*
Café Buchwald (6), *Bartningallee 29, tgl. 10–18 Uhr. Konditorei (einst königlicher Hoflieferant) mit dem Ambiente von Omas Wohnzimmer. Tische auch im Vorgarten.*
Weinwirtschaft in der Akademie der Künste (5), *Hanseatenweg 10, ☎ 8149 2440. Di–So 10–20, Mo bis 18 Uhr. Warme Speisen und Kuchen, Gerichte 7–8 €, Sonntagsbrunch 10–14 Uhr.*
Restaurant Giraffe (4), *Klopstockstr. 2, ☎ 34351690, www.giraffe.de, tgl. 9–2, Küche bis 1 Uhr. Familienfreundliches Restaurant mit Terrasse. Vielseitige Speisekarte, gutes Preis-Leistungs-Verhältnis, reichhaltige Frühstücksangebote bis 14 Uhr.*
Patio (7), *Helgoländer Ufer/Kirchstr., ☎ 40301700, www.patio-berlin.de, Mo–Fr 12–1, Sa/So 9–1, Küche bis 22 Uhr. Elegantes Restaurantschiff auf der Spree, mittags 13–16 €. Abends in der Designerlounge speisen (13–27 €) oder Cocktails schlürfen.*
Kardas Mine Balici (8), *Lüneburger Str. 382, Nähe Paulstr., ☎ 3975737, tgl. 15–24 Uhr. Winziges türkisches Fischlokal (7–12 €) im Stadtbahnbogen mit Außenterrasse.*
Käptn Schillow (3), *Straße des 17. Juni, ☎ 31505015, www.capt.schillow.de, tgl. 10–1, warme Küche Mo–Fr 12–23, Sa/So 10–23 Uhr, im Winter Mo/Di Ruhetag. Nostalgisches Fischrestaurant in altem Frachtschiff. Alles frisch zubereitet, moderate Preise.*
Lei e Lui (10), *Wilsnacker Str. 61, ☎ 30208890, Di–Sa 17–24, So 16–23 Uhr. Reservierung empfohlen (viele Stammgäste). Berlins beste Bioküche mit mediterranem und orientalischem Einfluss, ungewöhnliche Würzkombinationen. Hauptgerichte um 16 €.*
Osmanya (9), *Birkenstr. 17, Ecke Perleberger Str., ☎ 48829999, www.osmanya.de, Mo–Sa ab 16 Uhr, Sonntagsbrunch ab 10 Uhr. Türkisches Edelrestaurant: 1001 Nacht mit Säulen, Seidengardinen und Kronleuchtern. Qualitätsvoll, Hauptgerichte ca. 16–20 €.*
Café Viktoria (11), *Großer Stern, ☎ 39746290, März–Dez. tgl. 10–19 Uhr. Café im nordwestlichen Torhaus an der Siegessäule.*
Teehaus *(im Englischen Garten* **13***), Altonaer Str. 2, www.teehaus-tiergarten.com, ☎ 39480400, S-Bhf. Bellevue oder U-Bhf. Hansaplatz.*
Auster *(im Haus der Kulturen der Welt* **22***), John-Foster-Dulles-Allee 10, ☎ 209139510, www.auster-berlin.com, tgl. ab 10 Uhr. An Sommerwochenende gibt's BBQ.*

Ausgehen

The Lir (1), *Flensburger Straße 5, tgl. 17–2 Uhr. Irische Spezialitäten genießen – im Winter am offenen Kamin, im Sommer im Biergarten, gelegentlich Livemusik dazu.*

Wedding und Gesundbrunnen

Das ehemalige Arbeiter- und Industrieviertel Wedding und sein östlicher Nachbar Gesundbrunnen – beide im ehemaligen Westberlin gelegen – gehören heute zu den Problemkiezen der Hauptstadt mit hoher Arbeitslosigkeit und hohem Migrantenanteil. Insbesondere der Mauerbau beschleunigte den wirtschaftlichen Niedergang *Problemkiez* einst florierender Geschäftsstraßen wie Bad- oder Brunnenstraße. Wichtigste Einkaufsstraße ist die **Müllerstraße** zwischen den U-Bahnhöfen Seestraße und Wedding, nette Lokale findet man im Bereich Torfstraße und Nordufer in angenehmer Atmosphäre am **Kanalufer** (*U9 Amrumer Straße*). Der Name Wedding geht zurück auf ein von Ritter **Rudolf von Wedding** im 13. Jh. gegründetes Dorf.

Spaziergang entlang der Panke zum Humboldthain

Anfahrt: *U-Bhf. Pankstraße (U8)*
Dauer: *2,5 Std. (4–5 km)*
Karte: *s. Faltplan D/E 1*

An der Ecke Pank-/Badstraße steht die tempelartige, klassizistische **Kirche St. Paul**, die Schinkel 1835 für den damals noch ländlichen Vorort baute. Nach Überqueren der Straße geht es an Kirche und Pfarrhaus vorbei entlang der belebten Badstraße in nördliche Richtung. Wie im Monopoly-Spiel gehört die **Badstraße** zu den ärmsten Gegenden Berlins mit sichtbaren Indizien wie Spielhallen, Imbissen oder Matratzenläden. Im Kontrast dazu stehen die teilweise reich dekorierten Straßenfassaden der einst angesagten Wohn- und Geschäftsstraße (z. B. Nr. 35–39).

Luisenbad und Uferhallen

Der Durchgang des Hauses Nr. 35 mit führt in einen erstaunlichen Hof: Das repräsentative Hinterhaus, welches ursprünglich direkt an der früheren Bauflucht der Badstraße stand, bekam 1903 die weiß-blauen Kacheln des Vorderhauses direkt vor die Nase gesetzt. Um die nächste Ecke – und wir stehen auf dem Gelände des Luisenbads, der Keimzelle von Gesundbrunnen. Als 1748 das hier entdeckte eisenhaltige Wasser offiziell als **Heilquelle** anerkannt wurde, erhielt ein Apotheker das königliche Privileg, eine Heil- und Badeanstalt einzurichten. So entstand Friedrichs-Gesundbrunnen mit Brunnenhäuschen, Gartenanlagen, Bade- und Trinkhäusern sowie Logierhäuschen für Kurgäste. Den Besuch der populären Königin Luise nahm man zum Anlass, die Anlage 1809 in Luisenbad umzunennen.

Gesundbrunnen mit Heilquelle

Als 1952 die Ansiedlung von Gerbereien flussaufwärts die Panke verschmutzen, begann der Niedergang. Später beschädigten Bauarbeiten die Quelle und der ungebremste Bauboom an der Badstraße ließ sie 1882 fast vollständig versiegen. Das Heilbad wandelt sich zum Amüsierbetrieb **Marienbad** mit Ballsaal und Varieté, von dem u. a. das repräsentative Vestibül von 1887 mit Puttensaal übrigblieb, das zusammen mit einem gelungenen Neubau von 1995 als **Bezirksbibliothek** dient. Der Blick hinein lohnt und der Lesesaal ermöglicht einige archäologische Ausblicke.
Bezirkszentralbibliothek am Luisenbad, *Travenünderstr.2/Ecke Badstr, Mo–Fr 10–19.30, Sa 10–14 Uhr.*

Entlang der Panke zurück auf die Badstraße, liegen gegenüber die Uferhallen. Der ehemalige Straßenbahnbetriebshof wurde in eine **Kulturwerkstatt** mit Ateliers, Malern und Kunstschmieden sowie dem **Tanzzentrum** der Kunsthochschulen UdK und Ernst Busch verwandelt. Während eines Rundgangs ist Neugier und diskretes Zuschauen durchaus erwünscht. Die riesigen Werkshallen auf der anderen Seite der Uferstraße gehören dazu, genutzt für Ausstellungen und Performances.
Uferhallen, *Uferstr. 8–11, ☎ 46906871, www.uferhallen.de, tgl. 10–18 Uhr.*

Bildende Kunst und Tanz

ExRotaprint

Der Weg führt weiter an der Uferstraße entlang der Panke. Auf der linken Seite hinter den Bäumen kann man die Rückseite des mächtigen Amtsgerichts Wedding erkennen. Wer ein Kleinod des architektonischen **Brutalismus** sehen möchte, macht einen Abstecher rechts in die Bornemannstraße, durch bis zur Ecke Gottschedstraße. Der merkwürdige Eckbau im Stil des „Brutalismus" mit versetzten Betonkuben und unverputzten Stahlbetonflächen entstand 1957 und gehörte zur Druck- und Kopiermaschinenfabrik Rotaprint, die in den 80er-Jahren Konkurs machte. Manche sagen Bunker, andere sind entzückt – das gesamte Ensemble im Hofinneren steht unter Denkmalschutz. Unter dem Dach der gemeinnützigen ExRotaprint GmbH soll die bestehende bunt gemischte Struktur aus Kleingewerbe, Künstlern und Lernwerkstätten weiter ausgebaut werden.

ExRotaprint, *Gottschedstr. 4, ☎ 44045124, www.exrotaprint.de, Kantine s. S. 149.*

Architektur im Stil des Brutalismus

Pankegrünzug

Auf dem gleichen Weg geht es zurück zur Uferstraße, an deren Ende ein Fußweg direkt auf der rechten Uferseite weiterführt. Im Zeitalter der Industrialisierung verkam der kleine Fluss zum stinkigen Abwasserkanal, dicht umbaut mit Wohn- und Industriebauten, und sein Unterlauf verschwand ganz in einem Kanalrohr. Hier, in der Nähe des Pankegrünzugs, dürfte einmal das **Dorf Weddinge** gelegen haben – es ist völlig verschwunden. Man überquert die verkehrsreiche Pankstraße und geht den rechten Uferweg weiter.

Der Weg führt unter der Bahntrasse hindurch und windet sich am Ufer an verfallenen Gewerbebauten vorbei. Auf der linken Seite steht die **Wiesenburg**, die 1896 als großes vom Berliner Asylverein gebaut wurde, getragen von wohlhabenden und engagierten Mitgliedern wie Rudolf Virchow, Carl Bolle oder August Borsig. Bis zu 300.000 in Not geratene Menschen konnten hier jährlich schlafen, essen, sich waschen und Zeitung lesen. Dazu gehörten auch Berühmtheiten wie der Schuster **Wilhelm Voigt** (Hauptmann von Köpenick) und der Schriftsteller **Hans Fallada**. Im Ersten Weltkrieg produzierte man hier Armeekonserven, ab 1935 Vergaser von Flugmotoren, 1945 schlug eine Brandbombe ein. Heute kann man die Teilruine mit ihren roten Neorenaissance-Fassaden oft im Film sehen, so in „Lili Marleen" oder „Der Blechtrommel". Der Weg wechselt auf die andere Uferseite. An der Gerichtstraße verlässt man den Uferweg und folgt dieser ca. 100 m nach links.

Filmkulisse an der Panke

Gerichtshöfe und Baklava

An der Gerichtstraße 12/13 ist der Eingang in die Gerichtshöfe, deren Gewerbe- und Wohngebäude allesamt von 1912 stammen, gegründet von der chemischen

Fabrik Riedel als **Industriestätte Nordhof** für unterschiedliche Firmen. Nach dem wirtschaftlichen Niedergang in den 1980er-Jahren ist inzwischen neues Leben eingezogen. So haben hier über 70 Kunstschaffende mit ihren Ateliers und Werkstätten eines der größten **Künstlerquartiere** Deutschlands eingerichtet (Hof 3). Die Firma Tatlicilar produziert täglich bis zu 2 t türkisches Feingebäck, wie die süßen Blätterteigstapel Baklava, für den deutschen und europäischen Großhandel. Damit ist Tatlicilar der größte **türkische Süßwarenhersteller** außerhalb der Türkei. Die in den Höfen 2 und 3 klaffende Baulücke wurde erst in den letzten Kriegstagen 1945 gerissen. Nach sechs Höfen ist die Wiesenstraße erreicht, der man nach rechts bis zur Ecke Gustav-Meyer-Straße folgt.

AEG-Fabrikstadt

Technologiepark auf altem Fabrikgelände

Über die Gustav-Meyer-Straße gelangt man auf das ehemalige AEG-Fabrikgelände. Auf dem bis zur Brunnen- und Voltastraße reichenden Areal schuf sich AEG ab 1887 ein riesiges Fabrikgelände. Hier produzierten nach dem Ersten Weltkrieg über 50.000 Menschen fast die gesamte AEG-Produktpalette wie Maschinen, Motoren, Eisenbahnmaterial, Elektro- und Haushaltsgeräte. AEG baute 1895 hier einen **U-Bahnversuchstunnel**, um den Zuschlag zum U-Bahnbau in Berlin zu erhalten, doch umsonst – Siemens war mit seiner Hochbahn billiger. Nach dem Zweiten Weltkrieg waren hier nur noch 5000 Menschen beschäftigt und 1982 gab die AEG den Standort endgültig auf. Das Land Berlin gründete das **Innovations- und Gründungszentrum** (BIG), hinzukamen im Rahmen des **Technologie- und Innovationsparks Berlin** (TIB) viele junge Unternehmen, Medienfirmen und Bereiche der Technischen Universität. Das faszinierende Gelände mit seinen dunkelroten Backsteinbauten von Peter Behrens lässt sich entlang der Bahnschienen durchqueren. Die Großmaschinenhalle (Halle 15) wird von der TU als Testgelände

Faszinierend: ehemalige AEG-Fabrikstadt

genutzt – unbedingt einen Blick durch die Scheiben werfen. Sie verlassen die Fabrikstadt durch den neuen Glasbrückenbau der **Deutschen Welle**, gehen die Voltastraße nach links entlang der monumentalen Säulenfassade (ehemalige Kleinmotorenfabrik) bis zur Brunnenstraße, dann wieder links bis zum markanten **Beamtentor**. Auf ausdrücklichen Wunsch des AEG-Gründers Emil Rathenau baute Franz Schwechten 1896 ein repräsentatives neogotisches Eingangsportal, welches einzig den AEG-Beamten und Firmenbesuchern vorbehalten war.

Humboldthain und Aussichtsplattform

Die zu überquerende Straße ist nach Gustav Meyer benannt, der anlässlich des 100. Geburtstags von Alexander von Humboldt ab 1869 einen 29 ha großen Volkspark für die malochende Bevölkerung im Berliner Norden anlegte. Im Zweiten Weltkrieg völlig verwüstet, finden sich heute weiträumige Grünanlagen, Spiel- und Liegewiesen, Wassergarten und ein Freibad. Der Brunnenstraße in etwa parallel im Park folgend, erreicht man den schönen Rosengarten und die noch schönere „Diana mit den Windhunden". Die jagende Nymphe wurde 1926 von Walter Schott geschaffen. Dahinter erhebt sich die 85 m hohe Humboldthöhe, ein Trümmerberg, aus dessen Spitze die Reste eines Flakbunkers von 1941 herausragen. Dieser diente neben der Flugabwehr auch als riesiger Luftschutzbunker für 15.000 Menschen. Nach dem Krieg sollte er gesprengt werden, was aber zu Schäden an nah gelegenen Häusern führte. Daraufhin schüttete man ihn mit 1,4 Mio. t Trümmerschutt zu. (s. S. 69, Führungen Unterwelten). Von der **Plattform** ergibt sich ein herrlicher Ausblick auf den Norden der Stadt. In direkter Nähe liegt der Bahnhof Gesundbrunnen.

Trümmerberg mit Aussicht

Reisepraktische Informationen Wedding/Gesundbrunnen

Essen und Trinken

Café Pförtner, *Uferstraße 8–11. Kleines, studentisches Lokal im Pförtnerhaus der Uferhallen. Bei schönem Wetter sitzt man draußen auf dem Werkshof.*

Shalimar, *Bellermannstr. 17, ☎ 4944028, tgl. 12–23 Uhr. Beliebtes, pakistanisches Imbiss-Restaurant, netter Außenbereich, leckere Hauptgerichte 6–12 €.*

Bistro Sila Manti, *Grüntaler Str. 17, nahe Buttmannstraße. Winziger türkischer Laden, der köstliche Manti (gefüllte Teigtaschen) und Gözleme (Fladenbrote) verkauft.*

Auszeit, *Kiautschoustr. 12a, ☎ 70711000, www.auszeitberlin.de, Küche tgl. 10–23 Uhr. Designcafé, Restaurant und Cocktailbar mit Außenbereich, Mittagsgerichte 5,90 €.*

Deichgraf, *Nordufer 10, ☎ 4537613, tgl. 9–2, Küche bis 23 Uhr. Gasthaus und Biergarten am Schifffahrtskanal. Solide Berliner Gerichte in großen Portionen (6–15 €).*

Café Uferlos, *Uferstr. 13, Mo–Fr 16–2, Sa/So 10–2 Uhr. Restaurant-Café mit nettem Außenbereich an der Panke, preisgünstige Speisen, gelegentlich Livemusik.*

ExRotaprint-Kantine, *Gottschedstr. 4, ☎ 25058610, www.haus11catering.de, Mo–Fr 8–16 Uhr. Ein echter Tipp: hausgemachte Küche mit saisonalen Produkten, günstig.*

Einkaufen

Suteki Bonsai Shop, *Uferstraße 8, Di–Sa 12–18 Uhr. Kleine fernöstliche Miniaturwelt in den Uferhallen, neben Bonsaiverkauf (ab 12 €) Workshops.*

Charlottenburg-Wilmersdorf

Redaktionstipps

City West

➤ KaDeWe – die einzigartige **Kaufhaus-Gourmetabteilung** (S. 152) bestaunen.
➤ Eintauchen ins meditative Licht der **Kaiser-Wilhelm-Gedächtniskirche** (S. 152).
➤ Im herrlichen Garten des **Café-Restaurant Wintergarten** (S. 155) auftanken.
➤ Sich von Spezialitäten der **Berliner Kafferösterei** (S. 155) verführen lassen.
➤ Jazz live erleben im **Quasimodo** (S. 156).
➤ Einen wunderbaren Ort der Entspannung bietet der **Savignyplatz** (S. 155) mit seinen Restaurants, Buchläden und Antiquariaten.

Alt-Charlottenburg

➤ Liebe, Drama, Tod – die **Deutsche Oper** (S. 159) garantiert puren Kulturgenuss.
➤ Im **Altstadtquartier Charlottenburgs** (S. 159) Ackerbürgerhäuser, Villen und einen ehemaligen Arbeiterkiez entdecken.
➤ **Schloss Charlottenburg** (S. 161): Barocke Innenräume und Park sind ein Muss.
➤ Berlinerisch herzlich – Stärkung von Leib und Seele bei **Feinkost Rogacki** (S. 165).

Messegelände, Olympiapark und Grunewald-Villenkolonie

➤ Im **Funkturm-Restaurant** (S. 163) die Aussicht und die gute Küche genießen.Das deutsche Who's who rekapitulieren in der **Villenkolonie Grunewald** (S. 166).
➤ **Mahnmal Gleis 17** (S. 167): Nüchterne Daten entfalten ihre verstörende Wirkung am Ort der Deportation jüdischer Berliner.
➤ Sich von den Ausmaßen des **Olympiastadions** (S. 174) faszinieren lassen und die Aussicht vom **Glockenturm** genießen.
➤ Auf dem **Friedhof an der Heerstraße** (S. 177) originelle Grabanlagen entdecken.
➤ Mit Muße Kaffee zwischen den Kolbe-Skulpturen des **Café K.** trinken (S. 177).

Ende des 19. Jh. entstand gleich hinter dem Tiergarten westlich von Berlin der „Neue Westen“, gelegen in den damaligen Großstädten Charlottenburg und Wilmersdorf. Heute nennt sich die Gegend **City West.** Auf Initiative Otto von Bismarcks ließ man den zum Jagdschloss Grunewald führenden Reitweg zum Boulevard **Kurfürstendamm** ausbauen. In kaum mehr als 20 Jahren wuchs rund um die Straßenzüge Kurfürstendamm, Tauentzien- und Kantstraße ein nobles Wohn- und Geschäftsviertel, welches mit seinen Restaurants, Theatern und Kinos in Konkurrenz zur alten Mitte Berlins trat.

Charlottenburgs Chronik lässt sich vom Dorf über das Barockschloss bis zur Großstadt und dann zum Berliner Bezirk verfolgen. Auch **Wilmersdorf** ging 1920 als eigenständige Stadt in Berlin auf. Seinen historischen Kern bildet der Bereich rund um die Wilhelsaue. Heute bildet Charlottenburg mit Wilmersdorf einen gemeinsamen Berliner Bezirk mit 324.000 Einwohnern. Im innerstädtischen Bereich dicht besiedelt, gehören zum Bezirk auch Villengebiete wie Westend oder die spektakuläre Millionärssiedlung Grunewald, das weitläufige Olympiagelände und der nördliche Teil des Grunewalds.

Die City West

Ihre Blütezeit hatte die **City West** in den Goldenen Zwanziger Jahren als Experimentierfeld moderner Strömungen in Kunst und Literatur, Film und Theater. Vergnügungssüchtige strömten in die Tanzlokale und feierten enthusiastisch Josephine Baker. Nach Kriegsende zur Trümmerwüste verwandelt, entwickelte sie sich zum Schaufenster des Westens und übernahm die Zentrumsfunktion in Westberlin. Heute genießt sie weiterhin hohe Attraktivität als gute Wohn- und Geschäftslage und gehobene bis luxuriöse Einkaufsgegend.

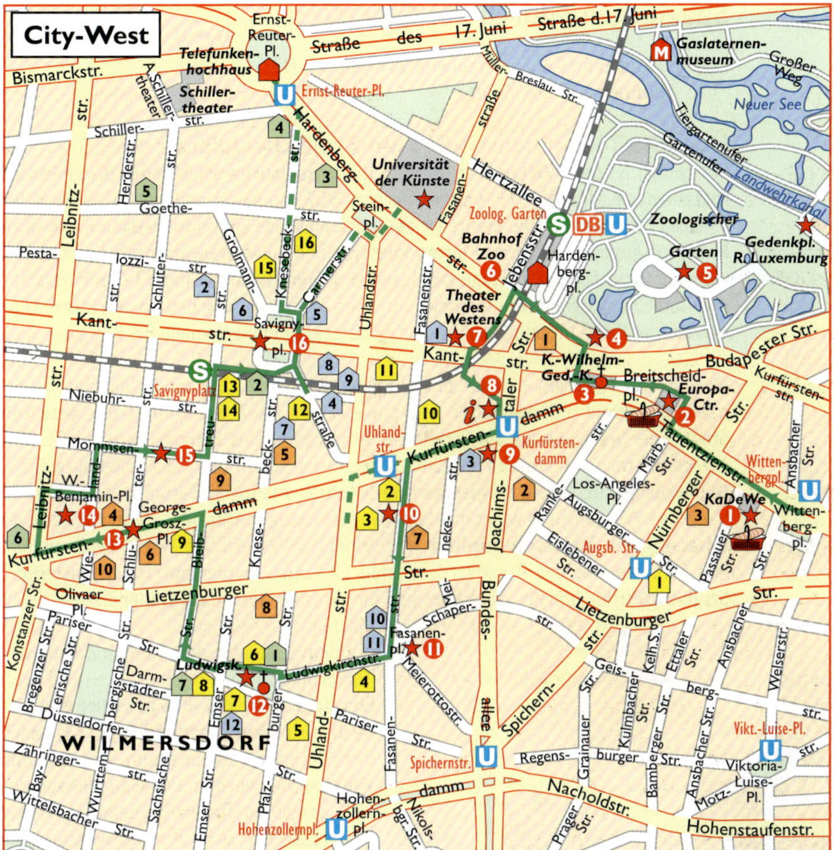

Sehenswürdigkeiten

1 KaDeWe
2 Europa-Center
3 Gedächtniskirche
4 Bikini-Haus
5 Zoologischer Garten
6 Bahnhof Zoo
7 Theater des Westens
8 Neues Kranzlereck
9 Ku'damm-Eck
10 Wintergarten-Ensemble
11 Fasanenplatz
12 Ludwigkirchplatz, Basilika
13 Ku'damm nobel
14 Walter-Benjamin-Platz
15 Mommsenstraße
16 Savignyplatz

Hotels

1 Waldorf Astoria
2 Concorde Hotel
3 Ellington
4 Askanischer Hof
5 Hotel Q
6 Bogota
7 Pension Funk
8 Art'otel city west center
9 Pension Kettler
10 Pension Kima

Restaurants/Cafés

1 Hasir Wilmersdorf
2 Café Restaurant Wintergarten
3 Berliner Kaffeerösterei
4 Manzini
5 Grüne Lampe
6 Kuchel-Eck
7 Hermanns Einkehr
8 Route 66
9 Biers Ku'damm
10 Gabriels
11 Paris Bar
12 Terzo Mondo
13 Zillemarkt
14 Lubitsch
15 Pratirio
16 Buddha Republic

Ausgehen

1 Quasimodo
2 A-Trane
3 Alt Berliner Biersalon
4 Diener Tattersall
5 Dicke Wirtin
6 Zwiebelfisch
7 Vagabund
8 Schwarzes Café
9 Gainsbourg
10 Fasanen 37 Bar
11 Rum Trader
12 Café Menta

Einkaufen

1 Zigarren-Herzog
2 Bücherbogen
3 Schropp
4 Manufactum
5 The English Scent
6 Bruno Magli
7 Anna von Griesheim

Spaziergang durch die City West

Anfahrt: *U-Bhf. Wittenbergplatz (U1, U2, U3)*
Dauer: *2–3 Std. (5 km)*

Über die Tauentzienstraße zum Breitscheidplatz

Gigantisches Kaufhaus

Startpunkt ist der **Wittenbergplatz**. Unübersehbar ist von hier aus die gewaltige Fassade des **KaDeWe (1)**, welches bereits 1907 von Adolf Jandorf als Kaufhaus des Westens eröffnet wurde. Heute ist es – nach Harrods in London – das zweitgrößte Kaufhaus Europas. Während unten Lifestyle-Themenwelten dramatisch inszeniert werden, lockt auf der 7. Etage der legendäre Genusstempel mit 33 Gourmetständen und Champagnerbars. Weiter geht es im Trubel entlang der **Tauentzienstraße**, die mit ihren Modehäusern als umsatzstärkste Einkaufsmeile Berlins gilt.

Die Skulptur „Berlin" auf der Mittelpromenade, auch „Tanzende Spaghettis" genannt, entstand anlässlich der 750-Jahres-Feier 1987 als Symbol der geteilten Stadt. Hier wechseln Sie die Straßenseite und gehen ins **Europacenter (2)**. Der Mercedesstern auf dem Bürohochhaus dreht sich schon seit 1965. Die heute älteste Shoppingmall bildete im geteilten Berlin einen wichtigen Bestandteil der bunten Welt des Westens und wirkt mittlerweile fast kiezig-museal. Als Zentrum der City West gilt der **Breitscheidplatz** mit seinem „Wasserklops"-Weltkugelbrunnen. Am Schnittpunkt der Boulevards treffen Einkaufsbummler auf Touristenströme, Straßenkünstler und Akrobaten zeigen ihr Können, auch die Taschendiebe ...!

Mit dem Ensemble des „hohlen Zahns" der Turmruine sowie den Neubauten von Egon Eiermann sollte die 1895 geweihte **Kaiser-Wilhelm-Gedächtniskirche (3)** nach ihrer Kriegszerstörung zum Wahrzeichen Westberlins werden. Die Gedenkhalle der 2012 sanierten Turmruine zeigt Fotos und Überreste der alten Kirche, während die blauen Glaswände den achteckigen Gemeindesaal in ein meditatives Licht tauchen. Einen markanten Blickpunkt der neuen Skyline bildet das 32-geschossige **Zoofenster** mit dem 2013 eröffneten Luxushotel **Waldorf-Astoria**. Auf der Nordseite des Breitscheidplatzes schält sich allmählich das **Bikini-Haus (4)** aus dem Kokon der Bauzäune, von den Terrassen des umgebauten Lifestyle-Einkaufstempel ergibt sich ab 2013 ein herrlicher Blick in den Zoo und Tiergarten. Weiter geht es nordwestlich entlang der Hardenbergstraße in Richtung Bahnhof Zoo.

Mahnmal für den Frieden: Gedächtniskirche

Zoologischer Garten

info

Der älteste deutsche Zoo inmitten der City West lag bei seiner Gründung 1844 weit vor den Toren Berlins. Seinen Grundstock bildete die Königliche Menagerie auf der Pfaueninsel. Heute ist der **Berliner Zoo (5)** mit rund 16.000 Tieren aus 1.500 verschiedenen Arten einer der größten der Welt. Es gibt zwei Haupteingänge: das Elefantentor an der Budapester Straße gegenüber dem Europacenter sowie das Löwentor am Hardenbergplatz gegenüber dem Bahnhof Zoo. Am Elefantentor liegt das Zoo-Aquarium mit 9.000 Fischen und Reptilien, Krokodilhalle und Haifischbecken. An den Publikumsliebling, den 2011 gestorbenen Eisbären Knut, erinnert eine Skulptur an seinem ehemaligen Gehege. Eingefleischte Fans aus aller Welt pilgern zu seiner Ruhestätte auf dem Friedhof In den Kisseln in Spandau.
☎ 254010, ***Zoo*** *tgl. 9–19 (im Winter bis 17 Uhr),* ***Aquarium****, tgl. 9–18 Uhr, jeweils 13,50 €, Kombiticket 20 €, Anfahrt: S-/U-Bhf Zoologischer Garten.*

Rund um den Bahnhof Zoo (6)

Der nach dem Mauerbau wichtigste **Bahnhof** Westberlins bildete einst den schmuddelig-bizarren Endpunkt der Transitzüge aus der alten Bundesrepublik. Offener Drogenvollzug und Prostitution beherrschten das traurige Bild, authentisch erzählt von Christiane F. in „Wir Kinder vom Bahnhof Zoo“. Der Fall der Mauer und die Totalrenovierung verwandelten den Bahnhof schlagartig. Spätestens mit den Neubauten wie Waldorf-Astoria und Umbau des Bikini-Hauses blieb vom einstigen Schmuddelimage der Zoogegend fast nichts übrig. Direkt nach Unterquerung der Bahnbrücke führt links ein Fußweg am Bahnviadukt entlang zur **Kantstraße**.

Gleich rechts steht das **Theater des Westens (7)**, eine üppige Mischung aus Jugendstil und Neobarock. In der 1896 als Bühne der leichten Muse eröffneten „Zuckerdose“ werden heute die großen Musicals präsentiert. Daneben befindet sich der **Delphi-Filmpalast** mit dem Jazzclub Quasimodo darunter und der Außenterrasse. Sie überqueren die Kantstraße, laufen in Höhe des Theaters des Westens durch einen Stadtbahnbogen und erreichen den gläsernen Hochhauskomplex, das **Neue Kranzlereck (8)**. Von der zum Kurfürstendamm führenden Passage zwischen den riesigen Glasriegeln zweigt links ein intimer Innenhof mit großen Vogelvolieren und einem Coffeeshop ab. Vom einst berühmten Café Kranzler blieb leider nur noch die Rotunde im 2. Stock mit der markanten weiß-roten Markise übrig. Hier führt ein Durchgang auf den Kurfürstendamm.

Coffee to go im Kranzlereck

Ku'damm-Eck (9) und Fasanenstraße

Auf der runden Fassade des neuen **Ku’damm-Ecks** an der Kreuzung Ku’damm/Joachimstaler Straße flimmern auf Europas größter **Videowand** Filmclips, Nachrichten und Werbung. Kurios mutet das denkmalgeschützte Ensemble aus U-Bahn-Zugang, Kiosk und der Verkehrskanzel aus den 1950er-Jahren an. Nun läuft man den quirligen Ku’damm weiter in westliche Richtung bis zur Fasanenstraße und dort links hinein.

Lesungen im Gründerzeit-rahmen

Auf dieser vornehmen Straße mit ihren edlen Geschäften und Galerien treffen Sie auf das **Wintergarten–Ensemble (10)**, ein einzigartiges Ensemble aus Gründerzeitvillen und Vorgärten. Eine Oase der Ruhe findet man unter den großen Bäumen des **Café-Restaurants Wintergarten** im Literaturhaus (s. S. 155). Dahinter schließen sich das **Käthe-Kollwitz-Museum** (Skulpturen im Garten) und das Auktionshaus der Villa Griesebach an. Sie überqueren die Lietzenburger Straße und erreichen den parkartigen, fast intimen **Fasanenplatz (11).** Die ehemalige Galerie Bremer war über 50 Jahre lang angesagter Nachkriegskünstler- und Politikertreff. Seit 2010 betreibt hier der Promi-Frisör Udo Walz seine **Fotogalerie Fasanen 37** mit angeschlossener Bar.

Fotogalerie Fasanen 37, *Fasanenstr. 37, Di–Sa 12–18, Bar Di–Sa 19–01 Uhr.*

Entspanntes Kiezleben am Ludwigkirchplatz

Ludwigkirchplatz (12)

Die Gegend rund um den Ludwigkirchplatz gilt als eleganter Kiez zum Wohnen, Arbeiten, Einkaufen und Genießen. Während eines Bummels fallen tagsüber die vielen inhaberbetriebenen und hochwertigen Geschäfte auf, während am Abend Restaurants, Cafés und Cocktailbars lebhaftes und junges Publikum anziehen.

Hinter dem Spielplatz erhebt sich der mächtige Backsteinbau der katholischen **Basilika St. Ludwig** von 1897. Auf der herrlichen Grünanlage kann man die entspannte Atmosphäre genießen. Weiter geht's die Pariser Straße emtlang, im Eckhaus Nr. 43 bietet die Galerie Hejazian eine gigantische Auswahl an Orientteppichen. Nebenan führt die Modedesignerin Anna von Griesheim, die Angela Merkel, Sandra Maischberger oder Franziska von Almsick ausstattete, ihr Atelier (s. S. 157). Sie biegen rechts auf die Sächsische Straße und gelangen über die Bleibtreustraße wieder auf den Ku'damm, dem man nach links folgt.

Kurfürstendamm und Mommsenstraße

Hier beginnt der nobelste Abschnitt des **Ku'damms (13)** mit seinen Edelboutiquen internationaler Designer wie Prada, Louis Vuitton oder Jil Sander. Auch die Currywurst wird mit Champagner veredelt – jetzt im neuen gläsernen Quartier Ku'damm 195. Auf dem **George-Grosz-Platz** gegenüber an der Schlüterstraße erinnert neben einer Infosäule die im Boden eingelassene Mosaikplatte an den Maler und Satiriker. Beim Entenkükenbrunnen vor dem Starbucks, der ursprünglich in einem Villengarten stand, biegen Sie in die Leibnizstraße.

Nach ca. 100 m öffnet sich auf der rechten Seite überraschend der imposante **Walter-Benjamin-Platz (14)** von 2001, eingefasst durch die Säulengänge der Leibniz-Kolonnaden und achtgeschossige Bürobauten. Der preußisch-strenge Entwurf des Platzes ersetzte eine jahrzehntelange Parkplatzbrache und führte zu lebhaften Diskussionen. Die Wasserspiele an der Leibnizstraße sind computergesteuert, sonntags findet ein **Viktualienmarkt** statt *(10–16 Uhr)*. Sie durchqueren den modernen Platz und gehen links auf der Wielandstraße weiter.

Kaum woanders lässt sich das gediegene, wohlhabende und westliche Berliner Lebensgefühl so nachempfinden wie auf der **Mommsenstraße (15)**. Alte Bäume, breite Trottoirs, herrschaftliche Altbauten mit stuckverzierten Balkonen und schweren Eingangstüren, vor denen gelegentlich Objekt- oder Personenschützer stehen, bestimmen das Bild. Weiter geht's links in die **Bleibtreustraße**, eine sympathische Kiezstraße mit Galerien, extravaganten Boutiquen, Lokalen und dem mehrfach ausgezeichneten Kino **Filmkunst 66**.

Wohlhabendes Westberlin

Savignyplatz (16)

Hinter der S-Bahnbrücke liegt rechts die Savignypassage im **Else-Ury-Bogen** mit ihren Restaurants und Cafés, die von der besonderen Architektur unter den Bögen der Stadtbahntrasse geprägt werden. Daran schließt sich der Savignyplatz an, eine der schönsten grünen Oasen in der westlichen Innenstadt, die traditionell von der Kantstraße zweigeteilt wird. Der Savignyplatz ist von zahlreichen Geschäften, Restaurants und Bars sowie Theaterbühnen und Jazzkneipen gesäumt.

Reisepraktische Informationen City West

Essen und Trinken

Le Buffet, *(im KaDeWe 1) Tauentzienstr. 21–24, ☎ 21212623. Qualitätsbewusstes Selbstbedienungsrestaurant im Wintergarten in der 7. Etage, tolle Aussicht!*
Hasir Wilmersdorf (1), *Nürnberger Str. 46, ☎ 2177774. Sehr gutes türkisches Restaurant (s. auch S. 194), orientalisch, gemütlich – und auch Promitreff.*
Gabriels (10), *Jüdisches Gemeindezentrum, Fasanenstr. 79, ☎ 8826138, tgl. 11.30–15.30, 18.30-20.30 Uhr. Gefilte Fisch, Blinis etc. – alles koscher, Hauptspeisen 15–22 €.*
Berliner Kaffeerösterei (3), *Uhlandstr. 174, ☎ 88677920, tgl. 10–19 Uhr. Ausgezeichnete Kaffeemanufaktur und Konditorei, auch Herzhaftes – alles hausgemacht..*
Café Restaurant Wintergarten (2), *Fasanenstr. 23, ☎ 8825414, tgl. 9.30–1, Mo ab 21 Uhr. Literarisches. Lockere Atmosphäre im Gründerzeitambiente.*
Manzini (4), *Ludwigkirchstr. 11, ☎ 8857820, www.manzini.de, tgl. 8–2 Uhr. Brasserieklassiker mit exzellenter Küche, gehobenen Preise (13–24 €) und perfektem Service.*
Kuchel-Eck (6), *Ludwigkirchpl. 1, ☎ 8813829, warme Küche tgl. 9–24 Uhr. Gutbürgerliches Restaurant aus Großmutters Zeiten, bodenständige Küche zu niedrigen Preisen.*
Route 66 (8), *Pariser Str. 44, ☎ 8831602, So–Do 9–2 Uhr, Fr/Sa 9–4 Uhr. American Diner im Stil der 50er, Steaks, Burger (6–19 €), sonntags American Brunch (9,50 €).*
Grüne Lampe (5), *Uhlandstr. 51, ☎ 88719393, www.gruene-lampe.de, tgl. 10–22 Uhr. Gilt als bester Russe in Deutschland, von Gault Miliau mehrfach ausgezeichnet. Ob Bortsch, Pilmeni oder Hering im Pelzmantel (9–15 €), alles erstklassig, dazu Wodka!*

Hermanns Einkehr (7), *Emser Str. 24, ☎ 88717475, tgl. ab 17 Uhr. Die Oase der Schwaben: Tafelspitz oder Spätzle zu moderaten Preisen. Reservierung empfohlen!*
Biers Ku'damm (9), *Kurfürstendamm 195, ☎ 8818942, So–Do 11–5, Fr/Sa 11–6 Uhr. Hier wird zur Currywurst Champagner geschlürft, beliebt bei Nachtschwärmern.*
Buddha Republic (16), *Knesebeckstr. 88, ☎ 31164204, www.buddha-republic.com, tgl. 16–24 Uhr, Reservierung empfohlen. Indisch tafeln vom Feinsten, moderate Preise.*
Zillemarkt (13), *Bleibtreustr. 48a, ☎ 8817040, www.zillemarkt.de, Mo–Fr 12–24, Sa/So 10–24 Uhr (warme Küche). Eisbein etc. in uriger Atmosphäre oder im Biergarten.*
Lubitsch (14), *Bleibtreustr. 47, ☎ 8823756, Mo–Sa ab 10, So ab 18 Uhr. Elegantes Restaurant-Café, von Zanderfilet bis Topfenpalatschinken (10–17 €, Mittagsmenü 10 €).*
Pratirio (15), *Knesebeckstr. 22, ☎ 54710930, So–Do 12–24, Fr/Sa 12–1 Uhr. Einer der besten Griechen Berlins, auch vegetarisch (Hauptgericht 9–21 €, mittags ab 6,90 €).*
Paris Bar (11), *Kantstr. 152, ☎ 3138052, tgl. 12–2 Uhr. Ein Klassiker – auch für prominente Filmschaffende. Geschmackvoll und frisch, aber hochpreisig, sehr gute Steaks.*
Terzo Mondo (12), *Grolmanstr. 28, ☎ 8815261, www.terzomondo.de, tgl. 18–2 Uhr (Küche). Rustikale griechische Kost und ausgesuchte Weine, spontane Gesangseinlagen des Inhabers, bekannt als Wirt aus der „Lindenstraße". Auch Galerie und Kleinkunst.*

Ausgehen

Fasanen 37 Bar & Galerie (10), s. S. *154*.
Gainsbourg (9), *Jeanne-Mammen-Bogen 567 (im Stadtbahnbogen), www.gainsbourg.de, tgl. 16–5 Uhr. Bar Américain mit Portraits des Sängers, gelegentlich Livemusik.*
Rum Trader (11), *Fasanenstr. 40, Mo–Fr 20-1, Sa 21–2 Uhr. Älteste Cocktailbar Berlins seit 1975, klein und kultig mit Klingelknopf, Spezialität: extravagante Rum-Cocktails.*
Café Menta (12), *Emser Str. 24, So–Do 18–4, Fr/Sa 18–6 Uhr. Cocktailbar und ehemalige Studentenkneipe, Billard, nette Atmosphäre, beliebte Absackerbar.*
Alt Berliner Biersalon (3), *Kurfürstendamm 225. Gute Berliner Küche und IMMER geöffnet. Do–Sa ab 21.30 Uhr Livemusik, außerdem Bundesliga auf TV und Leinwand.*
Schwarzes Café (8), *Kantstr. 148, Ruhezeit Di 3–10 Uhr. Legendäre Institution, beliebt bei Künstlern, Touristen, Nachteulen, zu JEDER Zeit warme Speisen oder Frühstück.*
Diener Tattersall (4), *Grolmanstr. 47, tgl. ab 18 Uhr. Künstlerkneipe in uralter Kutscherkaschemme, nett für ein abendliches Bier zwischen Fotos berühmter Stammgäste.*
Zwiebelfisch (6), *Savignypl. 7, tgl. 12–6 Uhr. Beliebte und raditionelle Kneipe mit langem Tresen, Jazzmusik und Zeitungen. Hier lässt man sich gern nieder.*
Dicke Wirtin (5), *Carmerstr. 9, tgl. ab 12 Uhr. Mischung aus gemütlichem Restaurant und alter Berliner Kneipe.*
Vagabund (7), *Knesebeckstr. 77, tgl. ab 18 Uhr. Kellerbar mit vielen Spiegeln, ab 3 Uhr morgens beliebte Absturzadresse bei Partyleuten und schräg-illustren Flaneuren.*
Quasimodo (1), *Kantstr. 12a, ☎ 31804560, www.quasimodo.de, Mo–Fr ab 15.30, Sa/So ab 13 Uhr. Eine der besten Adressen für Livemusik! Jazzkeller, Café mit Terrasse.*
A-Trane (2), *Pestalozzistr. 105, tgl. ab 21 Uhr, Mo Jamsession. Kleiner, populärer Club, in dem Stars und Musiktrends entdeckt werden, Schwerpunkt Modern Jazz und Fusion.*

Einkaufen

Manufactum (4), *Hardenbergstr. 4–5, Mo–Fr 10–20, Sa 10–18 Uhr. Hochwertige Haushaltswaren etc., sowie Feinkost im brot&butter-Laden mit Café-Bistro.*
Landkarten Schropp (3), *Hardenbergstr. 9a, Mo–Fr 10–20, Sa 10–18 Uhr. Riesige, bestens sortierte Auswahl an Karten und Spezialplänen, Berlin-Büchern und Reiseführern.*

The English Scent (5), *Goethestr. 15, Mo–Fr 10–14, 15–18.30 (Mi nur nachmittags), Sa 10–15 Uhr. Parfümerie mit außergewöhnlichen Düften englischer Hoflieferanten.*
Bücherbogen Savignyplatz (2), *Stadtbahnbogen 593, Mo–Fr 10–20, Sa 10–18 Uhr. Buchhandlung für Kunst, Architektur, Film, Design, viele Bildbände und Kataloge.*
Bruno Magli im Schuhhaus Denkstein (6), *Kurfürstendamm 62, Mo–Fr 10–19, Sa 10–18 Uhr. Edelste italienische Schuhe im entsprechend hohen Preissegment.*
Anna von Griesheim (7), *Pariser Str. 44, Di–Fr 10–18, Sa 10–14 Uhr, s. S. 154.*
Zigarren Herzog (1), *Ludwigkirchpl. 1–2, Mo–Fr 10–20, Sa 10–16 Uhr.*

Charlottenburg

Das alte Stadtgebiet von **Charlottenburg** entwickelte sich ab Ende des 17. Jh. in der Nähe von Schloss Lietzenburg und erhielt seinen Namen mit der Umbenennung des Schlosses in Charlottenburg 1705. Gleichzeitig erhielt die Ansiedlung Stadtrechte, die sie 1920 mit der Eingemeindung nach Großberlin wieder verlor. Inzwischen war Charlottenburg bereits Großstadt mit über 300.000 Einwohnern und bildete nun einen Berliner Bezirk.

Spaziergang durch Alt-Charlottenburg

Anfahrt: *U-Bhf. Richard-Wagner-Platz (U7)*
Dauer: *2–3 Std. (4,5 km, ohne Schlosspark)*
Karte: *s. S. 158*

Rathaus (1) und Alt-Lietzow

Der 1905 eröffnete monumentale Rathausbau demonstriert mit seiner üppigen **Jugendstilfassade** den ganzen Stolz der damals noch selbstständigen und reichen Stadt Charlottenburg. Mit 89 m überragte der Turm sogar das Berliner Schloss. Im Krieg zerstört und wieder aufgebaut, befinden sich hier der Amtssitz des Bezirksbürgermeisters, Verwaltungen und die Stadtbücherei. Ein Blick in das Innere lohnt: das **prachtvolle Treppenhaus** mit rekonstruierter Kuppeldecke führt im 2.Stock zu einer Gedächtnishalle für Kriegsgefallene und Nazi-Opfer sowie zu einem überlebensgroßen Gemälde von Sophie Charlotte.

Über die Straße Alt Lietzow, Abzweig unter der Überbauung an der Wintersteinstraße 1–2 am Richard-Wagner-Platz, erreichen Sie den ehemaligen **Dorfanger von Lietzow (2)**. Das abseitsgelegene mittelalterliche Dorf wurde erst spät nach Charlottenburg eingemeindet und war von der Stadtentwicklung lange unberührt. Nur wenig blieb im

Stolzer Rathausturm in Charlottenburg

★ **Sehenswürdigkeiten**
1 Rathaus Charlottenburg
2 Alt-Lietzow
3 Stadtbad Charlottenburg
4 Deutsche Oper
5 Haubachstraße
6 Ältestes Wohnhaus
7 Gierkeplatz
8 Villa Oppenheim
9 Ziegenhof
10 Klausenerplatz
11 Bröhan-Museum
12 Sammlung Berggruen
13 Sammlung Scharf-Gerstenberg
14 Ehrenhof
15 Altes Schloss
16 Neue Kammern
17 Schlosspark
18 Neuer Pavillon
19 Belvedere
20 Mausoleum

Restaurants/Cafés
1 Rogacki
2 Wilhelm Hoeck
3 Naturalmente
4 Café Villa Oppenheim
5 Ana e Bruno
6 Café Reet
7 Café Kunstpause
8 Café Eishandwerk

Einkaufen
1 Rock Steady Records
2 Antiquitäten Tegeler Weg
3 Platten Pedro

N

0 500 m

Krieg erhalten: Rechts (Nr. 28) steht die prunkvolle Villa des Holzhändlers Kogge von 1866, heute das schönste Standesamt des Bezirks. Die einstige Feuerwache auf der anderen Seite (Nr. 33) gehört heute zum Malteserorden. In der Grünanlage wacht ein Löwe über ein preußisches Gefallenendenkmal, gegenüber entstand 1961 der zeltartige Neubau der evangelischen Kirche. An der Krummen Straße steht das **älteste erhaltene Hallenbad (3)** Berlins (Nr. 10) von 1898. In der gusseisernen Halle mit Glasdecke und Wandgemälden wird noch geschwommen, im oberen Teil in einer modernen Sauna geschwitzt (s. S. 67).

Deutsche Oper (4)

Rechts am Eingang zum U-Bahnhof Deutsche Oper erinnert das **Gedenkrelief** „Tod des Demonstranten" an die Proteste anlässlich des persischen Schahbesuchs in Westberlin. Am 2. Juni 1967 war der Student Benno Ohnesorg vom Polizisten Kurras in der Krummen Straße Nr. 66 erschossen worden, was zur Radikalisierung der westdeutschen Studentenszene beitrug. Übrigens wurde 2009 bekannt, dass Kurras als Stasi-Spitzel die Westberliner Polizei ausgespäht hatte.

Dekmal für Benno Ohnesorg

Die **Deutsche Oper** ist das größte und modernste der drei Opernhäuser in Berlin. Bereits 1912 hatte sich die reiche Stadt Charlottenburg eine eigene Oper geleistet, die im Bombenhagel des Zweiten Weltkriegs unterging. Der nach außen imposant nüchtern wirkende Bau von 1961 ist auch im Inneren **plüschfreie Zone** und garantiert von jedem der rund 1900 Sitzplätze puren Operngenuss.

Altstadtquartier

Hier findet man noch Häuser, die vom Krieg verschont blieben, wie Zillestraße Nr. 71 und 75. An der **Ecke Wilmersdorfer Straße/Haubachstraße (5)** kann man die bauliche Entwicklung Alt-Charlottenburgs exemplarisch nachvollziehen. Das einstöckige ehemlige Ackerbürgerhaus Nr. 13 entspricht der ursprünglichen Bebauung um 1705 unter Friedrich I. und seinem Hofarchitekten Eosander von Göthe. Sämtliche Häuser waren so zu bauen, um ein einheitliches Erscheinungsbild zu erzeugen. Die zweigeschossigen Nachbarhäuser Wilmersdorfer Str. 18 und Haubachstraße 15 stammen aus der Phase, bevor der Bauboom ab 1890 mit seinen großen Mietshäusern und teils opulenten Stuckfassaden begann. Das Eckhaus Haubachstraße 14 war ursprünglich ein Ackerbürgerhaus von 1730 und wurde 1880 aufgestockt.

Das **älteste Wohnhaus Charlottenburgs (6)** wurde 1713 für den Goldschmied Gottfried Berger errichtet und 1983 fast abgerissen, heute zeigt hier ein Keramikmuseum wechselnde Ausstellungen. Dahinter liegt ein kleiner idyllischer Garten.
Keramikmuseum, *Schusteruhsstr. 13, ☏ 3212322, Fr–Mo 13–17 Uhr, 2 €.*

Keramikmuseum

Vom Gierkeplatz zur Villa Oppenheim

Am kreisrunden **Gierkeplatz (7)** erhebt sich die leicht erhöht gelegene evangelischen **Luisenkirche**. Bereits 1716 stand auf dem früheren Kirchplatz eine gemeinsame Stadtkirche für Lutheraner und Reformierte. Bald schon musste der damalige Holzturm abgetragen werden, da er beim Glockenläuten gefährlich ins Schwanken geriet. Ihre jetzige Gestalt inklusive Steinturm geht auf die Umbauten von Schinkel 1825 zurück. Nach der Kriegszerstörung wurde sie wie früher in warmgelben Farbtönen wiederhergestellt.

Eine kleine Ruhepause bietet sich an unter den alten Bäumen des Schusteruhsparks nordwestlich an der Hebbelstraße. Das heutige Gartendenkmal befand sich bis 1914 in Privatbesitz und gehörte zur prächtigen **Villa Oppenheim (8)**. In die 1882 erbaute Neorenaissancevilla ist 2011 das Bezirksmuseum eingezogen. Es zeigt die Stadtgeschichte der City West, Werke aus der Berliner Secession und thematisiert die ehemaligen Besitzer, die Familien Oppenheim und Mendelssohn. Auch vom kleinen Museumscafé hat man einen schönen Blick auf den Park.

Stadtgeschichte in schöner Villa

Museum Charlottenburg-Wilmersdorf in der Villa Oppenheim, *Schlossstr. 55, ☏ 902924108, www.villa-oppenheim-berlin.de, Di–Fr 10–17, Sa/So 11–17 Uhr, Eintritt frei.*

Kiez Klausenerplatz

Auch in Charlottenburg gab es Arbeitermietsblöcke wie in Kreuzberg oder Wedding. Das Quartier zwischen Klausenerplatz und Bismarckstraße wurde Ende des 19. Jh. sogar als „**kleiner roter Wedding**" bezeichnet. Der Widerstand gegen die Nazis war hier besonders hoch. So beherbergte Klara Begall, 1930 Berlins erste Taxifahrerin, in ihrer Zwei-Zimmer-Wohnung jüdische und andere Verfolgte. Darunter war der Kommunist Erich Bloch, den sie später heiratete. Kläre Bloch starb 1988 und liegt auf dem Friedhof an der Heerstraße (s. S. 177). Auch in jüngerer Zeit erwiesen sich die Bewohner des weitgehend kriegsverschonten Quartiers als renitent. Im Rahmen öffentlicher Sanierungsmaßnahmen forderten sie mehr Mitsprache und gründeten 1973 die erste Berliner Mieterinitiative. Sogar eine kleine Hausbesetzerszene à la Kreuzberg bildete sich.

Hinter dem Durchgang in der Danckelmannstraße Nr. 16 liegt eine Freifläche, die Anfang der 1980er-Jahre bebaut werden sollte. Dagegen protestierten die Anwohner, begrünten den Hof und pflanzten Bäume. Bald schon zogen auch Ziegen, Gänse und Hühner ein, die heute ehrenamtlich durch die Anwohner des **Vereins Ziegenhof (9)** betreut werden.

Kinderbauernhof

Die lebhafte Geschichte des **Klausenerplatzes (10)** ist als Wandgemälde im Hausflur Gardes-Du-Corps-Straße Nr. 1 zu sehen (falls offen). Ursprünglich als Reitplatz für die königliche Leibgarde angelegt, ist er heute ein wichtiger Treffpunkt für das Kiezleben junger Familien, die hier mit den Kindern toben, picknicken oder Ball spielen *(Wochenmarkt Di, Fr, 8–13 Uhr)*. An der Südseite erhebt sich seit 1932 die mächtige Kloster- und Kirchenanlage von St. Kamillus.

Museumsquartier

Das Ende der Schlossstraße wird durch die ehemaligen Bauten der königlichen Leibgarde und der preußischen Musterkavallerie Gardes Du Corps markiert. Dort befindet sich heute ein Kunst- und Museumsquartier. Im ehemaligen Mannschafts- und Offizierswohnhaus auf der linken Seite präsentiert das **Bröhan-Museum (11)** ein feines Gesamtkunstwerk aus Möbeln und Porzellan im Jugendstil, Art déco und Funktionalismus. Der Unternehmer und Kunstsammler Karl Bröhan hatte der Stadt Berlin 1982 zu seinem 60. Geburtstag seine Privatsammlung mit über 1600 Objekten geschenkt.

Privatsammlung als Gesamtkunstwerk

Bröhan-Museum, *Schlossstr. 1a, ☏ 32690600, www.broehan-museum.de, Di–So 10–18 Uhr, 6 € (1. Mi im Monat Eintritt frei).*

Die beiden identischen Kopfbauten mit den griechischen Rundtempeln ähnelnden Kuppeln waren als Offizierskasernen 1851–59 vom Schinkelschüler August Stüler gebaut worden. Im westlichen Bau befindet sich die **Sammlung Berggruen (12)**, eine einzigartige Sammlung der Klassischen Moderne u. a. mit Werken von Picasso und Klee. Die Erben des 2007 gestorbenen Galeristen und Kunstsammlers, darunter Nicolas Berggruen, erweitern kontinuierlich die Sammlung. Dazu gehören das mit einer Glaspergola verbundene Kommandantenhaus und ein Skulpturengarten.

Erstklassige Kunst

Sammlung Berggruen, *Schlossstr. 1, ☎ 34357315, www.smb.museum/mb, wegen Umbauarbeiten geschlossen bis voraussichtlich Fühjahr 2013.*

Im östlichen Stülerbau logierte zu Westberliner Zeiten das Ägyptische Museum mit Nofretete, die inzwischen auf ihren angestammten Platz auf der Museumsinsel zurückgekehrt ist. Seit 2008 kann man in die hochkarätigen „Surrealen Welten" der **Sammlung Scharf-Gerstenberg (13)** von Goya über Dalí und Magritte bis Max Ernst eintauchen. Der Innenhof und der Museumshop sind ebenso wie das lichtdurchflutete Café Kunstpause frei zugänglich.

Sammlung Scharf-Gerstenberg, *Schlossstr. 70, ☎ 266424242, www.smb.museum/ssg, Di–So 10–18 Uhr, 10 €.*

In den ehemaligen Stallungen präsentiert die **Abguss-Sammlung** über 2000 Gipsabgüsse griechischer und römischer Skulpturen aus allen Epochen.

Abguss-Sammlung, *Schlossstr. 69b, ☎ 3424054, www.abguss-sammlung-berlin.de, Do–So 14–17 Uhr, Eintritt frei.*

Schloss Charlottenburg

Im repräsentativen **Ehrenhof (14)** vor der 48 m hohen Schlosskuppel reitet uns der Große Kurfürst entgegen. Das **größte erhaltene Barockschloss Berlins** geht auf sieben Generationen preußischer Herrscher zurück. Angefangen hat es 1695 mit dem kleinen Sommerschloss Lietzenburg für Sophie Charlotte, die namhafte Gelehrte wie Wilhelm Leibnitz um sich scharte. Nach ihrem Tod und der Umbennung in Schloss Charlottenburg diente es kurzzeitig Friedrich II. als Residenz und erreichte mit den Neuen Kammern von Knobelsdorff seine heutigen Ausmaße. Hier lebte auch das glücklichste Königspaar Preußens: Friedrich Wilhelm III. und die vom Volk verehrte Königin Luise. Das 1943 ausgebrannte Schloss wurde ab den 1950er-Jahren wieder aufgebaut, die Innenräume sorgsam rekonstruiert.

Größtes Berliner Barockschloss

Die Inneneinrichtung reicht vom Barock über friederizianisches Rokoko und Schinkel-Klassizismus bis zum Biedermeierstil. Im **Alten Schloss (15)** *(Eingang im Ehrenhof rechts neben Kuppel)* sind neben Paradekammern und Großer Eichengalerie das prunkvolle Porzellankabinett, die Schlosskapelle mit Königsloge und das Kronprinzensilber hervorzuheben. Highlights der **Neuen Kammern (16)** *(Eingang östlich vom Ehrenhof)* sind die Festsäle Friedrichs II. Weißer Saal und Goldene Galerie, die Sammlung Watteaus, die Sommer- und Winterkammern Friedrich Wilhelms II. sowie das Schlafzimmer von Königin Luise mit feinem Mobiliar aus Birnbaumholz.

Schloss Charlottenburg, *Spandauer Damm 10–22, ☎ 320910, www.spsg.de, Altes Schloss Di–So 10–17/18 Uhr, 12 €; Neue Kammern Mi–Mo 10–17/18 Uhr, 6 € (ab Nov. 2012 wegen Sanierung geschl.); Kombiticket 15 € inkl.*

Westlich des Innenhofs betritt man den **Orangeriegarten** mit den Göttinnen Flora und Pomona. Die ursprünglich für die wertvolle Zitrussammlung bestimmte Große Orangerie diente schon bald als beliebter Gartenfestsaal für Bälle und Hochzeitsfeiern. Barocke Hofatmosphäre garantieren regelmäßig stattfindende Konzerte des Berliner Residenzorchesters (☎ *25810350, www.concerts-berlin.com)*.

Schlosspark (17)

Der 55 ha große Schlosspark besteht aus einem herrlich rekonstruierten Barockgarten und einem sich anschließenden Landschaftspark. Direkt östlich neben dem Schloss liegt der **Neue Pavillon (18)**, den sich Friedrich III. als Sommervilla im italienischen Stil für seine zweite Ehefrau Auguste von Harrach 1824 von Schinkel errichten ließ. Nach Kriegszerstörung, Wiederaufbau und erneuter Sanierung kann man seit Ende 2011 das Haus besuchen. Die Galerie im Obergeschoss zeigt Werke von Schinkel, Blechen und Caspar David Friedrich. Im Park hinter dem Karpfenteich befindet sich das **Belvedere (19)**, ein ehemaliger Luxusaussichtsturm mit der KPM-Porzellansammlung.
Neuer Pavillon, *Di–So 10–17/18 Uhr, 4 €.*
Belvedere, *April–Okt. Di–So 10–18 Uhr, 3 €.*

Schöne Ausblicke mit Sicht auf die Schlosskuppel ergeben sich von der **Hohen Brücke** hinter dem Karpfenteich und vom Aussichtshügel auf der Luiseninsel.

Westlich des Karpfenteichs sind im **Mausoleum (20)** für Königin Luise im Waldbereich auch die Marmorsarkophage ihres Gemahls und des Kaiserehepaars Wilhelm I. und Augusta von Sachsen-Weimar aufgestellt. Parallel zur Bahntrasse führt nordöstlich ein Steg über die Spree und zum Bahnhof Jungfernheide.
Mausoleum, *April–Okt. Di–So 10–18 Uhr, freier Eintritt.*

Weitere Attraktionen

Funkturm

Der Berliner Funkturm gehört zu den Wahrzeichen der Stadt. 1926 anlässlich der Dritten Funkausstellung eröffnet, strahlte er im gleichen Jahr das erste Fernsehbild der Welt aus. Die 150 m hohe Stahlkonstruktion wiegt 600 t und ruht auf Porzellan-Isolationsfüßen, die von der KPM (Königliche Porzellanmanufaktur) stammen. Einer der vier Hauptstreben wurde im Zweiten Weltkrieg weggerissen – aber der „Lange Lulatsch" blieb stoisch stehen. Mit einem gläsernen Aufzug gelangt man auf die 126 m hohe Plattform, die einen tollen Ausblick bietet. Auf 55 m Höhe präsentiert sich das Funkturm-Restaurant im nostalgisch-gepflegten Stil mit guter saisonaler Küche und abendlichem Mottobüfett.
Funkturm, *Messedamm 22, Eingang von der Masurenallee, ☏ 30381905, Plattform (witterungsabhängig) Di–So 10–23 Uhr, Mo 10–20 Uhr, 5 €; Restaurant ☏ 30382900, www.capital-catering.de, Mi–So 11.30–23, Di 18–23 Uhr, während Messezeiten reservieren! Anfahrt: S-Bhf. Messe-Nord oder U-Bhf. Kaiserdamm (U2).*

Haus des Rundfunks

Es ist eines der ältesten Funkhäuser weltweit, 1929–31 von Hans Poelzig ästhetisch und funktional meisterhaft konzipiert. Abgeschirmt und umgeben von Bürotrakten, liegen im Innenhof die Sendesäle und Studios. Der SFB (Sender Freies Berlin) stattete das Haus 1957 mit komplett neuer Technik aus und ging 2003 im RBB (Radio Berlin-Brandenburg) auf.
Tipp: Es lohnt sich einen Blick zu werfen in die beeindruckende Eingangshalle in ihrem sachlich-expressiven Stil mit gelb geklinkerten Galerien, zwei prächtigen Leuchten und der Georg-Kolbe-Skulptur „Große Nacht".
Haus des Rundfunks, *Eingang Masurenallee 8–14, Mo 18 u. Sa 15 Uhr kostenfreie 90-minütige Führungen durch Häuser und Studios, Treffpunkt: benachbartes RBB-Hochhaus, Masurenallee 16–20, Anmeldung erforderlich: ☏ 9799312497.*

Herrliche Grünanlage: Schlosspark Charlottenburg

info

Lietzensee

Mitten in der westlichen Innenstadt liegt versteckt ein Kleinod: der Lietzensee. Sein Name geht auf das bis 1919 selbstständige Dorf **Lietzow** zurück (s. S. 157). Der 6,5 ha große See wird alleine vom Grundwasser gespeist und lag ursprünglich in einem sumpfigen Waldgebiet. 1820 kaufte der preußische General von Witzleben das Gelände und legte an der Westseite einen Park an, während an der Ostseite vornehme Häuser entstanden. Nachdem 1910 die Stadt Charlottenburg in den Besitz des Geländes gelangt war, legte der Gartendirektor Erwin Barth die beiden Wasserkaskaden an und gestaltete den Park im Rahmen von Arbeitsbeschaffungsmaßnahmen nach dem Ersten Weltkrieg zum Landschaftspark um.

Moderner Kubischer Sakralbau St. Canisius

An der sich zum Lietzensee hin öffnenden Witzlebenstraße wird ein höchst ungewöhnlicher Kirchenbau sichtbar, bestehend aus zwei riesigen Lärchenholzkuben. Dieser Neubau der katholischen **Kirche St. Canisius** ersetzt seit 2002 die während eines Großfeuers 1995 völlig ausgebrannte frühere Kirche. Der eher kleine, schmucklose Kirchenraum ist zu besichtigen *(Witzlebenstr. 30, www.st.canisius-berlin.de, Mo–Do, Sa 11–15, So 15–18 Uhr)*.

Die große Parklandschaft auf der westlichen Seeseite wird rege von den Anwohnern genutzt: Liegewiesen, Spielplätze, Seniorenaktivplatz mit fest installierten Sportgeräten – hier ist für jeden etwas dabei. Seit 1904 ist mit Verlängerung der Kantstraße (Neue Kantstraße) und der damit verbundenen Dammaufschüttung der See zweigeteilt. Zwischen Bäumen versteckt liegt ein Juwel am westlichen Uferhang: die evangelische **Kirche am Lietzensee**. Die großen Fenster der 1959 von Paul Baumgarten erbauten Kirche geben den Besuchern das einmalige Gefühl, inmitten der Natur mit jahreszeitlich wechselnder Kulisse zu sitzen. Wer sich die Mühe macht und den Hang hinaufsteigt, kann vom Eingang auch bei geschlossener Kirche zumindest einen Blick in den Innenraum werfen.

Anfahrt: *U-Bhf. Sophie-Charlotte-Platz (U2), Ausgang Suarez- und Steifensandstraße*
Bootshaus Stella am Lietzensee, *Witzlebenpl., im Sommer 10–22 Uhr. Selbstbedienung im Holzhaus mit Terrasse, idyllisch direkt am See gelegen.*

Manstein-Café/Bistro, *Witzlebenstr, 32, ☏ 112522. Kleines, feines Café am Lietzenseepark mit Biospeisekarte, leckeren Quiches, Pasta und Salaten.*
Engelbecken, *Witzlebenstr. 31, ☏ 6152810, Mo–Fr 17–1, Sa ab 16, So ab 12 Uhr. Ausgezeichnete Bayrisch-Österreichische Küche mit Bioeinschlag. Tolle Lage, Fleischliebhaber und Vegetarier kommen gleichermaßen auf ihre Kosten, Hauptgerichte 14–18 €. Reservieren!*

Berlins Antikstraße

Auf der südlich von der Bismarckstraße abzweigenden Suarezstraße trifft man völlig unerwartet auf 24 Antiquitätenläden, die Möbel, Design, Geschirr, Schmuck und viele Kunstobjekte zum Verkauf anbieten. Vor allem die Ostseite des Abschnitts zwischen Kaiserdamm und Kantstraße ist interessant für Liebhaber alter Schätzchen.

Reisepraktische Informationen Charlottenburg

Essen und Trinken

Rogacki (1), *Wilmersdorfer Str. 146, Mo–Fr 9–18, Sa 9–16 Uhr. Berliner Original seit 1928 mit Feinkost, Imbiss und Gourmetständen. Hochwertige Fischgerichte!*
Wilhelm Hoeck (2), *Wilmersdorfer Str. 149, Mo–Sa 12–1 Uhr. Fantastisch urige Einrichtung von 1892. Restaurant (Hausmannskost) und Kneipe (Rauchen erlaubt) getrennt.*
Naturalmente (3), *Schusteruhsstr. 26, Mo–Fr 12–15.30 Uhr. Berlins einziges makrobiotisches Restaurant. Schlichte Einrichtung, täglich wechselnder Mittagstisch.*
Museumscafé in der Villa Oppenheim (4), *Schlossstr. 55, ☏ 902924108, www.villa-oppenheim-berlin.de, Di–Fr 10–17, Sa/So 11–17 Uhr. Kuchen, Quiches und Tartes.*
Ana e Bruno (5), *Sophie-Charlotten-Str. 101, ☏ 3257110, www.a-et-b.de, tgl. 17–24 Uhr. Hervorragender Edelitaliener, nach außen unauffällig, innen minimalistisch-warmes Ambiente mit hellem Dielenboden. Bruno Pellegrini kredenzt „avantgardistische Erlebnisküche“. Die Gerichte haben ihren Preis, Vorspeisen ab 15 €, Hauptgerichte 30–36 €.*
Café Reet (6), *Klausenerpl. 5, tgl. 9–20 Uhr. Nettes Kiez-Café mit Patina.*
Café Kunstpause (7), *Schlossstr. 70, ☏ 77008939, Di–So 10–18 Uhr. Museumscafé in der Sammlung Scharf-Gerstenberg im Museumsquartier.*
Café Eishandwerk (8), *Theodor-Heuss-Pl., tgl. ab 9 Uhr. Köstlichkeiten vom Sternekoch Matthias Buchholz. Von Klassikern bis zu Eigenkreationen, insgesamt ca. 60 Sorten.*

Einkaufen

Rock Steady Records (1), *Zillestraße 74/76, Mo–Fr 11–19, Sa 10–16 Uhr. Alteingesessener Plattenladen und Mekka von Vinylfreaks. Tausende Scheiben und CDs.*
Platten Pedro (3), *Tegeler Weg 102, ☏ 3441875, www.platten-pedro.de. Größtes deutsches Schallplattenantiquariat des Berliner Originals, alle Genres, aber keine CDs.*
Antiquitäten Tegeler Weg (2), *Tegeler Weg 102–107. Antiquitätenmeile mit schönen alten Möbeln, gleich mehrere Läden nebeneinander.*

Villenkolonie Grunewald

Die am westlichen Ende des Kurfürstendamms beginnende Millionärskolonie ist wahrscheinlich die spektakulärste Wohnsiedlung Berlins. Ihre Entstehung geht zurück auf Otto von Bismarck, der 1889 gegen den Willen der Forstverwaltung und des Berliner Magistrats ein Ku'damm-Kopplungsgeschäft einleitete: Preußen verkauft 234 ha Wald an ein Bankenkonsortium, das im Gegenzug die Entwicklung des Kurfürstendamms finanziert. Nach dem Trockenlegen einer sumpfigen Senke baute man vier künstliche Seen und ließ an deren Ufer malerische und teure Seegrundstücke entstehen. Nach bereits zehn Jahren war deren Bebauung mit prachtvollen Landhäusern und architektonischen Schönheiten weitgehend abgeschlossen. 1899 bildete die Villenkolonie eine eigene Landgemeinde, bevor sie 1920 mit 6450 Einwohnern nach Berlin eingemeindet wurde und seitdem zum Bezirk Wilmersdorf gehört. Ihre Bewohner waren reiche Bankiers und Industrielle, Rechtsanwälte, Ärzte und Architekten sowie viele Bildungsbürger wie Wissenschaftler, Künstler, Verleger, Film- und Theaterleute. Der **jüdische Anteil an der Bevölkerung** war besonders hoch. Als die Nazis 1933 die jüdischen Bewohner vertrieben, zerstörten sie gleichzeitig ein reges kulturelles Leben mit prächtigen Soireen, Wohltätigkeitskonzerten und Lesezirkeln. Nach dem Krieg entstanden teilweise hässliche Neubauten auf geteilten Grundstücken, aber der besondere Charakter des Viertels blieb erhalten. Ein Gang durch die Kolonie gleicht einem *Who's Who* deutscher Persönlichkeiten und man stößt immer wieder auf deutsch-jüdische Geschichte und ihre brutale Zerstörung durch die Nazis. Hier lebten u. a. Walther Rathenau, Max Planck, Alfred Kerr, die Familie Bonhoeffer, Gerhard Hauptmann, Samuel Fischer, Franz und Robert Mendelssohn, die Brüder Ullstein und Max Reinhardt, später auch Bubi Scholz, Harald Juhnke, Romy Schneider, Hildegard Knef und Brigitte Mira sowie Sabine Christiansen, Arthur Brauner und Joschka Fischer. Sogar Helmut Kohl hatte hier seinen Koffer in Berlin.

Millionärskolonie

Bahnhof Grunewald im Villenstil

Spaziergang durch die Villenkolonie Grunewald

Anfahrt: *S-Bhf. Grunewald, Platz Am Bahnhof Grunewald*
Dauer: *3 Std. (7 km)*

Bahnhof Grunewald

Das im Villenstil errichtete malerische Bahnhofsgebäude wurde 1879 als Bahnhof Hundekehle eröffnet und fünf Jahre später in Bahnhof Grunewald umbenannt. Zunächst nutzten ihn die Grunewaldausflügler, später auch die Bewohner der Villenkolonie. Neben dem Bahnhofseingang führt eine Rampe auf die nicht mehr genutzten Gleisanlagen des ehemaligen Güterbahnhofs. Auf dem Weg dorthin kommt man am **Mahnmal Karol Broniatowksis** vorbei: ein Betonblock mit Negativabdrücken menschlicher Gestalten. Es steht in Zusammenhang mit dem **Mahnmal Gleis 17 (1)** der Deutschen Bahn oben auf dem Gelände. Hier war am 18. Oktober 1941 der erste Deportationszug mit 1089 jüdischen Kindern, Frauen und Männern in das polnische Ghetto Litzmannstadt (Lodz) gestartet. Bis zum 27. März 1945 folgten weitere 60 sogenannte „Osttransporte" in die Ghettos und Vernichtungslager, in denen rund 55.000 Berliner Juden ermordet wurden. Entlang der Bahnsteigkante der ehemaligen Verladebahnsteige sind in chronologischer Reihenfolge Bestimmungsorte und ihre Opferzahlen eingraviert. Das langsame Abschreiten der authentischen Bahnsteige mit den nicht enden wollenden Transportzahlen ist ein gleichermaßen eindrucksvolles wie bedrückendes Erlebnis.

Deportationsmahnmal

Winklerstraße

In der Winklerstraße stehen einige imposante Villen: Im Haus Nr. 22 hatte z. B. **Romy Schneider** 1966 mit ihrem frisch angetrauten Gatten, dem Regisseur **Harry Meyen**, eine Vier-Zimmer-Wohnung bezogen. Direkt

Heute wie gestern: herrschaftlich Residenzen in der Villenkolonie Grunewald

daneben steht dic neue Residenz des Botschafters der Vereinigten Arabischen Emirate. In der Villa gegenüber Nr. 21 wohnt der in Berlin Schöneberg geborene Schauspieler und RTL-Produzent **Hugo Egon Balder**. Einen schönen Kontrast bildet die neue Residenz des norwegischen Botschafters einige Häuser weiter, Nr. 15a. Mit ihrem Renaissancestil und glockenturmähnlichem Aufsatz gilt die benachbarte Villa Becher, Nr. 15, als einer der schönsten Bauten der Kolonie. Der Architekt Ewald Becher baute sie 1896 für sich selbst. Die klassizistische Villa M. gegenüber (Nr. 12) wurde im selben Jahr für den Arzt Paul Maren errichtet. Das heute wieder privat genutzte Wohnhaus war noch bis vor wenigen Jahren DRK-Wohnheim für Flüchtlingsfrauen. In die imposante Burg der Villa Noelle daneben, Nr. 10, war 1901 der Stahlbauunternehmer Ernst Noelle mit Frau und fünf Kindern eingezogen. Malerisch mutet die Landhausvilla Nr. 13 mit vielen Türmchen und Spitzdächern an. Sie war 1895 für den Druckereibesitzer Martin Franz gebaut worden. Daneben (Nr. 11) steht die vom Architekten und Mitbegründer des Deutschen Werkbundes **Hermann Muthesius** 1906 gebaute Villa, für die damalige Zeit recht modern und ohne historische Schnörkel.

Idyllische Seen

Von der Brücke des nach rechts abzweigenden Fußwegs **Hasensprung (2)** ergeben sich zwischen den Bäumen reizvolle Ausblicke auf Diana- und Koenigssee. Sie gehören zu den fünf künstlich angelegten Seen der Villenkolonie. Zurück auf der Winklerstraße sieht man weitere prächtige Villen, wie die Nr. 7, erbaut 1905 vom Architekten Becher für den Konsul Louis Kohnke.

Wissmannstraße und Erdener Straße

Der Wissmannstraße folgen Sie nach rechts. Gegenüber dem eigenwilligen roten Klinkerbau Nr. 11 mit Fensterrose über dem Erker steht das auf den ersten Blick wie eine Blechgarage wirkende ehemalige **Eternit-Gästehaus** Nr. 12a. Der Architekt Paul Baumgarten verwendete 1955 das Werkstoffprodukt der Eternit-AG als gewellte Platte für Dach und Außenwände, während die Gartenseite zum See verglast ist. In Nr. 6 lebte bis zu seinem Tod 2002 der Bildhauer **Rainer Kriester** – im Garten stehen einige seiner abstrakten Kopfskulpturen. Die Erdener Straße geht's zunächst nach links. In der herrlich mit Efeu umrankten Villa (Nr. 5a) befindet sich die Galerie und das **Auktionshaus Bassenge** *(www.bassenge.com)*. Gegenüber (Nr. 8) lebte 1905–34 einer der wichtigsten deutschen Verleger, **Samuel Fischer (3)**. Zu dieser Zeit bildete sein Haus mit Klavier- und Teezimmer sowie einem Tennisplatz im Garten ein lebhaftes kulturelles Zentrum in der Kolonie.

Künstler und Verleger

Im Umfeld des Johannaplatzes

Dort wo die Erdener Straße östlich mit der Wallotstraße auf die Koenigsallee mündet, wurde am 24. Juni 1922 Reichsaußenminister **Walter Rathenau** im offenen Wagen ermordet. Er war auf dem Weg von seinem Haus in der Koenigsallee ins Außenministerium, als die rechtsextremen Attentäter sein Auto in der Kurve überholten, auf ihn schossen und eine Handgranate hineinwarfen. Ein **Gedenkstein (4)** auf der anderen Straßenseite erinnert an den Anschlag, der damals landesweite Empörung und Demonstrationen für die Weimarer Republik auslöste.

In der kaiserzeitlichen Großvilla in der Wallotstraße 19 (links) ist 1981 unter dem damaligen Berliner Wissenschaftssenator Peter Glotz das **Berliner Wissenschaftskolleg (5)** mit heute weltweitem Ansehen gegründet worden *(www.wiko-berlin.de)*. Hier und in benachbarten Häusern leben jeweils für ein Jahr ca. 40 hochkarätige Wissenschaftler und bilden eine Forschungsgemeinschaft auf Zeit. Gleich links hinter dem parkartigen Villengarten führt ein Fußweg hinunter an das idyllische Südufer des Halensees. Nach Überqueren der Koenigsallee geht's in die Herbertstraße. Auf der linken Seite erhebt sich das ehemalige Grunewald-Gymnasium, das 1946 in **Walther-Rathenau-Schule (6)** umbenannt wurde. In den 1920er-Jahren waren ein Drittel der Schüler jüdisch, darunter Dietrich Bonhoeffer und Hans von Dohnanyi, die im Widerstand gegen Hitler ihr Leben verloren.

Wissenschaft im herrschaftlichen Rahmen

Am sternförmigen, landschaftlich geprägten **Johannaplatz**, benannt nach der Ehefrau Otto von Bismarcks, biegen Sie rechts in die Lynarstraße. Ganz am Ende sieht man links an der Herthastraße 1 das prächtige schmiedeeisernes Portal der ehemaligen Villa Koenigs, zu dem die Bauten aus den 1960er-Jahren einen hässlichen Kontrast bilden. In der Herthastraße Nr. 5 steht das ehemalige Pförtnerhaus und die zu Wohnungen umgebauten Stallungen des **Palais Mendelssohn**. Der heutige Haupteingang des Palais liegt an der Bismarckallee 23. Die 1899 für den Bankier **Franz von Mendelssohn** im englischen Landhausstil mit Landschaftspark errichtete schlossartige Villa wurde zum Mittelpunkt des kulturellen und geistigen Gedankenaustauschs mit vielen Wohltätigkeitskonzerten, an denen z. B. der junge Yehudi Menuhin, Max Planck, Albert Einstein und selbst Kaiser Wilhelm II. teilnahmen. Die Familie Mendelssohn, Nachkommen von Moses Mendelssohn (s. S. 120), hatten am wirtschaftlichen Aufstieg Berlins großen Anteil und wurden von den Nazis vertrieben. Die im Krieg schwer beschädigte und 1957 von den Erben verkaufte Villa wird heute vom Johannischen Sozialwerk als **St.-Michaels-Heim (7)** mit Sozialstation, Kirche, Tagungsräumen, Jugendgästehaus und 3-Sterne-Hotel betrieben (s. auch S. 174, Brasserie im Park).

Prächtige Portale

Entlang der Koenigsallee

Sphinxartige Fabelwesen

Die Bismarckallee führt über die Bismarckbrücke, die von Obelisken, Vasen und vier sphinxartigen Fabelwesen geziert wird. Von hier ergeben sich reizvolle Blicke auf Hubertus- und Herthasee. Die Delbrückstraße, in der **Walter Benjamin** als Kind um 1900 aufwuchs, führt rechts zur Koenigsallee, an deren Ecke sich die gigantische **Villa Walther (8)** erhebt (Koenigsallee 20). Sie war 1912 von einem russischen Adligen in Auftrag gegeben worden, der aber pleite ging. Der Architekt Wilhelm Walther war dadurch finanziell ruiniert und soll sich kurz nach ihrer Fertigstellung 1917 im Turm erhängt haben. Nach Kriegsschäden und langem Leerstand wird das Gebäude heute vom **Berliner Wissenschaftskolleg** und vom **Rumänischen Kulturinstitut** genutzt *(www.icr.ro)*. Die zum Herthasee hinunterführende Gartenanlage ist öffentlich zugänglich.

Künstlerateliers

Sie folgen nun der Koenigsallee in südliche Richtung. Der Name geht auf den Bankier Felix Koenigs zurück, Mitbegründer und Finanzier der Villenkolonie. Nach 200 m steht auf der linken Seite (Nr. 30/32) das **Löwenpalais (9)**. Der prunkvolle Bau mit kupferner Kuppel und den zwei Steinlöwen war 1904 für die Brauereibesitzerin Emilie Habel errichtet und später in 30 Luxuswohnungen aufgeteilt worden. Heute bietet die gemeinnützige **Kunststiftung Starke** jungen Künstlern Wohn- und Arbeitsateliers zur temporären Nutzung *(www.stiftungstarke.de)*.

Nach 150 m auf der rechten Straßenseite erinnert eine Tafel (Nr. 45) an **Vickie Baum**, die hier mit ihrer Familie lebte. Ihr Mann Richart Lert war Generalmusikdirektor an der Staatsoper, ihre Kinder gingen ins Grunewald-Gymnasium. Zur Verfilmung ihres Erfolgsromans „Menschen im Hotel" reiste sie nach Hollywood und siedelte wegen des wachsenden Antisemitismus 1932 endgültig in die USA um.

Über die Bismarckallee zur Grunewaldkirche

Kurz danach zweigt die Bismarckallee ab. In dem 1928 für den Kommerzienrat Ernst Schmidt gebauten Landhaus (Nr. 46/48) veranstaltet seit 1964 die **Europäische Akademie Berlin** internationale Tagungen mit europäischen Schwerpunktthemen *(www.eab-berlin.de)*. Beachtenswert ist das schöne Gittereingangstor der repräsentativen Nachbarvilla (Nr. 44).

Finanzstarke Gemeinde

Für den Bau der 1904 eingeweihten evangelischen **Grunewaldkirche (10)** benötigte man aufgrund der finanzstarken Gemeinde nicht einmal zwei Jahre. Dem Charakter der Villenkolonie entsprechend, verwendete man gelbgrauen Tuffstein anstelle des üblichen roten Backsteins. Zu berühmten Gemeindemitgliedern gehörten Adolf von Harnack, Max Planck, der hier konfirmierte Dietrich Bonhoeffer und Franz von Mendelssohn, der die Orgel stiftete. Heute ist das im Krieg beschädigte und wieder hergestellte Gotteshaus in ganz Berlin durch regelmäßige Konzertveranstaltungen bekannt *(www.grunewaldgemeinde.de)*.

Über die Wernerstraße zur Brahmsstraße

Wer möchte, dreht eine Runde um die Kirche, um dann der nach Süden führenden Wernerstraße zu folgen. Die wie ein Renaissancegebäude aussehende Villa von 1895 (Wernerstr. 1–3) war ursprünglich das **Amtshaus der Villenkolonie (11)** und bis 2008 Sitz der Grunewalder Feuerwehr. Vor dem Eckgrundstück zur Toni-

Lessler-Straße 2 erinnert eine Tafel an den in den 1930er-Jahren populären Schauspieler **Joachim Gottschalk**, der standhaft die von den Nazis verlangte Scheidung von seiner jüdischen Frau Meta verweigerte. Als sie auf persönliche Anweisung von Goebbels ins KZ Theresienstadt deportiert werden sollte, bat er Goebbels, sie begleiten zu dürfen, was dieser nicht genehmigte. Daraufhin vergiftete sich der Schauspieler zusammen mit seiner Frau und Sohn Michael.

Die Toni-Lessler-Straße führt auf die Richard-Strauss-Straße (rechts abbiegen). Im Haus Nr. 22 lebte bis 1933 der Jurist **Max Alsberg**, der für seine aufsehenerregenden Prozesse berühmt wurde, u. a. verteidigte er Carl von Ossietzky. Aufgrund der Repressionen gegen jüdische Anwälte emigrierte er in die Schweiz und nahm sich dort aus Verzweiflung das Leben.

Standesgemäß im Schlosshotel

Auf der nach links abzweigenden Brahmsstraße erreicht man das **Schlosshotel Grunewald (12)** mit seiner wahrlich opulenten Schlossarchitektur *(www.schlosshotelberlin.com)*. Der Justitiar des Kaisers und Kunstsammler Dr. Walther von Pannewitz ließ hier 1914 eines der größten Bauwerke der Villenkolonie errichten. Nach dessen Tod, langem Leerstand und Nutzung als kroatische Botschaft wurde es ab 1951 als Luxushotel Gehrhus zum angesagten Promitreffpunkt. Hier heiratete 1976 Romy Schneider ihren Sekretär Daniel Biasini. Nach erneuten Niedergang kaufte der Hotelier Michael Zehden das Haus und ließ es im Inneren nach historischem Vorbild ausbauen und von Karl Lagerfeld einrichten. Prominenter Gast war im Sommer 2006 die **deutsche Nationalmannschaft**, die zur Fußball-WM hier ihr Quartier bezog. Heute gehört das Hotel zur spanischen Alma-Gruppe. Im Haus daneben (Nr. 1–2) wohnte 1996–98 Hildegard Knef, die allein in Berlin 16 verschiedene Wohnorte hatte.

Über die Griegstraße zur Koenigsallee

Architektonische Bandbreite

Nach Überqueren der Hagenstraße folgen Sie dem Wildpfad. Auf dem Eckgrundstück (Nr. 5) zur Bernadottestraße präsentiert sich das 1922 errichtete, stolze **Landhaus Löwenstein** mit breiter Freitreppe und Eingangsportal. Nun geht es rechts in die Griegstraße. Das malerische **Schlösschen (13)** auf der linken Seite (Nr. 41) sieht man besser von Nr. 39 aus. Beide Wohnhäuser entstanden in den 1920er-Jahren und könnten architektonisch kaum unterschiedlicher sein.

Auf der nach links abzweigenden Regerstraße erinnert auf dem linken Gehweg vor der Nr. 8 eine Gedenktafel an den hier wohnenden **Lion Feuchtwanger (14)**, einen der populärsten Schriftsteller der Weimarer Republik. Er warnte schon früh vor dem Aufstieg Hitlers und bezeichnete Berlin 1930 als „eine Stadt voller zukünftiger Emigranten“. Als er mit seiner Frau Marta 1933 auf einer Auslandsreise war, plünderte die SA das Haus. Das Paar kehrte nicht wieder nach Deutschland zurück.

Zurück auf der Griegstraße taucht rechts (Nr. 14) ein edles, wie ein **Rokokopalais** erscheinendes Landhaus von 1924 auf, das später in eine Klinik für plastische Chirurgie umgebaut wurde. Das Anwesen Nr. 5/7 wirkt wie ein feudaler Landsitz. Errichtet 1929 für den Textilfabrikanten Siegfried Heidemann, übernommen 1936 von der Brinkmann AG, richtete sich hier 1974 das Wissenschaftszentrum Berlin und seit Mai 2001 die **Kuwaitische Botschaft (15)** ein. Der jüdische Architekt des Baus, Paul Salinger, verstarb 1942 mit seiner Frau in Theresienstadt.

Prominenter Kritiker

Eine Gedenktafel an der Höhmannstraße Nr. 6 erinnert an den von 1921–29 hier wohnenden Starkritiker **Alfred Kerr**, dessen Kritiken über Erfolg und Misserfolg im Theater entschieden. Politisch eher links stehend, erfuhr er durch einen Grunewalder Polizisten von der bevorstehenden Verhaftung durch die Nazis und floh 1933 nach Prag und später weiter nach London. Eine weitere Gedenktafel steht in der Douglasstraße Nr. 10, wo er mit seiner Familie bis zur Emigration 1933 lebte. In dem Buch „Als Hitler mein rosa Kaninchen stahl" berichtet seine Tochter Judith Kerr über ihre Kindheit im Grunewald und die überstürzte Flucht.

Links am Ende der Höhmannstraße (Nr. 10) hatte der erwähnte Architekt Paul Salinger nach dreijähriger Bauzeit 1930 die Landhausvilla mit Chauffeurshaus für den Verleger **Louis Ullstein (16)**, einen der vier Söhne des Verlagsgründers, fertiggestellt. Leider ist nur das Eingangsportal zu sehen, auf das die große Auffahrt zuführt. Die 28-Zimmer-Villa diente ab 1945 dem britischen Stadtkommandanten und seit 1957 dem britischen Botschafter als Residenz, in der mehrfach die Queen nächtigte. Direkt gegenüber dem Eingangstor führt eine Treppe hinunter zur Koenigsallee, die Sie nach rechts ein Stück hinauflaufen.

Koenigsallee und Gustav-Freytag-Straße

Botschafterresidenzen

Auf der rechten Seite erhebt sich die stolze Residenz des türkischen Botschafters (Nr. 64). Die 1913 für den Bankier **Erich Goldschmidt** gebaute Villa stand nach Enteignung der Nazis jahrelang leer und diente später als DRK-Wohnheim. Die gleichfalls elegante nördliche Nachbarvilla (Nr. 62) war in Besitz von **Dr. Carl Roderbourg (17)** der Varta AG, dessen Tochter Helga Lee hier aufwuchs und als Prinzessin von Schaumburg-Lippe bis 1940 mit Ehemann Max hier wohnte. Heute wird im ehemaligen Gesellschaftsraum **Meißner Porzellan** ausgestellt und verkauft *(www.villa-roderbourg.de, Mo–Sa 11–18 Uhr)*. Am Zaun des Anwesens Nr. 65 gegenüber erinnert eine Tafel an **Walther Rathenau**, der in der 1910 erbauten Villa, an dessen Entwurf er selbst mitwirkte, bis zu seiner Ermordung 1922 lebte.

Traditionsreicher Tennisclub

Sie gehen die Koenigsallee etwas zurück und biegen in die Gustav-Freytag-Straße ein, deren noble Privatgrundstücke linksseitig zum Hundekehlesee abfallen. In der weißen Villa schräg gegenüber (Nr. 8) lebte **Ilse Werner**, die als beliebter Filmstar im Zweiten Weltkrieg das deutsche Publikum mit Gesang und Pfeifen („Wir machen Musik") unterhielt. Nach der Kurve lohnt ein Blick links in den nach dem Tennisspieler benannten Gottfried-von-Cramm-Weg. Am Ende befinden sich die Anlagen des traditionsreichen Berliner Tennisclubs LTTC Rot-Weiß mit dem **Steffi-Graf-Stadion**, in dem etliche Davis-Cup-Spiele ausgerichtet wurden. Die 1923 für den Direktor der Papierfabrik Köslin errichtete **Konschewski-Villa (18)** gleicht einem Rokokoschlösschen mit Barockflügeln und wird auch heute als noble Wohnadresse mit üppiger Terrassenanlage zum See dahinter genutzt.

Über Douglas- und Bettinastraße zurück zum Bahnhof

Die Gustav-Freytag-Straße führt auf die Douglasstraße, wo rechts in der Nr. 2 der irische Botschafter residiert. Das Haus war 1929 für den **Generaldirektor der**

Blick ins Innere der Villa Harteneck

I.G. Farben im Stile der Moderne errichtet worden. Die **Villa Harteneck (19)** gegenüber (Nr. 23) ist eine der schönsten Anlagen aus der Kaiserzeit. Errichtet 1910 für den Chemiefabrikanten Carl Harteneck, hatte hier später der in der NS-Zeit als Widerständler ermordete Abwehrchef Canaris seine Dienststelle. Der schöne Gartenbereich mit Pergola und Brunnen ist öffentlich zugänglich, in die prachtvollen Innenräume ist ein **Designermöbelladen** eingezogen *(www.villa-harteneck.de, Mo–Sa 10–18 Uhr).*

Prominente Bewohner

Die Douglasstraße in westlicher Richtung führt zur Nr. 22, wo der 1927 in die USA übergesiedelte Stummfilm-Regisseur **Friedrich Wilhelm Murnau** ein Wohnrecht auf Lebenszeit besaß. In der monumentalen Villa des Bankiers **Julius Erxleben (20)** am Knick der Douglasstraße (Nr. 24–28) wohnten u. a. die Opernsängerin Renate Holm sowie die Schauspielerin Ursula Meissner, die als 20-Jährige den jüdischen Organisten Konrad Latte mit seinen Eltern versteckte. Latte gründete später das Berliner Barockorchester, das er bis 1997 leitete. Sie folgen der Bettinastraße. In die 14-Zimmer-Villa Nr. 12 war 1978 die in Berlin Schöneberg aufgewachsene **Hildegard Knef** zusammen mit Ehemann **Paul von Schell** und Tochter Christina eingezogen. Doch „von nun an ging's bergab“ und sie zog vier Jahre später wegen Mietschulden aus, um in Hollywood ihr Glück zu suchen. In der Bettinastraße Nr. 4 lebte der Verleger **Hans Ullstein (21)**, der älteste von fünf Söhnen des Verlagsgründers, bis zu seinem Tod 1935. Heute wird das Haus von einer psychiatrischen Klinik genutzt.

Auf der zum Bahnhof leicht ansteigenden Fontanestraße passieren Sie auf der rechten Seite eine an **Max Reinhardt** erinnernde Gedenktafel. Dem bedeutendsten Theaterregisseur Berlins, der im Vorgängerbau von Nr. 8 bis 1905 wohnte, war nach der Machtergreifung der Nazis von Goebbels die sogenannte „Ehren-Arierschaft“ angeboten worden, was dieser empört zurückwies. 1933 verließ er Berlin und emigrierte später in die USA.

Reisepraktische Informationen Villenkolonie Grunewald

Essen und Trinken

Brasserie im Park (1), *Bismarckallee 23, ☎ 89688660, www.st-michaels.de, tgl. 7–23 Uhr. Restaurant/Cafeteria, günstiger Mittagstisch, herrlicher Biergarten am See.*
Scheune (2), *Eichkampstr. 155 (am westlichen Ausgang des S-Bahnhofs), ☎ 8924903, tgl. 11–24, Küche bis 22 Uhr. Gemütliches Lokal mit Biergarten, lokale Küche 10–14 €.*

Olympiapark Berlin

Spaziergang durch den Olympiapark Berlin

Anfahrt: *U-Bhf. Olympiastadion (U2)*
Dauer: *4–5 Std. (5–7 km)*

U-Bahnhof Olympiastadion und BVG-Museum (1)

Bereits 1913 entstand zeitgleich mit dem Deutschen Stadion der U-Bahnhof, der anlässlich der Olympiade von 1936 noch einmal ganz neu gebaut wurde. Im denkmalgeschützten Empfangsgebäude befindet sich das U-Bahnmuseum der Berliner Verkehrsbetriebe (BVG), u. a. mit dem seinerzeit größten Hebelstellwerk Europas. **BVG-Museum**, *☎ 25627171, www.bvg.de, jeden 2. Sa im Monat 10.30–16 Uhr, 2 €.*

Olympiastadion (2) und Olympiagelände

Gigantische Ausmaße

Alleine die Ausmaße des Olympischen Platzes erscheinen unendlich. Er ist Teil des 132 ha großen Olympiageländes, des am besten erhaltene Bauzeugnisses der NS-Architektur. Zum sogenannten Reichssportfeld gehören Eishockey-, Reit- und Schwimmstadion sowie Tennisplätze, Maifeld, Waldbühne, Glockenturm und das Sportforum aus den 1920er-Jahren. Die beiden Pylonen mit den Olympischen Ringen markieren das Osttor, wo sich das **Besucherzentrum** befindet. Dahinter erhebt sich das wahrscheinlich geschichtsträchtigste **Sportstadion** Deutschlands. Ursprünglich stand hier das Deutsche Stadion, geplant für die Olympiade 1916, die aber wegen des Ersten Weltkriegs nicht stattfand. Für die **Olympiade 1936** ordnete Hitler den Neubau eines Großstadions mit 100.000 Plätzen an. Die vom Architekten Werner March geplanten modernen Stahl- und Glasfronten passten nicht zur nationalsozialistischen Orientierung an antiken Spielstätten und wurden durch Muschelkalk ersetzt. Allerdings konnte March dem Monumentalen entgegenwirken, indem er das Spielfeld um 12 m absenkte und dadurch nach außen nur der Oberring sichtbar ist.

Anlässlich des **Sommermärchens** der Fußball-WM 2006 ist das historisch belastete Stadion aufwendig modernisiert worden und zieht im Inneren die Besucher in seinen Bann. Die Tartanbahn um den Rasen ist tiefblau, die Vereinsfarbe des Hauptnutzers und Bundesligisten Hertha BSC. Das über den rund 75.000 Plätzen „schwebende" Dach lässt die Wucht der Steine leichter erscheinen. Im Stadion gibt's ein Bistro, einen Hertha-Fanshop und sogar eine Kapelle für heiratswillige

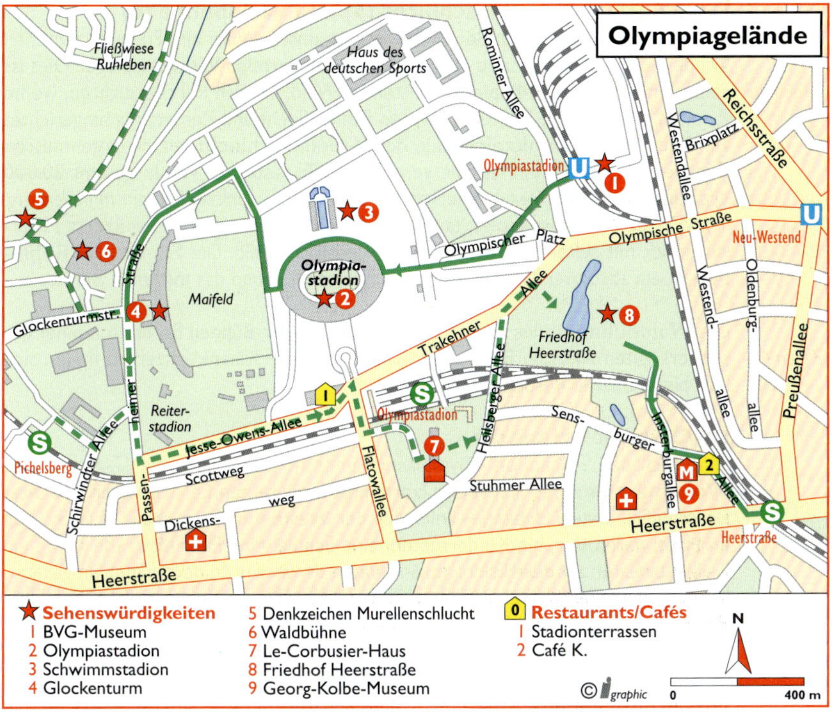

Fußballerherzen. Auf dem Weg entlang dem 800 m langen Stadionumlauf taucht auf der Nordseite das (öffentliche) **Schwimmstadion (3)** auf. Am westlichen Stadiontor, dem Marathontor, sind Dach und Tribünen unterbrochen, an den Wandtafeln sind die Olympioniken von 1936 verewigt.

Besucherzentrum am Osttor, ☎ *25002322, www.olympiastadion-berlin.de, tgl. 9–19 (im Sommer bis 20, im Winter bis 16) Uhr, Eintritt Stadion 7 € (inkl. Glockenturm). Bei Veranstaltungen (oft samstags) ist der Besuch nicht möglich.*

Glockenturm (4)

Der Weg zum Glockenturm (ca. 900 m westlich des Marathontors) führt ein Stück über das nördliche Olympiagelände, das zu Ost-West-Zeiten britisches Hauptquartier war. Die Spiele von 1936 avancierten zu einem Propagandafeldzug des Dritten Reiches, weshalb das ehemalige Reichssportfeld historisch gesehen einen problematischen Ort darstellt. Unten im Glockenturm zeigt eine ausgezeichnete multimediale Ausstellung die geschichtlichen Zusammenhänge auf. Nach oben führt ein gläserner Expresslift. Von 77 m Höhe hat man eine **fantastische Aussicht** auf Stadion und Gelände, Berliner Innenstadt und die weite Wald- und Seenlandschaft vom Grunewald bis nach Potsdam. *Geschichtsausstellung*

Glockenturm, ☎ *3056123. www.glockenturm.de, tgl. 9–18, (im Winter 10–16) Uhr, 7 € (inkl. Stadion), Anfahrt: S-Bahnhöfe Olympiastadion oder Pichelsberg.*

Denkzeichen Murellenschlucht (5) und Waldbühne (6)

Mahnmal

Von der Glockenturmstraße zweigt etwas unscheinbar ein Fußweg zwischen Waldbühne und Parkplatz ab, markiert mit einem großen Verkehrsspiegel. Dies ist einer von insgesamt 104 Spiegeln mitten im Wald, die sich dort verdichten, wo im Zweiten Weltkrieg 232 Soldaten wegen Fahnenflucht und Zersetzung hingerichtet wurden. Mit dem **Denkzeichen** in der **Murellenschlucht** will die argentinische Künstlerin Patricia Pisani auf die verdrängten Todesurteile von insgesamt 20.000 Wehrmachtsangehörigen aufmerksam machen *(www.denkzeichen-am-murellenberg.de)*. Wer dem Waldweg folgt, taucht bald in eine geheimnisvoll umwitterte Moorlandschaft mit seltenen Wasserpflanzen und Bruchwald: Die **Fließwiese Ruhleben** ist ein absoluter Geheimtipp für Naturfreunde, und das mitten in Berlin.

Open-Air-Bühne

Die **Waldbühne** ist der Favorit unter den Open-Air-Bühnen Berlins mit einer besonders guten Akustik. Bei den großen Rock- oder Klassikkonzerten finden sich hier bis zu 22.000 Besucher ein.

Le-Corbusier-Haus (7)

Südöstlich des S-Bahnhofs Olympiastadion steht auf Pfeilern die 17-geschossige **Wohnmaschine** des Schweizer Jahrhundertarchitekten Le Corbusier, errichtet als visionäre *Unité d'Habitation* anlässlich der Westberliner Interbau '57 (s. S. 140). Im Haus waren u. a. ein Kindergarten, eine Schule, eine Einkaufsstraße sowie ein Freilichttheater auf dem Dach geplant, kaum etwas wurde davon aber umgesetzt. Heute leben in dieser kleinen Stadt, die von 140 m langen "Innenstraßen" erschlossen wird, ca. 1000 Bewohner in 557 Wohnungen. Leider sind fast alle Praxen und Läden bis auf einen Kiosk verschwunden. Wer mit dem Lift nach oben fährt und irgendwo aussteigt, erschrickt beim Anblick der langen Gänge.

Le-Corbusier-Haus, *www.corbusierhaus-berlin.de; Kiosk ☎ 30201650, bis 22 Uhr; Ausstellungen gibt es gelegentlich bei Frau Goldmann, 8. Straße, Wohnung 158, Raum 9.*

Diskuswerfer im Olympiapark mit Le Corbusier-Haus im Hintergrund

Friedhof Heerstraße

info

Der **landschaftlich schönste Friedhof Berlins (8)** liegt nicht an der Heerstraße, war aber ursprünglich für die Bewohner der dortigen Villenkolonie vorgesehen. 1924 als interkonfessioneller Park- und Waldfriedhof angelegt und 1945 wegen der vielen Kriegstoten auf 15 ha erweitert. Zunächst geht es steil abwärts zum idyllischen Sausuhlensee im Zentrum. Dabei entdeckt man zahlreiche Grabanlagen von Prominenten, die oftmals kunstvoll, aber nicht pompös, gestaltet sind. Unter anderem haben hier der Dichter **Joachim Ringelnatz**, der Maler **George Grosz**, der Psychiater **Karl Bonhoeffer**, die Schauspieler **Horst Buchholz**, **Evelyn Künnecke** und **Klaus Jürgen Wussow**, der FDP-Politiker **Günter Rexrodt**, die Verlegerfamilie **Franz Ullstein**, der in der Nähe wohnende Künstler **Georg Kolbe** oder **Bubi Scholz** mit eingravierten roten Boxhandschuhen ihre letzte Ruhe gefunden. Im August 2011 ist auch **Loriot** im historischen Familiengrab der von Bülows am unteren Weg beigesetzt worden, der auf die Frage nach dem Text im Grabstein geantwortet hatte: „Der Name wäre günstig."

Das Buch „Waldfriedhof Heerstraße" von Hans-Jürgen Mende ist in der Friedhofsgärtnerei Haase erhältlich (am Haupteingang Trakehner Allee 1, ☏ 2847 1708). Der südliche Ausgang führt unter einer Brücke zum Georg-Kolbe-Hain an der Sensburger Allee, die nach Osten zum Georg-Kolbe-Museum verläuft.

Georg-Kolbe-Museum (9)

In dem 1928/29 nach Wünschen Georg Kolbes erbauten Atelierhaus sind viele seiner Werke ausgestellt. Im ehemaligen Maleratelier des Nachbarhauses, in dem der Künstler mit Familie bis zu seinem Tod 1947 wohnte, kann man sich im **Café K** stärken. Insbesondere die im Garten gelegene Terrasse bietet eine friedvolle Atmosphäre mit Blick auf die Skulpturen und den plätschernden Tänzerinnenbrunnen. Der Sensburger Allee folgend ist man nach 5 Min. am S-Bahnhof Heerstraße.
Georg-Kolbe-Museum, *Sensburger Allee 25, ☏ 3042144, www.georg-kolbe-museum.de, Di–So 10–18 Uhr, 5 €.*

Wegkommen:
S-Bhf. Heerstraße (S5)

Reisepraktische Informationen Olympiapark Berlin

Essen und Trinken

Café K (2), *Sensburger Allee 26, ☏ 30812275, www.cafe-k.com, Di/Mi, Fr–So 10–18, Do 10–22 Uhr. Kaffee und Kuchen ebenso wie Tagesgerichte.*
Ausbildungsrestaurant Stadionterrassen (1), *Jesse-Owens-Allee 2, ☏ 93952 226, Mo–Fr 10–17 Uhr, So evtl. Brunch. Saisonal-regionale Speisen zu niedrigen Preisen.*

Friedrichshain-Kreuzberg

Redaktionstipps

Kreuzberg

➤ **Viktoriapark**: Einen Berggipfel mit Wasserfall erklimmen, mitten in Berlin (S. 180).

➤ Im **Chamissokiez** einen Zeitsprung in die Gründerzeit unternehmen (S. 182).

➤ Auf der **Bergmannstraße** und in der **Markthalle am Marheinekeplatz** eine kulinarische Weltreise machen (S. 182).

➤ In der spektakulären Architektur des **Jüdischen Museums** hautnah deutsch-jüdische Geschichte erleben (S. 183).

➤ Im Multi-Kulti-Treiben der **Oranienstraße** Ausgefallenes entdecken (S. 190).

➤ Auf einer **U-Bahnfahrt** mit der U1 vom Gleisdreieck bis Warschauer Brücke spannende Ein und Ausblicke erhalten.

Friedrichshain

➤ Szenig: der **Flohmarkt am Boxhagener Platz** (S. 203).

➤ Im Tanztempel **Berghain** Zeit und Raum vergessen (S. 203).

➤ Im **Café Sibylle** an der Karl-Marx-Allee neben Kaffee und Kuchen ein Stalinohr entdecken (S. 206).

➤ **East Side Gallery**: Entlang der längsten Open-Air-Galerie der Welt flanieren (S. 208).

➤ Street Art, den Molecule-Man und die schönste Spreebrücke **rund um die Oberbaumbrücke** entdecken (S. 209).

Der zentrale Bezirk umfasst die durch Spree und ehemalige Mauer getrennten Teile Kreuzberg (West) und Friedrichshain (Ost). Er ist mit 20 km² Fläche der kleinste Bezirk, aber mit 275.000 Einwohnern sehr dicht besiedelt – und ungemein spannend.

Kreuzberg

Spätestens seit den 1980er-Jahren erlangte **Kreuzberg** Berühmtheit als Eldorado der alternativen Hausbesetzerszene, als Multi-Kulti-Bezirk mit vielen türkischstämmigen Bewohnern sowie als Schauplatz von Straßenkrawallen besonders am 1. Mai. Die Zeiten, in denen brave Touristen einen Bogen um das „gefährliche“ Pflaster machten oder Eltern versuchten, ihren Sprösslingen den Einzug ins Kreuzberger WG-Zimmer auszureden, gehören inzwischen zur Vergangenheit: Der Fall der Mauer rückte Kreuzberg von seiner Randlage ins geografische Zentrum der Stadt. Die Mieten stiegen, sichtbare Armut trifft heute auf versteckten Reichtum neu Zugezogener. Dennoch ist Kreuzberg ein Ort für alternative Lebensformen geblieben.

Im Kiez des **„wilden“ Kreuzberg**, dem **Bezirk SO 36** (benannt nach einem alten Postbezirk) rund um die Oranienstraße findet man höchst ausgefallene Läden, jede Menge Szenekneipen, legendäre Bars und Clubs, historische Gewerbehöfe und interessante Moscheen. Nicht ganz so wild und deutlich schmucker präsentiert sich der westliche Szenekiez von Kreuzberg, der **Bergmannkiez** rund um die Bergmannstraße mit seinen Restaurants, Straßencafés und originellen Geschäften. Der **Chamissokiez** rund um den Chamissoplatz gehört zu den schönsten Gründerzeitvierteln Berlins. Auf dem **Kreuzberg** findet man eine wohltuende grüne Oase mit Topaussicht und begreift, wie Kreuzberg zu seinem Namen kam. Der im Krieg schwer zerstörte **nördliche Teil Kreuzbergs** reicht vom Halleschen Tor bis zum Checkpoint Charlie. Hier wohnen im Kontrast zur edlen Friedrichstraße in nördlicher Fortsetzung deutlich ärmere Menschen, meist im auslaufenden sozialen Wohnungsbau. Bedeutende Einzelbauten sind Jüdisches Museum, Berlinische Galerie, Anhalter Bahnhof oder Technikmuseum.

Namensgebender Berg

Spaziergang durch den „zahmen" Kreuzberger Westen

Anfahrt: *U-Bhf. Mehringdamm (U6, U7), Ausgang Yorckstraße/Rathaus*
Dauer: *2 Std. (3,5 km)*
Karte: *S. 180*

Mehringdamm, Curry 36 und Sarotti

Gleich am U-Bahnausgang trifft man auf eine freistehende Imbissbude, vor der ab nachmittags bis in den tiefen Abend junge Einheimische und Touristen geduldig Schlange stehen. **Mustafa's Gemüse Kebap** ist von rund 2000 Dönerläden in Berlin der bekannteste und zeichnet sich durch frische Zutaten aus. Kurz dahinter folgt **Curry 36**, DIE Döner-Institution in Kreuzberg seit 1980. Hinter der Kreuzung geht es den belebten Mehringdamm nun auf der anderen Straßenseite weiter, vorbei an der typischen Baustruktur der Altbauten mit ihren Souterrainläden. Ein gutes Beispiel der „Kreuzberger Mischung" aus Wohnen und Arbeiten sind die **Sarotti-Höfe (1)**. Der Durchgang von Haus Nr. 55 führt zunächst durch einen schmalen Wohnhof, der sich zu einem Gewerbehof mit alten Fabrikgebäuden weitet, die der Konditor Hugo Hoffmann ab 1882 für seine Schokoladenfabrik Sarotti errichten ließ. Aufgrund der beengten Arbeitsverhältnisse zog Hoffmann 1913 in eine neue Fabrik nach Tempelhof um, aber bis heute ziert der berühmte Sarotti-Mohr die Wand über dem Durchgang, hinter dem man rechts zurück zum Mehringdamm kommt. Zwei Häuser weiter überrascht der Blick in den Hinterhof Nr. 61: Das **Schwule Museum** ist das weltweit einzige Museum, das sich der Emanzipationsgeschichte deutscher Homosexueller widmet.

Currywurst und Gewerbehöfe

Schwules Museum, *Mehringdamm 61, ☎ 69599050, www.schwulesmuseum.de, Mi–Mo 14–18 Uhr, 5 €.*

Hier überqueren Sie die verkehrsreiche Straße, laufen den Mehringdamm zurück bis zur Yorckstraße und biegen in diese links ein. Integriert in die Vorderhausfassaden ragen die beiden Türme der katholischen **St.-Bonifatius-Kirche (2)** 75 m hoch in den Himmel. Um den mächtigen Kirchenbau 1906 zu finanzieren, plante die Gemeinde gleichzeitig Wohnhäuser auf dem Grundstück, passend zur Kirche im neogotischen Stil aus rotem Backstein. Durch den Eingang Nr. 89 gelangt man in den schönen Wohnhof und umrundet die Kirche. Auf dem Gehweg vor der Kirche erinnern Stolpersteine an Angehörige der weit verzweigten Familie Rothschild, die hier wohnte und im NS-Staat deportiert wurde *(offene Kirche Do 16–19 Uhr)*. Das schmucklose **Rathaus Kreuzberg** gegenüber war 1958 das erste Hochhaus im Bezirk und bietet von der verglasten, öffentlich zugänglichen Cafeteria im 10. Stock eine tolle Aussicht.

Kantine mit Aussicht

Riehmers Hofgarten (3)

Neben dem Yorck-Kino schließt sich eine prunkvolle Fassade an. Durchläuft man den hohen Rundbogen mit den beiden mächtigen Figuren Atlas und Herkules und geht über das Kopfsteinpflaster weiter nach innen, öffnet sich eine ruhige, idyllische Welt aus dem 19. Jh., **Riehmers Hofgarten**. Anders als bei den Berliner Hinterhof-Mietskasernen üblich, legte der Maurermeister Wilhelm Riehmer eine Privatstraße über sein Grundstück, gruppierte 1881–99 rund 20 repräsentative Wohnhäuser um die gärtnerische Anlage und zog damit Mieter aus dem Beamten- und

Riehmers Hofgarten: luxuriös sanierte Wohnanlage

Bürgertum an. Bis auf einen zerstörten Seitenflügel, der mit dem Neubau der Yorck-Kinos ersetzt wurde, gab es hier kaum Kriegsschäden. Allerdings löst sich derzeit die alte, gewachsene Mieterstruktur auf, da ein neuer Eigentümer die Wohnungen luxuriös saniert und zu hohen Preisen „auf Zeit“ vermietet. Nach rechts verlässt man die Anlage und biegt links in die Großbeerenstraße, die in die Kreuzbergstraße mündet.

Kreuzberg, Viktoriapark

Minigebirge und Wasserfall

Vor der bevorstehenden Gipfelbesteigung begegnet man am Fuß des 66 m hohen Kreuzbergs der Bronzestatue eines Fischers, der eine Nixe aus dem Wasser des hier endenden Wasserfalls zieht. Allerdings wird im Winter die Natur abgestellt und das natürlich wirkende Wasserbett mit seinen Natursteinen bleibt trocken. Ab 1888 hatte der Berliner Stadtgartendirektor Hermann Mächtig eine gebirgsähnliche Landschaft mit engen Wegen, Schluchten und Wasserläufen geschaffen. Östlich (links) vom Wasserfall befindet sich der interessantere Teil des Minigebirges mit Wolfsschlucht und steilen Wegen, während der westliche Teil des Viktoriaparks von großen Wiesen und lauschigen Plätzen bestimmt wird. Oben führen weitere Stufen auf die **Plattform des Nationaldenkmals (4)** von Karl Friedrich Schinkel, 1821 eingeweiht zum Gedenken an die Befreiungskriege gegen Napoleon. Wie die Spitze einer gotischen Kathedrale ragt das gusseiserne Denkmal 20 m empor, an dessen Hauptfronten vier Kriegsschauplätze verzeichnet und in zwölf Nischen weitere Schlachten als Allegorien zu sehen sind. Ganz oben sieht man das erstmals als Tapferkeitsorden für diesen Krieg verliehene Eiserne Kreuz. Erst mit dem Denkmal erhielt der Berg seinen Namen, später übertragen auf den Berliner Bezirk. Von der **grandiosen Aussicht** auf das Berliner Stadtzentrum machen die Kreuzberger zu jeder Tages- und Nachtzeit regen Gebrauch.

Unter dem Nationaldenkmal

Das mächtige Gewölbe unter dem Denkmal mit **Fledermauskolonie**, Teilen der Quadriga vom Brandenburger Tor und weiteren Skulpturen kann zum Ende jeden Monats besichtigt werden *(genaue Termine und Anmeldung im Bezirksamt, Herr Langkat, ☎ 902982624).*

Methfesselstraße

Ein breiter Weg führt östlich vom Denkmal in einer langen Kurve auf die Methfesselstraße. Südlich schließt sich das ehemalige Tivoli-, später **Schultheiss-Brau-**

Sehenswürdigkeiten
1 Sarotti-Höfe
2 St. Bonifatius-Kirche
3 Riehmers Hofgarten
4 Nationaldenkmal im Viktoriapark
5 Schultheiss-Brauerei
6 Künstlerhöfe
7 Wasserturm am Chamissoplatz
8 Markthalle Marheinekeplatz
9 Jüdisches Museum
10 Ruine Anhalter Bahnhof
11 Luftschutzbunker
12 Deutsches Technikmuseum

Hotels
1 Riehmers Hofgarten
2 Pension Sarotti-Höfe

Restaurants/Cafés
1 Brachvogel
2 Mustafa's
3 Curry 36
4 Cafeteria Rathaus Kreuzberg
5 Bar Vereinszimmer
6 Osteria Nr. 1
7 Golgatha
8 Restaurant Z

Ausgehen
1 Horst Kreuzberg
2 SchwuZ
3 Yorckschlösschen
4 Haifischbar
5 Junction Bar

Einkaufen
1 Marheineke Markthalle
2 Grober Unfug
3 Ökomarkt Chamissoplatz

ereigelände (5) mit seinen denkmalgeschützten Industriebauten in Backsteingotik an, integriert in das neue Viktoria-Wohnquartier, durch das man eine Runde drehen kann. Der **Altbau Methfesselstraße Nr. 23** gehörte zur einstigen Villenkolonie Wilhelmshöhe, die am steil abfallenden Osthang ab 1871 entstand. An der dahinter verlaufenden, damals privaten Straße liegen noch Reste alter

Gartenanlagen mit Freitreppe und alten Bäumen. Ein Stückchen bergab erinnert eine Tafel an der Fassade des kriegszerstörten Hauses (Nr. 7) daran, dass hier **Konrad Zuse** 1941 den ersten Computer der Welt (Z 3) vorstellte. Von der Methfesselstraße führt östlich ein Weg durchs Grüne auf den Mehringdamm, den Sie nach rechts etwas hinauflaufen und an der Ampel überqueren.

Weltweit erster Computer

Auf der Fidicinstraße geht es ostwärts. In der Fidicinstraße 40 produzierte in den 1960er-Jahren die Metallfabrik Wittenbecher Reißverschlüsse, Propangasflaschen und Fernsehrahmen für Bildröhren. In dem ehemaligen Fabrikgelände gründete 1989 Kurt Mühlenhaupt die **Künstlerhöfe (6)**. Der 2006 gestorbene Künstler wurde als „Zille des Nachkriegsberlins" berühmt, einige seiner Gartenzwerge sind im Hof stehengeblieben. Heute befinden sich in der „F40" die Spielstätten für das Thikwa-Theater, das Kunst und Theater mit Behinderten macht, sowie das English Theatre Berlin, das einzige englischsprachige Theater der Stadt.

Rund um den Chamissoplatz

Sichtbares Wahrzeichen des Chamissokiezes ist der 45 m hohe **Wasserturm (7)** an der Ecke, dessen malerisches Backsteinensemble heute als Jugend- und Freizeitzentrum dient. Hier biegen Sie links in die Kopischstraße. Denkt man sich die Autos weg, fühlt man sich in diesem **schönen Gründerzeitviertel** mit Kopfsteinpflaster und historischen Wasserpumpen fast in das Berlin von vor 120 Jahren zurückversetzt. Hinter den üppigen Stuckfassaden herrschten damals allerdings katastrophale soziale Verhältnisse. Nach vorne wohnten die gehobenen Stände, je weiter hinten, desto armseliger wurde es.

Die im Krieg unversehrt gebliebene Gegend sollte vollständig abgerissen werden, bevor sie nach den Hausbesetzungen der 1980er-Jahre mustergültig saniert wurde. Ebenfalls original ist das gusseiserne Pissoir, das sogenannte Café Achteck. Herz des Quartiers ist der wunderschöne **Chamissoplatz**, benannt nach dem Schriftsteller und Naturforscher Adelbert von Chamisso. Sie folgen der Arndtstraße westwärts und gelangen über die Nostitzstraße nach wenigen Höhenmetern hinunter zur Bergmannstraße.

Café Achteck

Bergmannstraße und Markthalle am Marheinekeplatz

Die Bergmannstraße führt vom Mehringdamm bis zum Südstern, die eigentliche Flaniermeile mit zahlreichen Straßencafés, Restaurants und originellen Läden reicht bis zum Marheinekeplatz. Die früher kaum über ihre Grenzen bekannte Straße hat in den letzten 20 Jahren einen enormen Wandel vollzogen, von dem in Anbetracht der steigenden Mieten nicht jeder Anwohner begeistert ist. Während des gemütlichen Bummels auf der „alternativen" Meile in östliche Richtung passieren Sie Trödler und Antiquitätenhändler, Platten-, Blumen- und Buchläden sowie Designerläden. Aber vor allem ist die Straße beliebt als Schlemmermeile: Hier findet man für moderate Preise kulinarische Köstlichkeiten aus der ganzen Welt.

Ku'damm von Kreuzberg

Auf der linken Seite liegt die **Markthalle am Marheinekeplatz (8)**. Dem Engagement der Händler ist es zu verdanken, dass sie nach dem Krieg wieder aufgebaut wurde. Der Hallenimbiss links vom Haupteingang war früher der Drehort der Serie „Drei Damen vom Grill". Als eine der letzten Berliner Markthallen wurde sie

2007 komplett umgebaut, mit großen Glasfassaden versehen und der Nachfrage entsprechend auf Bio- und regionale Produkte umgestellt. Im Gegensatz zu früher ist alles viel heller, bunter und freundlicher, vielleicht ein wenig zu aufgeräumt. Bei Gorilla Fast Food verspeist man Biosandwiches und Biosuppen, oben gibt es ein Fair Trade Café und Verträge für sauberen Strom. Einzig der Döner ist verschwunden. Am anderen Ausgang der Halle trifft man auf den ruhigen Marheinekeplatz mit Sitzbänken und Wasserlauf, der **Passionskirche** sowie netten Restaurants.

Schmucke Bio-Markthalle

Markthalle, *Marheinekeplatz/Bergmannstr., Mo–Fr 8–20, Sa 8–18 Uhr.*

Wegkommen:
U-Bhf. Gneisenaustraße (U7) über die Zossener Str.(200 m)

Spaziergang ins „wilde" Kreuzberg

Wer zu Fuß ins „wilde" Kreuzberg möchte, dem sei folgende schöne Strecke (ca. 2,5 km) empfohlen: Als ruhige Radstraße führt die Bergmannstraße weiter ostwärts zum Südstern. Hinter der zentralen Kirche am Südstern geht's links entlang der nordwärts führenden Körtestraße durch den beliebten **Körtekiez** mit seinen netten Lokalen und Läden. Sie mündet an der Kreuzung in die Urbanstraße, wo sich die Grimmstraße mit Grünanlage anschließt (am besten auf östlicher Seite gehen). Hier beginnt bereits der als Wohn- und Ausgehviertel beliebte **Graefekiez**. Besonderes attraktiv ist der Bereich rund um den Landwehrkanal, den Sie auf der Admiralbrücke überqueren (s. Tipp S. 193). Die Admiralstraße führt zum Kottbusser Tor.

Weitere Ziele im Kreuzberger Westen

Jüdisches Museum (9)

Zu den beeindruckendsten Berliner Museen gehört das 2001 eröffnete **Jüdische Museum**. Es besteht aus zwei Gebäudeteilen: In dem herrlichen Barockbau von 1734, dem einstigen preußischen Kammergericht, befinden sich Haupteingang, Sicherheitskontrolle, Servicebereiche und Wechselausstellungen. Daneben steht der einzigartige, bizarr anmutende Neubau von Daniel Libeskind mit der Hauptausstellung, erreichbar durch einen Tunnel vom Altbau her. Die Zickzackform stellt einen zerrissenen Davidstern dar, während leere Betonschächte im Inneren *(voids)* die Leere nach der brutalen Vernichtung der Juden verkörpern.

Faszinierende Architektur

Aber nicht ausschließlich dem Holocaust, sondern der 2000-jährigen deutsch-jüdischen Geschichte ist das Museum gewidmet. Anhand vieler Exponate und Interaktionen kann diese lebendig nachvollzogen werden. Das Café und Restaurant **Schmus** bietet eine frische, traditionell jüdische Küche (nicht koscher), während man im großen Garten perfekt entspannen kann.

Jüdisches Museum, *Lindenstr. 9–14, ☎ 25993300, www.juedisches-museum-berlin.de, Di–So 10–20, Mo 10–22 Uhr, 5 €, Anfahrt: U-Bhf. Hallesches Tor + 300 m Fußweg oder Bus 248 Jüdisches Museum.*

Rund um den Anhalter Bahnhof

Die berühmteste Bahnhofsruine Berlins, der **Anhalter Bahnhof (10)**, besteht aus dem Eingangsportal des ehemaligen Fernbahnhofs, der 1945 schwer beschädigt und später abgetragen wurde. Im unterirdischen S-Bahnhof zeigen Fotos den imposanten Bau von 1880, in dem Kaiser Wilhelm II. Staatsgäste empfing. Heute ist das Bahnhofsgelände eine Grünanlage. Hinter dem Sportplatz ragen seit 2001 die markanten weißen Spitzen der Veranstaltungsarena **Tempodrom** gen Himmel. Darunter befinden sich die modernen Katakomben des Wellnesstempels **Liquidrom** mit Unterwasserklängen in warmer Sole (s. S. 69). Weniger Entspannung verspricht der ehemalige **Luftschutzbunker aus dem Zweiten Weltkrieg (11)**, den die Bahnreisenden durch einen Tunnel vom Bahnhof erreichen konnten. Teile davon sind öffentlich zugänglich und werden vom Berliner Gruselkabinett betrieben. Neben einer kleinen Monsterschau und lebenden Angstmachern gewährt die Ausstellung im Untergeschoss Einblick in den realen Schrecken des Bombenkriegs.

Gruselbunker und Wellness

Luftschutzbunker, *Eingang Schöneberger Str. 23a, ☎ 26555546, www.gruselkabinett-berlin.de, Do–So 10–19, Mo 10–15 Uhr, 9,50 €, Anfahrt: S-Bhf. Anhalter Bhf., Bus M29/M41.*

Südlich des Tempodroms führen Wege durch einen kleinen Wald, der als Spontanvegetation über das ehemalige Bahngelände gewachsen ist. Manche Bahnsteige und Gleise sind noch erkennbar. Von der kleinen Anhöhe am Landwehrkanal bietet sich ein **beeindruckender Blick** auf die verschiedenen Verkehrsebenen (Autos, Schiffe, U-Bahn als Hochbahn) sowie den „Rosinenbomber“ am Dach des Deutschen Technikmuseums.

Rosinenbomber

Deutsches Technikmuseum (12)

Hoch oben am Dach hängt der „Rosinenbomber“, einer von 1300 Flugzeugen der Luftbrücke von 1948/49. Seit 1982 ist auf der Brache des Anhalter Güterbahnhofs ein ständig wachsendes Museum entstanden. Es zeigt die deutsche Verkehrs- und Technikgeschichte mit einem überwältigendem Angebot und Details wie dem ersten Computer der Welt – eine Erfindung aus Kreuzberg von Konrad Zuse. Neben beeindruckenden technischen Modellen findet man eine riesige Sammlung an Lokomotiven und Waggons. Im Museumspark stehen Windmühlen, eine Brauerei und Schiffsmotoren. Im benachbarten **Science Center Spektrum** kann man selbst experimentieren.

Experimente

Deutsches Technikmuseum, *Trebbiner Str. 9, ☎ 90254-0, www.sdtb.de, Di–Fr 9–17.30, Sa/So 10–18 Uhr, 6 €, Anfahrt: U-Bhf. Möckernbrücke (U1, U7) oder Gleisdreieck (U1, U2).*

Reisepraktische Informationen Kreuzberg/Bergmannkiez

Essen und Trinken

Mustafa's Gemüse Kebap (2), *Mehringdamm 32, www.mustafas.de (lustig), tgl. 10–2 Uhr (s. auch S. 179).*

Curry 36 (3), *Mehringdamm 36, www.curry36.de, tgl. 9–5 Uhr.*

Cafeteria Rathaus Kreuzberg (4), *Yorckstr. 4–11, Mo–Fr 7–15 Uhr.*

Curry 36: DIE Döner-Institution in Kreuzberg

Bar Vereinszimmer – Lo Spazio (5), *Kreuzbergstr. 15, ☎ 81828750, www.bar-vereinszimmer.de, tgl. 8–20 Uhr. Einfach-alternatives ital. Restaurant mit Kreuzberger Kiezpublikum vom Studenten und Hippie bis zum Anzugträger.*

Osteria Nr. 1 (6), *Kreuzbergstr. 71, ☎ 7869162, tgl. 12–24 Uhr. Familienfreundlicher und stilvoller Italiener am Fuß des Kreuzbergs. Schön sitzt man auch im Außenbereich im Hofgarten. Gerichte 8,50–18,50 €, preisgünstige Mittagskarte.*

Golgatha (7), *im Viktoriapark (auf dem Kreuzberg), Eingang Katzbachstr., ☎ 7852453, www.golgatha-berlin.de, Mai–Sept. tgl. 10–6 Uhr. Kreuzberger Biergarteninstitution mit Dachterrasse, Selbstbedienung, Grill, einfacher Küche und nächtlicher Tanzbar.*

Restaurant Z (8), *Friesenstr. 12, ☎ 6922716, www.restaurant-z.de, tgl. 17–1 Uhr. Grieche mit behaglich-warmem Ambiente. Köstlicher und sehr reichlicher Vorspeisenteller, Hauptgerichte vom Lamm oder Schwein (alles artgerecht) liebevoll zubereitet. Oft bis auf den letzten Tisch besetzt – Reservierung empfohlen.*

Brachvogel (1), *Carl-Hertz-Ufer, 34, ☎ 6930432, www.brachvogel-berlin.de, tgl. 9–open end. Sympathisches Gartenrestaurant am Landwehrkanal mit Minigolfplatz. Ofenkartoffel, Pizza, Pasta, Steaks (7–15 €) und Sonntagsbrunch.*

Ausgehen

Clubs/Tanzen

Horst Kreuzberg (1), *Tempelhofer Ufer 1, www.horst-krzbrg.de, Fr/Sa ab 24 Uhr. Kleiner netter Club mit eine Mischung aus Kiez- und hipper Atmosphäre, House/Elektro.*

SchwuZ (2), *Mehringdamm 61 (Zugang durch das Café Melitta Sundström), www.schwuz.de, Fr/Sa ab 23 Uhr. Populäre schwul-lesbische Adresse für fröhliche Partys und andere Veranstaltungen.*

Gemütlich/Kneipe/Sonstige

Yorckschlösschen (3), *Yorckstr. 15, www.yorckschloesschen.de, tgl.17–3, So 10–3 Uhr. Seit 1885 Kreuzberger Institution, Wirtshaus und Musikkneipe mit Jazz, Blues und Soul (Mi/Sa/So, im Winter auch Do/Fr) sowie netter Sommergarten unter Bäumen. Buntes Kreuzberger Publikum.*

Haifischbar (4), *Arndtstr. 25, www.haifischbar-berlin.de, tgl. ab 19 Uhr. Klassische und beliebte Kreuzberger Cocktailbar (kein Schickimicki), dazu gibt's Tapasvariationen.*

Junction Bar (5), *Gneisenaustr. 18, www.junction-bar.de, tgl. 18-3 Uhr. Kreuzberger Institution mit Café (oben) und Konzertkeller mit Bar, wo Livekonzerte mit anschließenden Tanzpartys stattfinden, gruftig-schwarzes Ambiente mit Metall-Dancefloor.*

Einkaufen

Marheineke Markthalle (1), *Marheinekeplatz/Bergmannstr., Mo–Fr 8–20, Sa 8–18 Uhr (s. auch S. 182).*

Grober Unfug (2), *Zossener Str. 33, www.groberunfug.de, Mo–Fr 11–19, Sa 11–18 Uhr. Comicladenklassiker seit 1982, kompetentes Team und immer up to date.*

Ökomarkt Chamissoplatz (3), *Sa 8–14 Uhr. Kleiner feiner Biomarkt, sehr beliebt auch über die Kiezgrenzen hinaus.*

Spaziergang durch das „wilde" Kreuzberg

Anfahrt: *U-Bhf. Kottbusser Tor (U1, U8), Ausgang Adalbertstraße*
Dauer: *2–3 Std. (4–5 km)*

Kottbusser Tor (1)

Gipfel der Geschmacklosigkeit

Wer an diesem Verkehrsknoten aus der U-Bahn steigt, findet sich mittendrin in einem bunten und lebhaften, aber auch armen Flecken Kreuzbergs, der im Volksmund auch „Kotti" genannt wird. Wo heute sechs Straßen sternförmig in den unfallträchtigen Kreisverkehr einmünden, stand im 18. Jh. tatsächlich ein Stadttor. Die 1902 als Hochbahn konzipierte erste Berliner U-Bahnlinie U1 folgt dem Verlauf der alten Zollmauer. Sonst steht hier kaum etwas Altes, denn was der Zweite Weltkrieg verschonte, wurde im Rahmen der unglückseligen Westberliner Sanierungspolitik abgerissen und durch neue Wohnblocks ersetzt. Den Gipfel der Geschmacklosigkeit bildet seit 1974 der berüchtigte Wohnriegel für 1000 Menschen an der Nordseite des Platzes, damals „Neues Kottbusser Zentrum" (NKZ), heute „Zentrum Kreuzberg" genannt. Mit der Abwanderung deutscher und türkischer Mittelständler in den darauffolgenden Jahren geriet das NKZ zum sozialen Brennpunkt mit hoher Arbeitslosigkeit und sichtbarer Drogenszene. Die Situation scheint sich aber seit Kurzem zu bessern. In Anbetracht der vielen türkischen Läden, Bäcker, Barbiere, Banken, Sportvereine und Reisebüros fühlt man sich wie in „Klein Istanbul". Noch vor der Überbauung der Adalbertstraße geht es nach links in den Fußgängerbereich, bis rechts ein Durchgang (in Höhe der Szenebar Möbel Olfe) auf die als Sackgasse endende Dresdner Straße führt. Wer mehr zur Bezirksgeschichte erfahren möchte, dem sei das **Kreuzbergmuseum (2)** empfohlen.

Kreuzbergmuseum, *Adalbertstr. 95a, ☎ 50585233, www.kreuzbergmuseum.de, Mi–So 12–18 Uhr, Eintritt frei.*

Dresdner Straße und Oranienplatz

Alternativbewegung

Plötzlich wähnt man sich in einer anderen Welt: Die **Dresdner Straße** ist eine ruhige Kiezstraße mit Kino, Szenekneipen, Cafés, Galerien und Designläden. Auch diese Häuserzeilen waren zum Abriss freigegeben war. Der sich formierende Widerstand in den 1980er-Jahren ließ die offizielle Politik jedoch umdenken und führte schließlich zu Erhalt und Sanierung der alten Stadt. Im Haus Nr. 10 befindet sich das Wahlkreisbüro des Alt-Grünen Christian Ströbele. Die vor über 30 Jahren einsetzende Öko- und Friedensbewegung, in Westberlin Alternative Liste, war hier besonders stark. Längst sind die Grünen im gesamten Bezirk die „Hausmacht" und stellen den Bezirksbürgermeister.

Sehenswürdigkeiten
1 Kottbusser Tor
2 Kreuzberg-Museum
3 Oranienplatz
4 Alevitisches Kulturzentrum
5 Engelbecken
6 Engelbecken-Höfe
7 Rauch-Haus
8 Baumhaus an der Mauer
9 Thomaskirche
10 Künstlerhaus Bethanien
11 Schokofabrik
12 Heinrichplatz
13 Maschari-Center
14 Görlitzer Park
15 Regenbogenfabrik
16 Erdmannshof
17 Wochentagssynagoge

Hotels
1 IMA Loft Apartments

Restaurants/Cafés
1 Max & Moritz
2 Kuchenkaiser
3 Café am Engelbecken
4 3 Schwestern
5 Fräulein Wild
6 Izmir Köfte
7 Wonder Waffel
8 Rote Harfe
9 Hasir Kreuzberg
10 Kimchi Princess
11 Defne
12 Van Loon
13 Jolesch

Ausgehen
1 SO36
2 Festsaal Kreuzberg
3 Wild at Heart
4 Würgeengel
5 Franken Bar
6 Café Luzia
7 Morena Bar
8 Madonna Bar

Einkaufen
1 Aufbauhaus
2 Kadó
3 Spielbrett
4 Voo Store
5 Allet rund

Die Dresdner Straße mündet auf den rechteckigen **Oranienplatz (3)**, der Mitte des 19. Jh. von Peter Joseph Lenné als Zentrum der Luisenstadt angelegt wurde. Die **Oranienapotheke**, eine der ältesten Apotheken Berlins, befindet sich seit 1860 in dem Eckbau zum Erkelenzdamm. Das **Café-Restaurant Kuchenkaiser** auf der Nord-Ost-Ecke erinnert an die legendäre Konditorei von 1866, die später mit ihrer Automobilflotte ganz Berlin belieferte und 1957 aufgrund der nahe gelegenen Sektorengrenze in Konkurs ging. Die Autobahnplanungen der 1960er-Jahre hätten vom Oranienplatz und der Oranienstraße nichts übrig gelassen. Hier war sogar ein Autobahnkreuz vorgesehen. Sie gehen auf die Nordseite des Platzes, wo der Drachenbrunnen einen hohen Wasserbogen speit, und folgen rechts dem Leuschnerdamm in nördliche Richtung.

Kuchenkaiser

Leuschnerdamm und Engelbecken

Das **alevitische Kulturzentrum (4)** und Gebetshaus an der Ecke zur Waldemarstraße, **Cem-Haus** genannt, steht allen Interessierten offen. Es gibt im Islam viele Strömungen. Die Aleviten zeichnen sich durch ihre humanistisch-freiheitliche Haltung, Toleranz und Gleichberechtigung von Mann und Frau aus. Obwohl es in der Türkei 20 Mio. Aleviten gibt, gelten sie dort als religiöse Minderheit und werden von fanatischen Islamisten bekämpft. Seit 1999 hat die 9000-Mitglieder-Gemeinde ihr Gotteshaus in einer ehemaligen Neuapostolischen Kirche.

Toleranter Islam

Cem-Haus, *Waldemarstr. 20, tgl. 9–17 Uhr. Die Schuhe bleiben an.*

Das bereits 1908 eröffnete Lokal **Henne** gegenüber ist bekannt für seine knusprigen Hähnchen. In dem Altberliner Wirtshaus mit Originaleinrichtung trank 1963 auch US-Präsident John F. Kennedy Berliner Weiße. Da stand schon die Berliner Mauer – nur einige Meter vor dem Lokal.

Sie gehen den Leuschnerdamm etwas zurück, um auf den Grünstreifen des ehemaligen Kanalbetts zu gelangen, folgen diesem in Richtung Norden unter der Waldemarbrücke hindurch. Vor Ihnen liegt der **Rosengarten** mit seinem rekonstruierten Indischen Brunnen, dessen Bronze-Buddha die Nazis 1942 eingeschmolzen hatten. Dahinter eröffnet sich ein herrlicher Blick auf das 2007 wiederhergestellte **Engelbecken (5)**, aus dem 16 Fontänen sprudeln. Nach dem Krieg war es mit Kriegsschutt zugeschüttet und zu Mauerzeiten zur sogenannten Todeszone zwischen Ost und West verwandelt worden. Ein Rundweg mit Bänken unter Rosenbögen umgibt die Oase, die man auch von den Terrassen des Café am Engelbecken genießen kann. Die Sichtachse führt zur imposanten katholischen St.-Michael-Kirche von 1851, die heute eine Ruine ohne Dach ist. Nur das Querschiff wurde für Gottesdienste wiederaufgebaut. Ein wenig ahnt man die romantische Idee des Gartenbaudirektors Erwin Barth, der 1926 einen indischen Garten und eine Wasserfläche anlegen wollte, in der sich die Kirchenkuppel wie das Taj Mahal spiegelt …

Buddha und Taj Mahal

Eine Treppe (östlich) führt hinauf auf den Leuschnerdamm, dessen Straßenverlauf zu Mauerzeiten zum Ostsektor gehörte, die Häuser dahinter aber zum Westsektor. Die so entstandene schmale Gasse zwischen Mauer und Hauseingängen ließen keinen Lieferverkehr mehr zu. Davon betroffen war auch der Industriebetrieb am Leuschnerdamm 13, die eindrucksvollen sechs **Engelbecken-Industriehöfe (6)**. Die Zufahrt erfolgte zu DDR-Zeiten nach Durchbruch der Mauern von der Adalbertstraße aus durch die Hinterhöfe, nach dem Mauerfall wurde der Durchbruch wieder geschlossen.

Mauerstreifen, Hausbesetzung, Wagenburgen und Gecekondu

Sie folgen dem östlich abzweigenden Bethaniendamm und damit dem Verlauf des ehemaligen Kanals und späteren Mauerstreifens. Auf dem Areal einstiger Trümmergrundstücke gründeten 1981 Hausbesetzer den ersten Berliner **Kinderbauernhof**. Bis heute werden die Gänse, Ziegen und Esel von begeisterten Kreuzberger Kindern gehegt und gepflegt. Im Hintergrund sind bereits die ockerfarbenen Backsteinfassaden des ehemaligen Krankenhauses Bethanien zu sehen. Das mit Graffiti übersäte frühere Schwesternwohnheim wurde als erstes Haus Berlins 1971 besetzt und in **Rauch-Haus (7)** umbenannt, nachdem der RAF-Sympathisant Georg von Rauch infolge eines Schusswechsels mit der Polizei ums Leben kam. Berühmt in der linken Besetzerszene wurde der „Rauch-Haus-Song" der Rockgruppe Ton, Steine, Scherben, nach deren Konzerten bekannt gegeben wurde, welches leerstehende Haus als Nächstes zu besetzen sei. Das Rauch-Haus dient heute als selbstverwaltetes Wohnkollektiv von Jugendlichen. Daneben entstand das von den Behörden geduldete „Kreuzdorf" aus alten Bussen, Lkw und Wohnwagen.

Ton, Steine, Scherben

Ein Stückchen weiter dem Kurvenverlauf des Bethaniendamms folgend, stoßen Sie nach der Kirche auf eine zweigeschossige bunte Bretter- und Blechbude, aus der ein schiefes Ofenrohr schaut. Es handelt sich um das berühmte **Baumhaus an der Mauer (8)**. Inmitten der deutsch-deutschen Verwicklungen fing Osman Kalin in den 1980er-Jahren an, auf einer vernachlässigten Verkehrsinsel im Schatten der Mauer Gemüse anzupflanzen und Deutschlands einziges *Gecekondu* (= illegale Bauten in türkischen Städten) zu errichten. Da die Mauerlinie nicht immer genau dem Grenzverlauf folgte, ahnte Kalin nicht, dass er auf DDR-Territorium baute. Bis ein Grenzsoldat durch eine Mauerluke schaute und nach dem Rechten sah. Unter der Voraussetzung, die Mauer nicht als Rankhilfe zu nutzen, ließ man Kalin weiter gärtnern und schickte ihm zu Weihnachten sogar Kekse und Wein. Nach dem Mauerfall räumte der Bezirksbürgermeister Kalin ein Bleiberecht ein und Sohn Mehmet bewirtschaftet weiterhin den Guerillagarten.

Neoromanischer Turm der evangelischen Thomaskirche

Thomaskirche und Mariannenplatz

Der beeindruckende neoromanische Bau der evangelischen **Thomaskirche (9)** fasste 1869 bei seiner Einweihung 3000 Besucher.

Mit dem Mauerbau verlor sie 40 % ihrer Gemeindemitglieder und befand sich plötzlich in Westberliner Randlage, inzwischen finden wieder Gottesdienste statt. Der zum Mariannenplatz gerichtete Haupteingang ist tagsüber meist offen und der Blick hinein lohnt! Drinnen gibt es eine interessante Ausstellung über die Mauerzeit mit eindrucksvolle Fotos und Geschichten.

Der von Lenné geplante **Mariannenplatz** wird auf seiner westlichen Seite vom Haupthaus des ehemaligen Diakonie- und Krankenhauses Bethanien von 1847 flankiert. Der stolze Bau stand ab 1970 leer, sollte abgerissen und durch Wohnhochhäuser ersetzt werden. Nach Protesten und Besetzungsaktionen kaufte das Land Berlin schließlich den Bau und richtete dort das **Künstlerhaus Bethanien (10)** mit u. a. Ausstellungs- und Atelierräumen, einer Musikschule ein. Hinter dem Haupteingang zwischen den beiden schlanken Türmen befindet sich die Eingangshalle. Der lange Gang dahinter führt rechts zu einer Glastür, hinter der **Theodor Fontane** 1848 eine Apotheke betrieb. Im erhabenen Ambiente des ehemaligen Betsaals serviert das Restaurant **3 Schwestern** gute deutsche Küche sowie Kaffee und Kuchen.

Fontanes Apotheke

Schokofrauen und Heinrichplatz

Auf der Südseite des Mariannenplatzes geht es vorbei am **Feuerwehrbrunnen** von Max Mühlhaupt und weiter entlang der Mariannenstraße in den dichten Kiez. Der kleine Innenhof hinter dem Durchgang Mariannenstraße 6 lässt nicht vermuten, dass sich hier auf 1200 m^2 in vier Häusern das größte Frauenzentrum Europas befindet. Nachdem eine Handvoll Frauen 1981 eine leerstehende Schokoladenfabrik besetzt hatten, gründeten sie vor dem Hintergrund der Emanzipationsbewegung der 1970er-Jahre ein reines Frauenhaus. Bereits zwei Jahre nach der weiblichen Übernahme wurde die **Schokofabrik (11)** ein Erfolgsmodell. Für Schwangere wurde ein Tagesklinik eingerichtet, im Dachgeschoss entstand ein Gewächshaus und frau experimentierte mit Komposttoiletten. Heute arbeiten hier rund 80 Frauen. Neben Sozial- und Rechtsberatungen, insbesondere für Migrantinnen, gibt es eine Kita, ein Café, eine Frauenmöbelwerkstatt, Sportkurse und ein türkisches Hamambad.

Der **Heinrichplatz (12)** ist mit seinen Cafés und Kneipen das kleine Epizentrum von SO 36, aber auch Schauplatz der berüchtigten Krawalle vom 1. Mai 1987 und folgender Jahre zwischen linken Autonomen und der Polizei. Zur Eindämmung der Gewalt gründeten Anwohner und Gewerbetreibende 2003 das „Myfest" (mein Fest), welches alljährlich auf den benachbarten Straßen und Plätzen begangen wird.

Oranienstraße

Buntes Multi-Kulti

Herzstück des Kiezes ist die Oranienstraße mit ihren originellen Läden, Kneipen und Galerien inmitten des bunten Multi-Kulti-Treibens. Ein kleiner Bummel bis zur westlich verlaufenden Adalbertstraße und auf der anderen Straßenseite wieder zurück lohnt sich. Auf dem nördlichen Gehweg passiert man u. a. **Modern Graphics**, ein Paradies für Comicfans. Hinter den Wohn- und Geschäftshäusern befinden sich zahlreiche Hinterhöfe mit alten Gewerbebauten, wie z. B. in der Nr. 24. In den hinteren Räumen der Buchhandlung **Kisch & Co** zeigt die Galerie vielleicht gerade eine Ausstellung. Der verklinkerte Bau der **Städtischen Blindenanstalt** war ursprünglich eine Schule. Heute stellen immer noch Blinde und Sehbehinderte Korbwaren her, die man hier direkt kaufen kann (z. B. eine Bürste mit Brandenburger-Tor-Motiv). Der türkische Bäcker Pastanesi daneben hat durchgehend geöffnet und zieht nachts mit dem Duft von frisch Gebackenem die Nachtschwärmer an.

Der **Oranienhof** neben dem Bierhimmel (Nr. 183) ist ein schönes Beispiel der Kreuzberger Mischung aus vorderem Wohnhaus und mehreren Gewerbehöfen dahinter. Der **Club SO 36** wurde den 1980er-Jahren als Zentrum der Punk- und Metalszene sowie durch die legendären Auftritte der Toten Hosen oder der Ärzte berühmt. Über den Heinrichplatz hinweg folgt auf der linken Seite (Nr. 6) ein Gewerbehof, in dem Konrad Zuse 1944/45 den Computer Z4 entwickelte, der aber aufgrund des Kriegs nicht in Massenproduktion ging. Heute befinden sich hier Start-up-Unternehmen aus der Medien- und Kulturszene.

Rund um den U-Bahnhof Görlitzer Bahnhof

Wer an der Ecke zur Manteuffelstraße zurückschaut, sieht ein großes **Street-Art-Gemälde** des belgischen Künstlers ROA an der Brandwand Oranienstraße 2a. Das reich mit Efeu bewachsene Haus links um die Ecke in der Manteuffelstraße 40/41 wurde 1979 zum Abriss freigegeben. Bis es soweit war, durften hier US-Soldaten den Häuserkampf üben. Nach der Hausbesetzung 1981 sanierten die neuen Bewohner den Bau, in dem noch heute eine Großkommune mit 35 Erwachsenen und 20 Kindern wohnt. *Street Art*

Hinter den Hochbahngleisen der U1 ragen vier kleine Minarett-Türmchen und eine Glaskuppel über dem 2010 eröffneten **Maschari-Center (13)** der arabisch-libanesischen Gemeinde und zweitgrößten Moschee Berlins. Äußerlich eher unspektakulär, findet man im Inneren einen großen orientalisch verzierten Gebetssaal mit prächtigem Kristalllüster, in dem Hunderte von Gläubigen das Freitagsgebet verfolgen, Männer unten, Frauen auf der Galerie. Der aus Spendenmitteln finanzierte Sieben-Geschosser enthält Büros, Läden, Räume für Familienfeiern und Seminare sowie eine Bibliothek. Besucher sind stets willkommen und der Hauptraum ist wirklich sehenswert (Gebetszeiten berücksichtigen und Schuhe vor dem roten Läufer ausziehen!).
Maschari-Center, *Wiener Str. 1–6, Tel. 6126961, www.ivwp.de, tgl. 8–22 Uhr.*

Rechts neben der Moschee finden sich illustre Nachbarn wie eine Shisha-Bar, der hippe Koreaner Kimchi Princess und der **KJOSK**: In dem ausrangierten weißen Berliner Doppeldecker werden alle Notwendigkeiten des Lebens von Zeitungen über nostalgische Brausetüten, Hundefutter bis Schwangerschaftstests verkauft. Im Oberdeck verzehrt man Waffeln und Kuchen. Da der KJOSK mobil ist, kann er sich immer wieder an anderen Orten aufstellen. Im Winter machte er leider Pause (*www.kjosk.com, tgl. 11–2 Uhr, im Winter geschl.*). *Hippe Szene*

Görlitzer Park (14)

Die breite Wiener Straße führt zum einstigen Görlitzer Bahnhof, der nach der Teilung Berlins keine Funktion mehr hatte und 1959 abgerissen wurde. Auf seinem Gelände entstand linkerhand das **Spreewaldbad** mit Wellenbad und Anti-Graffiti-Fassade. Direkt hinter dem Kinderzirkus Cabuwazi führt ein kleiner Bogenweg auf einen Hügel mit guter Aussicht auf den Görlitzer Park. Hier kann man bestens die Kiezbewohner beim Fußballspielen, Drachensteigen, Trommeln und Musizieren, Joggen, Grillen sowie Kiffen beobachten – Kreuzberg live! Wieder etwas zurück auf der Wiener Straße, führt uns die südlich abzweigende Lausitzer Straße zum Landwehrkanal. Ein weiteres Alternativprojekt aus Besetzerzeiten ist hinter der Toreinfahrt der Lausitzer Straße Nr. 22 zu sehen. Rund um den begrünten Hinterhof eines ehemaligen Dampfsägewerks befindet sich die **Regenbogenfabrik (15)** mit Hostel, Café, Kita, Tischlerei, Fahrradwerkstatt, Konzert- und Kinoraum. Der alleinstehende Bau am Ende der Lausitzer Straße Nr. 28 ist die **Ölbergkirche**, die 1922 aufgrund fehlender Finanzen als Notkirche ohne Turm entstand. Neben Gottesdiensten dient der kleine Kirchenraum seiner Akustik wegen als beliebter Musikort.

Alternativprojekte

Paul-Lincke- und Maybachufer

Am Paul-Lincke-Ufer oder auf dem Fuß- und Radweg direkt entlang des Landwehrkanals geht es in westliche Richtung. Hinter den prächtigen Hausfassaden nahe der Kottbusser Brücke kann man noch mehrere bemerkenswerte Hofanlagen entdecken, z. B. den **Erdmannshof (16)** von 1908, am Paul-Lincke-Ufer Nr. 50. Hinter dem burgartigen Durchgang gelangt man in insgesamt sechs Gewerbehöfe, verbunden mit den markanten, abgerundeten Durchfahrten. Die Gartenlokale laden zu einem wohltuenden Ausklang des Rundgangs ein. Eine beliebte Szenekneipe ist am anderen Ufer die **Ankerklause** an der Kottbusser Brücke, wo bereits der Bezirk Neukölln mit dem Szenekiez Kreuzkölln beginnt.

Direkt hinter der Ankerklause am Maybachufer duftet es nach orientalischen Gewürzen und Aromen. Inmitten einer Riesenauswahl an Gemüse und Früchten,

Bunte Mischung: türkischer BiOriental-Markt am Maybachufer

Käse- und Fleischspezialitäten sowie Stoffen und Klamotten wird auf dem türkischen **BiOriental-Markt** gefeilscht wie am Bosporus – orientalisches Urlaubsgefühl mitten in Kreuzberg. Kraft schöpfen kann man in den afrikanischen und deutschen Imbissständen oder an der **Quark-Bar** (*Di u. Fr 11–18.30 Uhr*).

Wegkommen*:*
U-Bhf. Schönleinstraße (U8) am Kottbusser Damm

Wrangelkiez *in Kreuzberg siehe Kapitel „Rund um die Oberbaumbrücke", S. 210.*

Tipps zum Tourende

Die Kottbusser Straße überquerend, erreicht man am Fraenkelufer Nr. 10–16 die 1916 gebaute orthodoxe Synagoge, von der die frühere **Wochentagssynagoge (17)** übrig blieb. Das durch die Nazis verwüstete und im Krieg schwer beschädigte Hauptgebäude wurde später abgerissen. Die Admiralbrücke bietet einen schönen Blick auf den dahinter liegenden Urbanhafen mit dem Restaurantschiff **Van Loon**. Wegen seiner Pizzen beliebt und immer voll, ist das quirlige **Il Casolare** mit Gartenterrasse direkt an der Admiralbrücke. Entlang der benachbarten Graefestraße, die von der Kottbusser Brücke abzweigt, finden sich eine ganze Reihe beliebter Szenelokale, Cafés und Restaurants. Dieses beliebte Ausgehviertel nennt sich auch **Graefekiez**.

Reisepraktische Informationen Kreuzberg SO 36

Essen und Trinken

Rund um Kottbusser Tor/Oranienstraße

Izmir Köfte am Kottbusser Tor (6), *Reichenberger Str. 9, tgl. 10 Uhr–früher Morgen (ca. 4 Uhr). Türkischer Imbiss mit den besten Köfte (Hackfleischröllchen) der Stadt.*

Fräulein Wild (5), *Dresdner Str. 13, ☏ 53155759, www.fraeuleinwild.de, Mi–So ab 10 Uhr. Retromöbel und 50er-Jahre-Teekannen – helles und freundliches Café mit leckerem Kuchen, auch vegan, lactose- und glutenfrei.*

Kuchenkaiser (2), *Oranienpl. 11–13, ☏ 61402697, tgl. 9–2 Uhr. Frühstück, leichte Gerichte und viele viele Kuchen, Terrassengarten.*

Max und Moritz (1), *Oranienstr. 162, ☏ 69515911, www.maxundmoritzberlin.de, tgl. ab 17 Uhr. In diesem urigen Wirtshaus von 1902 steht noch das Gründerzeitmobiliar, Wandreliefs erzählen die Lebensgeschichte von Max und Moritz. Die Gerichte sind rustikal wie Eisbein, Königsberger Klopse, Matjesfilet, Flammkuchen – alles zu moderaten Preisen, dazu fünf verschiedene Sorten Fassbier.*

Café am Engelbecken (3), *Michaelkirchpl., ☏ 28376816, tgl. 10–24 Uhr. Herrliche Sonnenterrasse am Wasser zum Entspannen, Frühstück, kleine Gerichte, Cocktails.*

3 Schwestern (4), *Mariannenpl. 2, ☏ 600318600, www.3schwestern-berlin.de, Di–So ab 11 Uhr, s. auch S. 190.*

Rote Harfe (8), *Oranienstr. 13, ☏ 6184446, www.roteharfe.de, tgl. 10–1 Uhr. Alte, eingesessene Institution am Heinrichplatz – Restaurant, Kneipe und Bar in einem. Unten wird gemütlich gegessen (Sa/So Brunch) und getrunken, während oben in der stilvollen Orientlounge die Wasserpfeife kreist.*
Hasir Kreuzberg (9), *Adalbertstr. 10, ☏ 61423, www.hasir.de, tgl. 12–1 Uhr. Dieser „Ur-Hasir" (es gibt weitere Filialen) kann auf eine 30-jährige Erfolgsgeschichte verweisen und zählt zu den besten türkischen Restaurants in Berlin. Alle Fleischgerichte werden am Holzkohlegrill zubereitet. Hier muss man gewesen sein!*
Wonder Waffel (7), *Adalbertstr. 88, ☏ 0163-7400375, tgl. 10–1 Uhr. Seit Juni 2012 gibt es Berlins „ersten Obstdöner", bestehend aus süßen Klappwaffeln und frischem Obst. Statt Kräuter- oder Knoblauchsoße wählt man Schokalade oder Vanille.*
Kimchi Prinzess (10), *Skalitzer Str. 36, ☏ 41812460, www.kimchiprincess.com, tgl. 18–23 Uhr. Angesagtes koreanisches Restaurant mit Industrie- und Containercharme. Würzige gehaltvolle Küche und große Portionen (um 9–13 €). BBQ-Gerichte werden direkt am Tisch gegrillt und zusammen mit Soßen, Reis und Gemüse angerichtet (16–23 €).*
Jolesch (13), *Muskauer Str. 1, ☏ 6111165, www.jolesch.de, Mo–Fr 11.30–24, Sa/So 10-24 Uhr. Beliebter Österreicher in legerem Rahmen, ausgezeichnete Küche, Hauptgerichte 12–18 €.*

Urbanhafen, Graefekiez

Van Loon (12), *Carl Herz Ufer 7, an der Baerwaldbrücke, ☏ 6926293, www.vanloon.de, 10–1 Uhr. Neu gebauter Zweimaster und Restaurantschiff am Urbanhafen. Unter Deck liegen Restaurant, Lounge und Salon mit offener Küche. Oben wird gefrühstückt. Wechselnde Tageskarte, leichte Speisen, Fisch- und Fleischgerichte (7–18 €).*
Defne (11), *Planufer 92c, ☏ 81797111, www.defne-restaurant.de, tgl. 16–1 (Winter ab 17) Uhr. Beliebtes türkisch-internationales Restaurant mit bunt gemusterten Bodenfliesen, weißen Wänden und Holzmöbeln, im Sommer Terrasse unter Bäumen am Landwehrkanal. Orientalische Fleischpfanne, vegetarische Grillplatte, am Wochenende frischer Fisch (8–16 €)*

Ausgehen

SO 36 (1), *Oranienstr. 190, www.so36.de. Legendäre Institution der einstigen Punker- und Besetzerszene, heute vielseitiges Programm von Elektro/Techno/Rock bis Schlagerpartys, guten Konzerten sowie schwul-lesbischem Tanztee- und arabisch-türkischen Gaypartys.*
Wild at Heart (3), *Wiener Str. 20, www.wildatheartberlin.de, Do–Sa ab 20 Uhr bis open end. Punk-Rock-Institution mit Konzerten und fröhlichen Partys (Pogo/Gothic/u. a.), freundliche Bedienung und plüschig-trashiges Ambiente.*
Festsaal Kreuzberg (2), *Skalitzer Str. 130, www.festsaal-kreuzberg.de. Veranstaltungsort im alten Ballsaal für Partys, Konzerte, Lesungen u. a.*

Bars/Kneipen

Luzia (6), *Oranienstr. 34, tgl. 10–3, Fr/Sa 10–4 Uhr. Szenige Cafébar mit Sofas, großen Fenstern und rohem Mauerwerk, tagsüber Café, abends schicke Bar und Partyatmosphäre. Mi–Sa mit DJs.*
Franken Bar (5), *Oranienstr. 19 a, www.franken-bar.de, 20 Uhr–open end. Wild-rustikale Musikkneipe mit tollem Büfett und buntem Kreuzberger Publikum mit leichter Tendenz zum Punk/Rock.*

Würgeengel (4), *Dresdner Str. 122, www.wuergeengel.de, tgl. 19 Uhr–open end. Populäre und stilvolle Cocktailbar mit guten Drinks, die nach traditionellen Rezepten gemixt sind, dazu gibt's Tapas und kleine Gerichte.*
Morena Bar (7), *Wiener Str. 60, tgl. 9–2 Uhr. Nette Cafébar mit iberischen Fliesen und großen Fenstern, auch draußen. Tagsüber Frühstück, kleine Gerichte und Kuchen, abends mehr Bar, preisgünstig und populär.*
Madonna-Bar (8), *Wiener Str. 22, tgl. 15 Uhr–open end. Gemütliche Kneipenbar und Kreuzberger Klassiker, von dessen Deckengemälde Madonna alles beobachtet. neun Fassbier-, 250 Whiskey- und 100 Rumsorten – da wird gepichelt!*

Einkaufen

Aufbauhaus (1), *Prinzenstr. 85, www.aufbauhaus.de. Der Neubau belebt seit 2011 den Moritzplatz als „Kreativzentrum" mit Aufbauverlag, TAK-Theaterbühne, der Galerie Dikhas mit Ausstellungen von Sinti- und Roma-Künstlern (Di–Sa 12–19 Uhr), Cafébar (tgl. ab 9 Uhr) und vielen interessanten Läden, z. B.* **Planet Modular**, *ein Paradies für Bastler, oder* **Imago 1:1**, *die weltweit einzige begehbare Kamera, in der lebensgroße Schwarzweiß-Portraits auf 60 x 200 cm gemacht werden (mit Anmeldung).*
Spielbrett (3), *Körtestr. 27, Mo–Fr 10–18.30, Sa 10–16 Uhr. Der Spezialist für Brett- und Gesellschaftsspiele, kompetente Beratung.*
Voo Store (4), *Oranienstr. 24, Hinterhof, www.vooberlin.com, Mo–Sa 11–19 Uhr. Bemerkenswerter Modeladen in cooler Gewerbehofarchitektur, internationale Labels von Streetware bis High Fashion sowie Accessoires.*
Allet rund (5), *Dresdener Str. 16, www.alletrund.de, Mo–Fr 12–19, Sa 12–17 Uhr. Designermode für mollige Frauen, die „ihre Rundungen lieben". Neben entsprechenden Kollektionen auch engagierte Maßanfertigung. Und Schokolade gibt's obendrein.*
Kadó Lakritzen (2), *Graefestr. 20, Di–Fr 9.30–18.30, Sa 9.30–15.30 Uhr. Nichts außer Lakritze, rund 400 Sorten aus etlichen Ländern sowie selbst Hergestelltes.*

Friedrichshain

Wie bei Kreuzberg handelt es sich auch bei Friedrichshain um einen ehemaligen Arbeiterbezirk, der ursprünglich ab der zweiten Hälfte des 19. Jh. entstand. Der Name geht auf den Volkspark Friedrichshain zurück, eine wichtige grüne Lunge des Bezirks. Während der zentrumsnahe westliche Teil im Zweiten Weltkrieg vom Bombenhagel ausradiert und in den 1950er-Jahren durch die Bauten rund um den sozialistischen Prachtboulevard der Karl-Marx-Allee ersetzt wurde, blieben die Altbauten im östlichen Teil verschont. Hier findet man einerseits den eher ruhigen **Samariterkiez** mit Friedenskirchen damaliger DDR-Opponenten und Resten ehemals besetzter Häuser, andererseits den quirligen **Boxhagener Kiez**. Mit seinen vielen Straßencafés, eigenwilligen Läden und witzigen Modeboutiquen ist letzterer mittlerweile ein Magnet für junge und ausländische Touristen, die hier das wahre Berlin wähnen. Im Unterschied zum Nachbarn Kreuzberg ist der türkische Bevölkerungsanteil im ehemaligen Ostbezirk verschwindend gering. Weitere Attraktionen sind die **East Side Gallery** am Spreeufer, die Strandbars, schöne Spreebrücken und coole Clubs in den Industrie- und Speicherbauten des ehemaligen Osthafens.

Friedenskirchen

Spaziergang durch Samariter- und Boxhagener Kiez

Anfahrt: *U-Bhf. Frankfurter Tor (U5), Tram M10*
Dauer: *2–3 Std. (4,5 km)*

Vom Frankfurter Tor aus in den Samariterkiez

Es geht los an der verkehrsumtosten Kreuzung des **Frankfurter Tors (1)** mit seinen weithin sichtbaren Zwillingstürmen, die im Rahmen des sozialistischen Ensembles **Stalinallee** (s. S. 205) ab 1955 entstanden. Sie ähneln den beiden Dombauten am Gendarmenmarkt und wirken wie ein großes Stadttor. Das historische Frankfurter Tor stand allerdings ca. 800 m weiter westwärts. An der Nordseite (bei Humana) geht es ein Stück ostwärts, bis zwischen den Häusern Nr. 5 und 7 ein uhrengekrönter Säulendurchgang auf die Liebigstraße führt. Hier im „Hinterhof" der sozialistischen Magistrale geht es nun linker Hand im leichten Anstieg entlang der Liebigstraße bis zur Rigaer Straße, in die Sie nach links einbiegen.

Sozialistische Magistrale

Die in die Bauflucht der Rigaer Straße Nr. 9 eingebaute evangelische **Galiläakirche (2)** wurde 1910 als Tochtergemeinde der Samariterkirche für die schnell wachsende Bevölkerung eingeweiht. Der im Krieg zerstörte und wiederhergestellte Kirchenbau dient heute als Museum des bisher wenig bekannten **Jugendwiderstands** und der **alternativen Jugendkultur** in der DDR. Die kostenfreie Ausstellung „Wartet nicht auf bessere Zeiten" dokumentiert auch die damit verbundene Friedensbewegung in der Samariterkirche (*Mo–Fr 10–17, Sa 10–16 Uhr, allerdings nicht immer besetzt, ☎ 290280010*).

Nach der Wende war die **Rigaer Straße** ein Zentrum der Ostberliner Hausbesetzerszene. Die meisten besetzten Altbauten sind inzwischen geräumt oder von den ehemaligen Besetzern gekauft worden. Dazu gehören auch die Eckhäuser an der Liebigstraße. In bundesweite Schlagzeilen gerieten die heftigen Krawalle in Folge der polizeilichen Räumung der Liebigstraße 14 im Februar 2011. Inzwischen saniert und neu bewohnt, gilt die „Liebig 14" immer noch als Hassobjekt der linksradikalen Szene. Beim Gang ostwärts durch die ruhige Rigaer Straße fallen die vielen bunten Graffiti an den Fassaden auf.

Radikale Hausbesetzer

Sie biegen links ein in die Zellerstraße, die an der Bänschstraße auf den **Forckenbeckplatz** mündet, einer besonders bei den Kiezfamilien beliebten grünen Oase. Im Sommer des Wendejahrs 1989 kam es hier zu handgreiflichen Auseinandersetzungen zwischen der Polizei und den zur Samariterkirche ziehenden Demonstranten. Dorthin führt auch dieser Spazierweg – die Bänschstraße ostwärts, den schlanken Kirchturm vor Augen.

Bänschstraße und Samariterkirche

Ab 1900 entstanden innerhalb von nur zehn Jahren sämtliche Vorder- und Hinterhäuser für Arbeiter und Angestellte im Samariterviertel. Ein überraschendes, fast verstecktes Kleinod inmitten dieses Arbeiterkiezes bildet die **Bänschstraße**. Sie führt mit ihrer prachtvollen grünen Promenade genau auf den 60 m hohen Turm der Samariterkirche zu. Auf dem Weg durch das ruhige und angenehme Wohnviertel passieren Sie etliche repräsentative und denkmalgeschützte Gebäude, in denen

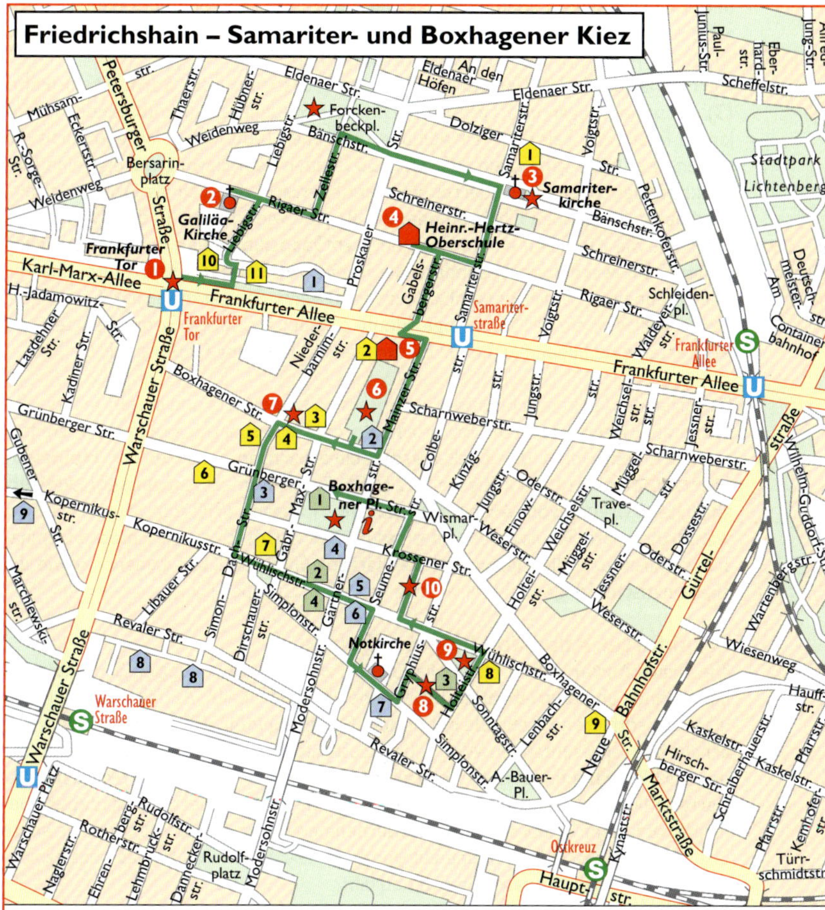

★ Sehenswürdigkeiten

1 Frankfurter Tor
2 Galiläa-Kirche
3 Samariterkirche
4 Heinr.-Hertz-Oberschule
5 Garbehöfe
6 Georgen-Parochial-Friedhof
7 Kino Intimes
8 Helenenhof
9 Nilpferdbrunnen
10 Knorr-Promenade

Restaurants/Cafés

1 Englers Unikat
2 Die Garbe
3 Frittiersalon
4 PriMaria
5 Eismanufaktur
6 Nil
7 Olivia
8 Die Turnhalle
9 Matreshka
10 Kaffee & Tee
11 Café Tasso

Ausgehen

1 Sanatorium
2 Theaterkapelle
3 Dachkammer
4 Stereo 33
5 Hops & Barley
6 Süß war gestern
7 Lovelite
8 RAW-Tempel
9 Berghain

Einkaufen

1 Markt am Boxhagener Platz
2 Superschlüpfer
3 Tussy Lounge
4 Proviant

N

0 400 m

unten vielfach kleine Läden, Lokale sowie Ärzte- und Therapeutenpraxen eingezogen sind.

Herrlich anzusehen ist der detailreiche rote Backsteinbau der **Samariterkirche (3)** mit seinen Bögen und Türmchen. Die ohne Stützpfeiler auskommende Hallenkirche fasste zur Zeit ihrer Einweihung 1894 über 1000 Menschen und stand die ersten zwei Jahre ganz allein auf dem Feld. Neben dem Eingang würdigt eine Gedenktafel den streitbaren Pfarrer Wilhelm Harnisch, der sich als Gründungsmitglied der bekennenden Christen dem NS-Regime widersetzte. In den 1980er-Jahren sollte die Kirche zu einem Zentrum der Oppositions- und Friedensbewegung in der DDR werden. Insbesondere die legendären **Bluesmessen** unter Pfarrer Rainer Eppelmann, die massenhaft Jugendliche aus der gesamten DDR anzogen, waren der Stasi ein Dorn im Auge. Heute gibt es hier neben Gottesdiensten und Konzerten eine Suppenküche für Bedürftige und Beratung für Ausländer.

DDR-Friedensbewegung

Sie folgen der leicht abschüssigen Samariterstraße südwärts und biegen rechts wieder in die Rigaer Straße ein. Bevor es links die Gabelsberger Straße zur Frankfurter Allee geht, lohnt der Blick auf den barockartigen Schulbau der **Heinrich-Hertz-Oberschule (4)**, Rigaer Straße 81–82, dessen „abgeschlossene, klosterähnliche" Wirkung vom Architekten Ludwig Hoffmann 1902 durchaus erwünscht war. Prominente Schulbesucher des naturwissenschaftlich ausgerichteten Gymnasiums waren u. a. die Linken-Politiker Gregor Gysi und Klaus Lederer sowie die charismatische Sängerin Tamara Danz der DDR-Gruppe Silly.

Frankfurter Allee und Mainzer Straße

Die **Frankfurter Allee** bildet die Grenze zwischen dem ruhigen Samariterkiez hinter Ihnen und dem lebhaften Boxhagener Kiez vor Ihnen. Auffällig ragt dort das mächtige rotfarbene Gebäude mit hohem Dachgiebel (Nr. 40) auf, eines der wenig erhaltenen repräsentativen Wohn- und Geschäftshäuser, die ab 1900 hier entstanden. Im Hinterhof findet man die **Garbehöfe (5)**, ein eleganter Fabrikbau mit glasierten Klinker, der ein wenig an die Hackeschen Höfe erinnert. Der Komplex, benannt nach dem Mauerer und Bauunternehmer Oscar Garbe, beherbergt heute u. a. eine Sprachschule und eine Drogentherapie-Einrichtung, die auch das sympathische **Café-Restaurant Garbe** betreibt.

Von hier aus geht es in die **Mainzer Straße** mit ihren schmuck sanierten Altbauten, die nach DDR-Planungen abgerissen und durch Plattenbauten ersetzt werden sollten. Diese Pläne wurden durch den Mauerfall durchkreuzt. In die leer stehenden Häuser zogen im April 1990 radikale Hausbesetzer aus Kreuzberg und Westdeutschland, um sich im zerfallenden DDR-Staat ein „autonomes Versuchslabor" mit eigenen Regeln einzurichten und nach außen zu verbarrikadieren. Mit Räumung der „Mainzer Republik" im November 1990 durch die inzwischen wiedervereinigte Berliner Polizei brachen bürgerkriegsähnliche Zustände aus, die vier Wochen lang die Straße in ein gespenstisches Schlachtfeld verwandelten und zum Bruch der rot-grünen Koalition unter Walter Momper führten. Davon ist heute nichts mehr zu erahnen. Sie spazieren heute durch eine bürgerliche Idylle und entdecken an der Ecke zur Scharnweberstraße (Nr. 19 und weiter) besonders prächtige Neorenaissancefassaden.

Wilde Mainzer Republik

Boxhagener Straße

Sie biegen rechts in die lebhafte Boxhagener Straße. Wo heute die Straßenbahn vorbeirattert, führte im 16. Jh. ein Feldweg zum landwirtschaftlichen Vorwerk Boxhagen. Die 1900 rasant einsetzende Bebauung ließ davon nichts übrig, aufgrund der umliegenden Industrie entstand ein Arbeiterkiez. Daher finden Sie auf dem **Georgen-Parochial-Friedhof (6)** auf der rechten Seite keine Prominenz, sondern Grabstätten von Schneidern, Maurern oder Schankwirten. Ein gemeinsames Grab für drei antifaschistische Widerstandskämpfer liegt am Hauptweg. Direkt an der Straße steht das älteste Gebäude des Bezirks, die 1879 im romanisch-klassizistischen Stil erbaute Kapelle, die heute **Theaterkapelle** heißt, weil in ihr nur noch selten Trauerfeiern abgehalten, dafür aber Theater gespielt wird (s. S. 203). Westwärts der Straße folgend, dringen Sie weiter in den Szene- und Ausgehkiez vor. Längst eine Institution ist der **Frittiersalon** (Nr. 104) mit Biocurrywurst, Bioburger und selbst gemachten Pommes.

Arbeiter-friedhof

Simon-Dach-Straße

Direkt an der Ecke zur Niederbarnimer Straße liegt neben dem gleichnamigen Straßencafé das alteingesessene **Kino Intimes (7)**, dessen Logo und Innenausstattung noch aus DDR-Zeiten stammen. Seit über 100 Jahren laufen hier Filme, während sich draußen die reale Welt komplett veränderte. So war die Simon-Dach-Straße, die Sie nach links (südwärts) einschlagen, früher eine ruhige Wohnstraße. Nach der

Rund um das Kino Intimes: Ausgehmeile im Boxhagener Kiez

Wende wurde sie DIE **Kneipen- und Ausgehmeile** im Boxhagener Kiez, die längst Besucher aus ganz Berlin und viele junge Touristen anlockt. In schöner Atmosphäre unter großen Bäumen zählt man auf den breiten Bürgersteigen rund 1900 Freiluftplätze der aneinandergereihten Gaststätten. Zudem fand ein kompletter Mieterwechsel statt. Zunächst zogen in den 1990er-Jahren junge Leute und Studenten in die billigen Wohnungen des proletarisch geprägten Viertels. Mit den Haussanierungen folgten eher Gutverdienende aus der Kreativindustrie und fingen an, Familien zu gründen. Um nachts irgendwann schlafen zu können, bewirkte die Bürgerinitiative „Die Aufgeweckten", dass die Lokalbetreiber draußen ab 22 bzw. 23 Uhr am Wochenende nicht mehr bedienen dürfen. Neben Cocktaillounges, Kuchencafés und wilden Eckkneipen ist kulinarisch die halbe Welt vertreten, besucht von hauptsächlich jungem Publikum. Und Simon Dach? Der deutsche Dichter aus Ostpreußen wurde im 17. Jh. bekannt durch sein Gedicht „Ännchen von Tharau".

Junges Publikum

Kauf- und Designermeile

Blumenladen in der Wühlischstraße

Mit der Kopernikus- und Wühlischstraße ist die **Kauf- und Designermeile** erreicht, der Sie nach links ostwärts folgen. Mit ihren dunklen, grauen Häusern mit aggressiver Graffitigestaltung und der rumpelnden Straßenbahn bietet sie nicht gerade ein edles Ambiente, dafür aber eine witzige Mischung alteingesessener Geschäfte und neuer Fashion- und Designerläden der jungen Modeszene. Beim Bummel entdeckt man Namen wie Prachtmädchen, Trash-Schick, Superschlüpfer oder Stiefelknecht. Kulinarisch kann man zwischen italienischer, russischer und schwäbischer Küche wählen oder sich bei **Olivia** zum Tortengenuss niederlassen. Die schlichte aber gemütliche Fußballkneipe **Hops & Barley** (s. S. 203) verköstigt mit ihrem selbst gebrauten „Friedrichshainer Pilsner" Borrussia-Mönchengladbach-Fans und alle anderen Gäste mit einer Ausnahme: „Kein Bier für Nazis".

Helenenhof und Wühlischplatz

An der Bar „Süß war gestern" geht es rechts in die Seumestraße und die nächste links in die Simplonstraße, dann links in die Gryphiussstraße. Die fünfgeschossige Fassade auf der rechten Seite (Nr. 1/2) gehört bereits zur denkmalgeschützten Beamtenwohnanlage **Helenenhof (8)**. Um 1905 errichtete der Architekt Erich Köhn für den Beamten-Wohnungs-Verein 442 Wohnungen, die vornehmlich für kinderreiche Beamte mit niedrigem Einkommen gedacht waren. Er gruppierte die Wohnblöcke um begrünte Innenhöfe und schuf eine zentrale Grünanlage, die Sie rechts auf dem Privatweg durchqueren. Ein herrlich ruhiger Weg, der mitten durch das architektonische Juwel mit seinen schönen Fassaden und dem Schmuckplatz führt. Und Helene? Sie war die Gattin des preußischen Ministers Hermann von Budde und hatte als solche repräsentative Aufgaben zu erfüllen – wie die Teilnahme an der Grundsteinlegung dieser Wohnanlage. Der Holteistraße am südlichen Ausgang

Grüne Wohnanlage

nach links folgend gelangen Sie zur Sonntagstraße mit dem Wühlischplatz links dahinter. Dort ungefähr lag das Vorwerk Boxhagen, das im 18. Jh. der Stadtverordnete Johann Friedrich Sonntag kaufte und später der Berliner Kaufmann August Wühlisch erbte. Die Familien Sonntag und Wühlisch häuften allein durch Bodenspekulation ein Millionenvermögen an.

Auf der rechten Seite steht die Turnhalle der ehemaligen Max-Kreuziger-Schule. Ihre Sprossenwände, die bis zur holzvertäfelten Decke reichen, und die Sportböcke dienen nur noch als Kulisse (bzw. als Barhocker) für das Restaurant **Die Turnhalle**, eine der wohl außergewöhnlichsten Gaststätten in Friedrichshain (s. S. 202). Beim warmen Wetter lässt sich auf der großzügigen Terrasse dahinter schön entspannen. Von dort sieht man das Schulgebäude von 1954, ein Schulpalast im typisch sozialistisch-neoklassizistischen Stil. Nach jahrelangem Leerstand wurden ab 2001 im Inneren schicke Eigentumswohnungen und Maisonettes eingebaut, die von Berlinern oder von ausländischen Berlinfans am Wochenende bewohnt werden.

Springbock als Barhocker

Am nordöstlichen Rand des Wühlischplatzes steht der lustige **Nilpferdbrunnen (9)** von Nikolaus Bode, auf dessen Brunnenschale ein bronzenes Nilpferd mit kleinen Großwildjägern zu sehen ist. Leider klaute jemand 1991 das süße Hippo, sodass es 1996 neu hergestellt werden musste. Sie laufen durch die eingezäunte Grünanlage bis zur westlichen Platzspitze, weiter entlang der Wühlischstraße und rechts in die Knorr-Promenade.

Knorr-Promenade (10)

Hier betreten Sie eine kleine verschwiegene, bourgeoise Insel inmitten des Arbeiterbezirks, die 1911–13 als edles Wohnprojekt für höhere Beamte und Besserverdienende entstand. Ihre Abgeschiedenheit von der übrigen Welt akzentuierte man mit zwei Toranlagen, von denen lediglich die südliche Fußgängerpforte zur Wühlischstraße den Krieg überlebte. Sonst ist wenig zerstört worden. Auf dem Gang durch die nur 150 m lange Allee passieren Sie herrschaftliche Häuser mit säulenverzierten Balkonen, Putten und Loggien sowie Vorgärten – ungewöhnlich für diese Gegend. Der Name der Anlage ehrt den Boxhagener Bremsfabrikanten Georg Knorr. Zur Rettung der 2011 halb verfallenen Toranlage trugen Spenden sowie kreative Ideen einer Privatinitiative bei. So konnte man in der Bar Hops & Barley Lose für 1 € erwerben. Der Gewinn war ein Freibier, der Rest floss komplett in die Torsanierung. Neben „Saufen für den Denkmalschutz“ ist die Grillsauce „Knorrpromenadenmischung“ in Planung. Am nördlichen Ende geht es links auf die Krossener Straße, dann rechts auf die Seumestraße und die nächste wieder links auf die Grünberger Straße, die auf den Boxhagener Platz führt.

Bourgeoise Insel

Boxhagener Platz

Inmitten der dichten Bebauung bildet der um 1900 angelegte Boxhagener Platz das grüne Herz des Kiezes. Auf den Bänken unter großen Bäumen kann man sich ausruhen, das Treiben der unterschiedlichen Bevölkerungsgruppen auf dem Platz beobachten oder in einem der Straßencafés die Tour gemütlich ausklingen lassen. Neben der großen Rasen- und Liegewiese gibt es einen Kinderspielplatz mit großer Plansche, angelegte Stauden und wilde Sträucher. Ein Zaun hält zwar seit 2004 frei laufende Hunde ab, weniger die Alkoholiker. So widersprüchlich sich das Bild von frisch renovierten Häusern neben heruntergekommenen Fassaden präsentiert, so unterschiedlich zeigen sich die Lebensentwürfe ihrer Bewohner – anhand der verschiedenen Läden, Boutiquen, Cafés und Restaurants. Sogar eine Touristeninfo gibt es hier, die auch Fahrräder verleiht. Sehr empfehlenswert sind samstags der **Wochenmarkt**, auf dem man Leckereien aller Art findet, und sonntags der szenig-alternative **Flohmarkt** (So 10–18 Uhr).

Reisepraktische Infos Samariter- und Boxhagener Kiez

Information

Tourististeninformation, *Gärtnerstr. 12, ☎ 29779686, Mo–Fr 9–20, Sa/So 10–20 Uhr. Hier auch* **Fahrradverleih Boxi Bike**.

Essen und Trinken

Englers Unikat (1), *Samariterstr. 17, ☎ 42081339, www.englers-unikat.de, 16–24 Uhr. Restaurant mit maritimen Einschlag und erstaunlicher Einrichtung. Je nach Platzwahl versinkt man in einer Fischerkneipe, einem Wohnzimmer oder Omas Küche. Chefköchin Engler bruzelt in der Küche ausgezeichnete „jute Berliner Küche neu entdeckt", große Portionen, 8–17 €. Für das 3-Gang-Menü wirft Mutter Engler die dänische Kochmaschine von 1930 mitten im Gastraum an und integriert die Gäste mit Kartoffel- oder Zwiebelschälen (25 €, vorher reservieren).*

Die Garbe (2), *Frankfurter Allee 40, ☎ 29385204, www.diegarbe.de, Mo–Fr 9–17 Uhr. Café-Restaurant mit Tagesgerichten (5–6 €).*

Frittiersalon (3), *Boxhagener Str. 104, ☎ 25933906, www.frittiersalon.de, Mo–Do 17–24, Fr–So 13–24 Uhr. Biocurrywurst, Bioburger und selbst gemachten Pommes.*

Matreshka (9), *Boxhagener Str. 60, ☎ 0163/9870767, tgl. 12–24 Uhr. Beliebtes kleines russisches Restaurant mit immer frisch zubereiteten Gerichten (6–15 €) – und natürlich Wodka.*

Nil (6), *Grünberger Str. 52, tgl. 11–24 Uhr. Sudanesischer Imbiss mit vielen vegetarischen Gerichten (2,50–4,50 €). Falafel heißt Tamiya und gibt's hier in Erdnusssoße.*

Eismanufaktur Berlin (5), *Simon-Dach-Str. 9, www.eismanufaktur-berlin.de. Selbst gemachtes Bioeis, sehr beliebt im Kiez.*

Olivia (7), *Wühlischstr. 30, ☎ 60500368, www.olivia-berlin.de, Mo–Fr 10–19, Sa 10–18, So 12–18 Uhr. Feine Schokoladen und Torten, im Lädchen durftet es verführerisch nach Kakao und Schokolade. Man hat die Qual der Wahl: französische Tartes mit Cassistrüffel oder doch lieber Himbeermousse?*

Die Turnhalle (8), *Holteistr. 6–9, ☎ 29364816, www.dieturnhalle.de, Mo–Fr ab 15, Sa/So ab 10 Uhr. Italienische und deutsche Küche in einer ehemaligen Sporthalle, Cocktailbar und Terrasse, Sa/So Frühstücksbüfett bzw. Brunch. Oft größere Gruppen.*

PriMaria (4), *Boxhagener Str. 26, ☎ 29044976, www.primaria.de, tgl. Mo–So 12–24 Uhr. Bulgarisches Restaurant, echter Familienbetrieb mit kleinem Gastraum, aber großer Küche. Eine erste geschmackliche Übersicht bietet der Vorspeisenteller, gefolgt von Gerichten wie Schopskasalat, Kartofki, Pelmeni oder überbackenen Lachs-Spinat-Topf, dazu bulgarische Weine. Herzlich und sehr preiswert, Hauptgerichte um 6 €.*

Kaffee & Tee (10), *Frankfurter Tor 5, tgl. 9–24 Uhr. Retromobiliar und phänomenaler Blick aufs Frankfurter Tor besonders bei Sonnenuntergang. Kuchen und türkische Speisen.*

Café Tasso – das andere Antiquariat (11), *Frankfurter Allee 11, www.cafe-tasso.de, ☎ 48624708, tgl. 9.30–20 (Küche 10–19) Uhr. Freundliches Kulturcafé mit Antiquariat. Hier arbeiten Menschen mit und ohne Handicap. Leckeres Frühstück, Kuchen, leichte Gerichte und Wochenkarte, alles Bio.*

Ausgehen

Clubs/Tanzen

Berghain (9), *Am Wriezener Bhf., www.berghain.de, durchgehend Fr 24 Uhr bis Mo früh. Einmaliger und riesiger Partytempel in ehemaligem Heizkraftwerk, 2009 zum besten Club der Welt gekürt. Mehrere Dancefloors und DJs der Extraklasse (Tech/Elektro), alles außer Fotografieren ist erlaubt! Lockeres und bunt gemischtes Publikum (hoher schwuler Anteil), manche werden auch nach Wartezeit abgewiesen. Partytouristen kommen samstagnachts, Einheimische erst Sonntag vormittags.*

Lovelite (7), *Simplonstr. 38–40, www.lovelite.de. Schmuddelig-trashiger Club in ehemaliger Autowerkstatt, studentisches Partyvolk, Soul/Hip-Hop/Indie/Punk/Balkan.*

RAW-Gelände (8), *Revaler Str. 99. Das ehemalige Reichsbahn-Ausbesserungswerk ist mit seinen ruinösen Hallen und Baracken auf 70.000 m² zum beliebten Treff der jungen Alternativszene geworden. Diverse Clubs, darunter:*

– **Cassiopeia**, *www.cassiopeia-berlin.de. Spartanisch eingerichteter Club, alles von Punk über Hip-Hop und Reggae bis 80er/Retro, tgl. wechselndes Programm.*

– **Suicide Circus**, *www.suicide-berlin.de. Puristischer Elektro/Tech-Club mit überdachtem Außenbereich, Fr/Sa ab 22 Uhr.*

Bar/Kneipe/Sonstige

Sanatorium 23 (1), *Frankfurter Allee 23, www.sanatorium23.de, tgl. ab 18, DJs ab 21 Uhr. Szenig-angenehme Café-Bar mit Liegelandschaften zum Chillen mit Heilwirkung, DJ-Elektro/House-Musik.*

Dachkammer (3), *Simon-Dach-Str. 39, www.dachkammer.com, tgl. 13 Uhr–open end. Nettes Café und Cocktailbar in zweigeschossiger Wohnzimmerlandschaft.*

Theaterkapelle (2), *Boxhagener Str. 99, ☎ 68076314, www.theaterkapelle.de. Experimentelles Theater, Lesungen Konzerte und Jam-Sessions.*

Hops & Barley (5), *Wühlischstr. 22/23, www.hopsandbarley-berlin.de, tgl. 17–3 Uhr. Gemütliche Fußballkneipe und Minibrauerei in ehemaliger Fleischerei.*

Süß war gestern (6), *Wühlischstr. 43, tgl. ab 19 Uhr. Szenige Loungebar mit Retromobiliar, DJ-Elektro-Musik, junges Publikum, Kicker und Nintendokonsole.*

Stereo 33 (4), *Krossener Str. 24, Mo–Do ab 19, Fr/Sa ab 20 Uhr. Freundliche Loungebar mit DJ-Elektro-Musik, gemischtes Publikum (auch über 30 Jahre).*

Einkaufen

Markt am Boxhagener Platz *(1), Wochenmarkt: Sa 10–14.30 u. Mi 12–19 Uhr. Insbesondere Hausgemachtes und biologisch Einwandfreies, alles etwas höherpreisig. Flohmarkt: So 10–18 Uhr. Für Flohmarktliebhaber vielleicht der interessanteste Kiezflohmarkt Berlins, szenig und alternativ – hier treffen wahre Individualisten und auch professionelle Anbieter jeder Couleur zusammen. Die angebotenen Waren passen zum alternativ-kreativen Publikum. Die Preise sind erstaunlich günstig.*

Superschlüpfer (2), *Wühlischstr. 25, www.superschluepfer.de, Mo–Fr 11–20, Sa 11–18 Uhr. Dessousladen ohne Spitze oder Rüschen, sondern klassische Schnitte und trendige, schrille Farben für Frauen und Männer.*

Tussy Lounge (3), *Sonntagstr. 22, www.tussylounge.de, Lounge: Mo–Do 15–24, Fr/Sa 15–2 Uhr, Friseur: Mo–Sa (nur Terminvereinbarung, ☎ 84111795). Originelle Kombination aus Friseur und Bar. Unten Cafélounge im 60er-Jahre-Wohnzimmer-Ambiente, darüber bekommt man den gewünschten Haarschnitt verpasst.*

Proviant (4), *Wühlischstr. 39a, Mo–Fr 9–20, Sa 9–18, So 11–17 Uhr. Kleiner mediterraner Feinkostladen mit Gourmet-Angeboten, die man gleich beim Kaffee probieren kann. Wer möchte, lässt sich einen individuellen Picknickkorb zusammenstellen.*

Weitere Ziele in Friedrichshain

Volkspark Friedrichshain

Die 52 ha große grüne Lunge entstand Mitte des 19. Jh. und wurde anlässlich des 100-jährigen Thronjubiläums Friedrichs II. Friedrichshain genannt. Auf der damals leicht gewellten Hügellandschaft wuchsen nach 1945 zwei Bunkerberge, bestehend aus 1,2 Mio. m³ Berliner Trümmerschutt und den gesprengten, darunter liegenden

Bunkerberg

Flaktürmen. Die 78 und 48 m hohen **Mont Klamott**, besungen von Wolf Biermann und Silly, sind heute dicht begrünt und ein beliebtes Ziel für Spaziergänger und Jogger. Eine schöne Aussicht von ganz oben besteht allerdings nur noch in den Wintermonaten, wenn die Bäume kein Laub tragen. Einen wahrlich sagenhaften Auftakt an der westlichen Parkspitze bildet der **Märchenbrunnen** mit Wasserkaskaden und sprudelnden Brunnen. Die neobarocke und wohl schönste Berliner Brunnenanlage entstand 1913 als Geschenk für die von Typhus und Rachitis bedrohten Arbeiterkinder (*Anfahrt: Tram M4 oder Bus 200 Am Friedrichshain*).

Am Märchenbrunenn im Volkspark Friedrichshain trifft man Hans im Glück & Co.

Zwischen den Bunkerbergen am Großen Teich befindet sich ein **japanischer Pavillon** mit Friedensglocke, dahinter führt ein Weg durch eine kleine Gebirgsbachlandschaft. Am Wochenende kann man Karawanen von Kinderwagen schiebenden Müttern und Vätern beobachten, die aus den benachbarten Wohngebieten in das ausgedehnte Parkgebiet strömen. Beliebter Treffpunkt ist das Restaurant mit Biergarten **Schönbrunn**. In dem ehemaligen DDR-Pavillon im Retrolook gibt es ganztägig Frühstück, Cocktails oder Bio-Wiener-Schnitzel.

Das **Denkmal des polnischen Soldaten** an der Virchowstraße ist zu einem Eldorado für Skateakrobaten mit mehreren Halfpipes geworden. Abseits vom lebhaften Freizeitgeschehen findet man auf einer Erhebung beim Klinikum an der Landsberger Allee den **Friedhof der Märzgefallenen**. Hier wurde den Barrikadenkämpfern von 1848 ein Ehrenfriedhof gesetzt, auf deren teilweise überwucherten Grabsteinen Berufsbezeichnungen wie Lehrling, Malergeselle oder Arbeitsfrau zu lesen sind. Auch 33 Revolutionsopfer vom November 1918 fanden hier ihre letzte Ruhestätte. Das schönste **Freilichtkino** Berlins zeigt von Mai bis September Filmklassiker, Neues und spezielle Filmreihen (*www.freiluftkino-berlin.de, Anfahrt: Tram M5, M6, M8 Platz der Vereinten Nationen*).

Open-Air-Kino

Das Bötzowviertel

Das bereits im Prenzlauer Berg gelegene Bötzowviertel mit seinen gründerzeitlichen und repräsentativen Jugendstilbauten fiel der Vernachlässigung zu DDR-Zeiten fast zum Opfer. Inzwischen saniert und deutlich aufgewertet, gehören die vergleichsweise schmalen Straßen zwischen dem Volkspark Friedrichshain und der Greifswalder Straße heute zu einem beliebten Wohn- und Szenekiez Berlins. Während eines Bummels durch die Bötzowstraße und ihre Querstraßen, insbesondere der Hufelandstraße, trifft man auf zahlreiche Cafés, Restaurants, Galerien, Bioläden und kleine Spezialgeschäfte. Die Straße endet nördlich am Arnswalder Platz mit dem monumentalen Fruchtbarkeitsbrunnen von Hugo Lederer (errichtet 1927–34), wegen seiner Figuren aus rotem Tuffstein auch **Stierbrunnen** genannt. Am südlichen Ende steht seit 1925 das beliebte **Filmtheater** am Friedrichshain, auf dessen Terrasse im Sommer ein lauschiger Biergarten lockt. Architektur- und sozial Interessierte können entlang der Straße **Schweizer Gärten** eine exklusive Wohnsiedlung mit strahlend weißen *townhouses* entdecken, die aufgrund ihres abgeschlossenen Charakters nicht unumstritten in der Nachbarschaft sind (*Anfahrt: Tram M4 Hufelandstraße, M10 Arnswalder Platz, Bus 200 Bötzowstraße*).

Karl-Marx-Allee – sozialistischer Klassizismus

Sie ist der wohl monumentalste Straßenzug Deutschlands und mit 2,3 km Länge und 90 m Breite das größte Baudenkmal Berlins. Als 1945 die Frankfurter Allee in Schutt und Trümmern lag, entschied die DDR-Regierung, einen sozialistischen Boulevard, die Stalinallee, nach sowjetischem Vorbild zu errichten. Unter Federführung des Architekten Hermann Henselmann entstanden ab 1951 zwischen Strausberger Platz und Proskauer Straße „Paläste für Arbeiter“ mit reichhaltiger Verzierung und luxuriösen Extras wie Aufzügen, Müllschluckern und Gegensprechanlagen. Nicht nur Führungskader zogen ein. Wer beim Bau des „Nationalen Aufbauwerks“ fleißig mit anpackte, konnte in einer Lotterie eine Wohnung gewinnen. Die Euphorie schlug allerdings aufgrund erhöhter Arbeitsnormen in Proteste der

Paläste für Arbeiter

Kino International mit Honecker-Lounge auf der Karl-Marx-Allee

Bauarbeiter um und mündete in den brutal niedergeschlagenen Aufstand vom 17. Juni 1953. Nach dem Tod Josef Stalins entfernte man 1961 stillschweigend dessen kolossale Statue und machte aus der Stalinallee die Karl-Marx-Allee. Seit der Wende ist sie fast vollständig saniert worden.

Die Allee von West nach Ost

Auf dem westlichen Abschnitt zwischen Alexanderplatz und Strausberger Platz sieht man nur zehngeschossige Plattenbauten aus den 1960er-Jahren. Die enorme Straßenbreite von 125 m war damals kaum für die wenigen Autos vorgesehen, sondern für die großen DDR-Aufmärsche am 1. Mai und zum DDR-Geburtstag, letztmalig am 7. Oktober 1989 zelebriert. Das **Kino International**, einstiges DDR-Premierenkino, gehört zu den schönsten der Stadt. Einen Blick sollte man in die sogenannte Honecker-Lounge im Obergeschoss mit Parkettboden und gewaltigen Kristallleuchten werfen. Gegenüber liegt das **Café Moskau** von 1959 mit dem Wandmosaik „aus dem Leben der Sowjetvölker" und dem Sputnik in Originalgröße auf dem Dach, damals ein Geschenk der Sowjetunion. Heute ist das ehemalige Restaurant eine Eventlocation.

Sputnik in Originalgröße

Kino International, *Karl-Marx-Allee 33, tgl. meist ab 14 Uhr zugänglich, Anfahrt: U-Bhf. Schillingstraße (U5).*

Mit großer Geste bilden die beiden **Turmhäuser am Strausberger Platz** den westlichen Auftakt des denkmalgeschützten Ensembles. Das südlich gelegene war früher das „Haus des Kindes", welches Erwachsene nur in Begleitung ihrer Steppkes betreten durften. Das nördliche beherbergt das **Restaurant Haus Berlin**, wo man in gemütlicher Atmosphäre *soljanka* und andere Klassiker verspeist.

Ausstellung zur Baugeschichte

Im **Café Sibylle** *(Karl-Marx-Allee 72)*, bekommt man nicht nur guten Käsekuchen, sondern auch Kultur geboten (meist abends). Hier gibt es eine kostenfreie Ausstellung zur Baugeschichte der Karl-Marx-Allee inklusive originaler Möbel. Highlights sind Ohr und Bart von Josef Stalin – aus Bronze, Überbleibsel der einstigen Monumentalstatue *(hier auch Verleih und Ausgangsstation für einen Hörspazierung*

Friedrichshain, www.stadt-im-ohr.de). Im ehemaligen **Café Warschau** wurde 2011 das weltweit erste **Computerspielemuseum** eröffnet. Hier kann jede Generation eine Zeitreise in eine Spiele- und Experimentierlandschaft mit raren Originalen und spielbaren Klassikern unternehmen.

Computerspielemuseum, *Karl-Marx-Allee 93, ☎ 60988577, www.computerspielemuseum.de, Mi–Mo 10–20 Uhr, 6 €, Anfahrt: U-Bhf. Weberwiese (U5).*

Schräg gegenüber stehen fünfgeschossige schlichte Laubenganghäuser (Nr. 102 u. 104), die Hans Scharoun 1949/50 als erste Gebäude auf der Allee erbaute. Doch die SED-Oberen lehnten die „westliche" Moderne zugunsten der sowjetischen Monumentalarchitektur ab – und versteckten Scharouns Bauten hinter einer Pappelreihe. Als wegweisender Bau galt stattdessen das **Hochhaus an der Weberwiese** (1952) von Hermann Henselmann, direkt dahinter gelegen. Wahrzeichen der Allee und Pendant zum Strausberger Platz sind die beiden **Kuppeltürme** am Frankfurter Tor *(Anfahrt: U-Bhf. Frankfurter Tor, U5).*

Sowjetische Monumentalarchitektur

Reisepraktische Infos Bötzowviertel und Karl-Marx-Allee

Essen und Trinken

Bötzowviertel

Schönbrunn, *Am Schwanenteich, ☎ 453056525, www.schoenbrunn.net, tgl. 10–24 Uhr, Anfahrt: Bus 200 Bötzowstraße, s. auch S. 205.*

Il Pane e le Rose, *Am Friedrichshain 6, ☎ 4231916, 12–24 Uhr (Küche). „Echtes" italienisches Restaurant, hausgemachte Pasta und viel gelobte Pizza. Mittagsmenüs 9–13 €.*

Chez Maurice, *Bötzowstr. 39, ☎ 4250506, www.chez-maurice.com, tgl. ab 18, Mittagstisch Di–Sa 12–16, Feinkost Mo–Sa 10–19 Uhr. Kleines, rustikal wirkendes Restaurant, französisch inspirierte Küche mit Auswahl klassischer französischer Gerichte, eher höherpreisig (10–25 €).*

Bäckerei Lau, *Pasteurstr. 32 am Arnswalder Platz, Di–Fr 7–18.30, Sa 7–13, So 14–16 Uhr. Traditioneller Familienbetrieb und beste Backwerkkunst. Anwohner stehen samstags Schlange.*

Knorke, *Bötzowstr. 18, www.cafe-knorke-bar.de, 10 Uhr–open end. Freundliches kleines Wohnzimmercafé mit Frühstück, Suppe, Flammkuchen, Torten. Nette Terrasse zur Bötzowstraße.*

Karl-Marx-Allee

Haus Berlin, *Strausberger Pl. 1, ☎ 2425608, www.haus-berlin.net, Mo–Sa 11.30–open end, So ab 10 Uhr. Gutbürgerlich, auf der Karte: Soljanka, Rächerlachs auf Kartoffelpuffer, tolle Schnitzelvariationen, Kalbsleber oder Eisbein. Nette und schnelle Bedienung mit Berliner Schnauze, preiswert (Do Schnitzel nur 6,50 €).*

Café Sibylle, *Karl-Marx-Allee 72, ☎ 29352203, Mo–Fr 10–20, Sa/So 11–20 Uhr, bei Veranstaltungen auch länger, s. auch S. 206.*

Restaurant im Umspannwerk Ost, *Palisadenstr. 48, ☎ 42809497, www.umspannwerk-ost.de, tgl. ab 11.30 Uhr. Internationale Küche in einer 7 m hohen ehemaligen Trafohalle, Gerichte 12–19 €. Der kulinarische Abend lässt sich mit einer Dinnershow oder einer Krimiaufführung verbinden (www.kriminaltheater.de).*

Spaziergang rund um die Oberbaumbrücke

Anfahrt: *S-Bhf. Ostbahnhof sowie S/U-Bhf. Warschauer Straße (S1/U1)*
Dauer: *ca. 2–3 Std. (ca. 4 km)*

Spannende Stadtlandschaft

Eine der spannendsten Stadtlandschaften ist der 3 km lange Bereich rund um die Oberbaumbrücke beidseitig der Spree zwischen Kreuzberg, Friedrichshain und Treptow. Geschunden von Industrie-, Hafen- und Speicheranlagen des frühen 20. Jh., wild durchzogen von Verkehrssträngen und Güterbahnhöfen, endgültig stranguliert vom Mauerbau, hat sich die Gegend längst erholt und fröhlich dem Wasser zugewendet. Wo früher Lastschiffe und Kohlenschlepper unterwegs waren, winken heute Freizeitkapitäne den Cocktails schlürfenden Menschen am Uferstrand zu. Unter dem Namen **Mediaspree** werden seit den 1990er-Jahren ausgemusterte Fabriken, Hafenspeicher und Brachflächen zu schicken Bürobauten vorzugsweise der Medien- und Kreativindustrie umstrukturiert. Auch Hotels, Modezentren und Wohntürme entstehen. Davon sind nicht alle Anwohner begeistert. Eine Bürgerinitiative hat sich erfolgreich für einen öffentlichen Uferweg eingesetzt.

East Side Gallery (1)

Nach der Wende begannen mehr als 100 Künstler aus der ganzen Welt, das damals weit auf Ostberliner Seite gelegene Mauerstück zwischen Ostbahnhof und Oberbaumbrücke mit Großbildern aus farbenprächtigen Motiven zu versehen, die dem politischen Wandel Ausdruck verliehen. Auf einer Länge von 1300 m verwandelten sie die graue Wand in **die längste Open-Air-Galerie der Welt**. Der Initiative der East Side Gallery e. V. gelang aus Mitteln der Deutschen Klassenlotterie die Rettung vor dem allmählichen Verfall. Ab 2009 wurden der Beton und die 105 Bildmotive stückweise restauriert. Das berühmteste Bild ist nahe der Oberbaumbrücke der „Sozialistische Bruderkuss von Breschnew und Honecker" von Dmitri Wrubel. Hinter der sanierten Mauer, die wie ein Lärmschutz zur lauten Mühlenstraße fungiert, kann man von Mai bis September bis tief in die Nacht urbanes Strandleben genießen: Auf dem ehemaligen Todesstreifen zwischen Fluss und Mauer befinden sich mehrere Strandbars. Gegenüber der modernen **O2-World**

Künstler in Aktion an der East Side Gallery

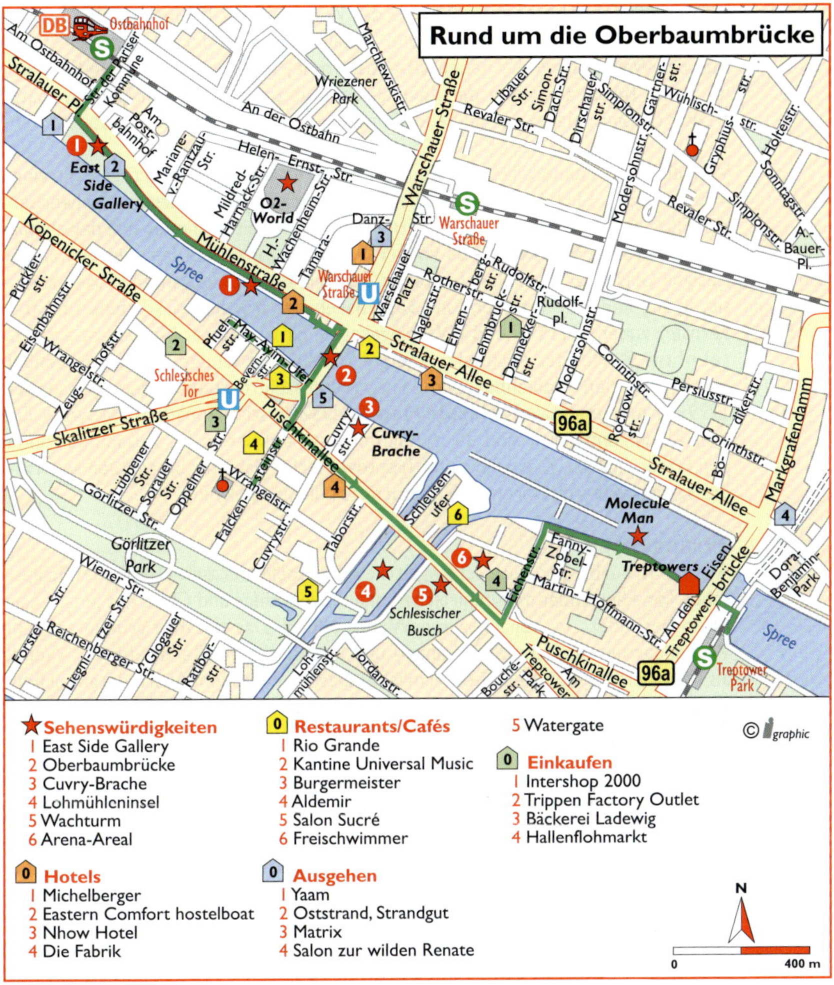

Arena, die größte Veranstaltungshalle Berlins mit 17.000 Plätzen, ist die Mauer ein Stück geöffnet. Hier am Schiffsanleger besteht ein toller Ausblick auf die Kreuzberger Seite gegenüber.

Oberbaumbrücke (2)

Die 1896 erbaute Oberbaumbrücke zwischen Friedrichshain und Kreuzberg erinnert mit ihren markanten Backsteintürmen an brandenburgische Burgen. Ganz oben fährt die U1 als Hochbahn, darunter passieren Fußgänger, Radfahrer und Straßenverkehr die wohl schönste Brücke der Stadt. Zu Mauerzeiten lag sie mitten im Grenzgebiet, war verrammelt und verfiel allmählich. Nach der Wende aufwendig wieder hergestellt, ziert sie das Wappen des 2001 fusionierten Bezirks Friedrichshain-Kreuzberg. Hinter dem U-Bahnviadukt an der Warschauer Straße ragt das Wahrzeichen der neuen **Oberbaumcity** mit ihrem markanten Glaswürfel, heute BASF, empor. In der ehemaligen Glühlampenstadt von Osram, später DDR-Kombinat Narva, ist ein neues Büro- und Geschäftsquartier entstanden.

Plattenlabel und TV-Sender

Wer die Oberbaumbrücke unter dem Hochbahnviadukt überquert, genießt einen phänomenalen Blick auf die neue Uferkulisse entlang dem immer breiter werdenden Fluss. Gleich zu Beginn auf der Friedrichshainer Seite befindet sich das ehemalige gelbfarbene **Eierkühlhaus** von 1929, damals ganz ohne Fenster. Hinter der riesigen Glasfassade residiert heute die Zentrale des Musikgiganten Universal Music. In die anderen Speicher- und Lagerhallen des früheren Osthafens sind u. a. Fernsehsender wie MTV und VIVA eingezogen. Ein markanter Neubau ist das **Hotel nhow Berlin** des Architekten Sergei Tchoban mit seinem 21 m auskragenden metall-gläsernen Wolkenbügel. Im Hintergrund steht mitten auf dem Wasser seit 1999 der monumentale **Molecule Man** des US-Künstlers Jonathan Borowsky. Die drei Aluminiumfiguren sind 30 m hoch und symbolisieren das Zusammentreffen von Friedrichshain, Kreuzberg und Treptow. Rechts dahinter bestimmen seit 1998 die **Treptowers** mit ihrem 125 m Hochhaus die neue Skyline.

Wrangelkiez

Auf der Kreuzberger Seite schlängelt sich die Hochbahn zum U-Bahnhof Schlesisches Tor. Hier findet man zahlreiche Lokale, Szenecafés und Clubs der jungen Szene, insbesondere im benachbarten **Wrangelkiez**. Das reizvolle gründerzeitliche Wohnquartier rund um die Wrangel- und Schlesische Straße, das bis zur Wende als Westberliner Randgebiet ein ärmliches Dasein mit hohem Ausländeranteil führte, ist inzwischen als Szeneviertel angesagt. So reihen sich entlang der verkehrsberuhigten Falckensteinstraße ein Restaurant und Café an das andere.

Spektakuläre Flucht

Der Schlesischen Straße südöstlich folgend, kann man an den Brandwänden der populären **Brachfläche an der Cuvrystraße (3)** riesige Wandgemälde des Street-Art-Künstlers Blu bewundern. Die Brücke über den Landwehrkanal mit seiner Schleuse zur Spree führt auf die **Lohmühleninsel (4)**, damals direkt an der Grenze gelegen. An dieser Stelle endete 1962 die spektakuläre Flucht von 13 Ostberlinern, die in einem gekaperten Ausflugsdampfer, verfolgt und beschossen von DDR-Partrouillenbooten, unverletzt das Westberliner Ufer erreichten. Neben Aral steht die **älteste erhaltene Berliner Tankstelle** von 1929, heute das Restaurant Anhalt. Von der nächsten Brücke aus sieht man ähnlich einer holländischen Gracht idyllisch aneinandergereihte **Hausboote** und einstige Bootswerkstätten, auf denen gegessen, getrunken und gefeiert wird – Chillen ohne Ende. In Anbetracht der fröhlichen Leute kann man sich kaum vorstellen, dass hier die Mauer verlief – sichtbar an der doppelten Pflasterreihe auf der Straße. Auf dem ehemaligen Grenzstreifen, heute die Grünanlage Schlesischer Busch, steht noch ein **Wachturm (5)**.

Angrenzend in nördlicher Spreerichtung liegt das **Arena-Areal (6)**: Neben Konzerten und Großpartys in einer alten Omnibushalle, dem Restaurant- und Partyschiff MS Hoppetosse und dem coolen Bade- und Saunaschiff (s. S. 68) öffnet hier am Wochenende ein überdachter Flohmarkt (s. u.) seine Pforten. Die Eichenstraße führt direkt ans Spreeufer. Dort geht es auf einem Fuß- und Radweg weiter ostwärts mit schönen Ausblicken am Molecule-Man und den Treptowers vorbei, unter der Elsenbrücke hindurch bis zum S-Bahnhof Treptower Park.

Reisepraktische Infos Oberbaumbrücke und Wrangelkiez

Essen und Trinken

Kantine Universal Music (2), *Stralauer Allee 1, Mo–Fr 8–19/20, Mittagstisch 11.45–15 Uhr. Cafe & Bistro, Mittagsgerichte 3–5 €, toller Spreeblick.*

Rio Grande (1), *May-Ayim-Ufer 9 (ehemals Gröbenufer), ☎ 61074981, www.riogrande-berlin.de, tgl. 10–24 Uhr. Im stilvollen Restaurant verwöhnt Edith Berlinger, Betreiberin des legendären Jolesch (s. S. 194), ihre Gäste mit österreichischen und internationalen Gerichten (8–24 €, Mittagsmenüs 7–9 €). Toller Blick auf Spree und Oberbaumbrücke.*

Burgermeister (3), *Schlesisches Tor, www.burger-meister.de, Mo–Do 11–2, Fr/Sa 11–4, So 15–2 Uhr. Beliebter und witziger Imbiss in ehemaligem gusseisernem Toilettenhaus unter der U-Bahnlinie am Bahnhof, leckere Burger (auch Tofuburger).*

Aldemir (4), *Falckensteinstr. 7, März–Sept. tgl. 10–24 Uhr. Beliebter Eisladen im Wrangel-Kiez, pers. Empfehlung: Quark-Sesam-Honig oder Omas Apfelkuchen.*

Salon Sucré (5), *Görlitzer Str. 32a, www.salonsucre.de, ☎ 6122713, Do–So 10–18 Uhr. Fast versteckt am hinteren Ende der Görlitzer Str. kreiert ein franz. Patissier in einem winzigen Laden deliziöseste Tartes, Flambes, Quiches und Croissants.*

Freischwimmer (6), *Vor dem Schlesischen Tor 2a, ☎ 61074309, www.freischwimmer-berlin.com, Mo–Fr ab 14 (im Winter ab 17), Sa/So ab 10 Uhr. Bar-Restaurant in idyllischer Wasserlage, am Wochenende schnell überfüllt. Familiärer Sonntagsbrunch, Gerichte weniger hitverdächtig, dafür aber das urige Hausbootfeeling.*

Ausgehen

Strandbars *(Mai–Sept.)*

– Yaam (1), *Stralauer Pl. 35, www.yaam.de. Afrikanisch-karibisch-brasilianisches Ambiente mit Livebands, tgl. ab 11 Uhr, Mo–Sa ab 18 Uhr Reggae/Hip-Hop, R&B-Partys, Fr/Sa bis 6, Familientag: So ab 13 Uhr.*

– Strandgut (2), *Mühlenstr. 61–63. Stylische Strandbar mit Liegebetten und Biergarten, tgl. ab 10/11 Uhr.*

Clubs/Tanzen

Matrix (3), *Warschauer Pl. 18, www.matrix-berlin.de, ab 22 Uhr. Unter zehn U-Bahnbögen gelegen, vier Dancefloors und Cocktaillounge, populär und sehr junges Publikum. Es wird darauf geachtet, dass Unter-18-Jährige keinen Alkohol bekommen. R&B/Disco/HipHop/Charts.*

Salon zur wilden Renate (4), *Alt-Stralau 70, www.renate.cc/de, Do ab 22, Fr/Sa 24 Uhr–open end. Techno-/Elektroclub im Wohnzimmerambiente, versteckt in ehemaligem Mietshaus. Mehrere Etagen, Sofas und Barocktapeten, verwinkelte Gänge.*

Watergate (5), *Falckensteinstr. 49, www.water-gate.de, Mi/Fr/Sa ab 24 Uhr. Einer der beliebtesten Tanztempel auf zwei Floors mit diversen Labelnächten, Wassersteg auf der Spree und Panoramablick auf die Oberbaumbrücke. Elektro/House/R&B, oft sehr voll.*

Einkaufen

Hallenflohmarkt Treptow (4) *(s. S. 56, Berlin als Reiseziel/Einkaufen).*

Intershop 2000 (1), *Danneckerstr. 8, www.intershop2000.com, Mi–Fr 14–18, Sa/So 12–18 Uhr. Es gibt sie noch, die sogenannte Raumerweiterungshalle der ehemaligen DDR-Konsumeinrichtung, wo man originale DDR-Requisiten leihen und teilweise kaufen kann. Im „Schaufenster des Ostens" präsentiert der Verein zur Dokumentation der DDR-Alltagskultur die 80 beliebtesten Ostprodukte.*

Trippen-Outlet (2), *Köpenicker Str. 187, Mo–Sa 10–18 Uhr. Schuhe vom Vorjahr der mehrfach ausgezeichneten Berliner Designermarke mit hochwertigen, naturbelassenen Materialien.*

Bäckerei Ladewig (3), *Oppelner Str. 4, Mo–Sa 5/6–19, So 8–17 Uhr Traditioneller Bäcker, der sein Handwerk versteht (alles von Schrippen bis köstlichen Kuchen), gleichzeitig Kieztreffpunkt.*

Pankow

Der gesamte Bezirk Pankow mit 376.000 Einwohnern zieht sich auf weiten 103 km² bis an die nördliche Stadtgrenze. Hier findet man viele kleine Ortskerne, recht gut erhaltene Dorfanlagen sowie neue Siedlungsgebiete wie Karow Nord oder die 1929 angelegte Krankenhausstadt Buch. Seit 2001 fasst der Bezirk die ehemaligen Bezirke Pankow, Weißensee und Prenzlauer Berg zusammen. Aber kein Prenzl'berger käme auf die Idee, seinen Wohnort mit Pankow anzugeben. Zu gewaltig sind die Unterschiede zwischen dem großstädtischen Szenekiez und dem beschaulich grünen, Vorstadtcharme versprühenden – und vermeintlich langweiligen – Pankow.

Redaktionstipps

- Das lebhafte Treiben an der **Schönhauser Allee** vom Bistro **Manolo** aus beobachten (S. 213 und 224).
- Durch den Kiez rund um den **Kollwitzplatz** bummeln (S. 216).
- Die **Singuhr-Hoergalerie**: In den Katakomben eines ehemaligen Wasserspeichers außergewöhnliche Klang- und Raumerfahrungen machen (S. 218).
- Die Szeneviertel rund um die **Kastanienallee** und den **Mauerpark** erleben (S. 220).
- Auf dem **Majakowskiring** eine „politische" Runde durch das Wohnviertel der DDR-Machthaber drehen (S. 230).
- Das wenig bekannte **Sowjetische Ehrenmal** in der Schönholzer Heide bestaunen (S. 233).
- Den **Jüdischen Friedhof in Weißensee** besuchen (S. 235).
- Im originellen **„DDR-Restaurant" Osseria** Hausmannskost und Ostschnäpse genießen (S. 236).

Prenzlauer Berg

Direkt nordöstlich vom alten Stadtzentrum schließt sich der Höhenrücken des Barnim an, spürbar entlang der ansteigenden Prenzlauer und Schönhauser Allee oder entlang dem Weinbergsweg. Noch bis ins 19. Jh. hinein gab es hier keine nennenswerte Besiedelung. Wirtschaftliche Grundlage bildeten neben dem Ackerbau Windmühlen und später Brauereien – um 1900 gab es allein im Prenzlauer Berg 14 Brauereibetriebe. Mit dem rasanten Wachstum der Stadt Berlin und der Festlegung des Straßennetzes setzte ab 1860 eine rasche Bauentwicklung ein. 1920 lebten im Prenzlauer Berg 300.000 Menschen (heute 150.000), meist unter elenden Verhältnissen in der Enge der dicht gebauten Mietskasernen. Im Zweiten Weltkrieg größtenteils verschont, verfielen die Fassaden zu DDR-Zeiten zunehmend und nicht wenige waren für den Abriss vorgesehen. Aber die ruinösen Altbauten wurden auch zum Rückzugsort für Andersdenkende, Künstler und Lebenskünstler, Bürgerrechtler und Oppositionelle. Nach der Wende fühlten sich viele junge Leute angezogen vom offenen und spannenden Klima, dem Abenteuer Außenklo und Ofenheizung in maroden Wohnungen, in die man einfach einzog – mit oder ohne Mietvertrag.

Künstler und Bürgerrechtler

Doch das ist längst Geschichte. Ein Straßenzug nach dem anderen wurde im damals größten Sanierungsgebiet Deutschlands mustergültig modernisiert. Gleichzeitig hat sich in wenigen Jahren die Bevölkerungsstruktur im Kollwitz- oder Helmholtzkiez komplett gewandelt und das Viertel ist zum beliebten Wohnort junger gut verdienender Eltern sowie auch Prominenter geworden. Lag der Durchschnittsverdienst früher bei 70 % im Berliner Vergleich, so liegt er heute bei 140 %! Hier wird die höchste Geburtenquote von Akademikern in Deutschland registriert sowie die höchste Dichte an Bioläden, Yogakursen, Ayurveda & Co. Doch auch wenn die aufregenden Jahre vorbei sind: Auf den breiten Bürgersteigen vor den herrlichen Altbauten mit ihren vielen Straßencafés, originellen Geschäften und jungen Designerläden kann man entspannt bummeln und viele Entdeckungen machen. Und wer etwas mehr Grün braucht, muss eben doch nach Pankow.

Ayurveda & Co.

Spaziergang durch den Prenzlauer Berg

Anfahrt: *U-Bhf. Eberswalder Straße (U2)*
Dauer: *4 Std., gut in mehreren Etappen möglich (8 km)*
Karte: *S. 214*

Schönhauser Allee und Eberswalder Straße

Der Spaziergang beginnt an der wuseligen Kreuzung Schönhauser Allee/Eberswalder Straße unter den Hochbahnsteigen der Linie U2, die der Berliner Magistrat um 1910 oberirdisch baute, um Geld zu sparen. Schutz unter der ratternden Hochbahn findet auch die **legendärste Currywurstbude** der Stadt: Konnopke's Imbiss. Max Konnopke machte 1960 die Currywurst im Ostteil der Stadt bekannt, indem er eine spezielle Soße entwickelte, deren Rezept bis heute in der Familie gehütet wird.

Dort wo südwestlich die Straßenbahn in die Kastanienallee einbiegt, erinnert der Schriftzug „Skladanowsky" im Straßenpflaster an den Beginn der deutschen Filmgeschichte: Vom Dach des Hauses Schönhauser Allee 146 daneben hatte Max Skladanowsky 1892 den **ersten deutschen Film** mit einer umgebauten Kodakkamera – mit Kurbel – gedreht. Der Prenzlauer Berg war schon immer eine beliebte Filmkulisse. So entstanden hier z. B. die Defa-Filme „Berlin – Ecke Schönhauser" und „Solo Sunny (in der Kopenhagener Straße) sowie „Sommer vorm Balkon" (am Helmholtzplatz).

Beliebte Drehorte

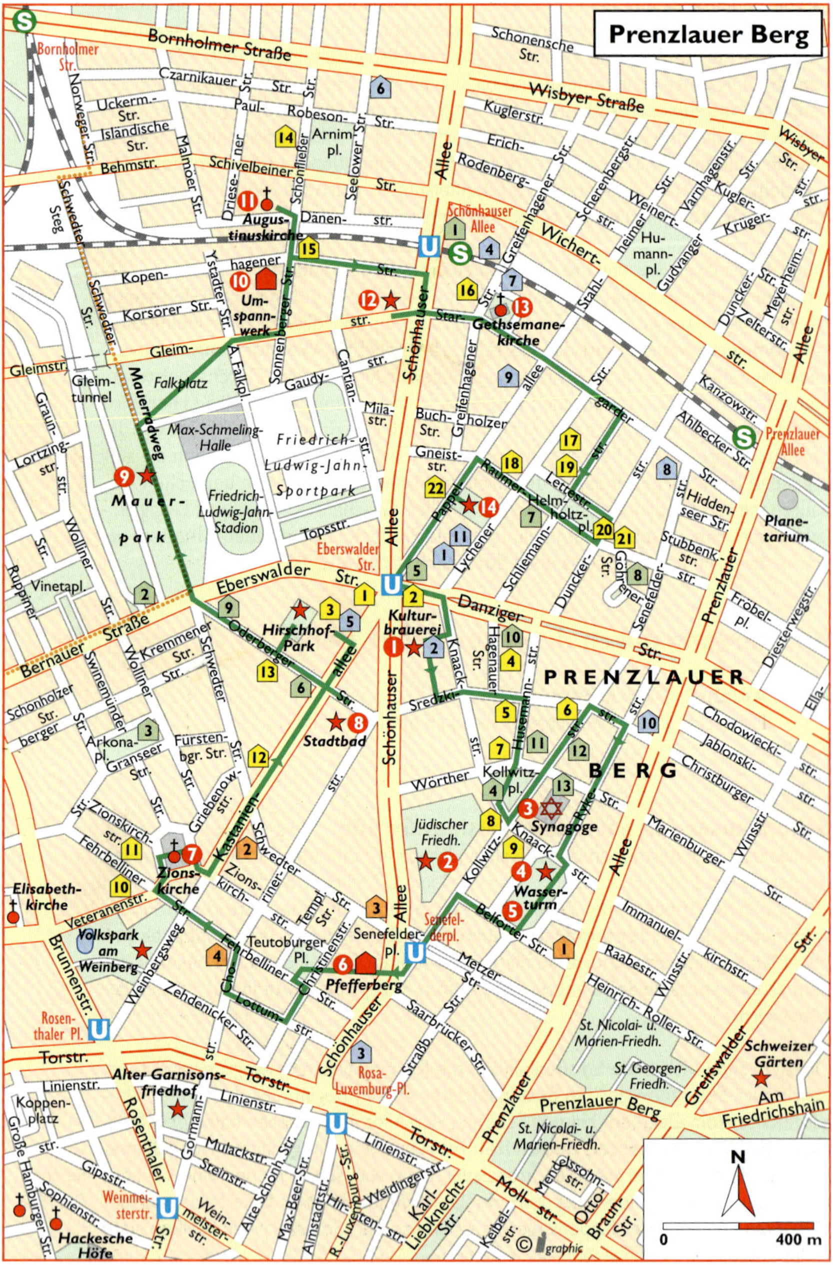
Prenzlauer Berg
Bornholmer Straße
Bornholmer Str.
Schonensche Str.
Wisbyer Straße
Czarnikauer Str.
Paul-Robeson-Str.
Kuglerstr.
Erich-
Rodenberg-
Uckerm.-Str.
Isländische Str.
Norweger Str.
Behmstr.
Malmöer Str.
Schivelbeiner Str.
Arnimpl.
Seelower Str.
Schönfließer Str.
Dänen-str.
Augus-tinuskirche
Schönhauser Allee
Wichert-str.
Greifenhagener Str.
Scherenbergstr.
Hu-mann-pl.
Gudvanger
Varnhagenstr.
Kruger-
Kopenhagener Str.
Umspann-werk
Ystadter Str.
Korsörer Str.
Gleim-str.
Gleimstr.
Gleim-tunnel
Stargarder Str.
Gethsemane-kirche
Schwedter Str.
Falkplatz
Mauerradweg
A. Falkpl.
Sonnenburger Str.
Gaudy-str.
Cantian-str.
Mila-str.
Buch-holzer Str.
Max-Schmeling-Halle
Friedrich-Ludwig-Jahn-Sportpark
Friedrich-Ludwig-Jahn-Stadion
Topsstr.
Eberswalder Str.
Mauer-park
Graun-str.
Lortzing-str.
Wolliner Str.
Ruppiner Str.
Vinetapl.
Eberswalder Str.
Bernauer Straße
Oderberger Str.
Hirschhof-Park
Kultur-brauerei
Danziger Str.
Gneist-str.
Raumer-str.
Pappelallee
Lychener Str.
Helm-holtz-pl.
Lettestr.
Schliemann-str.
Dunckerstr.
Göhrener Str.
Senefelder-str.
Hagenauer Str.
Knaack-str.
Sredzki-str.
Husemann-str.
Stadtbad
PRENZLAUER
BERG
Prenzlauer Allee
Kanzowstr.
Ahlbecker Str.
Hiddenseer Str.
Stubbenkammer str.
Planetarium
Fröbelpl.
Diesterwegstr.
Chodowiecki-str.
Jablonski-str.
Christburger Str.
Marienburger Str.
Winsstr.
Immanuelkirchstr.
Raabestr.
Kremmener Str.
Swinemünder Str.
Schönholzer Str.
Arkona-pl.
Granseer Str.
Fürstenberger Str.
Griebenow-str.
Kastanienallee
Wörther Str.
Kollwitz-pl.
Synagoge
Rykestr.
Jüdischer Friedh.
Kollwitz-str.
Wasser-turm
Belforter Str.
Zionskirch-str.
Zions-kirche
Fehrbelliner Str.
Elisabeth-kirche
Veteranenstr.
Volkspark am Weinberg
Brunnenstr.
Weinbergsweg
Teutoburger Pl.
Templiner Str.
Christinenstr.
Senefelder-pl.
Senefelderpl.
Pfefferberg
Metzer Str.
Saarbrücker Str.
Straßb.
Zehdenicker Str.
Lottum-str.
Rosen-thaler Pl.
Torstr.
Alter Garnisons-friedhof
Linienstr.
Koppen-platz
Rosenthaler Str.
Gormann-str.
Mulackstr.
Steinstr.
Rosa-Luxemburg-Pl.
Heinrich-Roller-Str.
St. Nicolai- u. Marien-Friedh.
St. Georgen-Friedh.
Greifswalder Str.
Schweizer Gärten
Am Friedrichshain
Prenzlauer Berg
Große Hamburger Str.
Gipsstr.
Sophienstr.
Weinmeisterstr.
Hackesche Höfe
Alte Schönh. Str.
Max-Beer-Str.
Almstadtstr.
R.-Luxemburg-Str.
Hirtenstr.
Weidingerstr.
Karl-Liebknecht-Str.
Mollstr.
Mendelssohn-str.
Otto-Braun-Str.
Keibelstr.
© graphic
N
0
400 m

Sehenswürdigkeiten
1 Kulturbrauerei
2 Jüdischer Friedhof
3 Synagoge
4 Wasserturm
5 Singuhr-Hoergalerie
6 Pfefferberg
7 Zionskirche
8 Stadtbad
9 Mauerpark
10 Umspannwerk Humboldt
11 Augustinuskirche
12 Colosseum
13 Gethsemanekirche
14 Friedhofspark

Hotels
1 Ackselhaus & blue home
2 Kastanienhof
3 EastSeven Hostel
4 Yes-Residenz

Restaurants/Cafés
1 Konnopke's Imbiß
2 Manolo
3 Pratergarten
4 Werkstatt der Süße
5 November
6 Anna Blume
7 1900
8 Gugelhof
9 Pasternak
10 Weinerei
11 Café Kapelle
12 Babel
13 Kauf dich glücklich
14 Cape Town
15 Kohlenquelle
16 A magica
17 Sasaya
18 Frida Kahlo
19 Wohnzimmer
20 Kiezkind
21 Café Liebling
22 Lorberth

Ausgehen
1 August Fengler
2 Kulturbrauerei
3 White Trash Fast Food
4 Deck 5
5 Schwarzsauer
6 Bornholmer Hütte
7 Eselsbrücke
8 Alois S.
9 Becketts Kopf
10 Junebar
11 Zu mir oder zu dir

Einkaufen
1 Schönhauser Allee Arcaden
2 Flohmarkt am Mauerpark
3 Trödelmarkt Arkonaplatz
4 Märkte am Kollwitzplatz
5 Meldestelle
6 Flagshipstore
7 Tausche
8 Filzkönigin
9 VEB Orange
10 Fußfetifisch
11 Kontinentalwaren
12 Tukadu
13 Georg-Büchner-Buchladen

Gegenüber, beim Coffeeshop Manolo, biegen Sie in die ostwärts führende Danziger Straße, dann rechts in die Knaackstraße und gleich wieder rechts in den Durchgang zur Kulturbrauerei.

Kulturbrauerei (1)

Der Blick schweift über das Gelände der ehemaligen Schultheiss-Brauerei mit vier Höfen, ein einzigartiges Industrieensemble. Bereits Mitte des 19. Jh. wurde hier Bier gebraut, bevor um 1890 Franz Schwechten das Areal im Burgstil umbaute und erweiterte. Die Fusion mit der Tivoli-Brauerei in Kreuzberg machte Schultheiss zur größten deutschen Brauerei. Die nach 1945 durch einen volkseigenen Betrieb (VEB) wieder angelaufene Bierproduktion kam allerdings 1967 endgültig zum Erliegen, die Gebäude verfielen. Heute wird in aufwendig sanierten Bauten wie dem Kesselhaus, der Alten Kantine oder der Galerie im Pferdestall Kultur „gebraut".

Theater im Pferdestall

Sredzkistraße und Husemannstraße

Sie durchqueren das gesamte Areal und biegen nach links ostwärts in die Sredzkistraße ab und queren die Knaackstraße. Hier befindet man sich bereits im Kollwitzkiez mit seinen renovierten Altbauten, Stuckfassaden und liebevoll gestalteten Balkonen, wie ein herrliches Beispiel anfangs der Hagenauer Straße zeigt. In entspannter Atmosphäre bummelt man an kleinen Geschäften vorbei und an Lokalen, die in diesem Abschnitt auch afrikanische und kaukasische Küche bieten.

Während zu DDR-Zeiten das im Krieg unzerstörte Quartier langsam verfiel, sanierte man die **Husemannstraße** anlässlich der 750-Jahr-Feier Berlins 1987, um beispielhaft den Altberliner Stil Ende des 19. Jh. zu demonstrieren. Dazu gehört auch die historische Wasserpumpe am rechten Gehweg. 1873 hatte der Deutsch-Holländische Aktienverein begonnen, die Straßen rund um den Kollwitzplatz dicht zu bebauen, und dafür eigens eine Ziegelei auf dem Helmholtzplatz eingerichtet.

Altberliner Vorzeigestraße

Kollwitzplatz – das Leben in den Straßencafés genießen

Kollwitzplatz

Der damalige Wörther Platz wurde 1947 nach der Grafikerin und Bildhauerin Käthe Kollwitz benannt, die hier zusammen mit ihrem als Armenarzt arbeitenden Ehemann wohnte. Die große **Sitzfigur** in der Platzmitte von Gustav Seitz geht auf ein Selbstbildnis der Künstlerin von 1938 zurück. Um die damals elenden sozialen Verhältnisse künstlerisch abzubilden, brauchte Käthe Kollwitz damals nur aus dem Fenster zu schauen. An das kriegszerstörte Haus erinnert eine Tafel an dem Neubau Kollwitzstraße 56a an der südöstlichen Platzecke. Heute herrscht statt Elend Gedränge in den zahlreichen Straßencafés. Richtig voll wird es während des angesagten Wochenmarkts *(Sa 9–16 Uhr)* mit seinen vielen Gemüse-, Accessoire-, und Imbissständen und kleinen musikalischen Darbietungen.

Marktbummel

Auf der geschlossenen Metalltür zwischen den Häusern Knaackstraße Nr. 39 und 42 an der westlichen Platzseite sieht man zwei Davidsterne. Hier beginnt der „Judengang", der als 400 m lange Schneise zum Hintereingang des 1827 angelegten **Jüdischen Friedhofs (2)** führte. Man findet die Gräber des Komponisten Giacomo Meyerbeer, der Verleger Albert Mosse und Leopold Ullstein, des Bankiers Joseph Mendelssohn und das Ehrengrab von Max Liebermann.

Prominente Verstorbene

Jüdischer Friedhof, *Haupteingang: Schönhauser Allee 23, ☎ 4419824, Mo–Do 8–16, Fr 8–13 Uhr.*

Die nordöstliche Platzseite ist eine „schöne Ecke", wie man auf dem Gehweg zwischen den Bäumen lesen kann. Dahinter windet sich die **längste Berliner Bank**, auf der über 100 Personen Platz finden. Weiter geht es nördlich die Kollwitzstraße entlang. Der von stattlichen Bäumen und auffallend breiten Gehwegen gesäumte

Kiez lädt mit seiner friedlich-urbanen Atmosphäre zum Verweilen und Entdecken ein. Die Straßencafés und Restaurants bieten durchweg gute Qualität.

Rykestraße und Synagoge

Auf der Sredzkistraße geht es nun in östliche Richtung, dann rechts auf die Rykestraße, die genau auf den Wasserturm zuläuft. Die nach dem Bürgermeister der mittelalterlichen Doppelstadt Berlin-Cölln benannte Straße ist heute eine angesagte (und teure) Adresse. In ihrer Entstehungsphase Ende des 19. Jh. verfügten die ärmlichen Mietskasernen nicht einmal über Außentoiletten, sondern nur über Latrinen im Hof.

Teure Adresse

Schweinebäuche

info

Typisch für die Berliner Straßenzüge Ende des 19. Jh. waren die sogenannten „Schweinebäuche“, die man überall in der Stadt vorfindet. Damit sind die aus Schlesien und der Lausitz stammenden und an der Oberseite glatt polierten unverwüstlichen Gehwegplatten gemeint. Auf der Unterseite sind sie stark gewölbt, was ihnen ihren Namen einbrachte. Die Wirkung ist so einfach wie genial: Einmal gesetzt, gräbt sich der schwere Granitstein von selbst in den Sandboden und fixiert sich ganz von alleine, allerdings schließt er in ungleicher Höhe zum nächsten Stein ab. Mittlerweile ersetzen immer öfter glatte Platten die Rumpelstrecken, über die tapfer Generationen von Müttern und Vätern ihre Kinderwagen geschoben haben.

Die backsteinroten Toreinfahrten der ehemaligen jüdischen Grundschule in der Rykestraße 53 führen zu der im Innenhof liegenden **Synagoge (3)**, die Johann Hoeniger 1904 mit 2000 Plätzen für die liberale jüdische Gemeinde baute. Die Frauen und Männer gingen zunächst getrennt durch die beiden Einfahrten, um sich danach wieder zu treffen. Die Synagoge wurde als einziger Bau in der Progromnacht vom 9. November 1938 von den Nazis nicht angezündet, um einen Übergriff der Flammen auf die Nachbarhäuser zu vermeiden. Ab 1953 nutzte die Ostberliner Gemeinde mit 200 Mitgliedern die Synagoge wieder. Seit der Wende hat sich die Zahl der Gemeindemitglieder deutlich erhöht, insbesondere durch die Einwanderer aus der ehemaligen Sowjetunion. Seit der Renovierung 2007 bietet die größte Synagoge Berlins 1100 Gläubigen Platz. Wer sie besuchen möchte, findet zu den Gottesdienstzeiten Einlass (*Fr 18, Sa 9.30 Uhr, ☎ 880280, Ausweis mitbringen*).

Gerettete Synagoge

Wasserturm, Wiesenplateau und Hörgalerie

Der ältester **Wasserturm (4)** Berlins und Wahrzeichen vom Prenzlauer Berg ist seit 1877 der „Dicke Hermann“. Der stolze Turm aus Klinkerfassade mit Hochbehälter im Dachgeschoss sorgte als Ergänzung des bereits vorhandenen Wasserwerks mit Wasserspeicher und Standrohrturm noch bis 1952 für den Druckausgleich in den Berliner Wasserleitungen. Für die Angestellten waren gleich Wohnungen mit eingebaut worden, die heute wegen ihrer ungewöhnlichen Grundrisse sehr beliebt sind. Die Nationalsozialisten, denen der Prenzlauer Berg als linke Bastion

Dicker Hermann

ein Dorn im Auge war, richteten in den Kellern des Turms ein „wildes KZ" ein und folterten brutal hinter den dicken Mauern. Direkt hinter dem Turm, zwischen Spielplatz und Kita, umsorgt seit 2007 passend zur heutigen Atmosphäre des Viertels am **Löwenbrunnen** eine friedliche Löwenmutti ihren Nachwuchs.

Historische Katakomben

Hinter dem Spielplatz führt eine Treppe auf den Hügel, der wie eine grüne Beule aus der dichten Bebauung herausragt. Oben hat man eine **schöne Rundumsicht** inklusive Fernsehturm. Tatsächlich überdeckt das Wiesenplateau die historischen Wasserspeicher, deren katakombenartige Gewölbe heute von Klangkünstlern bespielt werden. Die **Singuhr-Hoergalerie (5)** öffnet seit 2007 die Tore zu diesem höchst ungewöhnlichen Raum- und Klangerlebnis.
Singuhr-Hoergalerie, *es gibt zwei Eingänge: Großer Wasserspeicher an der Belforter Str., Kleiner Speicher an der Diedenhofer Str., ☎ 24724465, www.singuhr.de, Mi–So 14–20 Uhr.*

Belforter Straße, Senefelder Platz

Die Belforter Straße gehen Sie in westliche Richtung, dann biegen Sie links auf die Kollwitzstraße. Die gesamte linke Eckbebauung gehört zur neuen luxuriösen Wohnanlage Kolle Belle. Im Neubau an der rechten Ecke zur Metzer Straße präsentiert sich – passend zum Kiez – der **größte Biosupermarkt Europas**. Auf zwei Etagen verteilen sich 18.000 Bioprodukte, Biobistro, Kinderparadies und Frauenlounge. Außerdem können sich Mitglieder des LPG-Biomarkts nach dem Einkauf Lastenfahrräder ausleihen (*Mo–Sa 9–21 Uhr*).

Litografie-Verfahren

Direkt hinter der Metzer Straße, die Sie überqueren, schließt sich der **Senefelder Platz** an, benannt nach Alois Senefelder. Er erfand 1797 die Lithografie zur Vervielfältigung von Schriften. Die Deutsche Drucker Gilde enthüllte ihm zu Ehren 1892 das Marmordenkmal am Ende der spitz zulaufenden Grünfläche. Dort sitzt er mit einer Druckplatte, während die beiden Puttenfiguren an seiner Seite das Lithografie-Verfahren illustrieren: Der Knabe schreibt seinen Namen in Spiegelschrift, das Mädchen liest ihn mit Hilfe eines Handspiegels.

Pfefferberg (6)

Berliner Weiße

Auf der leicht ansteigenden Hangkante des Barnim siedelten sich im 19. Jh. wegen des guten Brunnenwassers bevorzugt Brauereien an. Gegenüber liegt der Pfefferberg, das Gelände einer ehemaligen **Brauerei**, 1841 von Josef Pfeffer gegründet. Der aus Bayern stammende Braumeister produzierte das untergärige (bayerische) Bier, welches schon bald dem hiesigen obergärigen Bier (Berliner Weiße) den Rang ablief. Es hatte mehr Alkohol, weniger Kohlensäure und ließ sich vom Hahn zapfen. Zur später erweiterten Brauerei gehörten ein Ausschank mit Pavillon sowie Ladengeschäfte an der Schönhauser Allee. Nach Stilllegung der Brauerei in den 1920er-Jahren wurden zu DDR-Zeiten die Bauten einschließlich riesiger Lager- und Gärkeller u. a. von einer Großküche, einer Druckerei und dem Fuhrpark der SED-Zeitung „Neues Deutschland" genutzt. Seit der Wende steht das Gelände ähnlich der Kulturbrauerei Künstlern, Dienstleistern und Gewerbetreibenden zur Verfügung.

Noch unten lohnt der Blick in das spanische **Restaurant Tauro** mit seinem eindrucksvollen Feinkostladen und dem schwarzen Stier in Originalgröße. Hinter dem mittleren Rundbogen an der Schönhauser Allee führt eine Treppe auf den höher gelegen Biergarten. Am anderen Ende läuft man durch die einstige Brauereiverwaltung (Glastür, Haus 14) und erreicht die eigentlichen Produktionsgebäude, in denen sich heute Ateliers und Galerien wie z. B. das renommierte Architektenforum Aedes, das Studio des berühmten dänischen Künstlers Olafur Eliasson, ein Café, ein Bistro sowie ein Hostel befinden.

„Alt"-Prenzlauer Berg

Hinter dem Ausgang an der Christinenstraße liegt der **Teutoburger Platz** mit alten Bäumen und einem Kinderspielplatz. In der Ferne ragt der Turm der Zionskirche auf. In der Fehrbelliner Straße Nr. 91 lebte und arbeitete die Malerin **Bärbel Bohley**, die ihre Wohnung zu einem der wichtigsten Treffpunkte für DDR-Oppositionelle machte. Hier gründete sich 1989 die Bürgerbewegung Neues Forum.

DDR-Bürgerbewegung

Die Fehrbelliner Straße zurück auf die Christinenstraße, geht es nach rechts abwärts. Hier am Barnimer Hang liegt der älteste Teil des Prenzlauer Bergs. Damals verfügten die heruntergekommenen Häuser teilweise nicht einmal über Außentoiletten und die Notdurft war im Hof hinter einem Holzverschlag zu verrichten. Heute gehört die **Lottumstraße**, der Sie nach rechts folgen, zu einer der schönsten alten Wohnstraßen Berlins, besonders, wenn im Frühjahr die Kirschbäume blühen. Der Wandel seit der Wende lässt sich anhand der einzigen nicht sanierten Fassade Nr. 10a ablesen, eines der letzten „Bastionen" linker Wohnprojekte im Viertel.

Die zur Fahrradstraße erklärte Choriner Straße geht es nun wieder aufwärts und an der nächsten Ecke nach links entlang der Fehrbelliner Straße, deren westliches Ende bereits zum Bezirk Mitte gehört.

Zionskirchplatz

An der nächsten Kreuzung treffen Sie auf die Vorboten des jungen und szenigen Treibens rund um die Kastanienallee. Angesagt bei jungen Leuten ist z. B. die „Weinerei" an der Ecke Fehrbelliner Straße/Veteranenstraße mit ihrem speziellen Konzept „Zahle was du denkst". Die Veteranenstraße führt direkt auf den Turm der Zionskirche zu.

Stimmungsvoll unter großen Bäumen erhebt sich die geschichtsträchtige **Zionskirche (7)** in der Mitte des erhöhten gleichnamigen Platzes. Mithilfe kaiserlicher Spendenmittel konnte 1873 der stolze Bau mit dem weithin sichtbaren Kirchturm inmitten des gleichzeitig entstehenden Arbeiterviertels eingeweiht werden. 1931 übernahm der 25-jährige Dietrich Bonhoeffer als Vikar die Gemeinde. Darauf verweist eine Bronzeplastik links vom Haupteingang in Form eines knienden

Bonhoeffer-Denkmal vor der Zionskirche

Torsos. Zu DDR-Zeiten sollte die Kirche zu einem wichtigen Ausgangsort für die **friedliche Revolution** der DDR werden. So bot die couragierte Gemeinde ab 1986 der aus dem Kreis der Friedens- und Umweltschutzbewegung hervorgegangenen Opposition einen schützenden Raum vor den Zugriffen der Stasi. In den Kellern des Gemeindehauses druckte die „Umweltbibliothek" Flugblätter und Untergrundzeitungen. Nach der Verhaftung von Regimegegnern am 25.11.1987 organisierte man Proteste und Mahnwachen, die auf das ganze Land übergriffen. Daran erinnert die Infostelle der Havemann-Gesellschaft rechts vor der Kirche (*Do 10–20, So 12–17 Uhr*). Vom 67 m hohen Kirchturm bietet sich eine tolle Aussicht (*Aufstieg nur So 12–17 Uhr, Gemeindebüro ☎ 4492191*).

Schutz vor der Stasi

Kastanienallee

Sie folgen den Straßenbahnschienen entlang der Zionskirchstraße und gelangen auf die Kastanienallee, die im ihrem weiteren Verlauf immer lebhafter wird. Sie ist die älteste Straße im Prenzlauer Berg, Hier treffen ehemalige **Hausbesetzer**, Studenten, Kreative, coole Szenegänger und junge Touristen aus der ganzen Welt mit den verbliebenen „Ureinwohnern" zusammen und bevölkern bis tief in die Nacht die

Tuntenhaus im Prenzlauer Berg: Letzte Bastion ehemaliger Hausbesetzer

Kneipen und Restaurants. Wegen zahlreicher Klamottenläden junger Berliner Designer gilt die Kastanienallee mittlerweile auch als hippe Shoppingmeile.

Das älteste Haus im Prenzl'berg ist die Nr. 77 von 1852 mit Hinterhaus, Remise und Fabrikgebäude. Nach jahrelangem Leerstand besetzte 1992 eine Künstlertruppe die leerstehenden Gebäude und betreibt hier heute neben Kunstwerkstätten und Studios eines der kleinsten Kinos Berlins, das **Lichtblick** mit nur 32 Plätzen. Zwei Häuser weiter, in Nr. 79, richtete sich 1994 in einem ehemaligen Industriehinterhof eine der wichtigsten Institutionen der freien Tanzszene Berlins ein, das **Dok 11**. Umgeben von schmuck sanierten Bauten revoltiert allein die große Leuchtschrift „KAPITALISMUS NORMIERT; ZERSTÖRT; TÖTET“ auf der noch unsanierten Hausfassade Nr. 86. Hier gründeten in den 1990er-Jahren schwule linke Hausbesetzer in Abgrenzung zum konsumorientierten Homo-Mainstream das sogenannte „Tuntenhaus“, welches weiterhin im Hinterhaus besteht.

Szene-Kiez

Oderberger Straße, Stadtbad

Nach einigen Schritten im östlichen, baumbewachsenen Teilstück der Oderberger Straße erreicht man das renaissanceartige Portal des **Stadtbads (8)** von 1902. Da damals in den meisten Häusern Bäder oder Duschen fehlten, nutzten die Kiezbewohner neben der Schwimmhalle die Wannen- und Brausebäder des Stadtbads. Das wegen Bauschäden mittlerweile geschlossene Bad diente in den 90er-Jahren als außergewöhnlicher Kulturort. Derzeit baut eine Sprachschule in den oberen Etagen Hotelzimmer und Seminarräume ein und saniert das alte Schwimmbecken, in dem ab 2016 wieder geschwommen werden soll.

Bevor man das westliche Teilstück der Oderberger Straße ansteuert, lohnt auf der Kastanienallee 7–99 der Blick in den **Prater**, der älteste Biergarten von Berlin aus dem Jahr 1852. Bald umzingelt von Mietskasernen des entstehenden Arbeiterviertels, wurde er zur populären Vergnügungsstätte mit Sommertheater und Varieté sowie politischer Kundgebungsort. Heute ist er der beliebteste Anlaufpunkt im Kastanienkiez.

Ältester Biergarten

Auf der Oderberger Straße zum Mauerpark

Die großzügig angelegte Oderberger Straße scheint bei Sonnenuntergang in westlicher Richtung gen Himmel zu führen. 1961 wurde das Ende zugemauert. Die Straße wurde zur Sackgasse und sollte in den 1980er-Jahren abgerissen werden. Heute bildet sie mit ihren fast komplett sanierten Altbauten und dem selbstgepflanzten Grün mit Hochbeeten und Kübeln die schönsten 400 m im Prenzlauer Berg. Von den Altbewohnern sind allerdings kaum noch welche da. Auf dem Weg zum Mauerpark passiert man zahlreiche Mode- und Secondhandläden, Cafés und Restaurants. Auf der rechten Straßenseite liegt die **älteste Feuerwache Berlins** von 1883, in der anfangs Schimmel ihren Dienst taten.

Zu DDR-Zeiten endete die Straße an der Mauer. Der tödliche Grenzstreifen folgte der nach links führenden Bernauer Straße und knickte im 90°-Winkel in nördliche Richtung ab, wo sich heute der Mauerpark befindet. An diese absurde Situation erinnern authentische **Fotos** auf der Hauswand Schwedter Straße Nr. 224 gleich links um die Ecke.

Flohmarkt in der ehemaligen Todeszone: früher war hier die Welt zu Ende

Mauerpark (9)

Sie überqueren die Eberswalder Straße und folgen dem Anstieg rechts auf den Hang. Dahinter ragen die Flutlichtanlagen des **Jahnstadions** von 1951 empor, in dem bis zu 20.000 Menschen Fußball- und Leichtathletikkämpfe verfolgen. Auch Stasi-Chef Erich Mielke saß hier, wenn sein Lieblingsverein BFC Dynamo spielte. Der 1892 gegründete Fußballclub Hertha BSC hatte übrigens an dieser Stelle einige Jahre seinen Übungsplatz. Da war das heutige Parkgelände noch kaiserlicher Exerzierplatz, später wurde es zum Güterbahnhof und nach dem Mauerbau unüberwindbares Grenzgebiet. Von oben an der Hangkante ergibt sich ein weiter Blick über das gesamte Gelände, begrenzt auf seiner westlichen Seite vom früheren Westbezirk Wedding.

BFC Dynamo und Hertha BSC

Nutzt man bei schönem Wetter den Hang zum Sonnenbaden, kann man unten die Boulespieler, Freizeitkicker und Jongleure beobachten. Auch nachts wird der Park im Sommer gerne besucht. Vor allem am Wochenende ist er ein quirliger Treffpunkt für den halben Prenzlauer Berg. So richtig voll wird es sonntags: Von 8 bis 16 Uhr herrscht auf dem beliebten und familiären **Flohmarkt** dichtes Gedränge, während im **Amphitheater** an der Hangkante Freizeitmusiker, Akrobaten oder eine Karaokeshow für alle kostenlose Unterhaltung bieten. Weiter in nördliche Richtung geht es vorbei an der 1996 eröffneten und in den Boden eingelassenen **Max-Schmeling-Halle**, in die bis zu 12.000 Sport- oder Musikfans passen. Direkt dahinter schließt sich rechts der **Falkplatz** mit seinen Spiel- und Picknickwiesen und den teilweise über 100 Jahre alten Bäumen an. Sie überqueren ihn in nordöstlicher Richtung und erreichen die Gleimstraße.

Karaoke im Todesstreifen

Kopenhagener Straße

Die Gleimstraße geht es zunächst in östliche Richtung, dann links auf die Sonnenburger Straße. Nach einigen Schritten erhebt sich auf der linken Seite Haus Nr. 73, ein dunkelrotes Industriedenkmal von 1926, das noch bis 1993 als **Umspannwerk**

Humboldt (10) seinen Dienst verrichtete. Nach einem Zwischenspiel als Vitra Design Museum dient der Bau heute als Eventlocation und Filmkulisse. Mit etwas Glück läuft gerade eine Mode- oder Kunstausstellung und man kann den mächtigen Backsteinbau von innen erkunden. Der Haupteingang liegt links um die Ecke in der Kopenhagener Straße 59.

Die Sonnenburger Straße endet als Sackgasse an der Ringbahn, über die eine kleine Fußgängerbrücke führt. Von dort sieht man links die katholische **Augustinuskirche (11)** von 1928 mit ihrem mächtigen Turm, eingebaut in die Fassaden der Dänenstraße. Wegen des ungewöhnlichen Baustils mit klaren Formen der Moderne weigerte sich der Bischof zunächst, die Kirche zu weihen. Faszinierend ist vor allem der Blick ins Innere des expressionistischen Kirchenschiffs (*außerhalb der Messezeiten nur Mo–Fr 17–18 Uhr*). Beim Blick zurück auf die Brandwände und dunklen Höfe, an denen die Züge vorbeirattern, fühlt man sich ein wenig in die Zeit der Mietskasernen und des Arbeitermilieus vor über 100 Jahren zurückversetzt.

Wandel im Prenzlauer Berg

Die Kopenhagener Straße, auf die Sie zurückgehen, um ihr nach links ostwärts zu folgen, ist ein gutes Beispiel für den allmählichen Wandel im Prenzlauer Berg, der bisher seinen alten Charme bewahren konnte. Sie wurde in der DDR als Filmkulisse für den Defa-Film „Solo Sunny" berühmt. Nach der Wende entstanden bei fortschreitender Sanierung der Altbauten viele Film- und Architekturbüros, Galerien und Ateliers. Auf dem Weg zur Schönhauser Allee passiert man in der ruhigen Wohnstraße einige kleine Geschäfte und nette Restaurants.

Bahnhof Schönhauser Allee, Gethsemanekirche

Auf der Schönhauser Allee geht es nach rechts. Den Umsteigebahnhof und Verkehrsknotenpunkt Schönhauser Allee mit U-Bahn, S-Bahn und Straßenbahn sowie den Schönhauser Allee Arcaden lassen Sie hinter sich liegen. Hier ist Tag und Nacht etwas los. Sie passieren den seitlichen Eingang des ehemaligen Kinos **Colosseum (12)**, das 1996 zum Multiplexkino mit zehn Sälen umgebaut wurde. Im Foyer am Eingang um die Ecke (Gleimstraße) kann man die alten Backsteinfassaden von 1894 sehen, die zum einstigen Pferde- und Busdepot an dieser Stelle gehörten. Sie überqueren die Schönhauser Allee und folgen der Stargarder Straße.

„Die Mauer muss weg"

Umgeben von Altbauten erhebt sich links aus einer grünen Insel der rote Backsteinbau der evangelischen **Gethsemanekirche (13)** von 1893. Der segnende Christus vor dem Eingang stammt aus der ehemaligen Versöhnungskirche an der Bernauer Straße, die aufgrund ihrer Lage im Grenzgebiet 1985 von DDR-Grenztruppen gesprengt wurde (s. S, 131). Die mit Ausnahme der zerstörten Buntglasfenster kriegsverschonte Kirche wurde im Herbst 1989 ein wichtiger Ort der friedlichen Revolution. Vor der Kirche war am 2. Oktober eine Mahnwache für die in Leipzig u. a. Städten Inhaftierten eingerichtet worden. Nachdem am 7. Oktober, dem letzten DDR-Geburtstag, die Sicherheitskräfte brutal gegen friedliche Demonstranten vorgingen, richteten Oppositionelle in der Kirche eine inoffizielle Nachrichtenzentrale ein, von der aus auch ausländische Reporter Bericht erstatteten. Hier ertönte am 5. November nach einem Konzert erstmalig der Slogan „Die Mauer muss weg" und es bildete sich spontan ein Demonstrationszug durch die Schönhauser Allee. Auch nach dem Rücktritt der alten DDR-Regierung blieb die

Kirche ein wichtiger Treffpunkt der Bürgerbewegung. An der südwestlichen Fassade sieht man seit 1994 den „Geistkämpfer“ von Ernst Barlach, der als Kopie die Demokratiebewegung der DDR ehrt. Heute finden in der Kirche neben Gottesdiensten auch Konzerte statt.

Die Stargarder Straße ist eine belebte Einkaufsstraße mit Feinkost-, Spezial- und Designerläden, Restaurants und angesagten Szenelokalen. Sie folgen der Stargarder Straße in östliche Richtung und biegen rechts in die Schliemannstraße in Richtung Helmholtzplatz.

LSD-Viertel und Helmholtzplatz

Existenzgründer im Hinterhof

Der Helmholtzkiez heißt auch LSD-Viertel – nach den drei Parallelstraßen Lychener-, Schliemann- und Dunckerstraße, die den Platz flankieren bzw. durchqueren. Zu DDR-Zeiten war die Gegend grau und verrottet. Auch hier fanden Unangepasste, Aussteiger, Künstler und Oppositionelle ihre Nischen. Längst hat sich seit der Wende aber auch hier ein Wandel vom alternativen zum wohlsituierten Viertel vollzogen. Auffallend sind die neuen Ladenbüros, in denen junge Existenzgründer nicht nur den Computer, sondern auch das Leben draußen im Blick haben und im Sommer in den Pausen gemeinsam vor den Türen hocken. Falls die Eingänge offen sind, lohnt wegen ihrer bunten Fassadenmalerei ein Blick in die Hinterhöfe der Häuser Nr. 20, 21 und 30.

Benannt nach dem Physiker Hermann von Helmholtz, bildet der rechteckige **Helmholtzplatz** die grüne Oase des dicht bebauten LSD-Viertels und ist ein Treffpunkt der Kiezbewohner. Wenn man den Platz ungefähr im Uhrzeigersinn umrundet, sieht man in Richtung Dunckerstraße die nette Statue „Spielende Bären“ aus Sandstein. Im damals noch unsanierten Eckhaus Duncker-/Raumerstraße drehte Andreas Dresen 2005 seinen Film „Sommer vorm Balkon“.

Friedhofspark und Pappelallee

Grüne Oase

Ein schöner Weg zurück zum U-Bahnhof Eberswalder Straße führt zunächst in die westlich verlaufende Raumer Straße, dann nach links in die Pappelallee. Nach wenigen Schritten, am Haus Nr. 15–17, geht es links in den **Friedhofspark Pappelallee (14)**. Der einstige Friedhof der freireligiösen Gemeinde von 1847 bietet mit seinen Parkbänken unter großen Bäumen eine willkommene Ruheoase im Großstadttrubel. In der Mitte des Querwegs sieht man das **Grab von Heinrich Roller**, einem der Begründer der deutschen Stenografie, und davor die Statue einer „Stenotypistin“, die gerade seinen Namen in Steno auf den Grabstein geschrieben hat.

Weiter nach links entlang der Pappelallee folgt auf der rechten Seite ein mächtiger Gewerbebau mit Hinterhof (Nr. 78/79). 1913 als Wäschefabrik errichtet, diente er später als Finanzamt und von 2010 bis 2012 als Zwischenstation für den aus Frankfurt nach Berlin gezogenen Suhrkamp Verlag. Von hier ist es nicht mehr weit bis zum Startpunkt, dem U-Bahnhof Eberswalder Straße.

Tipp

Ein weiteres lohnendes Ziel im Prenzlauer Berg: das **Bötzowviertel**, *angrenzend an den Volkspark Friedrichshain* *(s. S. 205)*.

Reisepraktische Informationen Prenzlauer Berg

Essen und Trinken

Kollwitzkietz

Konopke's Imbiß (1), *Schönhäuser Allee 44 B, www.konnopke-imbiss.de, Mo–Fr 10–20, Sa 12-20 Uhr, So Ruhetag.*

Manolo (2), *Schönhauser Allee 45/Ecke Danziger Str., tgl. ab 7 Uhr. Café-Bistro mit gutem Ausblick auf das Treiben auf der Straße, Selbstbedienung.*

November (5), *Husemannstr. 15, ☎ 4428425, www.cafe-november.de, Mo–Fr 10–23.30, Sa/So 9–0.30 Uhr. Café-Restaurant und Szeneklassiker seit 1993 mit gemütlichem Interieur und ruhiger Terrasse zur Straße, Frühstück bis 16 Uhr.*

Werkstatt der Süße (4), *Husemannstr.25, ☎ 325901-57, www.werkstatt-der-suesse.de. Di–So 10–18 Uhr. Höchste Handwerkskunst des Meisterpatissiers Guido Fuhrmann mit Café und Showküche.*

1900 (7), *Husemannstr. 1 (am Kollwitzpl.), ☎ 4422494, www.restauration-1900.de, tgl. 10–24 Uhr. Eine Mischung aus Jugendstil und modern, auf Fotos von 1989 bis 2001 kann man den Wandel der Umgebung nachvollziehen. Regionale Gerichte von „damals" und „heute", etwas höherpreisig (10–19 €).*

Gugelhof (8), *Kollwitzpl./Ecke Knaackstr. 37, ☎ 4429229, www.gugelhof.de, Mo–Fr ab 16, Sa/So ab 10 Uhr. Beste elsässische Küche und stilvolles Ambiente (10–18 €).*

Anna Blume (6), *Kollwitzstr. 83, ☎ 44048749, www.cafe-anna-blume.de, tgl. 8–2 Uhr. Leichte Gerichte, Torten und herrliches Frühstück „Anna Blume Spezial" in Etageren.*

Pasternak (9), *Knaackstr. 22/24, ☎ 4413399, www.restaurant-pasternak.de, tgl. 9–1 Uhr. Russisches Restaurant mit behaglich-nostalgischem Ambiente. Sehr gute Küche, höherpreisig (Hauptgerichte 11–25 €), 4-5-Gang-Menüs 22–30 €.*

Kastanienkiez

Weinerei (10), *Veteranenstr. 14, ☎ 4406983, www.weinerei.com, Café tgl. 10/11–20 Uhr, ab 20 Uhr Weinverkostung. Café mit Retroambiente.*

Café Kapelle (11), *Zionskirchpl. 22–24, ☎ 44341300, www.cafe-kapelle.de, tgl. 9–3 Uhr. Alteingesessenes (seit 1992) freundliches Kiezcafé, Frühstück (alles Bio), Weinkarte und Cocktails.*

Babel (12), *Kastanienallee 33, tgl. ab 11 Uhr. Beliebter libanesischer Imbiss mit reichhaltigen Sandwiches.*

Pratergarten (3), *Kastanienallee 7–9, ☎ 4485688, www.pratergarten.de, Biergarten April–Sept. tgl. ab 12 Uhr, Restaurant Mo–Sa ab 18, So ab 12 Uhr, (Berliner) Küche bis 23 Uhr.*

Kauf dich glücklich (13), *Oderberger Str. 44, ☎ 48623292, www.kaufdichgluecklich.de, Mo–Fr 11–1, Sa/So 10-1 Uhr. Das 2002 gegründete, inzwischen in andere Städte expandierte Unternehmen verkauft Eis und Waffeln, Flohmarktmöbel, Mode und Krimskrams.*

Norden/Schönhäuser Allee

Cape Town (14), *Schönfließer Str. 15, ☎ 40057658, www.capetown-restaurant.de, So–Do 18–22, Fr/Sa 18–23 Uhr. Tafelberg trifft Prenzl'berg: In wohnlicher Lounge mit Kamin genießt man Tolles aus dem Ozean und der afrikanischen Wildnis, wie Samosas, Steaks von Strauß, Krokodil, Gnu, Blessbock. Hauptgerichte 12–20 €.*

Kohlenquelle (15), *Kopenhagener Str. 16, Unstylische Café-Kneipe aus Vorwende-Zeiten und speziell-charmanter Ort für die Zeitungslektüre bei Kaffee oder Bier.*
'A magica (16), *Greifenhagener Str. 54, ☎ 22808290, Mo–Fr 12–24, Sa/So 16–24 Uhr (bis 22 Uhr im Winter). Kleines und sehr beliebtes Pizza-Restaurant (4,50–8,50 €). Zügiger Service, abends ist meist kein Platz zu kriegen.*

Helmholtzkiez
Kiezkind (20), *Helmholtzpl. 1, (s. S. 60)*
Wohnzimmer (19), *Lettestr. 6 (am Helmholtzpl.), ☎ 4455458, www.wohnzimmer-bar.de, Mo–So ab 9 Uhr. Klassiker und ein zentraler Treffpunkt im Kiez. Man lümmelt auf alten Sofas und Kanapees (z. T. Raucherzimmer) oder sitzt draußen.*
Café Liebling (21), *Raumerstr. 36a, ☎ 41198209. Gemütliches Vintage-Café.*
Frida Kahlo (18), *Lychener Str. 37, ☎ 4457016, www.fridakahlo.de, tgl. 9–2 Uhr. Mexikanische Küche, So polulärer Frühstücksbrunch. (8–12 €).*
Sasaya (17), *Lychener Str. 50, ☎ 44717721, www.sasaya-berlin-de, tgl. außer Mi 12–15 u. 18–22.30 Uhr. Gehört zu den besten japanischen Restaurants Berlins, viele japanische Gäste. Ausgezeichnetes Sushi, etwas höhere Preisklasse. Große Auswahl an Sakes und Tees.*
Lorberth (22), *Pappelallee 77, ☎ 26349330, www.lorberth.de, Mo–Fr 12–24, Sa 10–1, So 10–24 Uhr. Kleines Restaurant und Feinkostladen mit „neuer deutscher Bioküche", Frühstück, Torten und kleine Abendkarte, heimeliger, grüner Außenbereich.*

Ausgehen

Clubs/Tanzen
Kulturbrauerei (2), *Knaackstr. 97/Schönhauser Allee 36–39, Areal der ehemaligen Schultheiss-Brauerei (s. auch S. 215). Viele Clubs, darunter:*
– **Soda Club Berlin**, *www.soda-berlin.de. Loungebar sowie Terrasse, Do–So black music/R&B/Elektro/mixed, Do u. So Salsa mit Tanzanleitung.*
– **Alte Kantine,** *www.alte-kantine.de. Tanzveranstaltungen (Indie/Elektro/Funk/Retro), Improtheater und Lesereihen.*
– **Frannz,** *www.frannz.de. Loungecocktailbar, Restaurant und Club für Tanzpartys, nette Sommerterrasse.*
August Fengler (1), *Lychener Str. 11, www.augustfengler.de, tgl. ab 19 Uhr. Szenebar und Kneipeninstitution mit bunt gemischten Publikum, das fröhlich trinkt, flippert und bis in den Morgen tanzt (Elektro/Underground/Funk/Latin).*
White Trash Fast Food (3), *Schönhauser Allee 6–7, www.whitetrashfastfood.com, Mo–Fr ab 12, Sa/So ab 18, Club ab 21 Uhr. Trashig-szeniges Restaurant (US-inspiriert) in ehemaligem DDR-Chinarestaurant mit Galerie, Bar, Club und Tattooshop, abends Livekonzerte (Punk/Alternative) und Clubnächte (Indie/Rock/Retro). Gemischtes Publikum (Umzug im Sommer 2013 ins Arena-Areal Treptow, S. 210).*

Bars
June Bar (10), *Sredzkistr. 65, www.june-bar.de, tgl. ab 19 Uhr. Schöne Kaminbar mit grünen Ledersofas, klassische Cocktails inkl. Absinthkreationen.*
Becketts Kopf (9), *Pappelallee 64, ☎ 0162-2379418, www.becketts-kopf.de, tgl. ab 20 Uhr. Stilvolle Cocktailbar in warmen Bernsteinfarben und mit roten Ledersesseln, tolle Drinks, gute Musik. Zugang nur, wenn Sitzplätze frei sind – Reservierung empfohlen.*
Deck 5 (4), *Schönhauser Allee 80, www.freiluftrebellen.de, Mai–Sept. tgl. 10–24, So ab*

12 Uhr. Höchster Sandstrand Berlins, gelegen auf dem Dach eines Einkaufszentrums mit traumhafter Weitsicht auf die Stadtlandschaft. Zugang von den Schönhauser Allee Arcaden mit Lift auf „P5“, nach Ladenschluss vonGreifenhagener Str. neben Parkhauseinfahrt.
Zu mir oder zu dir (11), *Lychener Str. 15, www.zumiroderzudir.com, tgl. 20 Uhr–open end. Populäre szenige DJ-Bar im Retrostyle mit Sofas, studentisches Publikum.*

Gemütlich/Kneipe/Sonstige
Alois S. (8), *Senefelder Str. 18, Mo–Sa 18–2, So 16–24 Uhr. Freundliche Tapasbar mit U-Bahnleuchten.*
Schwarzsauer (5), *Kastanienallee 13, tgl. 9–6 Uhr. Cafébar und klassischer Treffpunkt der typischen Prenzl'berg-Szene. Begehrt sind tagsüber die Terrassenplätze.*
Bornholmer Hütte (6), *Bornholmer Str. 89, Mo–Fr 16–24, Sa 15–24 Uhr. Über 100-jähriges Wirtshaus mit der ältesten funktionierenden Kegelbahn Berlins. Familiäre Atmosphäre, auch studentisches Publikum und Fußballerkneipe.*
Eselsbrücke (7), *Gethsemanestr. 11, tgl. 18–2 Uhr. Urige Eckkneipe mit Irish-Pub-Atmosphäre, rustikal mit Rockmusik, 15 Whiskeysorten sowie Biere aus aller Welt. Stammpublikum aus dem Kiez.*

Einkaufen

Schönhauser Allee Arcaden (1), *U-Bhf. Schönhauser Allee, www.schoenhauser-allee-arcaden.de, Mo–Sa 8–21.30 Uhr. Einkaufszentrum mit ca. 100 Geschäften auf drei Etagen.*
Flohmarkt am Mauerpark (2), *So 7–17 Uhr. Inzwischen zum Kult geworden (s. auch S. 222).*
Trödelmarkt Arkonaplatz (3), *s. S. 57, So 10–16 Uhr.*
Märkte Kollwitzplatz (4), *Wochenmarkt Sa 9–16 Uhr, Ökomarkt Do 12–19 Uhr.*
Meldestelle (5), *Danziger Str. 1, Mo–Sa 10–20 Uhr. Modeladen für junge Leute mit Mix aus Streetware und Business auf zwei Etagen im ehemaligen Einwohnermeldeamt.*
Flagshipstore (6), *Oderbergerstr. 53, Mo–Sa 11–20 Uhr. Neueste Mode lokaler und internationaler Label für Damen und Herren, Einzelstücke und exklusive Anfertigungen.*
Tausche (7), *Raumerstr. 8, www.tausche.de, Mo–Fr 10–20, Sa 10–18 Uhr. Hübsches Spezialgeschäft, in welchem Taschen aus Lkw-Plane variiert werden durch Einsätze und austauschbare Deckel, auch Edelversionen aus Leder.*
Filzkönigin (8), *Göhrener Str. 2, www.filzkoenigin.de, Di u. Do 11–18, Sa 11–16 Uhr. Filzmanufaktur mit farbenfrohen Vorhängen, Pantoffeln oder Einlagen für den Hundekorb. Alles nach Kundenwunsch designt und handgeschneidert.*
VEB Orange (9), *Oderberger Str. 29, www.veborange.de, Mo–Sa*

DDR-Kuriositäten im VEB Orange

10–20 Uhr. DDR-Kuriositäten zum Verkauf und Tausch. Der vollgestopfte Laden ist auf jeden Fall einen Blick wert.
Tukadu (12), *Kollwitzstr. 72, www.tukadu.de, Di–Fr 13–19, Sa 11–18 Uhr. Schmuckperlen ohne Ende, Ketten, Ohrringe, Armreifen als Kunstwerke selbst kreiern, auch in Kursen erlernbar. Daneben finden Puppenhaus-Fetischisten alles, was ihr Herz begehrt.*
Kontinentalwaren (11), *Husemannstr. 4, www.kontinentalwaren.de, Mo–Mi 11–19.30, Do–Sa 10–20 Uhr. Garantiert europäische Markenprodukte und keine „Kolonialwaren" aus Fernost, z. B. hochwertiges Spielzeug sowie mehr oder weniger Nützliches.*
Georg-Büchner-Buchladen (13), *Wörtherstr. 16, Mo–Sa 10–19 Uhr. Schöner Buchladen mit exzellentem Sortiment und vielgelobtem Kinder- und Jugendbereich.*
Fußfetifisch (10), *Danziger Str. 26, ☎ 54598957, www.fussfetifisch.com, Mo–Sa 12–20 Uhr. Fischpediküre nach einem langen Tag mithilfe kleiner Fische, die begeistert tote Hautzellen von den Füßen knabbern. Für das wohlige Kribbeln von 20–45 Min. (12–20 €) sollte man besser reservieren, da die Fische nur vier Paar (gesunde!) Füße am Tag beknabbern dürfen.*

Pankow

Das als slawisches Dorf gegründete Pankow avisierte im 19. Jh. mit seinen städtischen und ländlichen Häusern, attraktiven Villen und schönen Parks zum „gesündesten Vorort" im Norden. Auch heute ein beliebter Wohnort, z. B. für Henry Hübchen, Jörg Tadeusz, Jürgen Trittin und Gregor Gysi, lebten hier zu DDR-Zeiten die Schauspieler Manfred Krug, Corinna Harfouch und Michael Gwisdek. Schloss Schönhausen war Gästehaus der DDR-Regierung und im benachbarten Majakowskiring richtete sich die DDR-Nomenklatura ein.

Spaziergang durch Pankow

Anfahrt: *S- und U-Bhf. Pankow (U2)*
Dauer: *1-2 Std. (3,5 km)*

Bahnhof Pankow und Garbatyplatz

Engagierter Zigarettenfabrikant

Sie verlassen das 1914 eröffnete Empfangsgebäude des Bahnhofs und betreten den **Garbatyplatz (1)**. Der Schriftzug „Garbaty" und eine Bodenplatte erinnern an den außergewöhnlich sozial engagierten Pankower Fabrikanten Josef Garbaty. Für die 1600 Beschäftigten seiner ab 1906 aufgebauten Zigarettenfabrik gab es neben Pausenräumen und Betriebskantine eine Bibliothek, Werkschor, Sportclub, Wäscherei, Betriebszeitung sowie eine firmeninterne Arbeitslosenversicherung. Sie überqueren rechts die Berliner Straße und laufen in nördlicher Richtung. An der Ecke Hadlichstraße steht das sanierte ehemalige **Jüdische Waisenhaus (2)** von 1913, dessen edlen Betsaal mit Kassettendecke Garbaty stiftete. 1942 beschlagnahmte die SS das Haus und deportierte die verbliebenen Lehrer und Kinder in die tödlichen Konzentrationslager. Zu DDR-Zeiten unterhielten zunächst die Länder Polen und bis 1991 Kuba hier ihre Botschaften. Heute sind die Pankower Stadtbibliothek sowie eine Schule die Hauptnutzer.

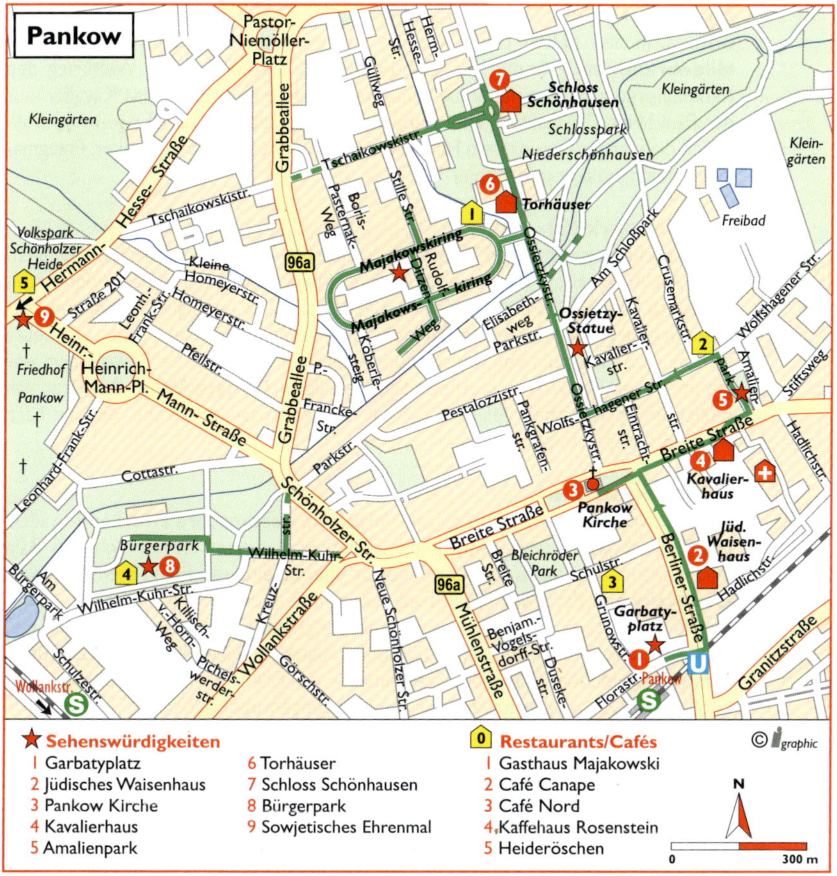

Einige Schritte weiter, an der Berliner Straße 127, steht etwas zurückgesetzt die **Garbaty-Villa**, heute der Sitz der libanesischen Botschaft. 1939 starb hier Josef Garbaty, der auf dem jüdischen Friedhof Weißensee begraben ist (s. S. 235).

Kirche und Kavalierhaus

Die Berliner Straße führt zum noch erkennbaren mittelalterlichen Dorfanger Pankows (Breite Straße), der sich linker Hand mit der **Kirche Zu den vier Evangelisten (3)** öffnet. Gut erhalten aus dem 15. Jh. ist der östliche Feldsteinsaal, den der Schinkel-Schüler August Stüler 1859 in seinen Erweiterungsbau mit zwei achteckigen Türmen integrierte. Auf der Wiese davor werden in den Sommermonaten abstrakte Skulpturen Pankower Künstler aufgebaut. *Skulpturenpark*

Sie folgen der Breiten Straße in östlicher Richtung, die mit den Vorgärten einiger denkmalgeschützer Altbauten immer grüner wird. Das reizvolle **Kavalierhaus**

(4), Hausnr. 45, war um 1770 als Landhaus für einen Berliner Kaufmann gebaut worden. In den 1930er-Jahren wohnte hier der Schokoladenfabrikant **Richard Hildebrand**, ein Erfinder der „Scho-Ka-Kola", die im Zweiten Weltkrieg den Kampfpiloten als „Energiebombe" Dienste leistete. Heute dient das Kavalierhaus der Pankower Caritasklinik als Fortbildungs- und Kulturstätte. Übrigens symbolisieren die vier Putten vor dem Haus die vier Temperamente: Sanguiniker, Phlegmatiker, Melancholiker und Choleriker.

Erfinder der Energiebombe

Amalienpark (5)

Ein Stückchen weiter biegen Sie links in die herrlich sanierte Wohnanlage Amalienpark. Als Antwort auf die düsteren Berliner Mietskasernen gruppierte der Architekt Otto March 1895 neun landhausartige Mietshäuser im englischen Stil mit Loggien um eine grüne, von hohen Bäumen bewachsene Mittelinsel. Früher wie heute sind sie Anziehungsort von Künstler und Literaten. Berühmteste Bewohnerin war die im Dezember 2011 gestorbene Schriftstellerin **Christa Wolf**. Begleitet von schlichter Vornehmheit gelangen Sie auf die Wolfshagener Straße, der Sie nach links, westwärts, folgen.

Ossietzkystraße

Flankiert von schönen Altbauten mit Vorgärten, insbesondere zwischen Kavalier- und Eintrachtstraße, erreichen Sie die Ossietzkystraße und biegen rechts ab. Bald taucht rechts die Statue des schmächtigen, aber streitbaren Publizisten **Carl von Ossietzky** auf, der zwar nie in Pankow wohnte, aber 1938 in einem Pankower Krankenhaus starb und in Pankow begraben liegt. Als engagierter Pazifist und Herausgeber der Zeitschrift „Die Weltbühne" hatten ihn die Nazis im KZ schwer misshandelt und ihm 1936 die Entgegennahme des Friedensnobelpreises verwehrt. Infolge des KZ-Aufenthalts starb er an einer Lungentuberkulose.

Publizist und Pazifist

Sie flanieren auf der ehemaligen Protokollstrecke der DDR-Politprominenz und deren Staatsgästen, die vom Schloss Schönhausen nach Berlin führte. Die Fahnenhalter, mit denen die Ossietzkystraße beim Durchbrausen der Staatskarossen beflaggt wurde, sind längst wegsaniert. Fast unbemerkt überqueren Sie die Brücke über die Panke. Zu DDR-Zeiten verwehrten ein Schlagbaum und ein russisch-deutscher Doppelposten die Durchfahrt. Dahinter wurden zwar keine offiziellen Regierungsgeschäfte getätigt, jedoch weitreichende Entscheidungen im engen Zirkel besprochen. Dazu gehörten die stalinistischen Säuberungen in der SED nach dem Volksaufstand 1953 und der **Bau der Berliner Mauer**. Auf der östlichen Seite schließt sich der herrliche Schlosspark an, durch den malerisch die Panke plätschert – dieser Spaziergang aber führt nach links auf den Majakowskiring.

Majakowskiring – eine „politische" Runde

Hier wohnte nahezu die gesamte Führungsriege der DDR. Nachdem die Rote Armee 1945 das gutbürgerliche Wohnviertel zum **Sperrgebiet** erklärt hatte, zogen in die geräumten Häuser zunächst sowjetische Offiziere, die aus dem Moskauer Exil zurückgekehrte Gruppe Ulbricht und später sämtliche Repräsentanten der DDR. Aufgrund der Erfahrungen in der NS-Zeit hegten die Kommunisten ein tiefes Misstrauen gegen die eigene Bevölkerung. Abgeschottet mit Zaun und Stacheldraht und gut versorgt mit eigenen Läden, verloren sie allmählich den Sinn für die

DDR-Führungsriege

Ehemaliges Vorzeige-Wahllokal für die Aktuelle Kamera

Realität. Gesteigerte Bedrohungsängste führten schließlich 1961 zum Umzug der Führungskader in die Waldsiedlung Wandlitz, 20 km nördlich von Berlin. Doch noch bis 1973 blieb die Pankower Siedlung für die Öffentlichkeit unzugänglich.

Wer hier Luxusvillen erwartet, wird enttäuscht sein. Eher kleinere Häuser mittlerer Beamter und Geschäftsleute bestimmen den Charakter des „Städtchens". Eine Ausnahme bildet gleich zu Beginn Haus Nr. 2, eine prächtige Villa, die als Vorzeige-Wahllokal für die DDR-Nachrichtensendung „Aktuelle Kamera" genutzt wurde.

Machthaber aus Pankow

Sie umrunden den ovalen Ring im Uhrzeigersinn. Der ehemalige Regierungskindergarten (Nr. 13) ist heute eine Waldorfkita. Die nach dem Tod ihres Mannes in die Nr. 12 gezogene Lotte Ulbricht starb dort 2002 als 99-jährige. Ein Abstecher links in den Rudolf-Ditzen-Weg führt zum ehemaligen Domizil des letzten SED-Chefs **Egon Krenz**, der das Haus Nr. 9–11 2003 räumen musste. Schräg gegenüber (Nr. 14) hatten bis zum Umzug nach Wandlitz **Erich und Margot Honecker** gewohnt. Das Haus wurde abgerissen. Bis 1970 bewohnte Chefspion **Markus Wolf** das Haus Nr. 18–20. Unmittelbar nach dem Krieg fand der Schriftsteller **Hans Fallada** in der Nr. 19 ein Zuhause, fühlte sich aber inmitten des bewachten Gebiets höchst unwohl. Zurück auf dem Majakowskiring in Nr. 29 lebte der erste und einzige DDR-Präsident **Wilhelm Pieck**, der noch im hohen Alter Staatsgäste empfing. Direkt gegenüber (Nr. 28) wohnte **Walter Ulbricht**. Allerdings ließ sein Nachfolger Erich Honecker nach Ulbrichts Tod 1973 das Haus abreißen und ein Gästehaus für das Zentralkomitee der SED bauen. In der Nr. 34 lebte der Schriftsteller und Kulturminister **Johannes R. Becher**, der den später nicht mehr gesungenen Text der DDR-Nationalhymne verfasste. Das Haus Nr. 46/48 wurde zunächst vom sowjetischen Stadtkommandanten, dann von Ministerpräsident **Otto Grotewohl** bewohnt – heute lebt hier die Schauspielerin Jasmin Tabatabai. In Haus Nr. 50 lebte die Richterin und Justizministerin **Hilde Benjamin**, wegen ihrer

Todesurteile als „Rote Guillotine“ gefürchtet. Kurzzeitig bewohnte Erich Honecker 1953/54 das Eckgrundstück Nr. 58, heute genutzt als „Kulti“-Freizeithaus für Kinder. Der einstige Wohnort des Stasi-Chefs **Erich Mielke** in der Stillen Straße Nr. 10 ist heute ein Seniorentreff.

Wo in der schönen Fachwerkvilla (Nr. 63) die „Betreuung der Nomenklatur-Kader“ organisiert wurde, sorgt heute das **Gasthaus Majakowski** für das leibliche Wohl sämtlicher Gäste. Zurück auf der Ossietzkystraße setzen Sie den Weg nach Schloss Schönhausen fort. In den **Torhäusern (6)** (Nr. 44/45) dokumentiert die Ausstellung „**Pankower Machthaber**“ die Geschichte des Areals und zeigt Filme von Wochenschauen und Staatsempfängen (*tgl. 10-18 Uhr, Eintritt frei*).

Historische Ausstellung

Schloss Schönhausen (7)

Rechts taucht das lachsfarbene Schloss auf, dessen Anfänge bis weit ins 17. Jh. reichen, als die Gräfin Theodore zu Dohna-Schlobitten einen *petit palais* beim Dorf Niederschönhausen errichten ließ. Seit 2009 ist das Schloss nach mühsamer Renovierung öffentlich zugänglich. Die Ausstellung nimmt den Besucher mit auf eine höchst kontrastreiche Geschichtsreise. Bereits 1700 führten hier geheime Verhandlungen des brandenburgischen Kurfürsten zu weitreichenden politischen Folgen, nämlich zum Aufstieg Preußens als Königsmacht. 1740 machte Friedrich II. nach der Thronbesteigung das Schloss seiner ungeliebten Ehefrau Elisabeth Chris-

Schloss Schönhausen: zu DDR-Zeiten Präsidentensitz und Gästehaus

tine zum Geschenk, die es zu einem Juwel des Rokoko ausbaute. Nachdem es vom Königshaus nicht mehr genutzt wurde, versank Schönhausen in einen langen Dornröschenschlaf. In den 1930er-Jahren nutzten die Nazis das Haus als Ausstellungs- und Lagerraum für sogenannte „Entartete Kunst". Die DDR richtete das im Krieg unbeschädigt gelbliebene Schloss als Amtssitz für ihren ersten Präsidenten und dann als Staatsgästehaus der Regierung ein.

Im Erdgeschoss wird in original ausgestatteten Räumen wie Gartensaal, Audienzzimmer und Zederngalerie das Leben der Königin gezeigt. Über 50 Jahre lang verbrachte sie hier die Sommermonate, ohne von ihrem Mann Friedrich II. besucht zu werden, der keinen Hehl daraus gemacht hatte, „sie nie lieben zu können". Über eines der schönsten Rokokotreppenhäuser Berlins gelangt man ins Obergeschoss mit Marmorgalerie, Festsaal und Rotem Salon, das der Zeit als Präsidentensitz und **Gästehaus der DDR** gewidmet ist. Das Arbeitszimmer von Wilhelm Pieck enthält Originalmobiliar wie den Schreibtisch mit integriertem Radio und Telefon. Auch die nach 1960 eingerichteten Gästeapartments mit lila gekachelten Badezimmern sind erhalten. Hier nächtigten Ho Chi Minh, Indira Gandhi, Fidel Castro und Michail Gorbatschow. Die übrigen Räume schlagen einen Bogen zu den Anfängen von Schönhausen: Die ausgestellten Kunstschätze aus dem Besitz der Familie Dohna stammen aus deren früherem Hauptsitz Schloss Schlobitten in Ostpreußen und gelangten 1945 mit einem abenteuerlichen Treck nach Niedersachsen.

Juwel des Rokoko

Schloss Schönhausen, *Tschaikowskistr. 1, ☏ 0331-9694200, www.spsg.de, April–Okt. Di–So 10–18 Uhr (mit Führung oder Audioguide), im Winter nur Sa/So (mit Führung) 10–17 Uhr, 6 €. Im Schloss gibt es einen Museumsshop, aber noch kein Café.*

Wegkommen: *Die zum Schloss führende Allee wird zur Tschaikowskistraße und führt zur Grabbeallee, wo die Tram M1 (Haltestelle Tschaikowskistraße) fährt. In der Nähe liegt der Bürgerpark (s. u.).*

Weitere Ziele in Pankow

Bürgerpark (8)

Am besten betritt man den Park durch das prächtige **Eingangsportal,** welches ganz unerwartet am Ende der Wilhelm-Kuhr-Straße den Übergang in eine andere Welt markiert. Dahinter öffnet sich auf 12 ha einer der schönsten Parks Berlins. 1856 hatte Baron Killisch von Horn das Gelände erworben und sich dort ein Herrenhaus mit einem Landschaftsgarten im englischen Stil und künstlichen Hügeln errichten lassen. Wie eh und je durchfließt heute munter das Panke-Flüsschen die großen Wiesenflächen mit ihrem teilweise über 100-jährigen Baumbestand. Die Pankower, gleich welchen Alters, lieben ihren Park und nutzen ihn intensiv. Im beliebten und ganzjährig geöffneten **Kaffeehaus Rosenstein** mit Biergarten gibt es Kaffee und Kuchen, leckeres vom Grill, Eis- und Mokkabar.

Beliebte Grünanlage

Anfahrt: Tram M1 Rathaus Pankow oder Bürgerpark.

Sowjetisches Ehrenmal (9)

In der wald- und hügelreichen **Schönholzer Heide** errichteten die Nazis 1940 anstelle eines einstigen Vergnügungsparks das sogenannte „Luna-Lager" für

Tausende von Zwangsarbeitern. Unmittelbar nordwestlich angrenzend weihte die Sowjetische Armee 1949 auf einer Fläche von 30.000 m² ihren größten Berliner **Soldatenfriedhof** mit 13.200 Toten ein. In seinen Ausmaßen ähnelt das Ehrenmal der monumentalen Anlage im Treptower Park (s. S. 250), doch steht hier die Trauer und weniger die Siegespose im Vordergrund. Von der Germanenstraße führt eine Lindenallee direkt zum Haupteingang, flankiert von zwei mächtigen Ecktürmen aus rotem Granit. Auf den bronzenen Großreliefs ist das kämpfende und trauernde Sowjetvolk dargestellt. Das Innere des rechten Turmbaus erinnert mit seinem bunten Oberlicht an ägyptische Grabkammern. Im Zentrum des Ehrenhains mit 16 Grabkammern steht die steinerne russische Mutter Heimat, die um ihren gefallenen Sohn trauert. Hinter dem weithin sichtbaren, 33,50 m hohen Obelisken erinnert eine Stele an die sowjetischen Opfer während der Kriegsgefangenenschaft. Einkehren kann man im **Restaurant-Café Heideröschen**.

Sowjetisches Trauermonument

Sowjetisches Ehrenmal, *Anfahrt: S-Bhf. Pankow + Bus 155 bis Ehrenmal Schönholz oder S-Bhf. Schönholz + 1 km Fußweg.*

Reisepraktische Informationen Pankow

Essen und Trinken

Café Nord (3), *Grunowstr. 21, ☎ 49400917, www.cafe-nord.info, tgl. 10–24 Uhr. Café-Restaurant, freundlich gediegenes Ambiente, viele Stammkunden. Frühstück, europäisch-mediterrane Küche (10–16 €), Kuchen, österreichische Weine und Cocktails. Günstiges Tagesgericht ab 12 Uhr.*

Café Canape (2), *Wolfshagenerstr. 87, ☎ 47539313, www.cafecanape.com, Mo 18–24, Di–Fr 12–24, Sa 14–24, So 10–18 Uhr. Nettes Café mit Terrasse. Eis, Kaffee, Pilmeni und Cocktails.*

Gasthaus Majakowski (1), *Majakowskiring 63, ☎ 49918250, www.majakowski-gasthaus.de, tgl. ab 12, Sa/So ab 11 Uhr, Nov.–Mai Mo Ruhetag. Hübsche Fachwerkvilla mit urigem Terrassengarten und schattigen Bäumen, wo einst die DDR-Politprominenz aß. Wechselnde „neue deutsche Küche" – regional und frisch – sowie Sonntagsbrunch.*

Kaffeehaus Rosenstein (4), *Wilhelm-Kuhr-Str., ☎ 43738828, www.rosenstein-berlin.de, Sommer tgl. 10–24, Winter Sa/So 12–19 Uhr. Herrlich im Bürgerpark gelegen (s. auch S. 233).*

Heideröschen (5), *Waldsteg 65, ☎ 9167852, www.heideroeschen-berlin.de, tgl. 12–22, So 10–22 Uhr. Restaurant und Terrassencafé im Wald der Schönholzer Heide. Kleine und feine Auswahl, gute Küche (Zanderfilet, Maishähnchenbrust, Pastagerichte), eher höherpreisig (9–18 €), Kuchen, Sonntagsbrunch (Tisch reservieren!), Anfahrt: s. S. 234 Sowjetisches Ehrenmal).*

Weißensee

Wichtigste Anlaufstelle für Besucher von Weißensee ist der größte jüdische Friedhof Europas, aber auch der Zentrumsbereich mit dem Weißen See und der umgebenden Bebauung sind einen Besuch wert. Das bereits im 13. Jh. gegründete Straßendorf und spätere Rittergut wuchs im 19. Jh. zu einer Landgemeinde mit 30.000 Einwohnern und wurde später ein Berliner Bezirk. Um die Jahrhundertwende entstanden zwischen Lehder- und Langhansstraße Gewerbebauten und Industriehöfe, die heute denkmalgeschützt sind. In den 1920er-Jahren entwickelte sich Weißensee mit seinen Studios zur **Filmstadt**. Allein am Antonplatz gab es sieben Kinos, von denen nur das Toni verblieben ist. Der 48.000-Einwohner-Stadtteil zeichnet sich heute eher durch einen uneinheitlichen Charakter aus, bestehend aus schönen Gründerzeitbauten und vergammelten Industriearealen, bodenständigen Bürgern und Studenten der Kunsthochschule mit ihren Ateliers.

Bürgertum und Kunststudenten

Jüdischer Friedhof Weißensee

Der mit 43 ha **größte jüdische Friedhof Europas**, ein eindrucksvolles Zeugnis der deutsch-jüdischen Kulturgeschichte, ist Gedenkstätte für die von den Nazis ermordeten Juden und seit 1880 Ruhestätte für über 115.000 jüdische Berliner. In der zweiten Hälfte des 19. Jh. wuchs die jüdische Gemeinde stark an, sodass der alte Friedhof an der Schönhauser Allee zu klein wurde – traditionell sind jüdische Friedhöfe für die Ewigkeit angelegt und die Gräber bleiben unangetastet. So kaufte man im damaligen Berliner Vorort Weißensee ein neues Areal und lobte zur würdigen Gestaltung einen Architekturwettbewerb aus. Hugo Licht erhielt den Auftrag. Er teilte die Fläche streng geometrisch in 120 rechteckige, dreieckige und trapezförmige Grabfelder ein. In dem imposanten Eingangsbereich im italienischen Neorenaissancestil befinden sich das Leichenhaus und die Verwaltung, verbunden durch einen Arkadengang. Davor steht in einem Rondell ein Gedenkstein der Jüdischen Gemeinde, kreisförmig umgeben von Stelen, in denen die Namen der Konzentrationslager eingemeißelt sind. Nach Betreten des hügeligen Geländes sieht man sich bald umgeben von alten Bäumen und von Efeu umrankten Gräbern. Die schattigen Wege führen den Besucher auf eine Reise in die Stille und die Besinnung.

Stille und Besinnung

Auf einigen Gräbern liegen nach jüdischem Brauch kleine Steinchen anstelle von Blumen. Ursprünglich (in der Wüste) legten die Israeliten deutlich größere Steine ab, die verhindern sollten, dass wilde Tiere das Grab ausheben. Untypisch für jüdische Friedhöfe, kann man manch pompöse Grabanlage von Wohlhabenden aus wilhelminischen Zeiten entdecken. Unzählige Berliner Persönlichkeiten wurden hier beigesetzt, z. B. die Verleger Samuel Fischer und Rudolf Mosse, der KadeWe-Gründer Adolf Jandorf sowie Hermann Tietz (vom Kaufhaus Hertie), Berthold Kempinski oder der Maler Lesser Ury. Ende 2001 fand der Schriftsteller Stefan Heym hier seine letzte Ruhestätte.
Jüdischer Friedhof Weißensee, *Herbert-Baum-Str. 45, ☎ 9253330, www.jewish-cemetery-weissensee.org, Mo–Do 7.30–17, (Okt.–März nur bis 16), Fr 7.30–14.30, So 8–17 Uhr, Sa und jüd. Feiertage geschl., Anfahrt: Tram M4/M13/12 Albertinenstraße + 500 m Fußweg (Berliner Allee, Heribert-Baum-Str.).*

Männer ab 14 Jahren benötigen eine **Kopfbedeckung**. *Am Eingang kann man sich eine Kippa, ein jüdisches Käppi, ausleihen. Ebenfalls am Eingang gibt es* **Friedhofspläne**.

Spaziergang im Komponistenviertel

Für einen kleinen Gang durch das umgebende Viertel, wegen der Straßennamen auch Komponistenviertel genannt, bietet sich folgende Strecke an: Am Eingang des Jüdischen Friedhofs in der Herbert-Baum-Straße geht es rechts auf die Meyerbeerstraße (Nr. 64–68 ist eine ehemalige Fabrik und Färberei), links in die Smetanastraße, rechts auf die Bizetstraße und beim Solonplatz links auf die Lindenallee, die wieder zur Berliner Allee (Tram) führt. Gegenüber liegt der **Weiße See**, den man in einer Parkanlage bequem einmal umrunden kann (Einstieg beim ehemaligen Kulturhaus Edel, am besten rechts herum, 15 Min. Fußweg). Im Terrassencafé und Restaurant **Milchhäuschen** (s. u.) mit seinem „ostigen" Charme genießt man einen schönen Blick auf den See.

Turm ohne Kirche

Wer hinter dem Milchhäuschen rechts in die Amalienstraße einbiegt und dann links auf die Woelckpromenade (Nr. 25–38) spaziert, kann dort einen herausragenden **Wohnhof im märkischen Backsteinstil** bewundern (auch innen), den Carl Bühring um 1910 errichtete. Die Woelckpromenade führt am Kreuzpfuhl vorbei und mündet auf die Pistoriusstraße, die westwärts auf den **hohen quadratischen Turm am Mirbachplatz** führt. Von der dazugehörigen Bethanienkirche von 1902 blieb kriegsbedingt nichts übrig. Am besten geht man links am repräsentativen **Gemeindehaus** vorbei zum freundlichen **Straßencafé Mirbach** (s. u.). Die Straßen in diesem Viertel sind zwar nicht besonders spektakulär, zeichnen sich aber durch eine interessante Mischung aus sanierten oder heruntergekommenen gründerzeitlichen Wohn- und Gewerbebauten, DDR-Bauten sowie vereinzelten Brachflächen aus. Die Max-Steinke-Straße führt zum Antonplatz (450 m Fußweg), dem Kiezzentrum mit Kino Toni.

Wegkommen:
Von hier fahren die Trams M4, M13 und 12.

Reisepraktische Informationen Weißensee

Essen und Trinken

Milchhäuschen, *Parkstr. 33a, ☎ 9271144, www.milchhaeuschen-berlin.de, tgl. 10–23 Uhr. Vom Innenraum blickt man durch große Fenster auf den See oder sitzt auf der Terrasse – die Fontäne vor Augen.*

Café Mirbach, *Behaimstr. 64, ☎ 92045612, www.cafe-mirbach.de, Mo–Sa 9-1, So 10–1 Uhr. Café-Restaurant, gemütliches Ambiente sowie Terrasse zum Mirbachplatz. Frühstück, mediterrane Gerichte, Kuchen, Sonntagsbrunch.*

Osseria, *Langhansstr. 103, ☎ 96068525, www.osseria.de, Mo–Fr 9–*open end, *Sa/So ab 10 Uhr, Anfahrt: Tram M13 + 12 Friesickestraße. Im originellsten „DDR-Restaurant" Berlins wähnt man sich im Museum, umgeben von alten Fotos, Fotoapparaten, Radios, Fernsehern, Plakaten, Abzeichen, Alltagsgegenständen – vieles von der Nachbarschaft zusammengetragen. Man sitzt an einfachen Tischen mit Plastikdecken, die Speisekarte bietet Hausmannsgerichte („Funktionär"), auch westliche Pizzas, Pioniergerichte für Kinder, Frisches von der LPG „Neue Ernte" sowie Ossi- und Intershopschnäpse, Prost Genosse!*

Lichtenberg

Lichtenberg ist zu Unrecht immer noch mit einem negativen Image behaftet, das an Plattenbauten, Stasi-Hauptquartier, DDR-Nachtrauernde und Neonazis denken lässt. Dabei ist der Bezirk äußerst vielschichtig und lebenswert, bietet Besuchern viel Überraschendes und ungeahnte charmante Ecken. Im Vergleich zu westlichen Stadtteilen leben hier weniger Migranten – die größten Gruppen sind Spätaussiedler aus der ehemaligen Sowjetunion sowie Vietnamesen.

Historisch geht der Bezirk auf das Dorf Lichtenberg zurück, welches im 13. Jh. gegründet wurde und 1907 eine eigenständige Stadtgemeinde bildete. Mit 52 km^2 Größe und 264.000 Einwohnern umfasst der heutige Bezirk mehrere Landgemeinden, die sich historisch völlig unabhängig entwickelten. Dazu gehören der Villenvorort Karlshorst, der als „Dahlem des Ostens" bezeichnet und nach Kriegsende teilweise sowjetisches Sperrgebiet wurde, oder das gut erhaltene Gründerzeitviertel Viktoriastadt, versteckt hinter Bahngleisen und Industriearealen. An den großen Ausfall- und Ringstraßen des Bezirks dominieren bis zu 20-geschossige Plattenbauten. Davor ducken sich im bizarren Kontrast Reste gründerzeitlicher Bauten oder alte Dorfkirchen wie in Alt-Lichtenberg oder Friedrichsfelde.

Redaktionstipps

- Mit der **Viktoriastadt** ein überraschendes Gründerzeitkleinod entdecken (S. 237).
- Zeitlos schöne Architektur: das **Mies-van-der-Rohe-Haus** in Hohenschönhausen (S. 241).
- Sich im **Stasi-Museum** an authentischem Ort über die Spitzel- und Zersetzungsmethoden des DDR-Regimes informieren (S. 242).
- Nicht nur für überzeugte Linke ein sehenswertes Ausflugsziel: das **Denkmal der Sozialisten** (S. 243).
- Klein-Vietnam in Lichtenberg: Der Asiamarkt **Dong-Xuan-Center** (S. 56).

Viktoriastadt (Kaskelkiez)

Auf dem komplett von Bahntrassen umschlossenen 22-Hektar-Areal der Viktoriastadt zwischen den damaligen Gemeinden Rummelsburg und Lichtenberg ließen die Fabrikantenbrüder Lehmann ab 1871 Wohnhäuser und Werkstätten für Arbeiter errichten. Zur Kostenreduzierung verwendete man ein Gemisch aus Zement, Sand und Schlacken. Von diesem „Testlauf" der **weltweit ersten Betonsiedlung** sind heute noch fünf Häuser erhalten. Der zu DDR-Zeiten geplante Abriss des heruntergekommenen und teilweise leerstehenden Viertels konnte mit der Wende gerade noch verhindert werden. Inzwischen gehört die schmuck sanierte Viktoriastadt, die aufgrund der zentralen Kaskelstraße auch Kaskelkiez genannt wird, zu einer der attraktivsten Wohnadressen junger Leute und Familien.

Attraktiv saniert

Spaziergang zur Rummelsburger Bucht

Anfahrt: *S-Bhf. Rummelsburg, Ausgang Nöldnerstraße*
Dauer: *ca. 2–3 Std. (4–5 km)*

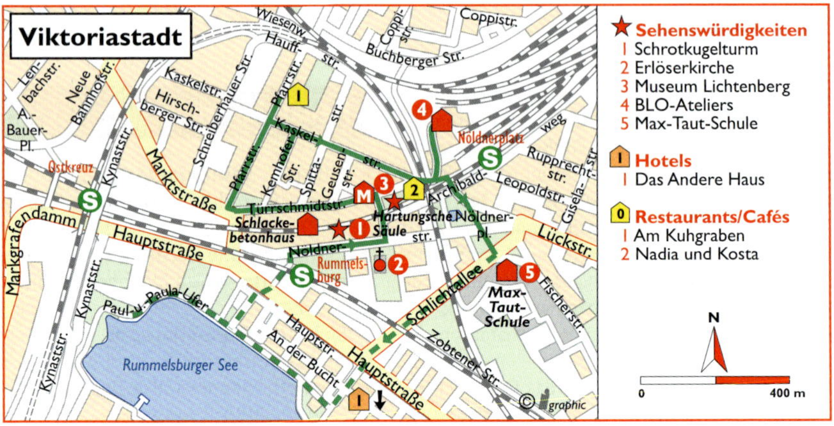

Bereits von der S-Bahn sieht man in der Nöldnerstraße 1–7 die rotgelben neuen Wohnbauten von 1998 mit ihren imposanten schiefen Betonplatten. Hinter den Altbauten Nr. 15 und 16, eine ehemalige Bleigießerei, ragt der knapp 40 m hohe **Schrotkugelturm (1)** von 1906 empor. Das damals fortschrittliche Prinzip: Die erhitzten Bleitropfen formten sich beim freien Fall in einer Röhre zu nahtlosen Kugeln für Schusswaffen. Nr. 19 ist das erste **Gussbetonhaus** von 1871. Die weiter östlich stehende evangelische **Erlöserkirche (2)**, ein schöner neugotischer Backsteinbau von 1892, war in den 1980er-Jahren ein Treffpunkt der DDR-Friedensbewegung *(außerhalb von Gottesdiensten und Konzerten Mi 16–19 Uhr für Besucher offen)*. Die links abzweigende Stadthausstraße führt unter der Bahnlinie geradewegs in die Viktoriastadt. Rechts dahinter steht auf einer Grünfläche das **Denkmal für die Hartungsche Säule** mit einer Kolonnade von zwölf gusseisernen Pendelstützen. Sie wurde nach Hugo Hartung benannt, der zur ästhetischen Gestaltung von Bahnkonstruktionen diese Brückenstütze entwickelte, die 1884–1914 stilprägend überall in Berlin verwendet wurde. Das schmuck sanierte Eckhaus gegenüber ist ein Überbleibsel des kriegszerstörten einstigen Rathauses von Rummelsburg. Es dient heute als **Stadtmuseum von Lichtenberg (3)** sowie als kulturelle Begegnungsstätte.

Kulturelle Begegnungsstätte

Museum Lichtenberg im Stadthaus, *Türrschmidtstr. 24, ☎ 57797388-12, www.museum-lichtenberg.de, Ausstellung: Di–Fr, So 11–18 Uhr, Eintritt frei.*

Weiter geht es über den Tuchollaplatz, benannt nach den NS-Widerstandskämpfern Käthe und Felix Tucholla. Ein weiteres **Schlackebetonhaus** von 1871 ist die Türrschmidtstraße 17, auf den ersten Blick kaum zu unterscheiden vom Gründerzeit-Stil der Nachbarbauten. In dieser Straße wohnte übrigens in den 1880er-Jahren der berühmte Berliner Zeichner und Karrikaturist **Heinrich Zille**.

In der rechts abzweigenden **Pfarrstraße** findet man schöne stuckverzierte Altbauten und dahinter Werkstätten und Remisen. Ein gutes Beispiel ist Haus Nr. 111 mit dem Ausbildungsrestaurant **Am Kuhgraben**. Wo früher Milchkühe gemolken wurden, kochen heute Jugendliche frische Speisen zu günstigen Preisen. Weiter

Frisch renoviertes Gründerzeitviertel: die Viktoriastadt

geht es ostwärts entlang der **Kaskelstraße**. Am östlichen Ende der Straße schließt sich eine weitere Bahnunterführung an, die zum S-Bahnhof Nöldnerplatz führt. Wer sich auf das alte Bahnbetriebswerk linker Hand wagt, entdeckt dort alte Lokschuppen und ruinöse, aber reizvolle Werkstätten, die heute von Malern, Kunstschmieden und Kreativen der **BLO-Ateliergemeinschaft (4)** genutzt werden – Industrieromantik pur.

Industrieromantik

Am anderen, östlichen Bahnhofsausgang öffnet sich der **Nöldnerplatz**. Der eingeschossige Rundbau auf der Südseite markiert den Eingang der **Max-Taut-Schule (5)**. 1927 errichtete der berühmte Architekt der Moderne in der Zeit der Reformpädagogik den größten Schulbau der Weimarer Republik für 5.700 Schüler. Hier finden auch viele öffentliche Konzerte statt (*www.max-taut-aula.de*).

Wer ca. 500 m Fußweg nicht scheut, gelangt über die Schlichtallee und die verkehrsreiche Hauptstraße hinweg an die reizvolle **Rummelsburger Bucht**. An dieser Ausbuchtung der Spree ist anstelle einer Industriebrache ein neues attraktives Wohngebiet entstanden. Auf der neuen Promenade kann man entspannt bummeln und das Wasserpanorama genießen.

Wegkommen: *Tram 21, S-Bhf. Rummelsburg. Von der Tramhaltestelle führt ein kleiner Weg zum S-Bahnhof.*

Reisepraktische Infos Viktoriastadt (Kaskelkiez)

Essen und Trinken

Am Kuhgraben (1), *Pfarrstr. 111, ☎ 5530463, Di–Fr 10–15, Mo ab 12 Uhr. Hier kochen jugendliche Auszubildende regionale, leichte und gesunde Mittagsgerichte, sehr preiswert (um 4 €). Kein Alkohol. Bei schönem Wetter auch im netten Innenhof.*

Nadia und Kosta (2), *Türrschmidtstr. 31, ☎ 0178-2895049, Mo–Fr 7–18, Sa/So 11–19 Uhr. Familiäres Bistro-Café mit hausgemachten Kuchen, belegten Bagels, Suppen.*

Hohenschönhausen

Der Name Hohenschönhausen lässt zunächst an den Stasi-Knast mit seinen Schrecken denken. Dabei bietet der ehemals eigene Bezirk ungeahnte architektonische Kostbarkeiten – eingebettet in einer charmanten kleinen Seenlandschaft.

Gedenkstätte Hohenschönhausen (1)

Schrecken am authentischen Ort

Bereits die Annäherung an das ehemalige Sperrgebiet, das in keinem Ostberliner Stadtplan eingetragen war und in dem das **Ministerium für Staatssicherheit (MfS)** von 1961 bis 1989 sein zentrales Untersuchungsgefängnis betrieb, verursacht Unbehagen. Hier wurden Tausende politisch Verfolgte und DDR-Oppositionelle inhaftiert und mit raffinierten Foltermethoden zu Geständnissen gezwungen. Bereits vorher hatten die Sowjets nach 1945 im Keller einer ehemaligen Großküche bunkerartige Zellen eingerichtet. Viele Unschuldige wurden nächtelang verhört und mit Schlafentzug, stundenlangem Stehen und tagelangem Arrest sowie Aufenthalten in Wasserzellen schikaniert. Heute gilt die Gedenkstätte als wichtigster Erinnerungsort für die Opfer kommunistischer Gewaltherrschaft in Deutschland. Der gesamte original erhaltene Komplex mit weiteren Gefängnisbauten, die von einer 4 m hohen Mauer, Stacheldraht und Wachtürmen abgeriegelt waren, vermitteln dem Besucher ein authentisches Bild. Durch das Gefängnis führen Zeitzeugen oder Historiker. Besonders bedrückend sind die Berichte ehemaliger Häftlinge über die Haftbedingungen und Foltermethoden.

Gedenkstätte Berlin-Hohenschönhausen, *Genslerstr. 66, ☎ 986082-30/32, www.stiftung-hsh.de, Mo–Fr 11–15, Sa/So 10–16 Uhr, 5 €, Anfahrt: Tram M5 Freienwalder Straße + 400 m Fußweg durch die Freienwalder Str. Das Gelände ist nur im Rahmen einer Führung (1 Std.) zu besichtigen, die Führungen finden stündlich statt, keine Anmeldung erforderlich, erst ab 6 Personen.*

Mies-van-der-Rohe-Haus und Spaziergang rund um Ober- und Orankesee

In einer Villenkolonie steht ein begehbares architektonisches Kleinod: Im Bauhausstil mit seiner klaren und schlichten Formensprache baute der Architekt Mies van der Rohe 1933 für das Ehepaar Lemke ein Haus in idyllischer Lage am Obersee. Es war seine letzte Wohnhauskonzeption in Deutschland, danach wanderte er in die USA aus. 1945 mussten die Lemkes ausziehen, da die Rote Armee das Gebäude okkupiert hatte und als Abstelllager nutzte. Das umliegende Gelände wurde zum Sperrgebiet erklärt. Noch bis zur Wende von einem hohen Zaun umgeben, zogen in das Gebiet ab 1962 höhere Stasi-Mitarbeiter, nachdem viele DDR-Bürger aus ihren Villen verdrängt worden waren. Das allmählich verfallende Haus Lemke diente als Wäscherei und Kantine. 2000–02 wurde es saniert und in **Mies-van-der-Rohe-Haus (2)** umbenannt. Heute ist es für die Öffentlichkeit geöffnet und wird für wechselnde Kunstausstellungen und Vorträge genutzt.

Villenkolonie am Wasser

Mies-van-der-Rohe-Haus, *Oberseestr. 60, ☎ 97000618, www.miesvanderrohehaus.de, Di–So 11–17 Uhr, Eintritt frei, Anfahrt: Tram M5 Oberseestraße, Tram 27 Stadion Buschallee/Suermondtstraße.*

Die Oberseestraße trifft westwärts auf die Gertrudstraße (rechter Hand) mit dem Strandbad **Orankesee (3)**. Zur Eröffnung 1929 karrte man sogar feinen Ostseestrand aus Ahlbeck an. Im Krieg zerstört, lag es zunächst unzugänglich im Sperrgebiet, wurde aber 1957 für die Bevölkerung reaktiviert. Ein Fußweg umrundet den kleinen See, passiert den **Biergarten Oranke** am See und trifft wieder auf die Oberseestraße. Diesmal geht es am Südufer des **Obersees** entlang. Die in Hohenschönhausen ansässige Löwenbrauerei hatte den See künstlich als Wasserreservoir und Eislieferant angelegt und auch 1900 den **Wasserturm (4)** auf einer 55 m hohen Anhöhe direkt am See errichten lassen. Dieser versorgte noch bis 1922 die Villenkolonie mit Wasser, diente im Zweiten Weltkrieg als Flakturm und zu DDR-Zeiten als Funkstation. Heute genießt man von der Seeblickterrasse der **Bar im Wasserturm** einen reizvollen Blick auf den See.

Unterwegs am Uferweg trifft man auf nackte Frauen aus Stein und Bronze, die sich in der Sonne räkeln oder diese anbeten. An der Ecke Waldowstraße/Degnerstraße steht der stattliche Bau der alten Feuerwache von Hohenschönhausen, die 1912 zusammen mit elf Wohnungen für Feuerwehrleute eingeweiht wurde. 2000 zog u. a. das Hotel **Alte Feuerwache** ein, welches in der ehemaligen Garage der Löschfahrzeuge ein Restaurant mit Außenterrasse betreibt.

Reisepraktische Informationen Hohenschönhausen

Essen und Trinken

Garage (1), *Waldowstr. 1, ☎ 981956-0, www.hotelaltefeuerwache.de, Di–Fr 17–open end, Sa 11.30–open end, So 11.30–15 Uhr. Restaurant und Bar in der Alten Feuerwache mit Außenterrasse, deutsche Küche z. B. Schweinelendchen (8–14 €).*

Bar im Wasserturm (2), *Waldowstr. 20, www.berlin-wasserturm.de, wechselnde Öffnungszeiten (siehe Website), nur Do–So bzw. Fr–So, Nov.–Febr. geschl. Nachmittags Café, abends Bar. Schöner Blick von Anhöhe auf den Obersee.*

Oranke am See (3), *Orankestr. 41, www.sun-chiller.de, Mo–Sa 14–23, So 10–23 Uhr (bei Regen und im Winter geschl.). Biergarten und Chillarea mit zehn Metallbetten, inmitten einer Parklandschaft am Orankesee. Am Abend eine Lounge.*

Weitere Ziele in Lichtenberg

Stasi-Museum

Gedenk- und Forschungsstätte

Hinter einer Durchfahrt betritt man ein erstaunlich hässliches Areal, umgeben von grauen Plattenbauten: Hier befand sich die einstige **Zentrale des Ministeriums für Staatssicherheit** (MfS) der DDR. Aufgebrachte Bürger und ehemalige Staatsgegner stürmten am 15. Januar 1990 den streng abgeriegelten Komplex und begannen, dieses Überwachungsmonster aufzulösen. Man entschloss sich am Runden Tisch, den Ort zu einer Gedenk- und Forschungsstätte umzuwandeln. Und so kann man heute in das Allerheiligste der ehemaligen Staatsüberwachung eintreten. Bereits 1950 gegründet, war das MfS der Inlands- und Auslandsgeheimdienst der DDR, für die totalitäre Herrschaft der SED-Partei das wichtigste Überwachungsinstrument. Die personelle Ausstattung der Behörde war enorm: Sie beschäftigte 90.000 Menschen, dazu 180.000 „inoffizielle Mitarbeiter". Bis 1989 hatte die DDR-

Staatssicherheit 111 km Akten, 1,7 Mio. Fotos und 28.000 Tondokumente zusammengetragen.

Zu sehen sind die im Original erhaltenen Büro- und Privaträume des MfS-Chefs Erich Mielcke. Sie wirken ziemlich bieder und bescheiden, waren zur damaligen Zeit aber ungewöhnlich gut ausgestattet – mit Technik aus dem Westen. Auch sieht man allerlei raffinierte „Spitzelwerkzeuge", an denen James Bonds Q seine Freude gehabt hätte. Spätestens die Darstellung über brutale Verhörmethoden, Einschüchterungen sowie „Zersetzungsmaßnahmen" im Umgang mit Gegnern lässt den Besucher jedoch schaudern. Unbequeme DDR-Kritiker verschleppte man in berüchtigte Gefängnisse, wie nach Berlin-Hohenschönhausen.

Schießkoffer und gebrochene Seelen

Stasi-Museum Berlin, *Ruschestr. 103, Haus 1, ☏ 5536854, www.stasimuseum.de, Mo–Fr 11–18, Sa/So 14–18 Uhr, 5 €, Anfahrt: U-Bahn Magdalenenstraße (U5).*

Zentralfriedhof Friedrichsfelde

1881 eröffnet, wurden bis heute auf der 32 ha großen Fläche 250.000 Menschen bestattet, darunter der Astronom Archenhold, der jüdische Großkaufmann Simon Blad oder die Grafikerin **Käthe Kollwitz**. Nach 1900 wurde der Friedhof zum bevorzugten Begräbnisort führender Vertreter der Arbeiterbewegung, 1919 fanden die ermordeten **Karl Liebknecht** und **Rosa Luxemburg** hier die letzte Ruhe. Das NS-Regime riss die Gedenkstätte der KPD mitsamt Revolutionsdenkmal von Mies van der Rohe 1933 nieder. Stattdessen weihte DDR-Präsident Wilhelm Pieck

Zentraler Gedenkort revolutionärer Sozialisten, aber auch ehemaliger DDR-Führungskader

1951 das **Denkmal der Sozialisten** ein. Auch Mitglieder des SED-Politbüros wie Pieck, Grotewohl und Ulbricht sind hier begraben und verewigt. Eine Ausstellung in den benachbarten Wartehallen informiert über die Geschichte des Ortes, ein Stein gedenkt der Opfer des Stalinismus. Jährlich im Januar reihen sich Tausende in den Gedenkzug für Rosa Luxemburg und Karl Liebknecht ein und pilgern vom Frankfurter Tor hierher. Durchaus lohnenswert ist der vom Friedhofseingang ausgeschilderte Rundgang durch das hügelige und parkartig gestaltete Gelände, besonders der Bereich rund um die Feierhalle.

Ausstellung über Sozialistendenkmal

Zentralfriedhof Friedrichsfelde, *Gudrunstr. 20, Friedhofsverwaltung ☎ 9029 64224, tgl. offen bis zur Dämmerung, Anfahrt: U-/S-Bhf. Lichtenberg (Ausgang Siegfriedstr.) + Bus 193 Zentralfriedhof (verkehrt nicht Sa), oder 800 m Fußweg entlang der Gudrunstr.*

Tierpark und Schloss Friedrichsfelde

Der **Tierpark** gilt mit seinen 160 ha und rund 8000 Tieren als größter Landschaftstiergarten Europas. Im Vergleich zu anderen Zoologischen Gärten erlebt man ausgesuchte und seltene Tiere in riesigen Freigehegen, in denen regelmäßig Zuchterfolge bereits ausgerotteter Arten vermeldet werden. Weitere Highlights sind das Alfred-Brehm-Haus mit seinen Raubkatzen, die Tropenhalle mit indischen Riesenflughunden oder das gewaltige Dickhäuterhaus für Elefanten und Nashörner. Übrigens findet man nahe der Bärenanlage die Gräber von Familie Treskow, die letzten privaten Schlossbesitzer. Gleich einer Safari fährt die Tierpark-Bahn durchs weiträumige Gelände und hält an mehreren Stationen.

Safari mit dem Bähnlein

Tierpark Berlin, *Am Tierpark 125, ☎ 515310, www.tierpark-berlin.de, Sommer tgl. 9–19, Winter 9–17 Uhr, 12 € (inkl. Schloss Friedrichsfelde), Anfahrt: U5 Tierpark.*

Anmutig ragt das bereits im Tierpark gelegene **Schloss Friedrichsfelde** aus den alleengesäumten Lustgärten empor. Seine Ursprünge datieren von 1695, als sich der kurfürstliche Marinedirektor ein Schlösschen im holländischen Landhausstil bauen ließ. Seit 2010 erstrahlt das Schloss nach kompletter Sanierung in neuem Glanz. Der Besucher betritt in den Salons mit ihrer wertvollen Ausstattung die Welt des Adels. Höhepunkt ist der klassizistische Festsaal, der auch ein glanzvolles Ambiente für Konzerte bildet.

Schloss Friedrichsfelde, *Am Tierpark 41, ☎ 51531407, www.schloss-friedrichsfelde.de, Di, Do, Sa/So 11–17 Uhr, Eintritt leider nur inkl. Tierpark: 12 €.*

Deutsch-Russisches Museum

Auf einem Sockel neben dem grauen Gebäude steht der sowjetische Panzer T34, Symbol des sowjetischen Siegs über Hitler-Deutschland. In Berlin-Karlshorst wurde Weltgeschichte geschrieben, als am 8. Mai 1945 die bedingungslose Kapitulation den Zweiten Weltkrieg in Europa beendete. Im ehemaligen Offizierskasino der deutschen Wehrmacht bezog Marschall Shukow sein sowjetisches Hauptquartier, bis 1967 war es Sitz der sowjetischen Militäradministration in Deutschland (SMAD). 1967 gestalteten die Sowjets nach ihrer Sichtweise hier das „Kapitulationsmuseum". Nach der Wende beschlossen die Regierungen beider Länder, gemeinsam ein deutsch-russisches Museum einzurichten, welches seit dem 10. Mai 1995 im sanierten Haus besucht werden kann. Thema der neuen Dauerausstellung ist der Verlauf des Zweiten Weltkriegs und die wechselhafte deutsch-sowjetische Geschichte unter Einbeziehung sowjetischer Exponate aus vergangenen Zeiten. Unverändert blieb der Kapitulationssaal.

Deutsch-Russisches Museum, *Zwieseler Str. 4, ☏ 50150810, www.museum-karlshorst.de, Di–So 10–18 Uhr, Eintritt frei, kostenfreie Führung So 15 Uhr, Anfahrt: S3 Karlshorst + Bus 296 Museum Karlshorst oder U5 Tierpark + Bus 296.*

Kapitulationssaal – hier endete der Zweite Weltkrieg

Marzahn-Hellersdorf

Redaktionstipps

➤ Sich von den **Gärten der Welt** mit all ihrer exotischen Schönheit verzaubern lassen (S. 246).

➤ In den „Traum von Charlotte" eintauchen und im **Gründerzeitmuseum Mahlsdorf** die verruchte Mulackritze entdecken (S. 248).

Der Bezirk genoss noch bis vor Kurzem keinen besonderen Ruf. Was soll man im größten Plattenbaugebiet Europas schon anfangen? Tatsächlich war man zu DDR-Zeiten froh, eine der begehrten Neubauwohnungen zu ergattern, in denen junge Familien von Arbeitern, Hochschulprofessoren, Polizisten und Ärzten direkt nebeneinander wohnten. Um die einsetzende Abwanderung nach der Wende aufzuhalten, steckte man viel Geld ins Wohnumfeld, schuf attraktive Grünanlagen und baute moderne Einkaufspassagen. Ganze Hochhäuser reduzierte man auf wenige Geschosse und kurbelte die Nachfrage nach begehrten Terrassenwohnungen an. Auch die künstlerische Bemalung grauer Betonfassaden, wie im Europaviertel in Hellersdorf, sollte die Attraktivität erhöhen. Seit die Mieten im Stadtgebiet ansteigen, ziehen immer mehr Berliner in die preisgünstigen renovierten Plattenbauten – im statistisch sichersten Berliner Bezirk.

Während des Baus der Großsiedlung blieb der Dorfkern von Marzahn erhalten und steht heute unter Denkmalschutz. Größter Besuchermagnet sind die einzigartigen **Gärten der Welt** auf dem natürlichen Höhenrücken des in Nord-Süd-Richtung verlaufenden Grünzugs entlang der Wuhle. Zum Bezirk gehören auch die ehemaligen Dorfgemeinden Biesdorf, Kaulsdorf und Mahlsdorf weiter südlich, die zum größten deutschen Ein- und Zweifamilienhausgebiet zusammengewachsen sind. Attraktiv für die Bewohner ist das grüne Umfeld inklusive mehrerer kleiner Badeseen. In **Kaulsdorf** hat sich der schöne Ortskern erhalten, während in **Mahlsdorf** mit dem Gründerzeitmuseum eine ganz besondere Perle liegt. Heute wohnen hier auf 62 km² ca. 253.000 Menschen – die prollig-schrille Komikerin Cindy aus Marzahn gehört übrigens nicht dazu.

Alt-Marzahn

Bizarrer Kontrast aus Dorf und Platte

Vor der Kulisse der Wohnhochhäuser und breiten Verkehrsschneisen bildet der **alte Dorfkern** mit seinen Bauernhäusern, Höfen und der Bockwindmühle einen bizarren Kontrast. Im Zuge der Großsiedlungsplanung hatte die DDR den Dorfanger in den 1980er-Jahren herausgeputzt und teilweise rekonstruiert. Betritt man Alt-Marzahn aus östlicher Richtung (Allee der Kosmonauten), stößt man auf dem grünen Anger auf die evangelische **Dorfkirche** von 1871 im neugotischen Backsteinstil. Dahinter steht das schmuck sanierte **Schulhaus** von 1911. Das **Bezirksmuseum** verschafft einen Einblick in die regionale Siedlungsgeschichte, insbesondere zu den Themen Dorfleben und Großsiedlungen in Plattenbauweise. Weiter westlich findet man auf dem Anger einen Infopavillon und ein Kriegerdenkmal.
Bezirksmuseum, *Alt-Marzahn 51, ☎ 54700921, Mo–Do 10–17, Mi 10–19, So 11–17 Uhr, Anfahrt: S-Bhf. Springpfuhl (S7, S75) u. Tram M8, M12 Alt-Marzahn.*

In dem alten märkischen Bauernhaus (Alt-Marzahn 23) und der im Traditionsstil aufgebauten Hofanlage dahinter befindet sich das **KulturGut**, ein künstlerisches Zentrum mit Werkstätten und wechselnden Ausstellungen. Das **Landhaus Marzahner Krug** (Nr. 49) geht auf das Jahr 1450 zurück. Am 1. März 1953 wurde hier die erste LPG Berlins ins Leben gerufen. Heute bietet das Gasthaus herzhafte Hausmannskost und ist täglich ab 11 Uhr geöffnet. Der nördliche Abzweig in Höhe der Dorfkirche führt auf die weit sichtbare **Bockwindmühle** zu, 1993 auf einem Minimühlenberg errichtet, den man im Rahmen der Dorfaufwertung künstlich aufgeschüttet hatte. Sie produziert als Lehrbetrieb täglich bis zu 1000 kg Roggen- und Weizenmehl. Über die breiten Stufen der „Hochzeitstreppe" gelangt man zur Mühle mit den mächtigen 7-Meter-Flügeln. Wie in Britz (s. S. 270) kann man sich auch hier das Ja-Wort geben.
Bockwindmühle, *☎ 458995, Mo–Fr 10–12 u. 13–17 Uhr, in den Berliner Sommerferien geschl., Eintritt frei, Anfahrt: S7, S75 Springpfuhl u. Tram M8, M12 Alt-Marzahn.*

Gärten der Welt

Einzigartige Themengärten

Aus der Berliner Gartenschau von 1987, gelegen zwischen den Plattenbausiedlungen Marzahn und Hellersdorf, entstand eine weiträumige **Erholungslandschaft**, die nach der Wende um mittlerweile neun einzigartige Themengärten bereichert wurde. Die Besucher wandeln durch die Gärten der Welt und fühlen sich dabei wie im Orient oder in Fernost, aber auch wie in der Toskana oder in einem innovativen christlichen Klostergarten. Verschlungene, aber nicht allzu weite Wege führen zu den Zielen, unterbrochen von Erholungswiesen mit Bänken und Liegen und kleinen

Asiatischer Flair in den Gärten der Welt

Highlights wie dem Quell- und Sprudelgarten oder dem Märchengarten. Eine Einkehrmöglichkeit bietet das **Café aux Jardins**.

Der **Orientalische Garten** mit seinen herrlichen Wasserspielen und reichen Ornamenten, gelegen in einem Gartenhof und umgeben von einer 4 m hohen Mauer, lässt den Besucher eine Oase in der Wüste nachempfinden. Im Balinesischen Garten hat man gleich ein ganzes Wohnhaus und eine tropische Pflanzenwelt in ein Tropenhaus eingebaut. Besonders imposant ist der **Chinesische Garten** – auf 2,7 ha mithilfe chinesischer Fachleute erbaut und der größte seinr Art in Europa. Sämtliche Felsen, Hölzer und Skulpturen wurden in rund 100 Containern importiert. Hinter der Konfuziusfigur öffnet sich ein See mit Zickzackbrücke und sehr authentisch wirkenden Bauten. Im Teehaus kann man 30 Teesorten, im Pavillon chinesische Häppchen und Chinabier genießen.

Chinabier und Asia-Snack

Ein schönes Beispiel moderner **deutscher Gartenkunst** ist der Karl-Foerster-Staudengarten. Neben farbenprächtigen Stauden sowie Buchsbäumen zeigen auch im Winter seltene Blüten ihre Pracht. Der **Christliche Garten** versetzt den Besucher im goldfarben lackierten lichten Wandelgang in Staunen. Gleichzeitig verfolgt man Texte aus der Bibel und der Philosophie. Während man im **Italienischen Renaissancegarten** dem Zauber florentinischer Villengärten mit ihren streng gestalteten Blumenbeeten, Brunnen und Terrakotten erliegt, stiftet der **Irrgarten** nach britischem Vorbild Verwirrung. In dem Areal aus 1250 immergrünen Eiben, vielen Kreuzungen und Sackgassen rettet ein Aussichtspunkt die ganz Verzweifelten.

Gärten der Welt, *Eisenacher Str. 99, ☎ 700906699, www.gruen-berlin.de, Sommer 9–20, Winter 9–16, März u. Okt. 9–18 Uhr, 2/3 €, Anfahrt: S-Bhf. Marzahn (S7) + Bus 195 Gärten der Welt oder U-Bhf. Cottbusser Platz (U2) + Bus 195.*

Gründerzeitmuseum im Gutshaus Mahlsdorf

Südlich des alten Dorfkerns liegt das ehemalige Gutshaus Mahlsdorf, das 1815 erbaut und später zu einer spätklassizistischen Landvilla umgestaltet wurde. Es beherbergt eine der **bedeutendsten Gründerzeitsammlungen Europas**, die Charlotte von Mahlsdorf, die eigentlich Lothar Berfelde hieß, jahrzehntelang zusammengetragen hatte. 15 vollständig eingerichtete Zimmer lassen die Besucher in die Wohnkultur des einfachen und gehobenen Bürgertums um 1880–1900 eintauchen. Ein Zauber durchdringt die Räume, wenn funktionstüchtige Musikmaschinen wie das Tanzsaalorchestrion, selbst spielende Pianolas oder Phonographen vorgeführt werden. Highlight ist die **Mulackritze** von 1890, eine zwielichtige „Milljöh"-Kneipe aus dem Berliner Scheunenviertel (s. S. 122). Nach ihrer Schließung 1951 rettete Charlotte die gesamte Ausstattung mitsamt Theke und Büfett, Hurenstube und Verbotsschildern wie „Handel und Tausch verboten" und schleppte sie ins Souterrain des Gutshauses.

Automatische Klaviere

Gründerzeitmuseum, *Hultschiner Damm 133, ☎ 5678329, www.gruenderzeitmuseum.de, Mi u. So 10–18 Uhr, 4,50 €, nur mit Führung (jederzeit, keine Anmeldung nötig), Anfahrt: S-Bhf. Mahlsdorf (S5) + Tram 62 Alt-Mahlsdorf, B1/5 überqueren + 200 m Fußweg. So ab 14 Uhr bietet die Mulackritze Getränke und kleine Speisen an.*

info

Charlotte von Mahlsdorf

Charlotte von Mahlsdorf (1928–2002), als Lothar Berfelde in Berlin Mahlsdorf geboren, fühlte sich schon als Kind als Mädchen und musste unter dem gewalttätigen Vater leiden, der aus dem zarten Knaben einen strammen Hitlerjungen machen wollte. Als 16-Jähriger erschlug er ihn schließlich aus Notwehr mit dem Nudelholz. Er liebte „alten Kram" und sammelte nach dem Krieg als Trödler viele nicht mehr gebrauchte Zimmereinrichtungen, wie die seiner Nenntante aus Ostpreußen. 1958 rettete er das verfallene Gutshaus vor dem Abriss, eröffnete 1960 ein Gründerzeitmuseum in zunächst zwei Zimmern und sammelte weiter. Dabei trug er stets Frauenkleider – sein Naturell sah er im Dienstmädchen um 1900 verkörpert. Aus Lothar wurde Lottchen. Niemals schrill und aufgetakelt, sondern zurückhaltend mit Rock, Bluse und Perlenkette durchlebte sie unbeirrt zwei deutsche Diktaturen. So wurde das Gutshaus auch zu einem wichtigen Treffpunkt der Homo- und Künstlerszene Ostberlins. Nach einem brutalen Neonazi-Anschlag 1991 auf ein Gartenfest verließ sie Berlin und siedelte nach Schweden, starb aber 2002 mit 72 Jahren während eines Besuchs in Berlin. Ihre ungewöhnliche Biografie „Ich bin meine eigene Frau", 1992 von Rosa von Praunheim verfilmt und 2003 als Theaterstück am Broadway inszeniert, wird mittlerweile in 20 Ländern gespielt.

Tipp

*Hinter dem 2008 komplett sanierten Gutshaus befindet sich der **historische Villengarten**, der in seiner alten Form als Landschaftspark wiederhergestellt wurde.*

Herrliche Blumenwiesen, kleine Sitzrondells und Bäume bieten einen stimmungsvollen Rahmen, auch für sommerliche Feiern, kleine Konzerte oder Hochzeiten.

Treptow-Köpenick

Der mit 168 km^2 flächenmäßig größte Berliner Bezirk beginnt am südöstlichen Innenstadtrand bei Kreuzberg und zieht sich weit in das Müggelspreegebiet im Berliner Südosten. Über 75 % der Fläche bestehen aus Wasser-, Wald- und Erholungsflächen. In den zusammengefassten ehemaligen Bezirken Treptow und Köpenick mit mehreren historisch gewachsenen Ortschaften wohnen heute 245.000 Menschen.

Redaktionstipps

➤ Im **Treptower Park** traditionsreiche Biergärten, die Insel der Jugend und das monumentale Sowjetische Ehrenmal erkunden (S. 249).
➤ Durch die **Altstadt von Köpenick** bummeln und auf der **Schlossinsel** entspannen (S. 252).
➤ Die Sommerfrische auf der **Bölschestraße** in **Friedrichshagen** genießen (S. 255).
➤ Den großen **Müggelsee** umrunden – zu Fuß, per Rad oder mit dem Schiff (S. 256).

Treptow

Ab 1727 lockte ein Bierausschank in Höhe des heutigen Treptower Parks Berliner Ausflügler zur Fischereisiedlung an der Spree. Später gesellten sich sächsische Kolonisten dazu und schenkten Kaffee aus – der traditionsreiche Ausflugsort war geboren. Der **Treptower Park**, 1876 von Gartenbaudirektor Gustav Meyer als rund 90 ha großer Volkspark in reizvoller Spreelage angelegt, ist einer der beliebtesten Ausflugsziele im östlichen Stadtgebiet.

Spaziergang durch den Treptower Park

Anfahrt: *S-Bhf. Treptower Park*
Dauer: *2–3 Std. (6,5 km)*
Karte: *S. 250*

Ausflugsziel der Berliner

Direkt neben dem S-Bahnhof beginnt die Uferpromenade am **Treptower Hafen (1)**, im Sommer stark frequentiert von Schiffsausflüglern, Spaziergängern und Bistrobesuchern. Von hier aus erreicht man mit dem Schiff fast jeden Winkel Berlins, speziell das wasserreiche herrliche Erholungsgebiet rund um den Müggelsee in Köpenick (*Stern und Kreisschiffahrt, www.sternundkreis.de*). Vertäut neben den Freizeitdampfern liegen Hausboote, fester Wohnsitz einiger Berliner Familien. Auf der gegenüberliegenden Uferseite sieht man die **Halbinsel Stralau (2)** mit der Dorfkirche. Das um 1900 neben dem einstigen Fischerdorf entstandene Industriequartier ist inzwischen einer neuen Wohnbebauung in attraktiver Wasserlage gewichen.

Nach den Anlegestegen geht man rechts durch den Rosengarten mit Fontäne und überquert die Puschkinallee. Wo einst Gustav Meyer das Hippodrom anlegte,

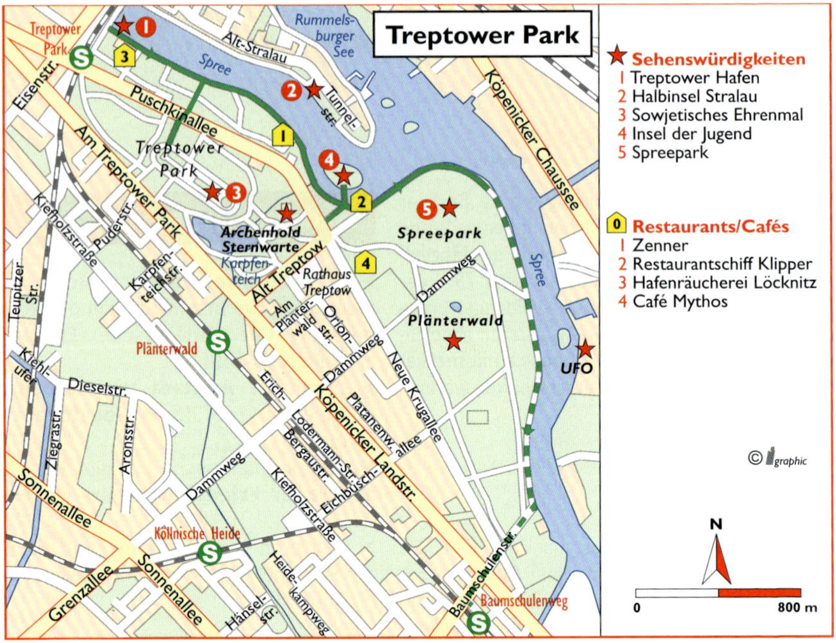

öffnet sich das 15 m hohe Portal zum **Sowjetischen Ehrenmal (3)**. Die 1949 eingeweihte monumentale Anlage umfasst 100.000 m² und ist Ruhestätte für 7000 gefallene Rotarmisten. Der Weg führt zur Sitzfigur Mutter Heimat. Die zwei schanzenartigen Gebilde aus Granit hinter dem Anstieg stilisieren Sowjetfahnen. Dahinter im Ehrenhain stehen 16 Sarkophage als Symbol der 16 Sowjetrepubliken, geschmückt mit Reliefs vom „Großen Vaterländischen Krieg“ und Stalinzitaten. Auf dem Mausoleumshügel hält ein 70 t schwerer Sowjetsoldat ein gerettetes deutsches Kind und ein gesenktes Schwert mit zerschmettertem Hakenkreuz. Vor dieser Kulisse verabschiedete sich die Rote Armee am 31. August 1994 feierlich von Berlin.

Sowjetische Gigantomanie

Zurück am Spreeufer lädt das **Gasthaus Zenner** mit seinen Biergärten zur Stärkung ein. Früher konnten hier Familien ihren Kaffee selber kochen. Dahinter beginnt das Treiben rund um die **Insel der Jugend (4)** mit Bootsverleih, dem Schiffsrestaurant Klipper und der Möglichkeit, in einem Grillboot auf der Spree zu schippern oder mit dem Wasserflugzeug abzuheben und das Ganze von oben zu betrachten (s. S. 54).

Reizvolle Ausblicke

Von dem folgenden, ca. 2,5 km langen Uferweg am **Plänterwald** ergeben sich immer wieder reizvolle Ausblicke auf das Spreepanorama mit der Rummelsburger Bucht und der Industriekulisse vom Kraftwerk Klingenberg. So taucht z. B. gegenüber auf der Halbinsel Stralau bald ein als Gartenlaube genutztes weißes **UFO** auf. Zunächst umrundet man den ehemaligen Vergnügungspark **Spreepark (5)**, den

Morbider Spreepark

Hinter einem Zaun sind Reste eines verrotteten Karussells zu sehen, Überbleibsel des **Spreeparks**, der eine morbide Atmosphäre verströmt. Norbert Witte betrieb das 1969 als Kulturpark Plänterwald eröffnete Areal nach der Wende als Spreepark weiter. Nach dem Konkurs 2001 setzte er sich mit seiner Familie nach Peru ab und nahm auch einige Fahrgeschäfte mit. Zum Begleichen seiner Schulden sollte der „Fliegende Teppich" als Versteck zum Schmuggeln von Kokain dienen. Witte flog auf und wanderte in den Knast. Seitdem verwahrlost der Park und sieht einer ungewissen Zukunft entgegen. Umgeben von Natur und kleinen Dinos kann man mit der reaktivierten Parkbahn eine 15-minütige Reise durch die Ruinen unternehmen *(nur Sa/So/Fei 11–18 Uhr, Eingang Neue Krugallee gegenüber Nr. 4, www.berliner-spreepark.de, Anfahrt: S-Bhf. Plänterwald)*. Im **Café Mythos** (s. u.) kann man sich anschließend mit Bratwurst und Eis stärken.

von der Ferne das große Riesenrad markiert. Vom südlichen Ende des Uferwegs sind es noch 600 m bis zum S-Bahnhof Baumschulenweg.

Reisepraktische Informationen Treptow

Essen und Trinken

Hafenräucherei Löcknitz (3), *direkt am Treptower Hafen, April–Okt. 10–18 Uhr (je nach Wetter), Anfahrt: S-Bhf. Treptow. Imbiss mit leckeren Fischbrötchen.*

Zenner (1), *Alt Treptow 14–17, www.eierschale-zenner.de, tgl. ab 10, Biergarten Mo–Fr ab 14, Sa/So ab 10 Uhr. Restaurant, Diskothek und Burger King. Der direkt an der Spree gelegene Biergarten ist mit 1500 Plätzen eines der größten Gartenlokale Berlins. Sonntags gibt's zum Frühschoppen Livejazz.*

Restaurantschiff Klipper (2), *am Ende der Bulgarischen Str., ☎ 53216490, www.klipper-berlin.de, tgl. 10–1 Uhr. Auf Deck oder im holzvertäfelten Bauch des Zweimasters von 1890 kann man u. a. selbst geräucherten Fisch sowie Kaffee und Kuchen genießen.*

Café Mythos (4), *im Spreepark (s. o.), www.berliner-spreepark.de, Anfahrt: S-Bhf. Plänterwald + 500 m Fußweg.*

Köpenick

1209 erstmals urkundlich erwähnt, erhielt Köpenick bereits 1232 das Stadtrecht. Zu diesem Zeitpunkt war Berlin noch völlig unbedeutend. Heute sind die wichtigsten Sehenswürdigkeiten das Barockschloss aus dem 17. Jh., die benachbarte Fischersiedlung Kietz und die Altstadt mit dem Rathaus und dem berühmten Hauptmann. Im Zeitalter der Industrialisierung entstanden im späteren 19. Jh. um die Altstadt mehrere Vorstädte. Dazu gehört Spindlersfeld, benannt nach den Gebrüdern

Frühes Stadtrecht

Spindler, die mit ihrer chemischen Großwäscherei Köpenick sehr erfolgreich waren. 1920 wurde Köpenick eingemeindet und umfasst seitdem als Berliner Bezirk u. a. die rund um den Müggelsee gelegenen Ortschaften Friedrichshagen, Rahnsdorf und Müggelheim. Den ehemaligen Fischerort Schmöckwitz im äußersten Südosten erreicht man mit der Tram Nr. 68, die am Ufer des Langen Sees entlangfährt – eine der schönsten Straßenbahnstrecken Berlins. Die weite wasserreiche Landschaft, eingebettet in hügelige Wälder mit der höchsten natürlichen Erhebung der Stadt, den Müggelbergen, macht das am Zusammenfluss von Spree und Dahme gelegene Köpenick zu einem attraktiven Wohn-, Ausflugs- und Erholungsgebiet.

Schöne Straßenbahnstrecke

Spaziergang durch Alt-Köpenick

Anfahrt: *S3 Köpenick + Tram 62, 68 Rathaus Köpenick*
Dauer: *2 Std. (3 km)*

Rathaus Köpenick (1)

Das 1905 eröffnete Rathaus Köpenick mit seinem 54 m hohen, mächtigen Turm ist ein Juwel der märkischen Backsteingotik. Am Eingang grüßt die Statue des berühmten **Hauptmanns**, der als Schuster Wilhelm Voigt aus Rixdorf (Neukölln) das preußische Militär lächerlich machte. Mit einer Hauptmannsuniform verkleidet, marschierte er am 16. Oktober 1906 während der Wachablösung vor das Rathaus und stellte die gutgläubige Garde unter seinen Befehl. Er drang ins Rathaus ein, ver-

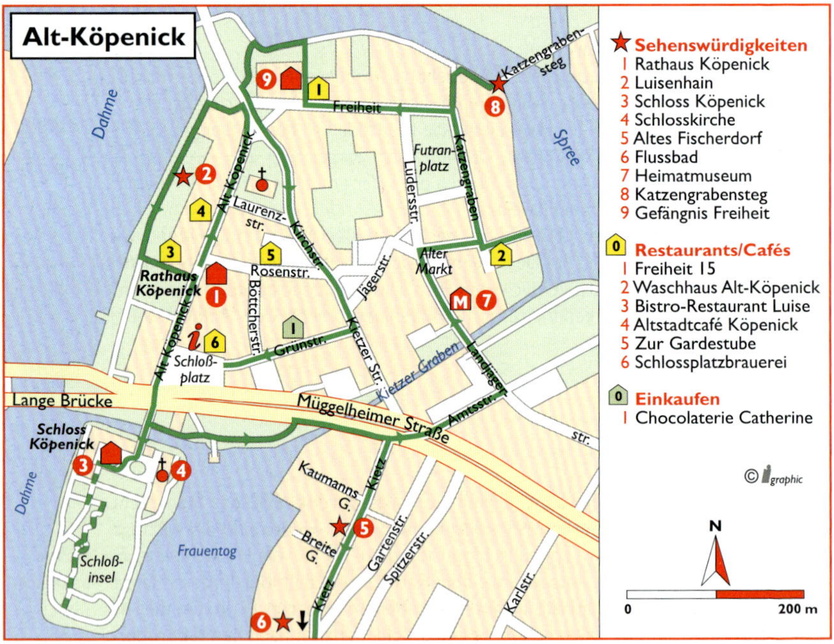

Der Hauptmann von Köpenick

haftete den Bürgermeister und beschlagnahmte die Stadtkasse, die über 2000 Mark enthielt. Sehenswert ist die Ausstellung über diesen Coup im Rathaus, bei dem auch der Blick ins Foyer und ins Treppenhaus lohnt.
Rathaus Köpenick, *Alt-Köpenick 21, Mo–Fr 8–18, Sa/So 10–18 Uhr, Eintritt frei.*

Tipp
Amüsant ist der Aufzug der Garde Mi und Sa um 11 Uhr vor dem Rathaus. Deren Traditionslokal Zur Gardestube liegt um die Ecke in der Rosenstr. 3.

Sie laufen die Straße Alt-Köpenick nordwärts, vorbei am **Altstadtcafé**, wo ganz traditionell mit Schürze und Häubchen serviert wird. Gegenüber (Nr. 15) steht ein **Palais** im Friederizianischen Rokoko aus der Mitte des 18. Jh. Weiter geht es an der **St. Laurentiuskirche** von 1841 vorbei, dann führt links hinter dem letzten Haus (Nr. 3) ein Fußweg zum Wasser. Sie bummeln die schöne Uferpromenade am **Luisenhain (2)** mit Blick auf die Ausflugsdampfer und die Terrassencafés zurück. Am Rathaus geht es vorbei am Ratskeller, der kurioserweise im ersten Stockwerk liegt, und weiter bis zum Schlossplatz. Links um die Ecke gibt es eine Touristeninformation. Auf dem Platz stehen die „Wilden Pferde“, Nachbildungen der Reiterstandbilder vom Großen Kurfürsten und Friedrich II., allerdings ohne ihre Reiter. Über die Müggelheimer Straße erreicht man die Schlossinsel.

Schloss Köpenick (3)

Das Schloss entstand 1677–82 für den Kurfürsten Friedrich, dem späteren ersten Preußenkönig. Die Hohenzollern nutzten es als Sommerschloss. Im Wappensaal ließ der Soldatenkönig 1730 den Prozess gegen seinen Sohn (Friedrich II.) wegen Fahnenflucht durchführen. Heute steht das einzige original erhaltene Barockschloss Berlins mit kunstvollem Stuck und Deckenmalereien nach aufwendiger Restaurierung Besuchern offen. In 20 Räumen zeigt das **Kunstgewerbemuseum** kostbares Mobiliar aus der Renaissance, dem Barock und Rokoko.

Sommerresidenz der Hohenzollern

Kunstgewerbemuseum Schloss Köpenick, *Schlossinsel 1, ☏ 65661749, www.smb.spk-berlin.de. Di–So 10–18 Uhr, 4 €.*

Die 1695 eingeweihte **Schlosskirche (4)** war der erste protestantische Kirchenbau in der Mark. Man kann sie am 1.,2. und 3. Sonntag im Monat von 11 bis 13 Uhr besichtigen. Im kleinen **Schlosspark** am Inselende stehen lustige Skulpturen. Vom Schlosscafé ergibt sich ein schöner Blick auf die Bucht Frauentog (Frauenzug). Die Legende erzählt, dass während einer Hungersnot, als die Netze kaum Erträge brachten, eine Fischersfrau an dieser Stelle von Fischschwärmen träumte, worauf die Frauen Netze auswarfen und mit einem legendären Fischfang belohnt wurden.

Altes Fischerdorf Kietz (5)

Zurück auf der Müggelheimer Straße geht es kurz nach rechts – hier am Frauentog ist auch Mutter Lustig, die Begründerin der Köpenicker Wäschereitradition, mit einem Denkmal verewigt. Hinter den Seeterrassen biegen Sie rechts in das alte Fischerdorf Kietz, erstmals 1335 erwähnt. Angesichts der malerischen Fischerhäuser, die sich mit hübsch restaurierten Gründerzeitbauten abwechseln, fühlt man sich in eine andere Zeit versetzt. Am Ende liegt das traditionsreiche **Flussbad Gartenstraße (6)**. Von dort aus (Restaurant Krokodil oder Altes Waschhaus) hat man einen schönen Blick auf den Frauentog.

Denkmal für Mutter Lustig

Zurück geht es über die Müggelheimer Straße in die Amtstraße und links in die Landjägerstraße. In dem schönen Fachwerkhaus (1655) rechts erzählt das **Heimatmuseum (7)** anschaulich die Geschichte Köpenicks und seiner Ortsteile.
Heimatmuseum, *Am Alten Markt 1, ☎ 902973351, Di/Mi 10–16, Do 10–18, So 14–18 Uhr.*

Folgt man dem Alten Markt nach rechts, gelangt man zum **Wohnhaus von Mutter Lustig** (Nr. 4), in dem sie 1835 die erste Lohnwäscherei der Stadt eröffnete. Ihrem Vorbild entsprechend folgten viele Großbetriebe. Köpenick galt als „Waschküche Berlins". Am Ende der Spindlergasse, wo man heute auf das Restaurant **Waschhaus** trifft, befand sich eine Dampfwäscherei. Sie gehen den Katzengraben entlang. Hinter dem Futranplatz gelangt man rechts zum neuen **Katzengrabensteg (8)** mit Blick auf die Baumgarteninsel. Zurück zum Futranplatz geht es nun auf die Straße Freiheit. Die hier angesiedelten Hugenotten waren von Abgaben befreit, daher der Straßenname. Der Durchgang von Nr. 15 mit der freundlichen Aufschrift „Herzlich Willkommen" führt zum Ufer.

Waschküche Berlins

In dem dunklen Klinkerbau links im Hof befand sich im 18. Jh. eine Köpenicker Kuriosität, nämlich das **Gefängnis in der Freiheit (9)**, sprich: In dieser nicht ganz passenden Adresse war das Amtsgefängnis früher angesiedelt. Vom Biergarten und dem romantischen Restaurantschiff **Ars Vivendi** hat man einen traumhaften Blick aufs Wasser. Weiter geht es westlich auf dem Uferweg, zurück in Richtung Laurentiuskirche und immer der Kirchstraße folgend, dann rechts auf die Grünstraße. Hier findet man eine freundliche Kiezatmosphäre mit kleinen Läden und netten Cafés. Die Grünstraße mündet wieder auf dem Schlossplatz/Alt-Köpenick.

Von hier kann man den Ausflug nach Falkenhagen am Müggelsee fortsetzen, Tram 60/61 von der Müggelheimer Straße.

Reisepraktische Informationen Alt-Köpenick

Information

Touristeninformation, *Alt-Köpenick 31–33, ☎ 6557550, Mai–Sept. Mo–Fr 9–18.30, Sa 10–16, Okt.–April Sa 10–13 Uhr.*

Essen und Trinken

Altstadtcafé Köpenick (4), *Alt-Köpenick 16, ☎ 65474069, tgl. 10–18 Uhr.*

Uriges Kaffeehaus mit Garten zur Uferpromenade. Üppige Torten, Eis- und Kaffeevariationen sowie kleine Speisen.
Zur Gardestube (5), *Rosenstr. 3, ☎ 64167431, www.gardestube.de, Mo 10–22, Di–Sa 16–22 Uhr, So Ruhetag. Historisches Wirtshaus.*
Freiheit Fünfzehn (1), *☎ 677880104, www.freiheit15.com. Eventlocation mit Biergarten (herrlicher Wasserblick), April–Sept. Mo–Sa ab 16, So ab 11 Uhr, der Duke-Bar (ab 20 Uhr) und dem Eventschiff* **Ars Vivendi** *(Sonntagsbrunch 12,80 €).*
Waschhaus Alt-Köpenick (2), *Am Katzengraben 19, ☎ 65498319, www.waschhausaltkoepenick.de, tgl. 12–24 Uhr, Jan.–März nur Fr–So. Restaurant, netter Biergarten und Dachterrasse direkt am Wasser, bayerisch-süddeutsche Küche.*
Schlossplatzbrauerei (6), *Auf dem Schlossplatz/Grünstr., ☎ 42096876, www.brauhaus-coepenick.de, tgl. 12 Uhr–open end. Die kleinste Brauerei Deutschlands serviert aus Gerste gebackene Treberbrötchen und deftige Berliner Küche.*
Bistro-Restaurant Luise (3), *Alt-Köpenick 20, ☎ 64329777, www.luise-koepenick.de, Mo–Sa 11–22, So 9–22 Uhr. Traumhafte Lage an Uferpromenade und Schiffsanlegestelle, schlicht-elegantes Ambiente und gehobene kreative Küche (Hauptgerichte 10–16 €), gute Weinkarte.*

Einkaufen

Chocolaterie Catherine (1), *Grünstr. 17, Mo–Fr 10–18, Sa 10–16 Uhr, April–Sept. Mo geschl., dafür So ab 14.30 Uhr. Schöne Schokoladenmanufaktur in der Altstadt, handgeschöpfte Pralinen und eigens für Köpenick kreierten „Hauptmann Taler", gleich zum vernaschen im gemütlichen hauseigenen Café oder zum Verschenken in wunderbaren Geschenkverpackungen. Auch Pralinenkurse.*

Wanderung um den Müggelsee

Anfahrt: *S-Bhf. Friedrichshagen, Tram 60, 61*
Länge: *ca. 22 km Rundweg ab S-Bhf. Friedrichshagen. Wer die Ruderfähre in Rahnsdorf nimmt, verkürzt die Runde um ca. 4 km. Man kann die Tour zu Fuß oder mit dem Rad machen (s. u.).*
Karte: *S. 256*

Größter See Berlins

Durch den Müggelsee, den größten See in Berlin, fließt die Spree, hier „Müggelspree" genannt. Damit werden die Flussabschnitte westlich und östlich des Müggelsees bezeichnet. Vor der Wende war dies DAS Naherholungsgebiet der Ostberliner, während die Westberliner an den Wannsee pilgerten. Das Gebiet rund um die fast 7,5 km² Seenfläche ist extrem abwechslungsreich.

Der größte Ortsteil am See ist das 1753 gegründete **Friedrichshagen.** Friedrich II. hatte hier Böhmen und Schlesier für die Baumwollspinnerei und Seidenraupenzucht angesiedelt. Der „Ku'damm" Friedrichshagens ist die gemütliche **Bölschestraße**, die seit der Wende ihren alten Charme zurückgewonnen hat. Gesäumt von vielen kleinen Geschäften, Lokalen und Cafés, führt sie vom S-Bahnhof zum Seeufer. Die hübsch renovierten Häuser lassen auf 1,2 km Länge rund 200 Jahre Baugeschichte ablesen. Zur Kaiserzeit entwickelte sich Friedrichshagen zum

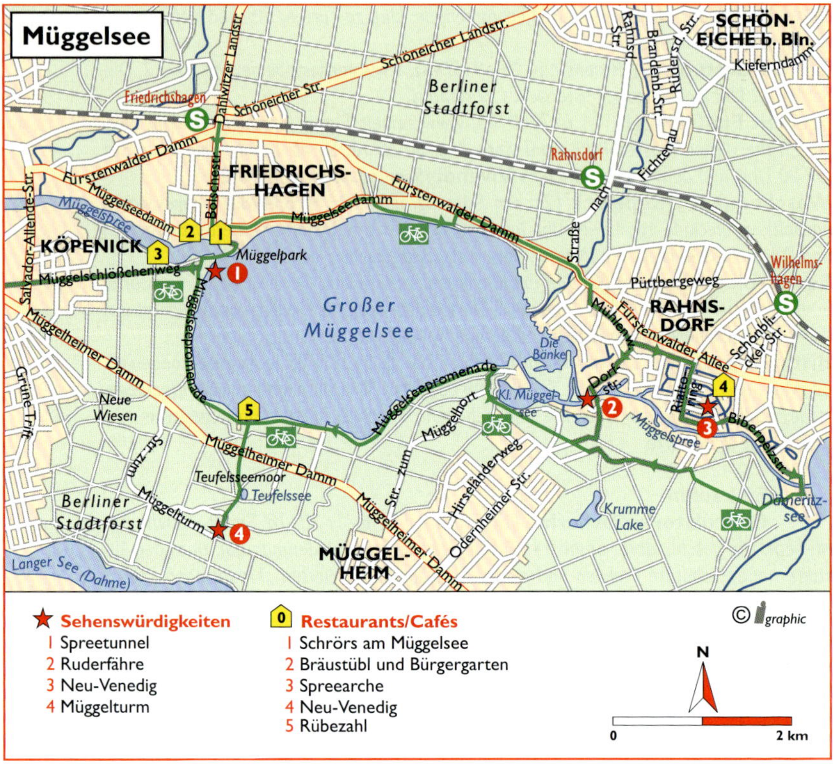

Villenvorort und zum „klimatischen Luftkurort" für die Berliner. Der Schriftsteller Wilhelm Bölsche gründete hier 1888 einen freigeistigen Dichterkreis, der nach alternativen Lebensformen suchte und Schriftsteller und Künstler nach Friedrichshagen zog.

Biergarten am Ufer

Nach Überquerung des Müggelseedamms gelangt man über die J.-Nawrocki-Straße zum **Müggelpark** mit einer herrlichen und weiten Aussicht auf den Müggelsee. Hier kann man in **Schrörs' Biergarten** einkehren, durch den **Spreetunnel (1)** die Müggelspree unterqueren oder sich mit dem Schiff über den See chauffieren lassen.

Einige Kilometer weiter östlich liegt **Rahnsdorf**, ein kleines, abseits gelegenes Fischerdorf. Auf einer Bank vor der Kirche am Dorfanger kann man die weltentrückte Stimmung auf sich wirken lassen. Die Dorfstraße endet als Sackgasse am Wasser. Dort bringt der Fährmann der einzigen **Ruderfähre (2)** Berlins bis zu acht Personen (auch mit Rad) über die hier 36 m breite Müggelspree (F24, *Fahrdauer: 5 Min., Ostern–3. Okt.*). Die Fähre F23 fährt nach Neu-Helgoland und Müggelhort, wo auch Ausflugsschiffe halten.

Im Müggelspree-Delta: mit dem Paddelboot durch Neu-Venedig

Wer nicht übersetzt, erreicht über Plutoweg und Rialtoring das reichverzweigte **Müggelspreedelta**, in dem die malerische Siedlung **Neu-Venedig (3)** liegt. Das Gebiet mit vielen Wochenendhäusern wird von fünf Kanälen durchzogen, die seit 1926 die ursprünglich sumpfige Landschaft entwässern. Zwölf Brücken, darunter eine Rialtobrücke, führen zu den Siedlungsinseln, die ebenfalls durch kleine Brücken verbunden sind. Jedes Grundstück liegt am Wasser, sodass man am besten mit dem Kanu vorankommt.

Rialtobrücke an der Spree

Wander- und Fahrradstrecken führen über die Triglawbrücke auf die Südseite des Müggelsees. Auf Waldwegen gelangt man zum schönen Uferweg. Dort lädt das traditionelle Ausflugslokal **Rübezahl** mit großem Biergarten und Restaurant zu Rast ein. Hier befindet sich auch eine Schiffsanlegestelle.

Südwärts erheben sich die Müggelberge bis 115 m in die Höhe. Auf den **Müggelturm (4)** führen nochmal 126 Stufen. Von oben sieht man weit über die herrliche Wald-, Seen- und Flusslandschaft, bei guter Sicht bis nach Berlin (*tgl. 10–18 Uhr, Aufstieg: 1 €, Imbiss vorhanden*). An der Westseite gelangt man über den Spreetunnel nach Friedrichshagen zurück oder man wandert/radelt weiter durch den Wald nach Köpenick.

Rund um den Müggelsee

Zur Umrundung des Müggelsees (ca. 18–22 km) nimmt man am besten das **Fahrrad** oder macht einen ganztägigen **Wanderausflug**. Auf der Nord- und Südseite findet man viele Badestellen. Das offizielle Strandbad Müggelsee ist allerdings geschlossen und wartet auf seine dringende Renovierung.

Ausflugsschiffe bieten einstündige Rundfahrten über den Müggelsee z. B. von Friedrichshagen mit mehreren Stops sowie viele andere Touren an (*www.sternundkreis.de*, s. auch S. 86).

Rund um den Müggelsee findet man zudem zahlreiche **Bootsverleiher** (s. S. 87). So kann man selbst reizvolle Fahrten in die Seen mit ihren Buchten und Kanälen unternehmen oder durchs romantische Kleinvenedig fahren.

Fahrradverleih in Friedrichshagen: *Bennos Fahrradverleih, Müggelseedamm 188/Ecke Scharnweberstr., ☏ 71570851, Mo–So 9.30–19.30 Uhr, ab 8 €.*

Reisepraktische Informationen Müggelsee

Essen und Trinken

Schrörs am Müggelsee (1), *Josef-Nawrocki-Str. 16 (am Spreetunnel), ☏ 64095880, tgl. ab 11 Uhr. Am Wasser gelegene, einfache Gaststätte mit Kultstatus, Kaffee, Kuchen, Bier, Spanferkel, Eisbein – und zwei Dampferanlegestellen daneben.*

Bräustübel und Bürgergarten (2), *Müggelseedamm 164, ☏ 0176-56752745, tgl. 11–24 Uhr. Deftige Berliner Hausmannskost, preiswert, frisch gezapftes Bier von Hausbrauerei. Außenbereich direkt am Wasser (erst ab 16 Uhr).*

Neu-Venedig (4), *Finkenweg 348, ☏ 6489309, tgl. ab 10 Uhr. Gaststätte mit Sommergarten am Kanal, in der Siedlung „versteckt", einfach, preiswert und bei den Einheimischen beliebt.*

Spreearche (3), *☏ 0172/3042111, www.spreearche.de, April–Okt. Mo–Fr ab 13, Sa/So ab 12 Uhr (im Winter 1 Std. früher), Hinkommen: Von Friedrichshagen durch den Spreetunnel, dann rechts halten, nach Liegewiese rechts runter. Bei schlechtem Wetter anrufen! An einer versteckten Bucht gibt's einen Steg mit Klingel – eine kleine Fähre bringt Sie zum fest vertäuten schwimmenden Blockhaus in 50 m Entfernung auf der Spree. Man sitzt urig, eng, gemütlich, kleine Gerichte, Kaffee und Kuchen.*

Spreearche – schwimmendes Blockrestaurant

Restaurant Rübezahl (5), *Müggelheimer Damm 143, ☏ 65661688-11, www.mueggelseeterrassen.de, Restaurant: Sept.–April tgl. 11.30–18, Mai–Aug. 11.30–21 Uhr, Biergarten: April–Aug. tgl. 10–20 Uhr, Anfahrt: Bus X69 Rübezah. Traditionsreiches Ausflugslokal direkt am Südufer des Müggelsees.*

Neukölln

Als 1899 **Rixdorf**, dem mit 90.000 Einwohnern größten Dorf Preußens, Stadtrechte verliehen wurden, eilte ihm bereits ein schlechter Ruf voraus. Aufgrund der elenden Wohnverhältnisse, der rohen Sitten und wilden Raufereien der trink- und tanzfreudigen Arbeiterschaft galt es als Ort, „in dem kein anständiger Mensch leben kann". Um einen Imagewechsel herbeizuführen, änderten die Stadtväter 1912 einfach den Namen in **Neukölln**, abgeleitet aus umliegenden Flurbezeichnungen. Seit 1920 zu Berlin gehörig, kämpft der heute rund 320.000 Einwohner große Bezirk um die Verbesserung seines Rufs als Hochburg hoher Arbeitslosigkeit und multiethnischer Konflikte. Dem ängstlichen Besucher sei versichert, dass es in Neukölln keine No-go-Areas gibt.

Redaktionstipps

- In einem neobarocken Gartenkleinod, der **Orangerie des Körnerparks**, die Seele baumeln lassen (S. 260).
- Mitten in Neukölln die dörfliche Idylle von **Rixdorf** entdecken (S. 260).
- Baden wie zu Kaisers Zeiten im **Stadtbad Neukölln** (S. 261).
- Entspannen im **Café Rix**, einem echten Kaffeehaus-Juwel (S. 266).
- **Lavanderia Vecchia**: italienische Spitzenküche im Ambiente einer ehemaligen Wäscherei (S. 266).
- Sehen und staunen: die prächtige **Sehitlik-Moschee** (S. 264).

In dem im Zweiten Weltkrieg kaum zerstörten **Norden des Bezirks** zwischen Ringbahn und Hermannplatz findet man heute eines der größten zusammenhängenden Gründerzeitgebiete Deutschlands – mit unerwarteten Schmuckstücken auf baumgesäumten Pflasterstraßen. 160.000 Menschen leben hier. Die nüchterne Statistik von 2012 beziffert den Arbeitslosenanteil auf 36 %, den Migrantenanteil auf 52 % und attestiert generell ein niedriges Bildungsniveau. Doch Neukölln gilt auch als neues Szenequartier mit aus dem Boden schießenden Kneipen, Galerien und studentischen Bars. Kreative, Lebenskünstler und junge Leute ziehen in die bezahlbaren Altbauwohnungen – seit einigen Jahren steigen die Wohnungspreise.

Neues Szenequartier

Im flächenmäßig größeren **Süden des Bezirks** leben ebenfalls rund 160.000 Menschen, aber mit spürbar höheren Einkommen und verteilt auf historisch gewachsene Orte wie Britz, Buckow und Rudow mit teilweise gut erhaltenen Dorfkernen. In den 1970er-Jahren entstand die bald als sozialer Brennpunkt bekannte Trabantensiedlung Gropiusstadt. Inzwischen ist die Schlafstadt, in der rund 36.000 Menschen in bis zu 30-geschossigen Hochhäusern leben, deutlich attraktiver geworden.

Rixdorf

Der 1360 als Richardsdorp gegründete Dorfkern ist ein wahres Kleinod inmitten des Großstadttreibens. Mit der Ansiedlung protestantischer Glaubensflüchtlinge aus Böhmen durch den Soldatenkönig existierten seit dem 18. Jh. zwei heute noch sichtbare Dörfer nebeneinander: Deutsch Rixdorf und Böhmisch Rixdorf. Dieses kulturhistorische Phänomen ist weiterhin gut zu erkennen.

Spaziergang durch Rixdorf

Anfahrt: *S- und U-Bhf. Neukölln (U7)*
Dauer: *2 Std. (3 km)*
Karte: *s. S. 62*

Körnerkiez und Körnerpark

Die quirlige Karl-Marx-Straße verlässt man über die schmale, leicht ansteigende Emser Straße und passiert dabei die markante Feuerwache aus dem Jahr 1913. Die rechts abzweigende Selkestraße führt bis zur Schierker Straße. Dort, wo heute eine schöne Gartenanlage den Besucher überrascht, befand sich um 1900 eine Kiesgrube, die Franz Körner gehörte. Anstatt sie nach der Auskiesung an Bauspekulanten zu verkaufen, schenkte er das Gebiet 1912 der Stadt Rixdorf mit der Bedingung, dass der anzulegende Park seinen Namen tragen sollte. Vier Jahre später entstand der gartenarchitektonisch höchst anspruchsvolle **Körnerpark (1)** mit neobarocken Stilelementen. In der stilvollen **Orangerie** auf der westlichen Parkseite gibt es wechselnde und meist kostenfreie Kunstausstellungen. Im Café auf der Terrasse kann man an Sommersonntagen ab 18 Uhr kostenlos Konzerten lauschen.

Neobarocke Gartenanlage

Deutsch Rixdorf und Böhmisch Rixdorf

Weiter geht's über die ostwärts führende Jonasstraße, links auf die Karl-Marx-Straße und gleich wieder rechts über den Karl-Marx-Platz. Nach einer Straßenverengung öffnet sich vor Ihnen der Ursprung Neuköllns. Auf dem idyllischen **Richardplatz (2)** mit dem historischen Dorfanger von **Deutsch Rixdorf** scheint das quirlige und problembeladene Neukölln weit weg zu sein und gleichwohl finden Sie hier seinen Ursprung. Wie in einer Zeitreise begegnet man neben Gehöften und Bürgerhäusern der alten Schmiede in der Platzmitte sowie am südöstlichen Rand der kleinen mittelalterlichen **Dorfkirche (3)** aus dem 15. Jh., die meistens geöffnet ist.

Zeitreise ins Mittelalter

Am Richardplatz Nr. 3 gelangt man durch eine grüne, offenstehende Holztür endgültig in eine verzauberte Welt, in der man sich fernab von Berlin wähnt. Umgeben von Remisen und Ställen sowie einer Bausünde der 1960er-Jahre führt der Weg in einen Obstgarten. Hier folgen Sie links einem kleinen Pfad durch eine durchbrochene Backsteinmauer. Sie haben die Grenze nach **Böhmisch Rixdorf** überschritten und werden nun vom Denkmal des Soldatenkönigs begrüßt. Daneben steht das ehemalige **Schulgebäude** von 1753, an dessen Giebel der Hussitenkelch zu sehen ist, Symbol der böhmischen Einwanderer. Innen gibt es ein kleines **Böhmisches Museum (4)**.

Böhmisches Museum, *Kirchgasse 5, ☎ 6874880, www.museumimboehmischendorf.de, Do 14–17, 1. u. 3. So 12–14 Uhr.*

Noch heute existieren hier drei böhmische Gemeinden. Zwischen Richardstraße, Kirchgasse und Jan-Hus-Weg sind die **böhmischen Gehöfte (5)** mit Kolonistenhäusern und Scheunen sowie zwei **Gemeindehäuser** zu sehen. Die Straßenbeschilderung dieses kulturhistorischen Phänomens ist zweisprachig. Sie folgen der Richardstraße nach Norden. Wer den Knopf am Gartenzaun von Nr. 35 findet, dem öffnet sich (nicht immer) die Tür zu einem kleinen Paradies: Im **Comeniusgarten**

Kulturhistorisches Phänomen

(6) sind die philosophischen Lebensstationen des böhmischen Universalgelehrten Comenius gärtnerisch versinnbildlicht (☏ *6866106, keine festen Öffnungszeiten).*

Passage und Neuköllner Oper (7)

Der ländliche Charakter der Richardstraße geht langsam über in großstädtische Bebauung. Im ehemaligen **Umspannwerk** (Nr. 20) mit seiner markanten Backsteinfassade von 1928 werden heute Kultur-Events veranstaltet. Die 1909 erbaute **Passage** (Nr. 12/13) führt wieder zur Karl-Marx-Straße. Als einmalige kulturelle Anlage enthält sie u. a. die Passage-Kinos sowie das Café-Restaurant Hofperle. Ein spannendes Musikprogramm bietet die inzwischen längst renommierte und über Berlins Grenzen hinaus bekannte **Neuköllner Oper** (s. S. 71).

Wer die Karl-Marx-Straße nach links durch die Toreinfahrt Nr. 141 geht, gelangt zum traditionsreichen **Saalbau**, eine Pferdewechselstation mit Gasthaus von 1880, die allmählich ausgebaut und immer „feiner" wurde. „In Rixdorf ist Musike" war ein beliebter Schlager – Theater, Tanzsalons und Spielstätten siedelten sich an. Während in den Saalbau u. a. das engagierte Kieztheater **Neuköllner Heimathafen** (s. S. 71) eingezogen ist, findet man im **Café Rix** ein echtes Juwel im Kaffeehausstil mit goldener Stuckdecke und großen Spiegeln. Das benachbarte **Puppentheater-Museum** ist ein Magnet für Kinder und Erwachsene und bietet eine einmalige Sammlung sowie Workshops für angehende Geschichtenerzähler.

„In Rixdorf ist Musike"

Puppentheater-Museum, *Karl-Marx-Str. 135,* ☏ *6878132, www.puppentheater-museum.de, Mo–Fr 9–15.30, So 11–16 Uhr.*

Stadtbad und Rathaus Neukölln

Etwas weiter nördlich biegt von der belebten Karl-Marx-Straße rechts die Ganghoferstraße ab, an der seit 1914 das schönste Volksbad Berlins liegt. Im **Stadtbad Neukölln (8)** wird noch heute wie zu Kaisers Zeiten gebadet (s. S. 67). Das **Rathaus Neukölln (9)** mit seinem 67 m hohen Turm wurde 1909 nach Plänen von

Baden wie zu Kaisers Zeiten im Stadtbad Neukölln

Neukölln
Regenbogenfabrik
Görlitzer Park
Lohmühleninsel
Schlesischer Busch
Paul-Lincke-Ufer
Maybach-ufer
Graefestr.
Kottbusser Damm
Lausitzer Str.
Ohlauer Str.
Reichenberger Str.
Wiener Str.
Görlitzer Str.
Görlitzer Ufer
Schinkestr.
Böckhstr.
Schönleinstr.
Bürknerstr.
Forster Str.
Liegnitzer Str.
Glogauer Str.
Ratiborstr.
Landwehrkanal
Lohmühlenstr.
Kiefholzstr.
Sanderstr.
Hobrechtstr.
Hohenstaufenpl.
Lachmannstr.
Schönleinstr.
Boppstr.
Pflügerstr.
Liberdastr.
Mauritiusstr.
Maybachufer
Karl-Kunger-Str.
Krüllstr.
Schmollerpl.
Heidelberger Str.
Urbanstraße
Jahnstr.
Lenaustr.
Friedelstr.
Nansenstr.
Framstr.
Reuterpl.
Pflügerstr.
Rütli-Campus
Rütlistr.
Weichselpl.
Kiehlufer
Harzer Str.
Bouchestr.
Wildenbruchstr.
Weserstr.
Reuterstr.
Hermannplatz
Hasenheide
Sonnenallee
Pannierstr.
Tellstr.
Jansastr.
Ossastr.
Jahndenkmal
Karl-Marx-Str.
Donaustr.
Weichselstr.
NEUKÖLLN
Weigandufer
Kiehlufer
Eisenstr.
Harzer Str.
Volkspark Hasenheide
Wissmannstr.
Hermannstr.
Mainzer Str.
Reuterstr.
Fuldastr.
Elbestr.
Schiffahrtskanal
Karlsgartenstr.
Biebricher Str.
Sasarstg.
Erlanger Str.
Schönstedtstr.
Finowstr.
Innstr.
Werrastr.
Boddinstr.
Rathaus Neukölln
Raths. Neukölln
Erkstr.
Flughafenstr.
Fontanestr.
Neckarstr.
Anzengr.str.
Stadtbad Neukölln
Weserstr.
Roseggerstr.
Stuttgarter Str.
Mahlower Str.
Weisestr.
Selchower Str.
Bergstr.
Rollbergstr.
Ganghoferstr.
Geygerstr.
Treptower Str.
Lichtenrader Str.
Herrfurthpl.
Herrfurthstr.
Werbellinstr.
Briesestr.
Morusstr.
Berthelsdorfer Str.
Richardstr.
Donaustr.
Hertzbergpl.
Kienitzer Str.
Neuköllner Oper
Karl-Marx-Str.
Herrnhuter Weg
Uthmannstr.
Kirchgasse
Böhmische Str.
Thiemannstr.
Kopfstr.
Lessinghöhe
Bornsdorfer Str.
Allerstr.
Leykestr.
Mittelweg
Rixdorf
Hertzbergstr.
Dorfkirche
Schudomastr.
St. Michael-Kirchhof
Okerstr.
Thomashöhe
Karl-Marx-Pl.
Richardplatz
Kirchhofstr.
Niemetzstr.
Leinestr.
St. Thomas-Kirchhof
Thomasstr.
Oderstr.
Jonasstr.
Körnerpark
Wipperstr.
Schöneweider Str.
ehem. Flughafen Tempelhof
Altenbraker Str.
Ilsestr.
Schierker Str.
Braunschweiger Str.
Saalestr.
Warthestr.
Nogatstr.
St. Jacobi-Kirchhof
Emser Str.
Siegfriedstr.
Ringbahnstr.
Silbersteinstr.
Hermannstr.
Neukölln
© igraphic
N
0
400 m

★ Sehenswürdigkeiten	Hotels	Ausgehen
1 Körnerpark	1 Hüttenpalast	1 Café Excalibur
2 Richardplatz	**Restaurants/Cafés**	2 Laika
3 Dorfkirche	1 Brauhaus Südstern	3 Kulturverein Kinski
4 Böhmisches Museum	2 Café Rix	4 Ä-Programmwirtschaft
5 Böhmische Gehöfte	3 Villa Rixdorf	5 Holz-Kohlen-Bar
6 Comeniusgarten	4 Louis	6 Freies Neukölln
7 Neuköllner Oper	5 Café im Körnerpark	**Einkaufen**
8 Stadtbad Neukölln	6 Lavandaria Vecchia	1 TK Maxx
9 Rathaus Neukölln	7 Taverna Olympia	2 Blutwurstmanufaktur
10 Schokoladenfabrik	8 Sauvage	3 Zauberkönig
11 St.-Christophorus-Kirche	9 Nansen	4 Lucella Mannino
12 Rütli-Campus	10 Osmanli Saray Mutfagi	5 Carik Kuruyemis
13 Sehitlik-Moschee	11 Manuala Tapas	6 SDW
	12 Ankerklause	7 Arm und sexy

Reinhold Kiehl gebaut. Auf dem belebten Vorplatz plätschert seit 1993 der Rathausbrunnen, ein Geschenk der tschechischen Partnerstadt Usti nad Orlici. Der Blick ins Rathaus lohnt wegen der Decken- und Wandmosaiken und der Infos zur Stadtgeschichte, insbesondere im großen Treppenhaus eine Etage höher.
Rathaus Neukölln, *Karl-Marx-Str. 83, ☏ 902393530, Mo–Fr 9–17 Uhr; Turmbesteigung: ☏ 76689575, im Sommer Mi 11, 11.30, 12 u. Fr 16.30, 17, 17.30 Uhr.*

Kreuzkölln/Reuterkiez

Im Norden des Bezirks Neukölln ist in den letzten Jahren das jüngste Szeneviertel Berlins entstanden. Das ca. 60 ha große Altbauquartier zwischen Landwehrkanal, Kottbusser Damm und Sonnenallee – wegen der Nähe zu Kreuzberg auch **Kreuzkölln** genannt – gehörte noch 2005 zu den ärmsten Gegenden Berlins, geprägt von Arbeitslosigkeit und über 30 % Migrantenquote. Nachts machten hier arabisch-türkische Jugendgangs die Straßen unsicher. Das vom Berliner Senat eingesetzte Quartiersmanagement fing an, zusammen mit den Eigentümern die leer stehenden Läden für wenig Geld an Künstler zur Zwischennutzung zu vermitteln. Ein Erfolgsrezept, wie sich herausstellte. Den Künstlern folgten Studenten, Kreative und junge Touristen aus ganz Europa. Heute eröffnet fast jede Woche eine neue Bar, Café, Galerie oder ein Kunstraum. Auch Bio-, Wein- und Buchläden haben sich angesiedelt, aber (bisher) keine gehobenen Restaurants. Alles wirkt ein wenig provisorisch. Die Armut ist zwar noch da, dominiert aber nicht mehr das Straßenbild. Wer im Sommer durch die abendlichen Straßen flaniert, sieht vor den Bars und Kneipen Pulks von jungen Leuten stehen. Die Zeit der Straßengangs ist passé.

Erfolgsrezept Künstlerische Nutzung

Von der Schokoladenfabrik zur Rütli-Schule

Anfahrt
U-Bhf. Schönleinstraße (U8) oder Hermannplatz (U7, U8)

In einigen **Wohn- und Gewerbehöfen** hat sich die Nutzung seit über 100 Jahren kaum verändert, z. B, in der Schinkestraße 20 mit der seit 1906 dort ansässigen

Gesellschaft für Blechemballage. Schräg gegenüber (Nr. 8/9) findet sich ein idyllischer Gewerbehof einer ehemaligen **Schokoladenfabrik (10)**. Zwischen Hobrechtstraße 55 und Kottbusser Damm 79 durchläuft man gleich mehrere Hofanlagen. Im Gewerbehof Hobrechtstraße 66 bietet der **Hüttenpalast** nicht nur ein nettes Café, sondern Campingfeeling in Wohnwagen, Hütten und Apartments – eines der wohl außergewöhnlichsten Hotels Berlins. Szenekneipen und Läden, die mitunter recht provisorisch daherkommen, fungieren gleichzeitig als Galerien oder experimentierfreudige Bühnen. **Sing Blackbird** (Sanderstr. 11) verkauft z. B. Vintagemode und gleichzeitig vegane Kuchen. Die „für jeden offene" **Siebdruckwerkstatt** hat auch Rütli-Wear im Sortiment – hergestellt von Schülern der Rütli-Schule (s. u.), während der Kiezfrisör **Lucella Mannino** die Wartezeit mit einer kleinen Kunstgalerie in bunt dekorierten Räumen versüßt.

Camping im Industriehof

Die im Nordosten vom Hermannplatz beginnende Weserstraße führt am kleinen **Tik-Theater** *(Nr. 211, www.tikberlin.de)* mit seinen Travestieshows vorbei und öffnet sich zum Reuterplatz mit dem wuchtigen Turm der **St.-Christophorus-Kirche (11)**. Die eher schmale und aufgrund der Bäume tagsüber recht düster wirkende Straße erwacht erst am Abend durch buntes Kneipenleben an jeder Straßenecke.

Die beiden riesigen, farbig glänzenden Ochsenfrösche an der Rütlistraße 41 markieren den Eingang der berühmt-berüchtigten **Rütli-Schule (12)**. An dem früheren Ort der Gewalt und Angst wurde nach einem Brandbrief der Lehrer 2006 alles umgekrempelt und das Modellprojekt **Rütli-Campus** gestartet. Individuelle Betreuung und viele Angebote bis hin zum Abitur eröffnen den Schülern im schwierigen sozialen Umfeld ganz neue Chancen und haben die Schule längst beliebt gemacht.

Modellschule

Sehitlik-Moschee und Islamischer Friedhof

Schon von Weitem sieht man die schneeweißen Spitzen der beiden Minarette über den Baumwipfeln am Columbiadamm emporragen. Auf 33 m Höhe schimmern golden die Halbmonde. Nach Betreten des Geländes eröffnet sich ein beeindruckend schönes Ensemble, bestehend aus der neuen **Moschee (13)** und dem ältesten **islamischen Friedhof** Deutschlands, der 1866 unter dem preußischen König eingerichtet wurde. Hier bestattete man die Überreste des osmanischen Botschafters Ali Aziz Efendi, der 1787 in Berlin starb und zunächst an anderer Stelle begraben lag. Daran erinnert der etwas links stehende Obelisk mit der goldenen Mondsichel. Auf dem heute voll belegten Friedhof liegen auch türkische Soldaten, die im Ersten Weltkrieg an der Seite Deutschlands kämpften und als *sehit* (= Märtyrer) bezeichnet werden. Darauf geht der Name der prächtigsten und größten Moschee Berlins zurück, die der türkische Architekten Muharrem Senalp 2005 fertigstellte.

Größte Moschee Berlins

Der eigentliche Hauptraum mit der 16 m hohen Kuppel befindet sich im ersten Obergeschoss, direkt hinter dem zentralen Bogen über der Haupttreppe. Er bietet 1500 Gläubigen Platz, unten beten die Männer, oben auf der Galerie die Frauen. Ohne Schuhe läuft man auf einem flauschigen Teppich. Im Inneren entfaltet das Gebetshaus seine ganze Pracht im Zusammenspiel geometrischer Ästhetik und unge-

Besucher sind willkommen im prächtigen Gebetsraum der Sehitlik-Moschee

mein detailreicher Ornamente aus Marmor, Gips und Keramik, kostbaren Verzierungen aus Holz und Gold sowie farbenprächtiger Bemalung und bunten Fenstern. Der Besuch des Gebetshauses ist für Nichtmuslime völlig unproblematisch – während der Gebetszeiten sollte man allerdings nicht im Hauptraum herumlaufen.
Sehitlik-Moschee, *Columbiadamm 128, ☏ 6921118, www.sehitlik-camii.de (auch für Führungen), Anfahrt: Friedhöfe Columbiadamm (Bus 104).*

Reisepraktische Informationen Rixdorf und Kreuzkölln

Infocenter

Rathaus Neukölln, *(s. S. 261), Aktuelles sowie touristische Angebote.*

Essen und Trinken

Brauhaus Südstern (1), *Hasenheide 69, ☏ 69001624, www.brauhaus-suedstern.de, Mo–Sa 14–23, So 10–23 Uhr. Rustikal modernes Brauhaus mit mehreren selbst gebrauten Bieren und deftiger Berliner Küche, im Sommer mit netter Terrasse zur Hasenheide. Wer sein Bier selber brauen möchte, meldet sich zum Brauhauskurs an.*
Café im Koernerpark (5), *Schierker Str. 8, ☏ 89752523, www.cafe-im-koernerpark.de, Di/Mi, So 10–20, Do–Sa 10–23 Uhr. Kuchen und kleine Speisen, auch draußen.*
Villa Rixdorf (3), *Richardpl. 6, ☏ 68086000, www.villa-rixdorf.com, tgl. 11–1 Uhr. Zwei gemütliche Gaststuben, Sonnenterrasse und überdachter uriger Biergarten im Hof. Frühstück, Fisch-, Fleisch- und Pastagerichte (8–15 €).*

Café Rix: Kaffeehaus mit Hofidylle

Louis (4), *Richardpl. 5, ☎ 6810210, www.cafe-restaurant-louis.de, tgl. 11–24, Küche bis 22.30 Uhr. Der Österreicher ist berühmt für seine Riesenschnitzel bis 50 cm Durchmesser – inklusive Einpackservice, auch Außenterrasse.*

Café Hofperle, *Karl-Marx-Str. 131 (in der Neuköllner Oper 7), ☎ 56829429, www.cafe-hofperle.de, Di–So 10–1, Mo 12–1 Uhr. Frühstück, Kuchen und mediterrane Küche. Kulturveranstaltungen, Mo ab 20 Uhr kostenfreie Aufführungen der Neuköllner Oper.*

Café Rix (2), *Karl-Marx-Str. 141, ☎ 6869020, www.caferix.de, Mo–Do 9–24, Fr/Sa 9–1, So 10–24 Uhr. Klassischer Jugendstil und elegant lässiges Ambiente im Saalbau Neukölln – im fast mediterran anmutenden Hofgarten genießt man die dörfliche Ruhe.*

Lavanderia Vecchia (6), *Flughafenstr. 46, ☎ 62722152, www.lavanderiavecchia.de, Di–Sa 12–15 Uhr, abends ab 19.30 Uhr. Erlebnisrestaurant mit italienischer Küche in einer alten Wäscherei. Am Eingang gibt man die Bestellung auf – und bezahlt. Im großen Raum sitzt man umgeben vom Waschsalonambiente mit Wäsche an Leinen und alten Waschzubern. Mittags kleine, wechselnde Gerichte (4,50 €) und günstige Menüs für 8 €, Abendmenü 45 € inkl. Wein, Espresso und Digestiv. Reservierung abends erforderlich.*

Taverna Oylmpia (7), *Emser Str. 73, ☎ 6262192, www.taverna-olympia.de, tgl. 16–24 Uhr. Griechisches Restaurant, fast unscheinbar am äußersten Ende einer Wohnstraße. Äußerlich leicht nostalgisch anmutend, fühlt man sich drinnen sofort wohl. Während Ioannis die Gäste umsorgt, kreiert seine Frau griechische Köstlichkeiten nach uralten Rezepten und neuen Ideen. Ausgezeichnetes Essen, sehr moderate Preise (6–13 €).*

Manuela Tapas (11), *Friedelstr. 34, ☎ 54715227, www.manuelatapas.com, tgl. 10–24, im Winter 12–24 Uhr. Spanisches Café-Restaurant, vielgelobte Tapas sowie wechselnder Mittagstisch mit Tortillas oder Paella, hausgemachter Kuchen.*

Nansen (9), *Maybachufer 39, ☎ 66301438, www.restaurant-nansen.de, tgl. ab 18 Uhr (am Wochenende besser reservieren). Beliebtes Restaurant mit sparsamer Einrichtung. Experimentierfreudige neue deutsche Küche mit Schwerpunkt Wildgerichte.*
Sauvage (8), *Pflügerstr. 25, ☎ 53167547, www.sauvageberlin.com, Di–So 18–24 Uhr. Essen wie der Steinzeitmensch – ein Geheimtipp für Szenehungrige. Es soll sich um die gesündeste Küche der Welt handeln: alles Bio, glutenfreies Getreide, keine Speisestärke, keine Milchprodukte, kein Zucker (höherpreisig).*
Osmanli Saray Mutfagi (10), *Kottbusser Damm 76, ☎ 6938354, tgl. 8–22 Uhr. Türkisches Restaurant – hier ist alles authentisch: Fleischspieße, wunderbare Salate, herrlich gefüllte Teigtaschen, gegrillte Fische, köstliche Linsensuppe. Viele türkische Berliner, ausgesprochen höfliche Bedienung – ein Stück Orient in Berlin.*
Ankerklause (12), *Kottbusser Damm 104/Ecke Maybachufer, ☎ 6935649, www.ankerklause.de, Mo ab 16, Di–So ab 10, Küche bis 23 Uhr, Jukebox bis in den frühen Morgen. Lockere Hafenkneipe am Landwehrkanal mit einer klassischen Jukebox, einer begehrten Außenterrasse und einem bunt gemischtem Publikum. Im Angebot sind Frühstück und kleine Gerichte.*

Ausgehen

Laika (2), *Emser Str. 131, www.laika-neukoelln.de, Mo–Do ab 19, Fr–So ab 15 Uhr. Gemütliche Kulturkneipe, beliebt bei jungen Leuten und Kreativen. Fr/Sa oft Konzerte oder Poetry Slam (Dichterwettbewerb), So Tatort.*
Café Excalibur (1), *Schudomastr. 32, ☎ 0174-1908422, www.excaliburberlin.npage.de, tgl. 12 Uhr–open end. Studentische Café-Bar mit nettem Biergarten, Partys, Kinderfesten und Kartenspielnächten.*
Kulturverein Kinski (3), *Friedelstr. 28, Di–So ab 20 Uhr. Studentische Kneipenbar mit alten Stühlen und Sesseln, Kunst- und Kulturraum (Filmabende, Piratenparteitreffen, Ausstellungen, DJ-Partys).*
Holz-Kohlen (5), *Weserstr. 28, tgl. ab 19 Uhr. Früher Holz- und Kohlenverkauf, heute schlichte Bar mit unverputzten Wänden, studentisches Publikum und Kreative.*
Freies Neukölln (6), *Pannierstr. 54/ Ecke Weserstr., tgl. ab 19 Uhr. Einfach eingerichtete Kneipenbar, nicht nur für junge Touristen, sondern für alle im Kiez, auch kleine Gerichte.*
Ä-Programmwirtschaft (4), *Weserstr. 40, www.ae-neukoelln.de, tgl. ab 17 Uhr. Ranzige Kneipenbar mit Sperrmüllmöbeln sowie DDR-Reliquien, regelmäßig Musikerauftritte, Lesebühne und Humana-Schmusetiersoap. Das „Ä" ist übrigens ein Überbleibsel einer früheren Installation, gefolgt von „rsche".*

Einkaufen

Blutwurstmanufaktur (2), *Karl-Marx-Pl. 9–11, Mo–Fr 9–18, Sa 9–13 Uhr. Traditionsreiche Fleischerei. Marcus Benser gilt als bester Blutwurstmacher Berlins, wurde in Frankreich zum Ritter des Blutwurstordens geschlagen und beliefert heute etliche Gourmetküchen der Stadt. Mittags gibt es an der Theke einen preiswerten Mittagstisch.*
TK Maxx (1), *Karl-Marx-Str. 92–98, Mo–Sa 10–20 Uhr. Ständig wechselndes Sortiment bekannter Modelabel bis zu 60 % günstiger, inkl. Schuhe und Accessoires.*
Zauberkönig (3), *Hermannstr. 94–90, Mo–Do 13–18, Fr 10–18, Sa 10–13 Uhr. Traditionsreicher Zauberladen und Kleinod auf der wenig zauberhaften Hermannstraße. Im „Fachgeschäft der Magie" gehen Zauberkästen für Anfänger bis Profis, jede Menge Scherzartikel, Deko und künstliche Körperteile über die Verkaufstheke.*

SDW-Neukölln (6), *Pflügerstr. 11, Di–Fr 10–19 Uhr, ☎ 51059745, www.sdw-neukoelln.de. Offene Siebdruckwerkstatt (für Textildruck), auch Galerie und Bar.*
Carik Kuruyemis (5), *Kottbusser Damm 73, Mo–Sa 9–20.30 Uhr. Herrliches türkisches Geschäft mit frisch gerösteten Nüssen. Neben Spezialitäten wie Lokum-Honigschnitten auch Eigenkreationen wie geröstete Kichererbsen in Schokolade.*
Lucella Mannino (4), *Hobrechtstr. 12, Di–Fr 10–18, Sa 10–14 Uhr. Kultfriseur, in dessen Räumen nicht nur trendige Kiezfrisuren entstehen, sondern auch Kunst gezeigt und die Sekthausmarke Frisettenbrause verkauft wird.*
Arm und sexy (7), *Reuterstr. 62, Mi–Fr 14–19, Do 14–18, Sa 12–17 Uhr. Witziges günstig: Wohn- und Gebrauchsgegenstände besonders aus den 1920er- bis 70er-Jahren.*

Britz

Direkt vor den Toren der turbulenten Neuköllner Innenstadt liegt das beschauliche **Britz**, aus einem Rittergut zu einer Landgemeinde gewachsen und 1920 aufgegangen in der alles verschlingenden Metropole Berlin. Das bereits Ende des 12. Jh. entstandene Dorf erhielt seinen Namen von den Gutsbesitzern Britzke.

Hufeisensiedlung

Farbenfrohe Moderne

Als Reaktion auf die damals katastrophalen Wohnverhältnisse in den engen Berliner Mietskasernen baute der Architekt **Bruno Taut** zusammen mit Stadtbaurat Wagner ab 1926 die nach der Form ihres zentralen Baukörpers benannte **Hufeisensiedlung (1)**. Um die Kosten für die Mieter erschwinglich zu halten, entstand anstelle einer Gartenstadt eine Großsiedlung mit 1072 standardisierten Wohnungen in nur vier Grundrisstypen. Dabei setzte Taut ein sparsames, aber effektvolles Gestaltungsmittel ein: kräftige Farbe an den Fassaden. In den Mietergärten hinter den angerartigen Zeilenbauten sollte jeder Bewohner Entspannung in der Natur finden. Die Straßennamen beziehen sich auf einen in Plattdeutsch geschriebenen Roman von Fritz Reuter. 2008 fand die Hufeisensiedlung zusammen mit fünf weiteren Berliner Siedlungen der Moderne Eingang in das **Weltkulturerbe der UNESCO**.
Hufeisensiedlung, *Anfahrt: U-Bhf. Blaschkoalee (U7).*

Spaziergang durch die Hufeisensiedlung

Vom U-Bahnhof Blaschkoallee empfiehlt sich folgender Spaziergang: Von der Stavenhagener Straße biegen Sie links in die Liningstraße und gehen am Lowise-Reuter-Ring links bis zum Hufeisenvorplatz, wo Sie ins Innere des Hufeisens mit charakteristischem Hufeisenteich und Bruno-Taut-Gedenkstein blicken. Sie durchlaufen diese innere Grünanlage sowie einen der Hausdurchgänge und folgen der Straße Hüsung mit ihren rot gestrichenen Häusern, die sich wie ein Dorfanger öffnet. Dahinter geht es links in die Onkel-Bräsig-Straße. *Wegkommen: Parchimer Allee (Bus M46), Tipp: nur ein Busstop bis zum Schloss Britz.*

Schloss Britz

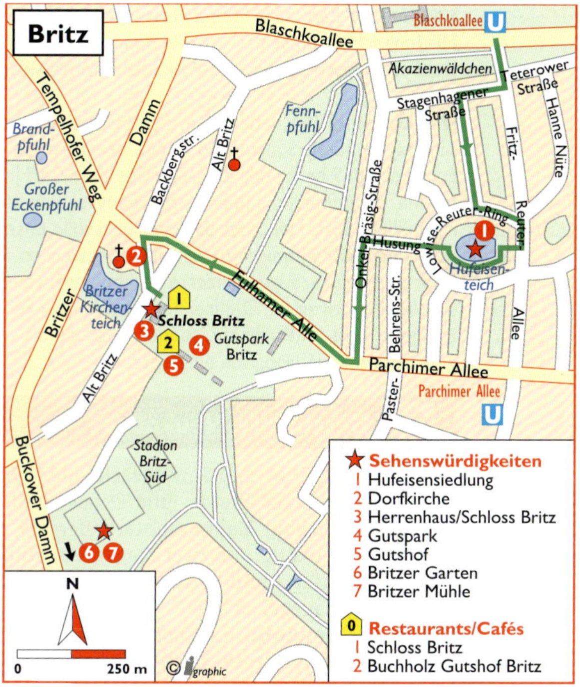

Die Gesamtanlage, bestehend aus Schloss, Gutshof mit Gutspark, Pfarr- und Schulhaus sowie Dorfkirche, gehört zu den am besten erhaltenen Rittergütern Berlins. Seit 1971 steht sie unter Kultur- und Denkmalschutz. Hinter dichten Bäumen an der Backbergstraße versteckt sich die evangelische **Dorfkirche Britz (2)**. Sie steht seit ca. 1250 malerisch auf einer kleinen Anhöhe am Britzer **Kirchteich**. Der gut erhaltene Feldsteinbau wurde später mehrfach erweitert und beherbergt die letzten Ruhestätten der Gutsbesitzer.

Herrenhaus (3)

Vom Dorfteich sieht man bereits durch die Lichtung das als Schloss Britz bezeichnete Herrenhaus von 1706, dessen Vorgängerbau aus Fachwerk bestand. Im 18. Jh. gelangte das Rittergut in den Besitz preußischer Staatsbeamter, u. a. des Außenministers **Graf von Hertzberg**, später an bürgerliche Fabrikanten, u. a. den Seidenhändler Jouanne. Der Spiritusfabrikant **Wrede** sorgte 1880 für den Umbau zu einem schlossartigen, großbürgerlichen Landhaus mit Treppenturm. 1924 an die Stadt Berlin verkauft, dienen heute die historischen Räume mit ihrer repräsentativen Möblierung aus der Gründerzeit als **Museum** und schöne Kulisse für Lesungen und Konzerte.

Schlossartiges Herrenhaus

Schloss Britz, *Alt-Britz 73, ☎ 60979230, www.schlossbritz.de, Di–So 11–18 Uhr, 1,50 €, Anfahrt: Bus M44/M46 vom U-Bhf. Parchimer Allee (U7) oder S-/U-Bhf. Hermannstraße (U8) bis Fulhamer Allee. Das Neuköllner Estrel-Hotel hat gemeinsam mit dem Bezirksbürgermeister Heinz Buschkowsky 2009 ein einzigartiges Projekt ins Leben gerufen: Vier ausgewählte Azubis des Neuköllner Estrel-Hotels betreiben hier Gästezimmer sowie ein Restaurant.*

Gutspark und Gutshof

Hinter dem Schloss liegt der der 1,8 ha große **Gutspark (4)** mit der zentralen Lindenallee, mit seinen gradlinigen Achsen ein Überbleibsel des Barockgartens aus dem 18. Jh. Der preußische Außenminister Graf von Hertzberg führte 1753 den Landseidenbau ein und pflanzte hier 1000 weiße Maulbeerbäume an. 1890 ließ Wrede exotische Pflanzen, Blumenrabatten und ein verschlungenes Wegenetz anlegen, auf dem sich hübsch lustwandeln lässt. Seit 1998 weint hier auch das Milchmädchen um seinen zerbrochenen Krug – das Original der Skulptur von Pawel Petrowitsch Sokolow steht in der Zarenresidenz bei St. Petersburg.

Konzerte im Kuhstall

Der **Gutshof (5)** neben dem Schloss erinnert mit seinen unverputzten Wirtschaftsgebäuden, Ställen und dem Uhrenturm an den italienischen Villenstil à la Schinkel. 1859 baute der damalige Gutsherr Carl Jouanne den Hof um und ergänzte eine dampfbetriebene Schnapsbrennerei, von der nur noch der Schornstein übrig geblieben ist. Heute ist das eindrucksvolle Ensemble ein Geheimtipp für kulturelle und gastronomische Highlights. So werden im Kulturstall, dem ehemaligen Kuhstall, hochkarätige Konzerte gegeben, während ins Verwalterhaus eine Musikschule eingezogen ist. Die frei herumlaufenden Schafe, Ziegen und Hühner landen übrigens nicht im Kochtopf, sondern werden als sogenannte robuste Heimrassen geschützt und pädagogisch eingesetzt.

Geschichte Neuköllns

Wer in die Kultur- und Sozialgeschichte Neuköllns eintauchen möchte, ist im ehemaligen Pferde- und Ochsenstall des Gutshof Britz bestens aufgehoben: Vom Mammutunterkiefer bis zur Rütli-Mütze bietet das Museum Neukölln auf zwei Etagen ein völlig neues Konzept der Wissensvermittlung und wurde bereits 1987 mit dem Museumspreis des Europarats ausgezeichnet.

Museum Neukölln, *Gutshof Britz, Alt-Britz 81, ☎ 627277727, www.museum-neukoelln.de, Di–So 10–18 Uhr, Eintritt frei.*

Britzer Garten und Mühle

Teletubby-Hügellandschaft

Der **Britzer Garten (6)** ging 1985 aus der Bundesgartenschau hervor und sollte als wichtiges Naherholungsgebiet für die im Süden wohnenden Westberliner dienen. Auf Äckern und Kleingärten entstand ein 90 ha großer moderner Erholungspark mit weiten Wiesen, kleinen Wäldern und weit verzweigten Seen, eingebettet in einer grünen Teletubby-Hügellandschaft. Neben zahlreichen Themengärten, Veranstaltungen und Freizeitangeboten vor allem für junge Familien strahlt der Park eine gesittete Ruhe aus, die man in Berlin nur selten findet. Wer einen ersten Überblick bekommen möchte oder zu faul zum Laufen ist, zuckelt mit der Parkeisenbahn durch das Gelände. Das **Café am See** mitten im Park überwölbt ein markantes Hügeldach, draußen sitzt man herrlich direkt am Wasser.

Britzer Garten, *Buckower Damm 146, ☎ 70090680, www.gruen-berlin.de, tgl. 9–18/20 Uhr, 2 €, Anfahrt Eingang Mohriner Allee: Bus 181 vom U-Bhf. Alt-Mariendorf (U6) bis Windröschenweg, Eingang Buckower Damm: Bus M44 vomS-/U-Bhf. Hermannstr bis Britzer Garten.*

Nahe dem Eingang Buckower Damm noch außerhalb des Parks steht die **Britzer Mühle (7)** von 1886, eine der wenigen erhaltenen Mühlen in Berlin. Seit 1987 wird in der Holländermühle wieder Getreide gemahlen und windgemahlenes Brot verkauft. Man kann sich auch zum Hobbymüller ausbilden sowie standesamtlich „vermehlen“ lassen.

Feinste Landhausküche im denkmalgeschützten Schweizer Haus des Gutshofs Britz

Britzer Mühle, *Buckower Damm 130, ☎ 6042057, www.gruen-berlin.de, April–Okt., Führungen: So/Fei 11–16 Uhr jeweils zur vollen Stunde, 3 €.*

Reisepraktische Informationen Britz

Essen und Trinken

Restaurant im Schloss Britz (1), *Alt Britz 73, ☎ 60975039, Mi–Sa 11.30–22, So 11.30–20 Uhr. Heimeliges Gewölbe-Ambiente sowie schöne Gartenterrasse, gute Küche mit wechselnder Karte, höherpreisig (14–18 €), So Brunch und Menü.*
Buchholz Gutshof Britz (2), *Alt-Britz 81, ☎ 60034607, www.matthias-buchholz.de, tgl. ab 12 Uhr, April–Okt. mit idyllisch-stilvoller Gartenterrasse. Im Schweizer Haus, wo früher die Melker wohnten, serviert Sternekoch Matthias Buchholz gehobene, saisonale und gradlinige Landhausküche. Hauptgerichte 10–28 €, Gourmetmenü ab 37 €.*

Tempelhof-Schöneberg

Redaktionstipps

Schöneberg

➤ Im berühmten **Schöneberger Rathaus** (S. 273) auf den Turm klettern und in der besten Kantine Berlins essen gehen.

➤ In einem der Lokale um den **Viktoria-Luise-Platz** (S. 277) das Leben genießen.

➤ Sich vom intimen Reiz des **Matthäus-Kirchhofs** (S. 277) verzaubern lassen..

➤ Ein Kaffeehaus-Traum in einer herrlichen Villa mit Garten – das Stammhaus des **Cafés Einstein** (S. 278).

➤ In der eleganten **Bar am Lützowplatz** (S. 279) einen Cocktail serviert bekommen

➤ Auf dem **Winterfeldtplatz** über den schönsten Berliner Wochenmarkt schlendern (S. 280).

Tempelhof

➤ Am besten mit dem Fahrrad die **Tempelhofer Freiheit** (S. 280) erobern.

➤ Vom bizarren **Schwerbelastungskörper** (S. 283) die Wahnsinnsplanung von Speer und Hitler nachvollziehen.

Mit der Bezirksfusion 2001 wurden zwei höchst ungleiche Partner zusammengefügt: zum einen das dicht besiedelte, großstädtische und alternative Schöneberg und zum anderen das konservativ kleinbürgerliche, bis zur südlichen Stadtgrenze reichende Tempelhof. Insgesamt sind hier 338.000 Menschen zu Hause.

Schöneberg

Die erste Erwähnung als „Sconenberch" geht auf das Jahr 1264 zurück. Das Dorf bildete zusammen mit einem zweiten Dorf für böhmische Weber ab 1874 die gemeinsame Gemeinde Alt-Schöneberg. Mit der Industrialisierung wuchs Schöneberg rasant an, erlangte 1898 Stadtrechte und bildete ab 1920 einen Berliner Bezirk mit 175.000 Einwohnern. Während der Teilung Berlins erlangte Schöneberg hohen politischen Bekanntheitsgrad: Das **Rathaus** wurde Sitz von Senat und Regierendem Bürgermeister Westberlins, in den mächtigen Bau des **Kammergerichts am Kleistpark** war der Kontrollrat der Alliierten eingezogen, während vom Hans-Rosenthal-Platz der **RIAS** (Rundfunk im amerikanischen Sektor) sendete (heute Deutschlandradio). Beliebte Kiez- und Ausgehmeilen sind die Gegend rund um die Maaßenstraße, der Winterfeldtplatz, die nördliche Goltzstraße, die Akazienstraße sowie die eher ruhig-alternative Crellestraße.

Schwul-lesbische Community

Schöneberg ist bekannt für seine offen schwul-lesbische Community südlich vom Nollendorfplatz (s. S. 64). In der Nollendorfstraße wohnte Christopher Isherwood, der mit „Leb wohl, Berlin" die literarische Vorlage für das Musical „Cabaret" lieferte. In den 1970er-Jahren komponierte David Bowie hier Songs wie „Heroes", sein Nachbar war Iggy Pop. Beliebtes Wohnquartier ist das **Bayerische Viertel**, das Anfang des 20. Jh. für die gehobene Mittelschicht gebaut und aufgrund des hohen jüdischen Anteils auch „Jüdische Schweiz" genannt wurde. Hier wohnte u. a. Albert Einstein und besuchte Marcel Reich-Ranitzki das Gymnasium.

Aus der von drei Bahnlinien umschlossenen **Rote Insel** zwischen Yorckstraße und Ringbahn, früher ein traditionelles Arbeiterquartier, ist heute ein ruhiges Wohngebiet mit Altbaubestand geworden. In der Leberstraße Nr. 65 erblickte die unvergessene Marlene Dietrich das Licht der Welt, und in der direkten Nachbarschaft

In Schöneberg lässt es sich gut ausgehen

wuchs in der Nr. 68 die nicht weniger berühmte Hildegard Knef auf. Zum Quartier gehört auch der 1910 errichtete Gasometer nah am S-Bahnhof Schöneberg, der heute als Event-Location u. a. für den Polittalk von Günther Jauch dient.

Spaziergang durch Schöneberg

Anfahrt: *U-Bhf. Rathaus Schöneberg (U4)*
Dauer: *knapp 2 Std. (ca. 3 km)*
Karte: *s. S. 274*

Um das Rathaus Schöneberg

Weithin sichtbar weht die Berliner Fahne über dem markanten Rathausturm. Als 1914 das mächtige Rathaus eröffnet wurde, war Schöneberg noch eine selbstständige Stadt, erst ab 1920 wurde sie eingemeindet. Zum politischen Zentrum Westberlins avancierte das **Rathaus Schöneberg (1)** 1949 als Sitz des Abgeordnetenhauses und Berliner Senats. Von hier aus lenkten bis 1991 die Regierenden Bürgermeister die Geschicke der Stadt. Auf dem Platz davor versammelten sich die Berliner zu Kundgebungen, Demonstrationen und Trauerfeiern. Am 26. Juni 1963 kamen 450.000 Menschen zusammen, als John F. Kennedy seine berühmte Freiheitsrede mit den Worten „Ich bin ein Berliner“ beendete. Nach seiner Ermordung benannte man den Platz nach ihm und seit 2004 gibt es ein Kennedy-Museum (s. S. 125). Mit dem Umzug ins Abgeordnetenhaus „degradierte“ man den Bau wieder zum Bezirksrathaus.

„Ich bin ein Berliner“

Hinter der breiten Freitreppe und dem Säulenportal betritt man das Rathaus, geht am Pförtnertresen vorbei und gelangt in eine beeindruckende Eingangshalle, die sich über zwei Geschosse mit Galerie erstreckt. Hier informieren Tafeln über die Geschichte des Bezirks. Die Ausstellung „Wir waren Nachbarn“ in einem Extraraum zeigt ergreifende Biografien jüdischer Anwohner in der Zeit nach 1933.

Schöneberg
TIERGARTEN
SCHÖNEBERG
ROTE INSEL
BM Verteidigung
Neue Nationalgalerie
Staatsbibl.
Bauhaus-Archiv
KaDeWe
Urania
Nollendorfplatz
Winterfeldtplatz
Heinrich-von-Kleist-Park
Nelly-Sachs-Park
Park am Gleisdreieck
Matthäus-Kirchhof
Raths. Schöneb.
Kirchhof Alt-Schöneberg
Dorfk.
Heinrich-Lassen-Park
Gasometer
Rudolph-Wilde-Park
Wittenbergpl.
Nollendorfpl.
Kurfürstenstr.
Bülowstr.
Yorckstr.
Kleistpark
Eisenacher Str.
Bayerischer Pl.
Vikt.-Luise-Pl.
Raths. Schönebg.
Julius-Leber-Br.
Innsbrucker Pl.
Schöneberg
Kurfürstenstr.
Lützowstr.
Potsdamer Str.
Hohenstaufenstr.
Pallasstr.
Goebenstr.
Grunewaldstr.
Hauptstr.
Martin-Luther-Str.
Kolonnenstr.
Monumentenstr.
Dominicusstr.
N
0
400 m
© graphic

Sehenswürdigkeiten
1 Rathaus Schöneberg
2 Goldener Hirsch
3 Kirchhof Alt-Schöneberg
4 Dorfkirche
5 Bayerischer Platz
6 Kirche zum Heilsbronnen
7 Viktoria-Luise-Platz
8 Matthäus-Kirchhof
9 Gasometer

Hotels
1 Grand Hotel Esplanade
2 Residenz Begaswinkel

Restaurants/Cafés
1 Café Einstein
2 Osteria Ribaltone
3 Franken & Grunewald Eis
4 Habibi
5 Café Savarin
6 Petite Europe
7 Buddha Haus
8 Café Bilderbuch
9 Platzhirsch
10 Kantine Rathaus Schöneberg
11 Schmiede bei Pino

Ausgehen
1 Bar am Lützowplatz
2 Harrys New York Bar
3 Lebensstern
4 Kumpelnest 3000
5 Goya
6 Connection
7 Schöneberger Weltlaterne
8 E&M Leydicke
9 Möve im Felsenkeller
10 Havanna Club

Einkaufen
1 Markt Winterfeldtplatz
2 Markt Crellestraße
3 Andreas Murkudis
4 Berlin Guitars
5 Winterfeldt Schokoladen
6 Apfelgalerie

Der Aufstieg auf den 70 m hohen **Rathausturm**, zunächst per Lift, dann im schweißtreibenden Treppenhausaufgang, wird belohnt mit einer tollen Aussicht auf die Dächer Schönebergs, den Gasometer und die City West. Während des Aufstiegs passiert man eine Dokumentenkammer, in der Originalpakete mit Unterschriften von 16 Mio. US-Bürgern und Losungen wie *fight communism* zu sehen sind. Sie spendeten für die 10 t schwere Freiheitsglocke, die seit 1950 im Turm hängt und jeden Tag um 12 Uhr läutet (Achtung Trommelfell!). Der Weg auf den Turm ist nicht ganz leicht zu finden – die Pförtner geben gerne Auskunft. *Tolle Aussicht*

Rathaus Schöneberg, *John-F.-Kennedy-Platz 1, ☎ 902770, Pförtner ☎ 90277-4412, Ausstellung So–Do, 10–18 Uhr, Eintritt frei, Turm tgl. Mitte März–Mitte Okt. 10–17 Uhr, letzter Aufstieg 16 Uhr, Eintritt frei, Anfahrt: U-Bhf. Rathaus Schöneberg (U4).*

Tipp
Wer einmal das Fahrvergnügen in einem **Paternoster** *erleben möchte, wird in den Treppenhäusern C und F des Rathauses Schöneberg fündig.*

Direkt an der Rathaussüdseite erstreckt sich der **Rudolph-Wilde-Park**, benannt nach dem ersten Oberbürgermeister der Stadt Schöneberg. Das Wappentier, der **goldene Hirsch (2)**, thront hoch auf einer Säule, umgeben von kräftig sprudelndem Wasser. Der Park liegt in einer Talsenke und wird in westlicher Richtung von einer Jugendstilorangerie durchschnitten, die sich bei näherer Betrachtung als **idyllischer U-Bahnhof** entpuppt. 1910 eröffnet, gehört er zur kleinen U-Bahnlinie U4 mit nur fünf Stationen. Somit war Schöneberg nach Berlin die damals zweite deutsche Stadt mit einer U-Bahn. Die über dem Bahnhof verlaufende Brücke ist ein beliebter Treff für Boule- und Bocciaspieler. Von der Fritz-Elsas-Straße, die den Park südlich begrenzt, zweigt hinter dem Haus Nr. 15 die Nymphenburger Straße ab, ein Straßenzug mit prächtigen Häusern von 1913 und bis 2012 Kiez des heutigen Bundespräsidenten Joachim Gauck. *Jugendstilorangerie*

Ursprung, Dorfkirche und Millionenbauern

Die alte Dorfkirche erhebt sich erhöht am Rand der lauten Hauptstraße und markiert die Keimzelle von Schöneberg. Bereits im 13. Jh. stand hier eine Kirche, wobei ihre jetzige Gestalt auf den damaligen Neubau von 1766 zurückgeht. Wer vom Rathaus kommt und den Verkehrslärm vermeiden möchte, geht von der Belziger *Keimzelle von Schöneberg*

Die Dorfkirche ist die älteste Kirche Schönebergs

Straße durch den leicht ansteigenden **Kirchhof von Alt-Schöneberg (3)**. Hier sind insbesondere an der nordöstlichen Friedhofsmauer prunkvolle Mausoleen der Schöneberger Millionenbauern zu sehen, die um 1900 ihre Äcker in begehrtes Bauland umwandelten und dadurch reich wurden. Auch Franz Schwechten, der Erbauer von Gedächtniskirche und Kulturbrauerei, liegt hier begraben. Von der **Dorfkirche (4)** blickt man auf die Hauptstraße, wo früher die alte Dorfaue lag. Nordöstlich schließen sich einige schöne Villen der Millionenbauern als Teil des alten Dorfensembles an. In der Hauptstraße Nr. 42 befinden sich heute die **Bezirksmuseen von Tempelhof und Schöneberg** sowie das experimentierfreudige **Jugendmuseum**. Dahinter liegen der ruhige **Heinrich-Lassen-Park** sowie das **Stadtbad Schöneberg**, seit 2012 nach Hans Rosenthal benannt, dem beliebten Showmaster von „Dalli Dalli" in den 1970er-Jahren. Er hatte hier 1950 erst als 25-Jähriger schwimmen gelernt, da ihm als Jude unter den Nazis das Betreten öffentlicher Bäder untersagt war.

Orte des Erinnerns im Bayerischen Viertel

Direkt nördlich vom Rathaus beginnt das Bayerische Viertel. Rund um den **Bayerischen Platz (5)** entstand Anfang des 20. Jh. ein nobles Wohnquartier mit großen Wohnungen und repräsentativen Häuserzeilen. Trotz hoher Kriegszerstörungen hat sich der vornehme Charakter des Viertels mit seinen großzügig angelegten Straßen und ihrem Baumbestand bis heute bewahrt. Als bevorzugter Wohnort für Ärzte, Anwälte, höhere Beamte und Intellektuelle wohnten hier viele Juden, bis 1933 rund 16.000. Bei einem Gang durch das Viertel trifft man auf zunächst harmlos erscheinende Doppelschilder an den Straßenmasten. Auf der einen Seite sieht man Piktogramme wie Musiknoten, Brot oder eine Bank. Auf der Rückseite stehen entsprechende Verordnungen, und man erschrickt: „Juden werden aus Gesangsvereinen ausgeschlossen" (1933), „Juden dürfen nur auf gelb markierten Bänken sitzen" (1939), „Juden dürfen Lebensmittel nur nachmittags von 4 bis 5 Uhr einkaufen" (1940). Sie gehören mit insgesamt 80 Täfelchen zu den **„Orten des Erinnerns"** von Renata Stieh und Frieder Schnock, die 1993 in den umliegenden Straßen angebracht wurden, und zeigen das ganze Ausmaß der Diskriminierung und Ausgrenzung aus der Öffentlichkeit ab 1933. Umgeben von schönen Straßenzügen und prächtigen Wohnhäusern machen diese so harmlos erscheinenden Täfelchen besonders betroffen – ein sehr wirkungsvolles Denkmal.

Nobles Wohnquartier

So könnte ein Spaziergang durch das Viertel aussehen: Am Rathaus Schöneberg befindet sich rechts neben dem Haupteingang ein Übersichtsplan der Orte des Erinnerns. Man überquert zunächst die Badensche Straße und folgt dann der Salzburger Straße bis zum Bayerischen Platz. An seiner Nordostecke führt ein Weg auf die Heilbronner Straße, vorbei am schönen Portal der Kirche **Zum Heilsbronnen(6)**. Dann geht es rechts in die Barbarossastraße und links in die Münchner Straße. Das mächtige **Schulgebäude** an der Ecke Hohenstaufenstraße 47 hatte Marcel Reich-Ranitzki bis 1935 besucht. Nach Überquerung der Hohenstaufenstraße mündet die Münchner Straße nordwärts auf den **Viktoria-Luise-Platz (7)**. Mit seiner herrlichen Gartenanlage umgeben von prächtigen Wohnhäusern mit netten Lokalen gehört er zu einem der schönsten Plätze Berlins.

Herrliche Gartenanlage

Wegkommen:
U-Bhf. Viktoria-Luise-Platz (U4).

Weiter Ziele in Schöneberg

St.-Matthäus-Kirchhof (8)

Der Alte St.-Matthäus-Kirchhof zählt zu den reizvollsten und historisch bedeutsamsten Friedhöfen Berlins. Er ist nicht besonders groß und wird dicht umgeben von Hinterhäusern, Straßenfluchten und Bahngleisen. Aber wer einmal das Hauptportal durchschritten hat, erliegt nach einer Weile dem intimen Zauber dieses „Gesamtkunstwerks", bestehend aus wertvollen und sehr persönlichen Grabanlagen, eingebettet im sanften Grün der **malerischen Hanglage**. Der Friedhof wurde 1856 als Begräbnisplatz der ehemaligen Kirchengemeinde St. Matthäus am heutigen Kulturforum, dem einst noblen Geheimratsviertel, eingeweiht.

Gesamtkunstwerk Friedhof

Die hier Bestatteten stammten meist aus wohlhabenden Familien oder waren bekannte Architekten, Künstler und Wissenschaftler. 1938 mussten Tausende von Gräbern der von Speer und Hitler geplanten Nord-Süd-Achse weichen. So wurden bedeutende Persönlichkeiten auf den Südwestkirchhof in Stahnsdorf umgebettet, wie z. B. der Verleger Gustav Langenscheidt. Erst ab den 1970er-Jahren begann man hier mit der Restaurierung besonders kunstvoller Gräber. Hier fanden u. a. die Gebrüder Grimm, der Mediziner Rudolf Virchow und die Frauenrechtlerin Minna Cauer ihre letzte Ruhestätte. Aber auch nicht konfessionelle Grabstellen wie der Gedenkort für Menschen, die an AIDS gestorben sind, machen einen Rundgang über den Friedhof sehr interessant.
St.-Matthäus-Kirchhof, *Großgörschenstr. 12–14, geöffnet ab 8 Uhr, Schließzeit entsprechend der Jahreszeit 16–20 Uhr, ☎ 7811850, Anfahrt: S- und U-Bhf. Yorckstraße/ Großgörschenstraße.*

Gasometer (9)

Spätestens mit Beginn von Günther Jauchs Polittalk am 11. September 2011 ist der Gasometer mit der kuppelartigen Talkarena zum bekannten Wahrzeichen Schönebergs geworden. Und dabei ragt der 78 m hohe Gigant bereits seit 1910 in den Himmel, damals als Gasbehälter für die Versorgung der südlichen Stadtgebiete. Das 1995 stillgelegte Baudenkmal gehört heute zum neuen **EUREF-Campus** der **Technischen Universität**. Das Gelände ist normalerweise unzugänglich, eine Ausnahme bildet das Restaurant Schmiede bei Pino (s. S. 278).

Wahrzeichen Schönebergs

Reisepraktische Informationen Schöneberg

Essen und Trinken

Platzhirsch (9), *Freiherr-vom-Stein-Str. 20 (am Rathaus Schöneberg), April–Okt. tgl. ab 10 Uhr. Biergarten unter Kastanien mit Livemusik, deutsche Küche,*

Kantine Rathaus Schöneberg (10), *Mo–Do bis 14.30 Uhr, Fr bis 14 Uhr. Links vom Haupteingang führen einige Schritte in ein schönes Gewölbe, wo Büroleute, Nachbarn und Arbeiter zu Mittag essen. Die Kantine gehört zu den besten Berlins.*

Osteria Ribaltone (2), *Motzstr. 54, ☏ 2143655, www.ribaltone.de, tgl. 17–24 Uhr. Etwas versteckt am Viktoria-Luise-Platz, urgemütliche Osteria mit alter aufgebockter Moto Guzzi und lauschiger Terrasse, ausgezeichnete norditalienische Küche (10–19 €).*

Franken & Grunewald Eis (3), *Gossowstr. 6 Ecke Motzstr., März–Okt. 11–21 Uhr. Köstliche und außergewöhnliche Eissorten wie indisches Pistazieneis mit Oreokeksen.*

Café Einstein Stammhaus (1), *Kurfürstenstr. 58, ☏ 26391918, www.cafeeinstein.de, tgl. 8–1 Uhr. Klassisches Wiener Kaffeehaus in stattlicher wunderschöner Villa mit herrlichem Garten. Im wahrscheinlich schönsten Kaffeehaus Berlins liegt Wiener Schmäh in der Luft – auf Berlinerisch natürlich. Prominentes Stammpublikum.*

Café Savarin (5), *Kulmer Str. 17, ☏ 2163864, Mo–Fr 16–22, Sa/So 10–22 Uhr. Charmant-alternative und langjährige Café-Institution. Im kleinen Café gibt es köstliche Torten und fantasiereiche herzhafte Tartes und Quiches.*

Habibi am Winterfeldtplatz (4), *Goltzstr. 24, tgl. 11–3, Fr/Sa bis 5 Uhr. Libanesischer Bistro-Imbiss, schnell, lecker, gesund und preiswert, tolle Falafel und Schawarma als Sandwich oder Tellergericht.*

Buddha Haus (7), *Akazienstr. 27, ☏ 70509959, www.buddhahaus.com, tgl. 12–24 Uhr. Wer die authentische tibetanisch-nepalesische Küche ausprobieren möchte, ist hier richtig. Auch thailändische Gerichte, alles sehr günstig.*

Café Bilderbuch (8), *Akazienstr. 28, ☏ 78706057, www.cafe-bilderbuch.de, tgl. 9–24, So ab 10 Uhr. Schönes, unaufgeregtes Kaffeehaus und großes Wohnzimmer mit Omas Sofas und einer Menge Bücher. Frühstück und kleine Gerichte.*

Petite Europe am Kleistpark (6), *Langenscheidtstr. 1, ☏ 7812964, tgl. 17–1 Uhr. Familiär geführte Pizzeria seit 1967 mit legendärer Steinofenpizza (6–8 €). Sehr populär und oft bis auf den letzten Platz besetzt.*

Schmiede bei Pino (11), *Torgauer Str. 12–15, ☏ 78890782, mobil 0163-2652212, Mo–Fr 11–16 Uhr, Reservierung erbeten. Italienisches Restaurant auf dem EUREF-Campus neben dem Gasometer. Nach Passieren der Schranke beim Pförtner gelangt man zum sanierten Schmiedegebäude. Im Sommer besteht von der Terrasse direkter Blick auf den 78 m hohen Giganten.*

Ausgehen

Clubs/Tanzen

Havanna Club (10), *Hauptstr. 30, Mi nur Salsa ab 21, Fr/Sa ab 22 Uhr. Im Hinterhof auf vier Etagen mit bis zu vier Dance-Floors (Sa), von Salsa/Merengue/Black bis Music/Reggae. Gemischtes Publikum und offene Tanzkurse Mi/Fr/Sa jeweils eine Stunde vor Beginn.*

Goya (5), *Nollendorfplatz 5, Fr/Sa ab 23 Uhr, 8–10 €. Glamouröser Club im prunkvollen ehemaligen Theatersaal von 1906, Motto-Partys wie 1970er/1980er-Jahre- oder Ü30-Partys. Achtung: Dresscode (schick).*

Connection (6), *Fuggerstr.33, Fr/Sa ab 23 Uhr. Schöneberger Clubklassiker für Schwule, House/Trance/Techno, nur Männer.*
Kumpelnest 3000 (4), *Lützowstr. 23, tgl. ab 17 Uhr bis open end. Legendärer Absturzschuppen in einer ehemaligen Rotlichtbar, in der wahrscheinlich nie renoviert wurde. Wer durchhält, kann unglaubliche Nächte und Flirts mit wilden Frauen, BWL-Studenten, Bisexuellen und ausgeflippten Krawattenträgern erleben, und irgendwann tanzt das Personal auf dem Tresen.*

Bars
Lebensstern (3), *Kurfürstenstr. 58, tgl. ab 19 Uhr. Stilvolle Cocktailbar im holzvertäfelten Herrenzimmer der Villa des Café Einstein mit konkurrenzlosen 600 Rum- und 140 Ginsorten. Aufmerksamer Service und gelegentlich prominente Gäste.*
Harry's New York Bar im Grand Hotel Esplanade (2), *Lützowufer 15, Mo–Do 16–2, Fr/Sa bis 3 Uhr, Live-Pianomusik Mo–Sa ab 21.30 Uhr. Eine der besten Cocktailbars der Stadt, neue „Liquid Kitchen"-Kreationen mit rosa Pfeffer, Paprika oder Rosmarin.*
Bar am Lützowplatz (1), *Lützowplatz 7, Di/Mi 18–2, Do–So 18–4 Uhr, bis 21 Uhr Happy Hour, Di ab 21 Uhr DJ-Jazz-Untermalung. Bereits zwei Mal zur besten deutschen Cocktailbar gekürt, klassische Cocktails in elegantem Ambiente.*

Gemütlich/Kneipen/Sonstige
Möve im Felsenkeller (9), *Akazienstr. 2, Mo–Fr ab 16, Sa ab 12 Uhr. Ursprüngliche Kneipe aus den 1920er-Jahren mit schwebender weißer Möve und herzlicher Atmo, ohne Musikberieselung und rauchfrei. Viele Stammkunden sowie Neugierige. Acht gezapfte Biere, bodenständige kleine Gerichte und selbstgemachter Kartoffelsalat.*
Schöneberger Weltlaterne (7), *Motzstr. 61, tgl. 17–24, Fr/Sa bis 2 Uhr. Urgemütliches Wirtshaus mit Altberliner Küche.*
E. & M. Leydicke (8), *Mansteinstr. 4, tgl. 18–1, Sa ab 17 Uhr. Echtes Berliner Kneipenurgestein, gegründet 1877 von Emil und Max Leydicke als Likörfabrik und Weinstube. Seit 1920 wurde nichts verändert, weiterhin werden Fruchtweine und Liköre selbst hergestellt (Eierlikör!) und sonntags gibt's frische Buletten.*

Einkaufen
Crellestraße (2), *Mi/Sa 10–15 Uhr. Authentischer türkischer Markt und kleines bodenständiges Pendant zum großen Markt am Kreuzköllner Maybachufer.*
Winterfeldt Schokoladen (5), *Goltzstr. 23, Mo–Fr 9–20, Sa/So 9–18 Uhr. Traumhafter Schoko-Laden in ehemaliger Apotheke von 1892 mit alten Schubladen und Schränkchen. Hochwertige Schokoladen, Kekse und Fruchtgummis sowie kleiner Cafébereich mit leckeren Trinkschokoladen.*
Apfelgalerie (6), *Goltzstr. 3, Mo–Fr 11–19, Sa 11–15 Uhr. Beliebter Apfel- und Obstladen mit fast täglich erntefrischen neuen und alten Apfelsorten vom Obsthof in Frankfurt/Oder. Obstsäfte und Obstbrände sowie Produkte der Apfelgräfin Daisy von Arnim aus der Uckermark wie Apfelchips, Gelees und Chutneys.*
Berlin Guitars (4), *Motzstr. 9, Mo–Fr 10–19, Sa 10–18 Uhr. Renommiertes Gitarrenfachgeschäft mit riesiger Auswahl, freundlicher Beratung, Werkstatt, kleiner Musikschule und Konzerten.*
Andreas Murkudis (3), *Potsdamer Str. 81e, Mo–Sa 10–20 Uhr. Schicker Concept Store für Luxusartikel, stylische Mode und einfach schöne Dinge.*

An Markttagen ist immer viel los auf dem Winterfeldtplatz

Markt auf dem Winterfeldtplatz (1), *Sa 8–16, Mi 8–14 Uhr. Einer der schönsten Wochenmärkte Berlins, Sa mit bis zu 250 Stände, Mi geht es entspannter zu.*

Friedenau

Literatensiedlung

Das zentrumsnahe, aber ruhige Friedenau übt bis heute eine große Anziehungskraft auf **Künstler**, insbesondere auf Literaten aus. Hier lebten Erich Kästner, Kurt Tucholsky und Rainer Maria Rilke, aber auch Klaus Kinski, Rosa Luxemburg, Theodor Heuss und die Dadaistin Hannah Höch. In den 1970er-Jahren diskutierten die hier wohnhaften Max Frisch, Uwe Johnson, Günter Grass und Hans Magnus Enzensberger lebhaft miteinander. Und wer heute über den Friedenauer Markt schlendert, trifft vielleicht Herta Müller. In der 1865 vom Stadtplaner und Großgrundbesitzer Wilhelm von Carstenn geplanten Villen- und Landhaussiedlung betritt man eine ruhige Welt zwischen Provinz und Prominenz.

Buchtipp

Mit diesem kleinen literarischen Führer durch Berlin kann man dem Leben von 100 Dichtern folgen. In Kurzporträts werden die Personen mitsamt Wohnorten, Wirken und Werken vorgestellt. Der Leser folgt ihren Spuren in einem beigelegten Stadtplan und gelangt an ungewöhnliche Orte, z. B. auch auf Friedhöfe. Auf 80 Seiten gelingt ein interessanter Einblick in das literarische Berlin.

Literarisches Berlin – ein Führer zu Dichtern, Schriftstellern und Denkern, *Verlag Jena 1800, Berlin 2012 (12,80 €).*

Tempelhof

Der Stadtteil setzt sich aus mehreren historischen Ortskernen, Mietshaus- sowie Einfamilienhaussiedlungen zusammen, aber auch die Industrie siedelte sich in Tempelhof an: Filmstudios an der Oberlandstraße, die ehemalige Sarotti-Fabrik in der Teilestraße oder das Stahl- und Hüttenwerk in der Germaniastraße. Den **Tempelhofer Hafen** am Teltowkanal erweckten die Stadtplaner mit einem Einkaufszentrum zu neuem Leben und auf dem ehemaligen Gelände des Flughafens Tempelhof steigen Drachen in die Höhe und Radfahrer befahren die Rollpisten.

Ursprünglich hatten die Tempelritter im 13. Jh. Tempelhof, **Mariendorf** und **Marienfelde** gegründet, die später an den Johanniterorden gingen. Im Zuge der Industrialisierung wuchsen die Ortsteile rasch an, konnten aber ihre Ortskerne mit Dorfkirche und Ackerbürgerhäusern bewahren, wie am besten in Marienfelde zu sehen ist. Im äußersten Süden liegt das ländlich geprägte **Lichtenrade**, zu Mauerzeiten vom Brandenburger Umland getrennt. Als positiver Effekt verhinderte die Mauer die „Zersiedelung" des Umlands. Wer hier auf dem Mauerradweg radelt, erkennt die klare Stadtkante entlang des ehemaligen Mauerstreifens.

Mauer verhinderte Zersiedlung

Flughafen und Tempelhofer Freiheit

Ein Wiesenmeer wohin das Auge reicht. Die breiten Asphaltstreifen der Startbahnen verlieren sich im Nichts. Eigentlich ist nichts Besonderes zu sehen und der Wind weht ungemütlich, aber wenn man sich erstmal an die Weite gewöhnt hat, ist die Wirkung grandios. Rundherum taucht die Stadtsilhouette mit Kirchtürmen, Industrieschloten, Fernsehturm, Schöneberger Gasometer und Minaretten der nahen Moschee auf. Der 71 m hohe, weiße Radarturm sieht von Weitem aus wie ein aufgeständerter Golfball. Daneben beginnt das Flughafengebäude, das in einem 1,2 km langen Bogen das nordwestliche Ende des ehemaligen Flugfelds abschließt.

Die Geschichte des Tempelhofer Felds begann im 18. Jh., als der Soldatenkönig Friedrich Wilhelm I. auf ehemaligen Ackerflächen einen **Exerzierplatz** anlegen ließ, auf dem bis zur Kaiserzeit Militärparaden abgehalten wurden. Nach den Paraden stürmten Tausende Berliner mit Sonnenschirmen, Liegestühlen und Picknickkörben das Feld oder amüsierten sich beim Pferderennen. Anfang des 20. Jh. begann die Geschichte der Luftfahrt mit Ballonflügen, Zeppelinen und der Flugschau von Orville Wright. Der 1923 eröffnete Flughafen erwies sich bald als zu klein für den rasant wachsenden Flugverkehr. So baute in den 1930er-Jahren Ernst Sagebiel den **damals größten Gebäudekomplex Europas**, der einerseits dem Herrschaftsausdruck der Nazis entsprach, aber aufgrund seiner zukunftsweisenden Funktionalität als Mutter aller Flughäfen gilt.

Mutter aller Flughäfen

Während der Luftbrücke 1948/49 kamen die „Rosinenbomber" im 90-Sekunden-Takt und machten den Flughafen weltweit berühmt. Daran erinnert das **Denkmal der „Hungerharke"** auf dem **Platz der Luftbrücke**. Zunächst wurde der Flughafen von der US-Air-Force, dann vom zivilen Luftverkehr genutzt. Am 30. Oktober 2008 hob zum letzten Mal eine Maschine in den Tempelhofer Himmel ab. Der

Flughafen Tempelhof: in den 1930er-Jahren der größte Gebäudekomplex Europas

Bau des neuen Flughafens BER Willy Brandt beendete das Kapitel der Luftfahrt für Tempelhof endgültig. Dafür haben die Berliner eine bisher unbetretbare Fläche von über 300 ha zurückerobert.

Eldorado für Skater

Heute sind die Startbahnen und Asphaltwege ein Eldorado für Skater, Radfahrer, Jogger und jegliche Arten kreativer fahrbarer Untersätze. Drachenlenker und Kitesurfer bevorzugen das Wiesenmeer, Pärchen und Sonnenanbeter verschwinden zwischen den Löwenzahnblüten, Hunde tollen auf riesigen abgezäunten Auslaufflächen. Im östlichen Bereich wird ausgiebig gepicknickt und gegrillt, daneben haben Nachbarn aus dem Neuköllner Schillerkiez unzählige Hochbeete mit Salat und Gemüse angelegt und betreiben fleißig Urban Gardening. Im Norden wird auf zahlreichen Liegestühlen gechillt und sich vom **Imbiss** versorgt. Das **Aussichtspodest** am südlichen Rand an der Ringbahn (S41, S42) bietet einen tollen Rundumblick und setzt Fantasien über zukünftige Nutzungen frei. Geplant sind eine neue Landesbibliothek und eine Bebauung der Randbereiche. Das alte Flughafengebäude wird heute für Großveranstaltungen und Modemessen genutzt, wohl auch bald vom Alliiertenmuseum (s. S. 31).

Tempelhofer Freiheit/GAT-Bereich, *☎ 28018162, www.gruen-berlin.de, tgl. jahreszeitenabhängig geöffnet, im Sommer 6–22.30 Uhr, Eintritt frei, Infostellen an den Eingängen, Parkführungen und Radausleihe, Anfahrt: Eingang Columbiadamm (Bus 104 Friedhöfe Columbiadamm), Eingang Tempelhofer Damm (S-Bahn/U6 Tempelhofer Damm), Eingänge Oderstr. (U8 Boddinstraße/Leinestraße plus 400 m Fußweg), Flughafengebäude und Luftbrückendenkmal (U6 Platz der Luftbrücke).*

Tipp

Den **Flughafenbau** *mit Dachterrasse, Eisenbahntunnel, Luftschutz- und Filmbunker kann man mit Führungen besichtigen (Tempelhofer Damm 1–7, ehemaliger GAT-Bereich, ☎ 200037441, www.tempelhoferfreiheit.de, offene Führung Mo–Do 16, Fr 13 u. 16, Sa/So 11 u. 14, Verborgene Orte Sa 12 Uhr, Dauer je 2 Std. 30 Min., 12 €).*

Schwerbelastungskörper

Er steht leicht verdeckt von Büschen und Bäumen neben der Bahnbrücke der Kolonnenstraße: Ein hässlicher, runder Betonklotz, Relikt der größenwahnsinnigen Planungen im Dritten Reich, Berlin zur Welthauptstadt Germania umzubauen. Hier in der Nähe sollte ein monumentaler Triumphbogen das Ende einer geplanten Nord-Süd-Achse markieren. Um die Tragfähigkeit des weichen sandigen Berliner Bodens zu testen, verbaute Hitlers Chefarchitekt **Albert Speer** 1941 über 12.600 t Stahlbeton in diesem 14 m hohen und 18 m tiefen Ungetüm. Die Instrumente im Inneren maßen tatsächlich ein Absinken des Belastungskörpers nach zweieinhalb Jahren um 19,3 cm. Demnach wäre der Triumphbogen ohne zusätzliche Bodenverdichtung nach zehn Jahren eingestürzt.

Monumentaler Größenwahn

Übrigens hat die Gesellschaft für Bodenmechanik noch bis 1984 gemessen, was späteren Vorhaben wie dem Le-Cobusier-Haus (s. S. 176) und heutigen Grundbaunormen zugute kam. Nach dem Krieg war eine Sprengung des Betonmonsters wegen der benachbarten Wohnhäuser nicht möglich und so verwilderte das Gelände. Seit September 2009 kann man auf einen 16 m hohen Besichtigungsturm steigen und auf das bizarre Relikt nationalsozialistischer Stadtplanung blicken. Ein Pavillon und Informationstafeln veranschaulichen die städtebaulichen Dimensionen.

Schwerbelastungskörper: *www.berliner-unterwelten.de, ☎ 49910517, April–Okt. Di/Mi 14–18, Do 10–16, So 13–16 Uhr, Eintritt frei, Führungen sonntags 12 Uhr, 1 Stunde, 6 €. Anfahrt: Bus 104 Kolonnenbrücke, von U6 Platz der Luftbrücke oder S1 Julius-Leber-Brücke.*

„Nazi-Kirche“ und Versöhnungsgemeinde

Eigentlich ist die **Martin-Luther-Gedächtniskirche** in Mariendorf ein interessanter, mit seinen streng vertikal angeordneten Keramikplatten ins Expressionistische gehender Kirchenbau. Doch schon beim Betreten des Vorraums ist man irritiert: Die Kronleuchter über den Reliefs von Martin Luther und Paul von Hindenburg zieren das Eiserne Kreuz, eingelegt in goldenes Eichenlaub. Eine Art Triumphbogen, verkleidet mit bildhaften Terrakotten, bildet den Übergang vom Tonnengewölbe des Kirchenschiffs zum Altarraum. Neben christlichen Symbolen sind auch **Soldatenköpfe und Reichsadler** abgebildet. Nur die Hakenkreuze wurden ausgeschlagen. Die Eichenholz-Arbeiten an der Kanzel zeigen den predigenden Christus, dem auch ein Soldat, ein SA-Mann und ein Hitlerjunge zuhören. Beim Blick hinauf zur Empore sieht man eine geschwungene Walcker-Orgel von 1935, die vor ihrem Einbau in dieser Kirche auf dem siebten Reichsparteitag in Nürnberg – ebenfalls 1935 – zum Einsatz kam.

Relikte der Nazi-Symbolik

Der 1935 für die gewachsene Kirchengemeinde von Mariendorf eingeweihte Bau mit 49 m hohem Turm war vom Architekten Curt Steinberg mit Nazi-Symbolen ausgestattet worden. Gerade wegen der erschreckenden Innenraumgestaltung dokumentiert diese Kirche auf einzigartige Weise die Verknüpfung von Staat und Religion, wie sie durch die Nationalsozialisten protegiert und propagiert wurde. Sie wird heute gelegentlich für Gottesdienste sowie für Ausstellungen und Konzerte genutzt. Die evangelische Gemeinde gehört seit 1992 der **versöhnenden Nagelkreuzgemeinschaft** an.

Verknüpfung von Staat und Religion

Martin-Luther-Gedächtniskirche, *Rieglerzeile 1a, StattbauGmbH, ☏ 47017446, www.mlgk.de, Besichtigung Fr 14–18 Uhr, Eintritt frei, Anfahrt: U6 Westphalweg plus 300 m Fußweg oder Bus 282 Rathausstraße/Kaiserstraße.*

Tipp

Unterwegs lohnt sich ein Stopp an der U6 Ullsteinstraße. Am Ufer des Teltowkanals erhebt sich das mächtige **Ullsteinhaus**, mit seinen 76 m eine wichtige Landmarke im Weichbild der Stadt. 1925 im markanten Stil des Backsteinexpressionismus errichtet, zeugt es mit der Ullsteineule an der Nordwestecke zum Kanal vom einstigen Nutzer. Direkt gegenüber ist 2009 im reizvollen Ambiente von Lagerhaus und Kränen des früheren Tempelhofer Hafens ein modernes **Einkaufszentrum** entstanden mit Anlegestellen für die Kunden, die mit dem Boot kommen, sowie kostenlosem kleinen Fährbetrieb *(Tempelhofer Damm 227, Mo–Sa 10–20 Uhr)*. Der **Tempelhofer Damm** bildet von hier in nördlicher Richtung die Hauptgeschäfts- und Einkaufsstraße Tempelhofs.

Auf der westlich abzweigenden Viktoriastraße findet man die bekannte **UfaFabrik**, ein alternatives Kultur- und Lebensprojekt von 1979, längst etabliert als angesagter Veranstaltungsort *(Viktoriastr. 10–18, ☏ 755 030, www.ufafabrik.de)*. Auf dem weitläufigen Gelände von ehemaligen Filmstudios und Kopierwerk findet man heute Schule, Kinderbauernhof, Biokonditorei, Konzert- und Filmsäle, Freilichtbühne, Gästehaus, Zirkusschule und das Café Olé.

Notaufnahmelager Marienfelde

Von den rund 4 Mio. DDR-Bürgern, die zwischen 1949 und 1990 in den Westen gingen, durchliefen ab 1953 1,35 Mio. Menschen das Notaufnahmelager Marienfelde. Eine bereits bestehende Anlaufstelle in Charlottenburg wurde damit abgelöst. Das Aufnahmelager an der Mariendorfer Chaussee wurde wie eine einfache Wohnsiedlung der 1950er-Jahre errichtet, um für insgesamt 2200 Personen ausreichende Kapazitäten zur Betreuung, kurzzeitigen Wohnmöglichkeit und Eingliederung in den Westen zu schaffen. Die jährlichen Zahlen und Schwankungen der Flüchtlingsströme, eindrucksvoll zu Beginn der Ausstellung dargestellt, lesen sich wie ein Seismograf der politischen Ereignisse in der DDR. Seit 2010 diente die Notaufnahme als Übergangswohnheim für Flüchtlinge und Asylbewerber.

Ausstellung über Flüchtlinge

Auch Prominente wie Dieter Hallervorden, Manfred Krug, Winfried Glatzeder oder Charlotte Franck haben das Lager durchlaufen. Neben über 900 Exponaten, Biografien und einem umfassenden Ton- und Pressearchiv zeigt eine rekonstruierte Flüchtlingswohnung mit Originalmobiliar aus den 1950er-Jahren die damalige Wohnsituation.

Rekonstruierte Wohnung

Notaufnahmelager Marienfelde, *Marienfelder Allee 66–80, ☎ 75008400, www.notaufnahmelager-berlin.de, Di–So 10–18 Uhr, Eintritt frei, Führungen Mi und So 15 Uhr, 2,50 €, Anfahrt: S-Bhf. Marienfelde (S2) und Bus M77 bis Stegerwaldstraße.*

Steglitz-Zehlendorf

Der 102 km² große Bezirk, in dem rund 300.000 Menschen wohnen, gehört zum traditionell wohlhabendsten Stadtgebiet Berlins mit niedriger Arbeitslosenquote, hohen Einkommen und höherem Durchschnittsalter. Insbesondere der westliche Teil mit seinen herrlichen Wald- und Wassergebieten ist als Wohnort für die meisten Berliner unerschwinglich. Vom historischen Ortskern Stolpe an der kleinen Havelseenkette nahm der Ortsteil Wannsee ab 1870 seine Entwicklung als prächtige Villenkolonie. Er ist eingebettet in die nach Potsdam führende Havelseenlandschaft, die mit Pfaueninsel und dem Volkspark Klein-Glienicke zum Welterbe der UNESCO gehört. Zu Mauerzeiten verlief die Grenze im Wasser und die Glienicker Brücke beendete unsanft das damalige Westberliner Erholungsareal. Der große Stadtforst Grunewald wird westlich von der Havel und östlich von Schlachtensee und Krumme Lanke sowie von den weit ausgedehnten Villenarealen Zehlendorfs begrenzt. Das weiter östlich liegende Steglitz ist deutlich städtischer strukturiert. Die Schlossstraße gehört zu den wichtigsten Einkaufsgebieten Berlins. Dazwischen wuchsen Ende des 19. Jh. aus den Ortskernen der einstigen Dörfer Lankwitz, Lichterfelde und Dahlem gründerzeitliche Villenkolonien.

Redaktionstipps

- Im paradiesischen **Botanischen Garten** (S. 287) durch Wunder der Natur streifen.
- Im **Museum Europäische Kulturen** (S. 288) eine Zeit- und Kulturreise unternehmen.
- Sich mit dem **Oldtimer-Doppeldecker** (S. 289) durch den Grunewald schaukeln lassen und den sonderbaren Selbstmörderfriedhof aufsuchen.
- Um den idyllischen **Schlachtensee** (S. 292) joggen oder in der Fischerhütte Ausblick und Essen genießen.
- Ostseefeeling mit bernsteinfarbenem Sand am **Strandbad Wannsee** (S. 294).
- **Sommervilla** und **Garten von Max Liebermann** (S. 294) besuchen und vom Terrassencafé das Ambiente am Wannseeufer auf sich wirken lassen
- Ein Landschaftsparadies auf der **Pfaueninsel** (S. 295), fantastische Aussicht von St. Peter und Paul sowie Einkehr im russischen Blockhaus Nikolskoe.
- Auf den Spuren der Agenten des Kalten Kriegs über die **Glienicker Brücke** (S. 297) laufen und dabei in Lennés Preußisches Arkadien eintauchen.
- Einmaliges Ensemble im **Hofcafé bei Mutter Fourage** (S. 299) mit Kunsthandel, Feinkost und Gärtnerei.

Steglitz und Dahlem

Das mit 80.000 Einwohnern größte preußische Dorf Steglitz entwickelte sich nach seiner

Eingemeindung 1920 zum wichtigsten Zentrum im Südwesten Berlins. In Dahlem wurden Anfang des 20. Jh. die Weichen für das „Deutsche Oxford" gestellt. Hier findet man außerdem großartige Museen sowie den einzigartigen Botanischen Garten.

Deutsches Oxford

Unterwegs in Steglitz

Anfahrt: *U-Bhf. Schloßstraße*
Dauer: *ca. 1 Std. (ca. 1,5 km)*

Entlang der Schloßstraße

Rathaus im Konsumtempel

Die **Schloßstraße (1)** gehört mit ihren Kaufhäusern, Shopping-Malls und Cafés zu den umsatzstärksten Einkaufsmeilen der Stadt. Das 1898 in prächtiger Backsteingotik errichtete **Rathaus (2)** dient heute als Bezirksamt. Seit 2005 ist der Bau in den Konsumtempel Das Schloss integriert. Gegenüber auf dem Hermann-Ehlers-Platz mit seinem Wochenmarkt *(Mo, Do, Sa)* steht in Höhe Düppelstraße 41 die **Steglitzer Spiegelwand (3)**, die auf die ehemalige Synagoge im Hinterhof verweist. Der polierte Edelstahl spiegelt nicht nur das Marktleben wieder, sondern zeigt mit 1723 Namen Auszüge aus Berliner Deportationslisten.

Schwartzsche Villa

Hinter Bäumen schaut die **Schwartzsche Villa (4)** hervor. Der 1898 für die Bankiersfamilie Carl Schwartz errichtete Sommersitz mit schönem Garten dient heute als Kulturhaus mit Ausstellungen, Zimmertheater und Konzerten. Eine kleine Ruheoase findet man in dem angenehmen Café mit Terrasse und Garten.

Wrangelschlösschen

Das lachsfarbene ehemalige Gutshaus Steglitz an der Ecke Schloß-/Wrangelstraße war 1804 als repräsentatives Wohnhaus vom preußischen Politiker Beyme bezogen worden. Ab 1853 nutzte Feldmarschall Wrangel es als Sommersitz. So wurde aus dem frühklassizistischen Gutshaus im Volksmund das **Wrangelschlösschen (5)**, in dem heute Ausstellungen und Privatfeiern stattfinden. Der benachbarte Wirtschaftsflügel war bereits 1821 zum Theater mit 440 Plätzen umgebaut worden. Hier spielten Hildegard Knef und Klaus Kinski und Samuel Beckett inszenierte „Warten auf Godot". Nach der Pleite wurde es 2009 von Dieter Hallervorden als Schlossparktheater wiedereröffnet. Hinter dem klassizistischen Dreiecksgiebel erwarten den Besucher nicht nur nostalgisch-stilvolle Foyerräume und ein Zuschauersaal mit 480 Sitzen, sondern einfach gutes Theater!

Stilvolles Theater

Schlossparktheater, *Schloßstr. 48, ☎ 78956670, www.schlosspark-theater.de, Anfahrt: S1/U9 Rathaus Steglitz.*

Botanischer Garten Dahlem (6)

Mitten im südlichen Berlin breitet sich ein Pflanzenparadies aus, das in Europa seinesgleichen sucht. Der von der Freien Universität geleitete Botanische Garten gehört mit 43 ha zu den größten und sehenswertesten weltweit. Aber nicht nur die Pflanzenpracht von 22.000 Arten, sondern auch die Schönheit der erstklassig gepflegten Parklandschaft sorgen für eine beeindruckende Entdeckungsreise rund um die Welt. Schon 1679 ordnete der Große Kurfürst die Anlage eines Museumsgartens an, aus dem der Botanische Garten in Schöneberg (heute Kleist-Park) hervorging. Aus Platzgründen wurde er 1910 nach Dahlem verlegt.

Entdeckungsreise rund um die Welt

Ein Highlight ist das eindrucksvolle 25 m hohe **Große Tropenhaus**. Idyllische Wege führen durch mehrere Klimazonen und an äußerst seltenen Pflanzen der Tropen und Subtropen vorbei, z. B. an der gigantischen Blume Titanwurz aus Sumatra, deren Blüte sich nur selten öffnet, dann aber einen unglaublichen Gestank

Immer einen Ausflug wert: der Botanische Garten in Dahlem

verbreitet. Insgesamt 15 ineinander übergehende Gewächshäuser inkl. Kakteen- und Orchideenhaus sorgen ganzjährig für einen lohnenswerten Besuch. Draußen laden u. a. Sumpfbiotope mit Moorlandschaften, Kräuter- und Blumengärten sowie Duft- und Tastengärten zum Schlendern ein. Wer ein tiefergehendes botanisches Interesse hegt, dem sei noch das benachbarte **Botanische Museum** empfohlen. Sehr schön ist bei warmem Wetter die **Terrasse des Café Anthurium** vor dem Großen Tropenhaus, direkt im italienischen Garten und mit herrlichem Blick auf die blumenreiche Umgebung.

Botanischer Garten/Botanisches Museum, *Königin-Luise-Str. 6–8, ☎ 8385 0100, www.botanischer-garten-berlin.de, tgl. ab 9 Uhr, Schließzeiten variieren von 16 (Nov.–Jan.) bis 21 Uhr (Mai–Juli), 6 €, Anfahrt: Bus X83 Königin-Luise-Platz/Botanischer Garten, ausgehend vom Bhf. Steglitz (U9, S1) sowie Dahlem Dorf (U2); zweiter Eingang Unter den Eichen 5–10, vom Bhf. Steglitz aus mit Bus M48 Botanischer Garten oder S-Bhf. Botanischer Garten und 350 m Fußweg.*

Museumszentrum Dahlem (7)

Internationale Kulturgeschichte

Fernab von der Innenstadt erwartet den Besucher ein einzigartiger Museumskomplex in einer Symbiose aus ländlicher Idylle, vornehmen Villen und Wissenschaftsinstituten gelegen. Er besteht aus dem **Museum Europäischer Kulturen** mit 275.000 Exponaten und den weltweit bedeutendsten **außereuropäischen Sammlungen**. Einer Zeit- und Weltkulturreise gleich, wandelt man zwischen europäischen Alltagstraditionen, der hervorragend präsentierten Kulturgeschichte von Afrika, Indien, Ostasien und der Südsee oder verliert sich vollends in der Ausstellung über die Indianer Nordamerikas – eine größere Sammlung gibt es nicht! Hervorgegangen ist sie aus den Beständen der Königlichen Kunstkammer, Museumsdirektor Wilhelm Bode plante bereits 1911 diesen Standort in Dahlem, was aber erst nach dem Zweiten Weltkrieg umgesetzt werden konnte. Die modernen Bauten stammen aus den 1960er- und 70er-Jahren. Für 2018 ist der Umzug der außereuropäischen Sammlungen ins Humboldtforum im zukünftigen Schlossneubau im Herzen Berlins geplant.

Museum Europäischer Kulturen, *Lansstr. 8/Arnimallee 25, www.smb.museum, Di–So 10–18, Sa/So ab 11 Uhr, 6 €, Anfahrt: U-Bhf. Dahlem Dorf (U2).*

Reisepraktische Informationen Steglitz und Dahlem

Essen und Trinken

Café in der Schwartzschen Villa (1), *Grunewaldstr. 55, ☎ 902992212, tgl. 10–24 Uhr. Der Betrieb wird von Menschen mit leichter Behinderung geschultert.*

La Castellana (2), *Wrangelstr. 11, ☎ 7913361, tgl. 12–24 Uhr. Italienisches Restaurant mit ungezwungener Atmosphäre und preiswert, im Sommer auf der Terrasse.*

Lenné (3), *Altensteinstr. 15A, ☎ 83229273, Di–Sa 10–19, So 10–16, im Winter 10–17 Uhr. Im Café in der Königlichen Gartenakademie gibt es auch herzhafte Gerichte.*

Luise (4), *Königin-Luise-Str. 40 in Dahlem, ☎ 8418880, tgl. 10–1 Uhr. In schöner Villa mit Biergarten unter alten Bäumen. Internationale Küche, viele Studenten.*

Grunewald

Karte
S. 290

Er ist mit 3000 ha das größte innerstädtische Waldgebiet Berlins, zu Mauerzeiten wichtigster Erholungsort für die Westberliner; durchschnitten von Avus und Bahntrasse wird er im Osten von einer Kette idyllischer Seen durchzogen und westlich von der großartigen Seenlandschaft der Havel begrenzt: Der von sanften Hügeln durchzogene Grunewald ist ein Paradies zum Wandern, Joggen, Radfahren – und natürlich Baden. Idyllische Badestellen findet man entlang der umwaldeten Seenkette sowie fast überall am Havelufer mit seinen romantischen Sandstränden.

Vom Grunewaldturm auf den Teufelsberg

Mit dem **Oldtimer-Doppeldecker**, Linie 218, kann man gemütlich auf der Havelchaussee durch den Wald und am Wasser entlangschaukeln und immer wieder an Attraktionen aussteigen. Mitten im Wald und hoch über dem Havelufer erhebt sich der 55 m hohe **Grunewaldturm (1)** in seiner fast märchenhaft erscheinenden Backsteinarchitektur. Anlässlich des 100. Geburtstags des ersten deutschen Kaisers errichtete Franz Schwechten diesen markanten Turm 1897. Von der Aussichtsplattform (über 200 Stufen) hat man eine weite Sicht über die Wald- und Seenlandschaft, bei gutem Wetter bis nach Potsdam. Am Fuß des Turms kann man sich im Restaurant oder Biergarten kulinarisch verwöhnen lassen (s. S. 294).

Weite Sicht übers Land

Grunewaldturm, *Restaurant und Turm tgl. 10–22 Uhr, Aufstieg 3 €, Anfahrt: Bushalt Grunewaldturm. Bus 218 fährt zwischen Bahnhof Wannsee und S-Bhf. Heerstraße (S5) bzw. U-Bhf. Theodor Heuss-Platz (U2), nur stdl., ☎ 19449, www.fahrinfo-berlin.de.*

Ein weiteres Ziel ist die 400 m lange **Halbinsel Schildhorn (2)**, die man einmal bequem umrunden kann *(Bus: Schildhorn)*. Am nördlichen Ende führt eine Treppe auf den „Höhenkamm“ mit dem markanten **Schildhorn-Denkmal**. Der Legende nach soll der Slawenfürst Jaxa von Köpenick auf der Flucht vor Albrecht dem Bären

Grunewald/Wannsee
Sehenswürdigkeiten
1 Grunewaldturm
2 Halbinsel Schildhorn
3 Teufelssee
4 Teufelsberg
5 Schlachtensee
6 Krumme Lanke
7 Jagdschloss Grunewald
8 Brücke-Museum
9 Strandbad Wannsee
10 Villa Liebermann
11 Villa der Wannseekonferenz
12 Schlösschen Pfaueninsel
13 Meierei Pfaueninsel
14 St. Peter und Paul
15 Heilandskirche von Sacrow
16 Schloss Sacrow
17 Teufelsbrücke
18 Glienicker Schloss
19 Glienicker Brücke
20 Villa Schöningen
Alte Dorfstraße
WILHELMSTADT
Scharfe Lanke
Seeburg
Engelsfelde
Chaussee
Gatower Straße
Schild-horn
Havel
GATOW
Alt-Gatow
Groß-Glienicker Weg
Kladower Damm
Grunewald-turm
Potsdamer Chaussee
Potsdamer
Groß-Glienicke
R.-Waite-Str.
Leonardo-da-Vinci-Str.
Luftwaffenmuseum der Bundeswehr
BERLIN
Ritterfelddamm
Seekorso
Bergstr.
Groß Glienicker See
Uferpromenade
Waldallee
Lind-werder
Sacrower Allee
Seepromenade
Selbitzer Str.
Wickramstr.
KLADOW
Kladower Damm
Havelchaussee
Havel
Krampnitzer Weg
Sacrower Landstraße
Imchen
Sakrower Kirchweg
Imchenallee
Schwanen-werder
Sacrower See
Wannseebadweg
Kronprinzessinnenweg
POTSDAM
Strandbad Wannsee
Kladower Straße
Pfauen-insel
Villa der Wannsee-konferenz
Großer Wannsee
Sacrow
Fähre
Pfaueninselchaussee
NIKOLASSEE
Nikolassee
Wasser-taxi
Straße zum Löwen
An Sandwerder
Havel
WANNSEE
Königstraße
Wannsee
Dreilindenstr.
Potsdamer Chaussee
Park Glienicke
Nikolskoer Weg
Kleiner Wannsee
Chausseestr.
Königstraße
Polesee
KLEIN-GLIENICKE
Stölpchen-see
115

Restaurants/Cafés
1 Fischerhütte
2 Paulsborn
3 Restaurant Grunewaldturm
4 Alte Liebe
5 Loretta am Wannsee
6 Café Max Liebermann
7 Hofcafé bei Mutter Fourage
8 Wirtshaus Pfaueninsel
9 Blockhaus Nikolskoe
10 Moorlake
11 Lutter & Wegner
(früher Goldener Greif)
N
0
1 km
© graphic
PICHELSDORF
Pichelsberg
Olympiastadion
Heerstraße
Heerstr.
Kaiserd.
Messe Nord
Kranzallee
Lückallee
Messe Berlin
Westkreuz
Messe Süd
Am Postfenn
Teufelsberg
Teufelsseechaussee
Waldschulallee
Jafféstraße
Messedamm
Selbstmörderfriedhof
Teufelssee
Zikadenweg
Eichkampstr.
Grunewald
Trabener Str.
Koenigsallee
Bismarckallee
Delbrück Str.
Hubertusallee
G r u n e w a l d
Hundekehlesee
Hagenstraße
Griegstraße
Teplitzer Str.
Grunewaldsee
Hüttenweg
Pücklerstr.
Jagdschloss Grunewald
Brücke-Museum
Clayallee
Miquelstr.
Lentzeallee
Breitenbachplatz
Südwestkorso
Markelstr.
Schildhornstr.
Podbielskiallee
Schorlemerallee
Englerallee
Brentanostr.
Onkel-Tom-Straße
Im Dol
Pacelliallee
Archivstr.
Lepsiusstr.
Grunewaldstr.
Königin-Luise-Straße
DAHLEM
Museum Dahlem
Rathaus Steglitz
Krumme Lanke
Am Hegewinkel
Dahlem-Dorf
Fabeckstr.
Botanischer Garten
Birkbuschstr.
Onkel Toms Hütte
Argentinische Allee
Oskar-Helene-Heim
Thielplatz
Thielallee
Altensteinstr.
Quermatenweg
Riemeisterstr.
Garystr.
Schlachtensee
Elvirasteig
Wilskistr.
Schützallee
Unter den Eichen
Gardeschützenweg
Hindenburgdamm
Klingsorstr.
Goethestr.
Hedin-Str.
Fischerhüttenstr.
Lichterfelde West
Augustastr.
Holbeinstr.
Ringstr.
Matterhornstr.
Sven-Hedin-Str.
Beerenstr.
Berliner Straße
Sundgauer Straße
Drakestraße
Mexikoplatz
Dahlemer Weg
STEGLITZ
Bakestr.
Ostpreußendamm
Dubrowstr.
Niklasstr.
Lindenthaler Allee
Potsdamer Chaussee
ZEHLENDORF
Seehofstr.
Finckensteinallee
Zehlendorf
Mühlenstraße
Hochbaumstr.
Altdorfer Str.
Carstennstraße
Königsberger Str.
Wasgenstr.
Königsweg
Clauertstr.
Berlepschstr.
Machnower Straße
Teltower Damm
Goerzallee
Morgensternstr.
Museumsdorf Düppel
Ludwigsfelder Str.
Baseler Str.
Teltowkanal
Neuruppiner Str.
Leo-Baeck-Str.
Seehofstr.
Osteweg
LICHTERFELDE
Osdorfer Straße
Claszeile
Heinr.-Laehr-Park
Jägersteig
Thälmann-Str.
Zehlendorfer Damm
Sachtlebenstr.
Erlenweg
Am Stichkanal
Lichterfelder Allee
Lichterfelde Süd
Osdorfer Str.
Ernst-
Hohe Kiefer
Kleinmachnow
SCHÖNOW

Der Teufelsberg ist durch Treppenwege erschlossen

mitsamt seinem Pferd die Havel durchschwommen haben. Aus Angst vor dem Ertrinken rief er erfolglos den Slawengott Triglaw an, danach den verhassten Christengott, mit dessen Hilfe er das rettende Ufer bei Schildhorn erreichte. Dort bekehrte er sich aus Dankbarkeit zum Christentum und ließ seine Waffen (Schild, Horn) an einem Baum zurück. Daran erinnert das 1845 aus schlesischem Sandstein errichtete Denkmal.

Ganz in der Nähe *(Bus: Havelweg)* zweigt von der Havelchaussee ostwärts der Schildhornweg ab, nach 200 m (ausgeschildert) führt links ein Weg zu einem der wohl seltsamsten Orte Berlins, dem sogenannten **Selbstmörderfriedhof**. 1879 legte die Forstverwaltung für unbekannte Leichen, die sie aus der Havel gefischt hatte, einen Begräbnisplatz an. Längst finden in dieser idyllischen und völligen Abgeschiedenheit nicht nur Namenlose ihre letzte Ruhe, sondern z. B. der Schriftsteller Clemens Laar und die Pop-Ikone (und Heroinjunkie) Nico.

Wer auf dem Schildhornweg 2,5 km weiterwandert, gelangt zum **Teufelssee (3)**, einem beliebten Ausflugsort. Nördlich steigt der neben den Müggelbergen höchste Gipfel Berlins mit 114,7 m auf. Als Trümmerberg wurde der **Teufelsberg (4)** nach 1945 künstlich aufgeschüttet, von oben besteht eine großartige Sicht. Die markantweißen und weithin sichtbaren Radarkuppeln der ehemaligen US-Abhörstation entpuppen sich bei näherer Betrachtung als Ruinenlandschaft, Zukunft ungewiss.

Tipp

Einblick in die skurrilen Anlagen der ehemaligen **US-Abhörstation** *am Teufelsberg bietet eine zweistündige Führung, Sa/So 13 Uhr, 15 €, Anmeldung erforderlich: www.berlinsightout.de, ☎ 0163-8585096, Anfahrt: S7 Grunewald + 2 km Fußweg (ausgeschildert).*

Vom Schlachtensee zum Brücke-Museum

Gute Wasserqualität

Am Rand des Grunewalds liegt der idyllisch geschwungene **Schlachtensee (5)**, umgeben von Wäldern und sanften Hügeln. Er gehört zur Kette der Grunewaldseen, ist fast 9 m tief und von ausgezeichneter Wasserqualität. Immer wieder laden kleine Buchten zum Schwimmen ein. Ganz um den See herum führt ein weitgehend schattiger Weg (6 km), der bei Spaziergängern, Joggern und Radfahrern gleichermaßen beliebt ist. Gelegentlich kann man hier auch Promis sichten. Am nordöstlichen Ufer liegt die beliebte Ausflugsgaststätte **Fischerhütte**.

Wandertipp

Vom Schlachtensee bietet sich eine lohnenswerte und gut ausgeschilderte Wanderung (7–8 km) entlang der Grunewald-Seenkette bis zum S-Bahnhof Grunewald an.

Entstanden als eiszeitliche glaziale Rinne, sind alle Seen durch Wasserkanäle miteinander verbunden. Die nordöstlich vom Schlachtensee liegende **Krumme Lanke (6)** ist nur 400 m vom Schlachtensee entfernt. Ihr schließt sich das **Riemeisterfenn** an, eines der letzten Berliner Moore, das aus einem verlandeten See entstanden ist. Über die Onkel-Tom-Straße hinweg führt der Weg durch das Naturschutzgebiet **Langes Luch** mit seinen Erlenbruchwäldern. Kurz hinter dem befahrenen Hüttenweg liegt das malerische, im Stil der Neorenaissance erbaute **Forsthaus Paulsborn**.

Naturschutz

Am östlichen Ufer des Grunewaldsees steht mit dem **Jagdschloss Grunewald (7)** der einzige original erhaltene Renaissancebau Berlins, der 1542 für den Kurfürsten Joachim II. „im grünen Walde“ errichtet wurde. Dieser war namensgebend für Wald und Schloss. Die heutige barocke Gestalt des Baus geht auf Um- und Anbauten von Friedrich I. um 1707 zurück. Im umfassend renovierten Schloss werden wieder die Meisterwerke von Lucas Cranach in der neu konzipierten Herrschergalerie sowie Darstellungen der höfischen Jagd präsentiert. Im 1770 unter Friedrich II. errichteten Jagdzeugschuppen werden in passender Umgebung die damaligen Jagdarten gezeigt.

Herrschergalerie

Jagdschloss Grunewald, *Hüttenweg 100, ☎ 8133597, www.spsg.de, April–Okt. Di–So 10–18, Nov.–März Sa/So 10–16 Uhr, 6 €.*

Berliner lieben ihre Hunde und hier, am Ostufer des Grunewaldsees, dürfen ihre Vierbeiner ganz offiziell ins Wasser – der Grunewald ist das **größte Hundeauslaufgebiet Europas**. Es empfiehlt sich nicht unbedingt zu baden … Nordwestlich des Sees durchquert man das **Hundekehlefenn** und erreicht bald die Königsallee. Nach rechts geht es in die **Villenkolonie Grunewald** (s. S. 166) und über die Fontanestraße zum S-Bahnhof Grunewald.

Das **Brücke-Museum (8)** zeigt die weltweit umfangreichste Sammlung der expressionistischen Künstlervereinigung Brücke, neben Gemälden, Aquarellen und Grafiken auch Skulpturen und kunsthandwerkliche Arbeiten.

Expressionismus

Brücke-Museum, *Bussardsteig 9, ☎ 8312029, www.bruecke-museum.de, Mi–Mo 11–17 Uhr, 5 €, Anfahrt: U-Bhf. Fehrbelliner Platz u. Bus 115 Pücklerstraße.*

Reisepraktische Informationen Grunewald

Essen und Trinken

Fischerhütte am Schlachtensee (1), *Fischerhüttenstr. 136, ☎ 80498310, tgl. 9–24 Uhr. Beliebte Ausflugsgaststätte, in der sich Friedrich II. auf seinen Kutschfahrten von Potsdam nach Berlin gestärkt haben soll. Bei gutem Wetter wird es proppevoll. Restaurant (ausgezeichnet und höherpreisig) mit fantastischem Blick auf den See; darunter rustikaler Biergarten mit Selbstbedienung, ideal für Wanderer, Radfahrer und Familien.*

Alte Liebe (4), *Havelchaussee 107, ☎ 3048258, www.alte-liebe-berlin.de, Sommer tgl. 12–22, Winter Do–So 12–19 Uhr. Seit 1925 das älteste Berliner Restaurantschiff. Rustikale Küche, auch Fischgerichte wie Fischplatte Klabautermann, dazu frisch gezapftes Bier, moderate Preise. Anfahrt: Bus 218 Postfenn, .*

Restaurant Paulsborn am Grunewaldsee (2) *Hüttenweg 90, ☎ 8181910, ab 11 Uhr. Das Lokal gehört zum Sozialprojekt von Mosaik e. V. für Menschen mit Behinderung. Es bietet in passendem Ambiente Wildgerichte, draußen schöner Biergarten.*

Restaurant Grunewaldturm (3), *Havelchaussee 61, www.restaurant-grunewaldturm.de, ☎ 41720001, tgl. 10–22 Uhr. Saisonale Küche und hausgemachte Torten.*

Wannsee

Karte
S. 290

Ostseefeeling am Strandbad Wannsee (9)

Sonnenuntergang vorm Strandkorb

Hinter dem Eingangsbereich auf der Anhöhe wähnt man sich zunächst fast im Kurpark: Bänke mit Sicht auf schön angelegte Blumenbeete, Schachbrettspiele und Blick auf die Seenlandschaft. Die Treppenanlagen führen zu den denkmalgeschützten Strandhallen, 540 m lang mit Promenade und Sonnendecks. Bei schönem Wetter kommen die Berliner mit Kind und Kegel, Gummiboot und Ghettoblaster. Wer Ruhe sucht, findet auf dem 1,2 km langen echten Ostseestrand des **größten Binnenbads Europas** genügend freie Abschnitte. Und im FKK-Gelände trifft Bernd den schönen Klaus. Das Wasser ist von guter Qualität, aber wegen Algenwuchs manchmal grün eingefärbt. Am schönsten ist die abendliche Stimmung bei traumhaften Sonnenuntergängen. Auch bei kühlem Wetter sitzen die Stammgäste eingemummelt in den Strandkörben und schauen versonnen auf ihren Großen Wannsee.

Strandbad Wannsee, *Wannseebad 25, ☎ 8035450, www.berlinerbaederbetriebe.de, April–Sept. tgl. 10–19/20/21 Uhr, 4 €, Anfahrt: S-Bhf. Nikolassee (S1/S7) + 1 km Fußweg, im Hochsommer Bus-Shuttle.*

Heitere Villa, düstere Villa, Alsen und ein Löwe

Sommervillen

1909 erwarb der berühmte Maler Max Liebermann das ca. 7000 m² große Grundstück direkt am Wannsee in der vornehmen Villenkolonie Alsen. Die ab 1863 in traumhafter Lage am Wannsee entstandene Sommervillenkolonie erhielt ihren Namen von der dänischen Ostseeinsel Alsen, die damals als Symbol der entscheidenden Schlacht im dänisch-deutschen Krieg von 1864 galt. Direkte Nachbarn waren der Verleger Carl Langenscheidt (heute wohnt hier der Ururenkel) und der AEG-Direktor Johann Hamspohn, gegenüber lebten Verleger Ferdinand Springer und der Mediziner Ferdinand Sauerbruch.

Die 1910 bezugsfertige und schnörkellose **Sommervilla Liebermann (10)** wird von Licht durchflutet und korrespondiert fantastisch mit der umgebenden Garten-

landschaft. Von Frühling bis Herbst begrüßt den Besucher eine einzigartige Farbenpracht von Blumen und Gemüsen, eine ländliche Idylle, die Liebermann als inspirierendes Motiv auf seinen Bildern festhielt. Das Haus ist seit 2006 als Museum geöffnet. Gezeigt werden Dokumente zur Geschichte der Familie Liebermann und der Villa sowie Gemälde und Pastelle des Künstlers. Im Eingangshäuschen kann man nach Kunstdrucken stöbern. Hinter der Villa, dem See mit einer weitläufigen Rasenfläche zugewandt, kann man auf der Terrasse oder im ehemaligen Speisezimmer das Ambiente bei einem Kaffee auf sich wirken lassen.
Villa Liebermann, *Colomierstr. 3, ☎ 80585900, www.liebermann-villa.de, Mi–Mo Okt.–März 11–17, April–Sept. 10–18, Do–20 Uhr, 6 €.*

Einen Steinwurf weiter liegt die **Villa der Wannseekonferenz (11).** Sie wurde 1914 für den Pharmafabrikanten Ernst Marlier von Paul Baumgarten entworfen, der auch die Villen Liebermann und Hamspohn erbaut hatte. Hier kamen am 20. Januar 1942 SS-Obergruppenführer Reinhard Heydrich und andere hochrangige Vertreter des NS-Regimes zur „Besprechung über die Endlösung der Judenfrage“ zusammen. Die Konferenz und der Völkermord an den europäischen Juden wird seit 1992 von einer eindrucksvollen Ausstellung der Gedenk- und Bildungsstätte bestens dokumentiert. In Anbetracht der umgebenden idyllischen Parkanlage am Wannsee wirkt die Aufklärung über die unfassbaren Nazi-Verbrechen besonders schockierend.

„Endlösung der Judenfrage“

Villa der Wannseekonferenz, *Am Großen Wannsee 56–58, ☎ 8050010, www.ghwk.de, tgl. 10–18 Uhr, am Gartentor klingeln, Eintritt frei.*

Pfaueninsel und westliches Wannseeufer

Mit der nur über die Fähre erreichbaren **Pfaueninsel** betritt man unerwartet ein romantisches Paradies, konzipiert vom Landschaftsarchitekten Peter Joseph Lenné als Teil seines Gesamtkunstwerks der Berlin-Potsdamer-Kulturlandschaft und UNESCO-Welterbe. Das weiße **Schlösschen (12)** mit den Türmen, verbunden mit einer Brücke, entstand bereits 1796 als Liebesnest für Friedrich Wilhelm II. und seine Geliebte. Der Holzbau erweckt die Illusion einer mittelalterlichen Burg. Alter Baumbestand (400 Eichen) und ein Biedermeiergarten lassen den Luxus vergangener Zeiten erahnen. An die königliche Menagerie, die 1843 den Grundstock des Berliner Zoos bildete, erinnern heute Vogelvoliere, Wasservogelteich – und natürlich die überall herumlaufenden farbenprächtigen Pfauen.

Illusion einer mittelalterlichen Burg

Ganz im Norden findet man die ehemalige **Meierei (13)** in Gestalt einer gotischen Kirchenruine. Während eines ausgedehnten Spaziergangs ergeben sich immer wieder malerisch-romantische Ausblicke auf die wasserreiche Umgebung.
Pfaueninsel, *Fähre tgl. im Sommer bis 21, im Winter bis 16 Uhr, Überfahrt 5 Min., 3 €. Schloss, ☎ 0331-9694200, www.spsg.de, April–Okt. Di–So 10–17.30 Uhr, mit Führung 2 €, Anfahrt: ab Bhf. Wannsee Bus 218 Pfaueninsel (stdl.), Ausflugsdampfer von Wannsee oder Potsdam zur Pfaueninsel (www.sternundkreis.de).*

Wieder auf dem „Festland“ neben der Fähre liegt das **Wirtshaus zur Pfaueninsel** mit schönem Biergarten. Nur weitere 500 m westlich schmiegt sich am Steilhang des Wannseeufers hoch über der Havelbucht die evangelische Kirche **St. Peter und Paul (14)**. Vom Uferweg kaum zu sehen, entfaltet sie vom Wasser aus ihre romantische Wirkung. Der mit dem russischen Zaren befreundete Preußenkönig Friedrich III. gab 1834 einen russisch wirkenden Kirchenbau mit Zwiebelkuppel in Auftrag, ausgeführt von den Architekten August Stüler und Albert Dietrich Schadow. Vom Vorplatz der Kirche eröffnet sich ein sagenhafter Blick auf die Havellandschaft. Unbedingt sollte man den schönen Innenraum mit Kassettendecke und Holzempore besuchen.

Sagenhafter Blick

St. Peter und Paul, *Nikolskoer Weg 17, ☎ 8052100, kirche-nikolskoe.de, tgl. 11–16 Uhr, So Gottesdienst 15 Uhr.*

Daneben steht das **Blockhaus Nikolskoe**, das Friedrich III. 1819 seiner Tochter schenkte, die mit dem späteren Zaren Nikolaus I. verheiratet war. Das in St. Petersburg lebende Ehepaar zeigte sich über das rekonstruierte russische Bauernhaus hoch erfreut. Heute erfreut das **Wirtshaus Nikolskoe** seine Gäste mit saisonalen Gerichten aus der Region – und einer wunderbaren Aussicht hoch über der Havel von der Terrasse.

Westlich entlang dem Uferrad- und -fußweg erreicht man nach 1,5 km eine V-förmige Panoramabucht und ein Stückchen Oberbayern – das **Gasthaus Moorlake**. Das Forsthaus und die Stallungen am Havelufer ließ Friedrich Wilhelm IV. für seine bayerische Gattin Elisabeth 1840 errichten. Es sollte zur Erholung dienen, aber auch Jagdgesellschaften den entsprechenden Rahmen geben. Ab 1896 verpachtete das preußische Königshaus die Anlage als Gastwirtschaft.

Bayrisches Gasthaus

Schiffstour

Von der Ausbuchtung **Am Krughorn** *hat man eine besonders schöne Aussicht auf die wasserreiche Landschaft. Von hier fährt ein Schiff zur gegenüber liegenden Heilandskirche von Sacrow (s. u.), zu Mauerzeiten ein verwunschener Sehnsuchtsort im Sperrgebiet, von niemandem erreichbar (Anleger Krughorn, ☎ 0331-2759210, www.potsdamer-wassertaxi.de, 3–5 Mal tgl.).*

Sacrow

Vom Park Klein-Glienicke und Neuen Garten sieht man gegenüber auf einer Landzunge, die bereits zu Potsdam gehört, einen außergewöhnlichen Kirchenbau. Die überdachten Säulengänge wirken wie ein ankerndes Schiff mit freistehenden Glockenturm. Tatsächlich ließ Friedrich Wilhelm IV. die **Heilandskirche von Sacrow (15)** 1844 als symbolisches Bollwerk gegen die „Stürme des Lebens" von Ludwig Persius im Stil einer frühchristlichen italienischen Basilika errichten. Die gelblichen Backsteine mit gemusterten Fliesen erinnern an orientalische Baukunst.

Italienisch-orientalischer Stil

Zu Mauerzeiten lag die Kirche wie ein Sehnsuchtsort im Sperrgebiet am Havelufer, selbst für den Pfarrer unerreichbar. Im Inneren mutwillig zerstört und außen nahezu Ruine, kann man sie nach aufwendiger Sanierung wieder besuchen oder Gottesdiensten und Konzerten beiwohnen. Dazu lädt dann die älteste Potsdamer Glocke von 1406 mit hellem Geläut ein.

Übrigens sendete man von hier das deutschlandweit erste Funktelegramm an die nur 1,6 km entfernte, gegenüber liegende Matrosenstation, woran eine Tafel am Turm erinnert. Bei einem Gang um die Kirche kann man die herrlichen Ausblicke auf Pfaueninsel, Glienicker Brücke, Neuer Garten und das Belvedere genießen.

Heilandskirche, *Fährstr., Potsdam, ☏ 0331-5043758, www.heilandskirche-sacrow.de, April–Sept. Di–So 11–18, Okt. bis 15, Nov.–März Sa/So 11–15 Uhr.*

Mitten im Grünen: die Heilandskirche von Sacrow

Hinter der Kirche erstreckt sich der 26 ha große **Landschaftsgarten**, den Lenné als letzten Teil seiner Kulturlandschaft rund um die Havelseen angelegte. Der zu DDR-Zeiten als Ausbildungsort für Zollhunde mit Hundezwingern und nachgebauter Grenzanlage verunstaltete Sacrower Park wurde wiederhergestellt und lässt sich auf einem kleinen Spaziergang wunderbar genießen. Dabei gelangt man zum **Sacrower Schloss (16)**, das sich Friedrich Wilhelm IV. von einem Gutshaus zu einem Schlösschen ausbauen ließ. Von der originalen Inneneinrichtung ist kaum etwas erhalten. Gelegentlich ist das Haus im Sommer für Ausstellungen geöffnet.

Westlich vom Schloss reckt am Rand einer alten Streuobstwiese die mit 400 Jahren älteste Potsdamer Eiche ihre Äste gen Himmel. Dahinter schließt sich der umwaldete Sacrower See an, der zu den saubersten Gewässern Brandenburgs zählt. Man kann ihn auf einem Wanderweg umrunden.

Schloss Sacrow, *Krampnitzer Str. 33, Potsdam, ☏ 0331-9694-550, geöffnet im Rahmen von Sonderausstellungen, Info: www.ars-sacrow.de, Anfahrt: von Berlin-Kladow (s. S. 306) Bus 697 Schloss Sacrow; von Potsdam Hbf. Bus 639 bis Heinrich-Heine-Weg + Bus 697 Schloss Sacrow; die schönste Verbindung geht übers Wasser von mehreren Haltepunkten wie Meierei/Cecilienhof oder Glienicker Brücke, Mai–Sept. mehrmals tgl., Info: ☏ 0331-27592-10/20/30, www.potsdamer-wassertaxi.de.*

Klein-Glienicke, Glienicker Brücke, deutsche Teilung

Bereits am Krughorn beginnt der nördliche Ausläufer des **Parks Glienicke**. Unter dem Zusammenwirken des Bauherrn Prinz Karl von Preußen mit Gartenarchitekt Peter Joseph Lenné und Architekt Karl Friedrich Schinkel entstand um 1830 eine höchst abwechslungsreiche Park- und Schlossanlage. Hinter dem am Uferweg gelegenen Jägertor öffnet sich eine hügelige Waldlandschaft – über eine Mini-Schlucht führt die als Ruine konzipierte **Teufelsbrücke (17)**. Weiter südlich ebnet sich die Parkanlage. Der nordeuropäische und weite Charakter wandelt sich in

Wald und Wiesen

Die Glienicker Brücke: ein Baudenkmal mit Geschichte

mediterran-heiteres Flair, **Matrosenhaus**, **Maschinenhaus** und **Orangerie** rücken ins Blickfeld. Vom südwestlich gelegenen **Casino**, von Schinkel im Stil einer italienischen Villa gebaut, genießt man eine herrliche Aussicht. Vor dem kleinen **Glienicker Schloss (18)** nahe der Königstraße sprudelt eine von zwei goldenen Löwen bewachte Fontäne.

Berühmte Brücke

Seit dem 17. Jh. verbindet die **Glienicker Brücke (19)** das östliche Havelufer mit Potsdam. Ursprünglich dem Adel vorbehalten, wurde dieser Brückenkopf immer wieder ausgebaut. Nach dem Zweiten Weltkrieg markierte die Brücke die Trennung der DDR von West-Berlin. Hier verlief der Eiserne Vorhang, nur die Alliierten durften über die Brücke fahren. Weltweite Berühmtheit erlangte sie mit dem Austausch von Agenten, der zwischen 1962 und 1986 dreimal erfolgte. Heute bildet die markante Stahlkonstruktion die Landesgrenze zwischen Berlin und Brandenburg, die durch eine unterschiedliche Farbgebung der Brückenbögen auffällt.

Auf der Potsdamer Seite hinter den Kolonnaden liegt die **Villa Schöningen (20)**. Das ursprünglich 1826 gebaute Wohnhaus ließ man 1843 im italienischen Stil für Hofmarschall Kurt Wolfgang von Schöning umbauen. Später wohnte hier u. a. der jüdische Bankier Hermann Wallich, einer der ersten Direktoren der Deutschen Bank. Die Angst vor der Nazi-Verfolgung trieb seinen Sohn in den Selbstmord, ab 1938 stand die Villa leer. 1945 zog die Rote Armee ein, ab 1950 der FDGB. Nur 15 m von der Berliner Mauer entfernt diente das heruntergekommene Gebäude ab 1961 als Kinderheim. Nach der Wende ging der Besitz zurück an die Wallich-Erben, die es 1997 an einen Berliner Bauunternehmer verkauften, dessen Baupläne allerdings von den Potsdamer Stadtvätern abgelehnt wurden. 2007 kauften Mathias

Döpfner vom Springer-Konzern und der Bankier Leonhard Fischer die Ruine und sanierten sie aufwendig. Davor steht ein Mauersegment mit originalen Unterschriften von Helmut Kohl, George Bush sen. und Michail Gorbatschow. Die Ausstellung „Spione, Mauer, Kinderheim" arbeitet die wechselvolle Geschichte des Ortes auf, im Obergeschoss werden Kunstausstellungen gezeigt. Im Villengarten entdeckt man originelle Skulpturen oder lässt sich im Café Persius auf der Terrasse nieder.

Wechselvolle Geschichte

Villa Schöningen, *Berliner Str. 86, Potsdam, ☎ 0331-20017 41, www.villa-schoeningen.de, Di–Fr 11–18, Sa/So 10–18 Uhr, 9 €, Garten kostenlos, Anfahrt: vom Bhf. Wannsee Bus 316 Schloss Glienicke bzw. Glienicker Brücke, vom Hbf. Potsdam Tram 93 Glienicker Brücke.*

Vom Bahnhof Wannsee zur Glienicker Brücke

Auf dieser empfehlenswerten Tour radelt man immer am Wasser entlang – mit herrlichen Ausblicken auf die Havelseen. Die Villa Liebermann, die Villa der Wannseekonferenz, die Pfaueninsel und der Park Klein-Glienicke werden passiert.

Radverleih W. Jarberg, *Kronprinzessinnenweg 5 (gegenüber vom Bhf.), ☎ 80108943.*

Reisepraktische Informationen Wannsee

Essen und Trinken

Loretta am Wannsee (5), *Kronprinzessinnenweg 260, ☎ 80105333, www.loretta-berlin.de, tgl. 11–22 Uhr. Traditionsbiergarten auf bewaldeter Anhöhe. Hier genießt man bayerische Spezialitäten, kühles Bier und den Blick auf den Wannsee.*

Hofcafé bei Mutter Fourage (7), *Chausseestr. 15 a, ☎ 80583283, www.mutter-fourage.de, tgl. Mai–Sept. 9–19, Okt.–April 10–18 Uhr. Idyllisches Hofensemble am Wannsee: Gärtnerei, Restaurant, Bäckerei, Wein- und Delikatessenhandlung, Kunstgalerie. Draußen kleine Tische, drinnen Plätze in einer Art alten Scheune. Kleine Gerichte und Frühstück (bis 14 Uhr), Anfahrt: S-Bhf. Wannsee + Bus 118, 318, 316 Rathaus Wannsee.*

Café-Bistro Max in der Liebermann-Villa (6), *☎ 80498433,* *s. S. 294.*

Wirtshaus Pfaueninsel (8), *Pfaueninselchaussee 100, ☎ 8052225, Mi–So ab 10 Uhr. Gute Ausflugsgaststätte mit schönem Biergarten und preiswerten Berliner Gerichten wie Königsberger Klopse, Havelzander, Aal, Schnitzel.*

Blockhaus Nikolskoe (9), *Nikolskoer Weg 15, ☎ 8052914, www.blockhaus-nikolskoe.de, tgl. 11–18 Uhr, im Winter Mi/Do Ruhetag. Ehrliche Küche und saisonale Gerichte zu zivilen Preisen. Flotter Service, alles frisch zubereitet, auch Kuchen und Torten.*

Moorlake (10), *Moorlakeweg 6, ☎ 8055809, www.moorlake.de, tgl. 11–21 Uhr, im Winter 10–19 Uhr. Traditionsreiches Wirtshaus seit 1896 im bayerischen Stil mit herrlichem Terrassengarten. Bodenständige Küche von deftigen Fleischgerichten bis zu leichten Fischgerichten. Im Winter finden regelmäßig Lesungen und Kabarett statt.*

Restaurant Lutter & Wegner (11), *Königstr. 36, ☎ 8054000, www.schloss-glienicke.de, tgl. ab 11 Uhr. Modern und saisonal orientierte Küche mit regionalen Spezialitäten, gehobene Preisklasse, Mittagsteller 8,50 €.*

Spandau

Redaktionstipps

➤ In der **Altstadt Spandau** (S. 301) die Spreemündung, windschiefe Häuser und eine mittelalterliche Stadtmauer (Kolk) entdecken.
➤ Die Bastionen der imposanten **Zitadelle** (S. 303) besuchen und sich im mittelalterlichen Ambiente der Zitadellenschänke laben.
➤ Nicht verpassen: traumhafte Aussichten vom Hochplateau der **Villa Luise** (S. 305) in Kladow, der „Perle der Spandauer Riviera".

Wenn die Spandauer sagen, sie fahren in die Stadt, dann meinen sie die Spandauer Altstadt. Man lebt in Spandau bei Berlin – und auch umgekehrt sind die Spandauer für die Berliner ein „anderes Völkchen da draußen". Tatsächlich ist der besondere Stolz Spandaus im Havelland historisch begründet. Gegründet wurde der Ort am Zusammenfluss von Spree und Havel, der 1197 erstmals erwähnte Name „Spandow" leitet sich aus der ursprünglich slawischen Besiedlung ab. Bereits 1232 erhielt Spandau Stadtrechte. Nach Bau der Zitadelle 1559 zum Schutz der Berliner Residenzstadt avancierte Spandau zur Garnisonstadt und konnte sich aufgrund des Festungszwangs nicht ins Land ausdehnen. Um die Stadtfinanzen war es schlecht bestellt, denn die angesiedelten Gewehr- und Rüstungsfabriken mussten keine Gewerbesteuer bezahlen.

Wichtiger Industriestandort

Erst nach Aufhebung des Festungsstatus 1903 wuchs die Stadt rasch mit Vorstädten wie der gründerzeitlich geprägte Wilhelmstadt südlich der Altstadt. Mit der Ansiedlung der Telegraphen Bau-Anstalt Siemens & Halske zwischen Spandau und Charlottenburg entstand Siemensstadt, ein bis heute wichtiger Industriestandort. Seit 1920 Berliner Bezirk, gehörte Spandau nach 1945 zum britischen Sektor in Westberlin. Für den Ausbau des britischen Militärflughafens Gatow wurde ein Teil des westlichen Ortsteils Staaken der DDR zugeschlagen und nach der Wende wieder nach Berlin-Spandau eingemeindet.

International bekannt wurde Spandau auch durch das **Kriegsverbrechergefängnis** der Alliierten, das nach dem Tod des letzten Insassen Rudolf Heß 1987 abgerissen wurde. Übrigens ließ sich die britische New Wave Gruppe „The Makers" nach einem Besuch 1979 in Berlin Gatow namenstechnisch inspirieren und nannte sich fortan „Spandau Ballett". Drei Jahre später entstand in Spandau die Punkrockband „Die Ärzte", nachdem sich die Gründer ein Jahr zuvor in einer Disko in der Dorfstraße kennengelernt hatten.

Der 92 km² große Bezirk mit seinen rund 230.000 Einwohnern präsentiert sich heute sehr kontrastreich. Während einige Stadtgebiete rund um die Altstadt mit hoher Arbeitslosigkeit zu kämpfen haben und sogar offiziell als Problemkieze eingestuft werden, findet sich südlich entlang der „Riviera Spandau" in **Gatow** und **Kladow** eine andere Welt mit Nobelvillen, Einfamilienhäusern und Golfplätzen. Auf dem Weg von Spandau nach Berlin passiert man die riesigen Industriequartiere von Siemens, BMW-Motorräder, Osram, Bausch & Lomb, die Schlote vom Heizkraftwerk Reuter oder Müllverbrennungsanlagen. Gleichzeitig bestehen 40 % der Bezirksfläche aus attraktiven Grün-, Wald- und Wasserflächen.

Spandauer Altstadt

Gelungener Wiederaufbau

Noch deutlich zeichnet sich das alte Straßen- und Siedlungsmuster der Spandauer Altstadt ab. Allerdings haben Brände, Kriege und Abrisse von der historischen Substanz nicht viel übrig gelassen. In den 1970er-Jahren fing man an, ein ansprechendes Stadtbild zu schaffen, Altbauten teilweise zu rekonstruieren und Nachkriegssünden abzumildern. Während eines gemütlichen Bummels durch die **Fußgängerzone** laden Restaurants und freundliche Cafés zur Rast ein.

Spaziergang vom Bahnhof zur Zitadelle

Anfahrt: *Bhf. Spandau (S-Bahn, U7 sowie Fernbahn)*
Dauer: *1–2 Std. (2,5 km)*

Bahnhof und Rathaus Spandau (1)

Ausgangspunkt ist der 1998 neu eröffnete Bahnhof Spandau mit seinem langen, elegant gewölbten Glasdach. Den **75-Meter-Turm** vom Rathaus vor Augen, lohnt der Blick unter die Erde. Von einer Galerie schaut man auf einen fast monumentalen, aber nicht unbehaglich gestalteten U-Bahnhof, der 1984 eröffnet wurde, um

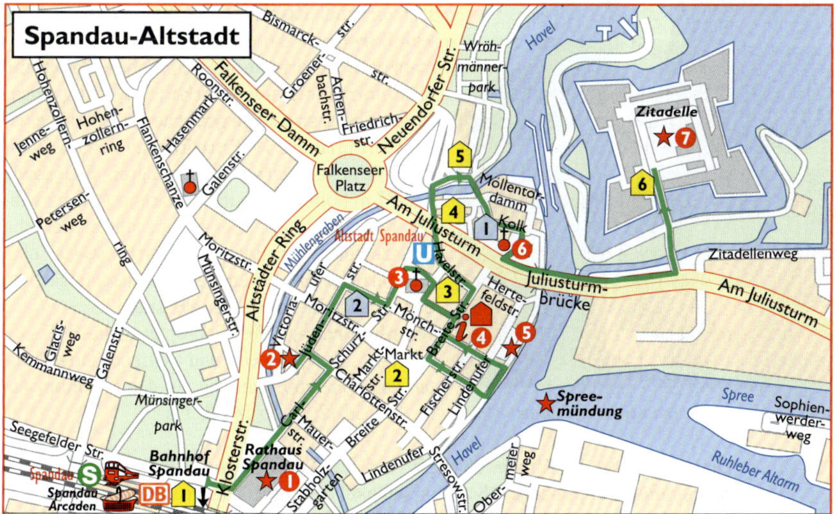

Sehenswürdigkeiten
1 Rathaus Spandau
2 Künstlerhof
3 Nikolaikirche
4 Gotisches Haus
5 Lindenufer
6 St. Marien
7 Zitadelle

Restaurants/Cafés
1 Florida Eiscafé
2 Konditorei Fester
3 Hasir Spandau
4 Restaurant Kolk
5 Brauhaus Spandau
6 Zitadellenschänke

Ausgehen
1 Alte Kolkschänke
2 Spandauer Bock

© graphic

N

0 300 m

Spandau mit dem Westberliner Zentrum zu verbinden. Das **mächtige Rathaus** der damaligen Großstadt Spandau (1913) fungiert seit 1920 als Bezirksrathaus.

Ehemalige Großstadt

Rathaus Spandau, *Carl-Schurz-Str. 2/6, kostenlose Führungen auf den Turm, Termine und Anmeldung unter ☏ 902792261.*

Am Rathaus beginnt die Fußgängerzone mit der breiten **Carl-Schurz-Straße**, benannt nach dem studentischen Held der Märzrevolution von 1848. Der hatte seinen Gesinnungsgenossen Gottfried Kinkel aus dem nicht mehr existierenden Spandauer Zuchthaus in der Charlottenstraße befreit. In Anlehnung an den damaligen Insassen wurde die Jüdenstraße ab 1938 in Kinkelstraße umbenannt. Seit 2002 trägt sie wieder ihren alten Namen. Am südlichen Ende stehen ein Stück alte Stadtmauer und ein **Künstlerhof (2)** mit 20 Remisen. In nördlicher Richtung passiert man ein markantes Fachwerkhaus (Nr. 33), das sogenannte Wendenschloss von 1681. Wegen seiner schlechten Bausubstanz war es in den 1960er-Jahren abgerissen und mit seiner Originalfassade rekonstruiert worden.

Turm der Nikolaikirche mit barockem Aufsatz

Nikolaikirche (3) und Reformationsplatz

Umringt vom bunten Treiben der Straßencafés steht erhaben **Kurfürst Joachim II.** vor der **Nikolaikirche**, in der er 1539 erstmals das Abendmahl nach lutherischer Regel empfing. Damit war die Reformation in der Mark Brandenburg eingeläutet. Die dreischiffige gotische Hallenkirche datiert um 1370. Bis 1989 stellte man den im Zweiten Weltkrieg schwer beschädigten Bau sowie den 77 m hohen Turm mit barocken Aufsatz wieder her. Das Innere zieren eine mittelalterliche Bronzetaufe, ein Renaissancealtar sowie eine meisterhafte Barockkanzel, die ursprünglich in der Potsdamer Schlosskapelle stand.

Nikolaikirche, *Reformationsplatz, Mo–Fr 12–16, Sa 11–15, So 14–16 Uhr und während Gottesdiensten und Konzerten, Führung auf den Kirchturm April–Okt. Sa 12.30, So 14.30, 1 €.*

Umrundet man die Kirche, trifft man auf das **Gefallenendenkmal** der napoleonischen Befreiungskriege, 1816 von Schinkel errichtet. Das grüne Haus schräg dahinter beherbergt das kirchengeschichtliche St.-Nikolai-Museum und ein Café.

St.-Nikolai-Museum, *Reformationsplatz 12, Mi und Fr–So 15–18 Uhr.*

Gotisches Haus (4) und Lindenufer (5)

Am Gemeindehaus vorbei zweigt östlich die enge Kirchgasse ab. Über dem Eingang des ehemaligen Schulhauses, heute VHS (links, Nr. 3), zeigt jede Etage von unten nach oben ionische, dorische und korinthische Säulen – perfekter Anschauungsun-

terricht für die Schüler. Das **Gotische Haus** auf der Breite Straße 32 ist wohl das älteste Bürgerhaus Berlins, um 1450 für eine wohlhabende Kaufmannsfamilie aus Backstein und nicht mit Fachwerk gebaut. Man kann hineingehen und das alte Kreuzrippengewölbe sowie freigelegte archäologische Schichten sehen. Neben wechselnden Ausstellungen gibt es hier sogar eine Touristeninfo.
Gotisches Haus, *Breite Str. 32, Mo–Sa 10–18 Uhr.*

Weiter südlich am Marktplatz führt ein Durchgang beim Juwelier Brose (Breite Straße 23) in einen charmanten Handwerkerhof. In den ehemaligen Ställen aus Fachwerk zeigt heute die **Galerie Spandow** Ausstellungen. Die Wasserstraße gleich um die Ecke führt zum **Lindenufer**, früher das kleine St. Pauli von Spandau. Heute kann man sich kaum vorstellen, dass hier bis zum Mauerbau 1961 reger Schiffsbetrieb herrschte. Von der Uferpromenade sieht man die Stelle, an der die Spree in die Havel mündet. Die ehemaligen **Geschützwerkstätten** von 1850 erinnern daran, dass Spandau damals eine der größten Waffenschmieden Preußens war. Der gespaltene **Granitblock** auf der Wiese ein Stückchen weiter nördlich symbolisiert das vernichtete jüdische Leben. An der Einmündung zur Kammerstraße stand die Synagoge, die 1938 in der Pogromnacht zerstört wurde.

Zerstörte Synagoge

Die Kammerstraße führt zurück zur Breite Straße mit ihren Geschäften und Eiscafés. Vorbei geht es wieder am Gotischen Haus und links in die in einer leichten Kurve verlaufende Havelstraße. Sämtliche Altbauten entlang der Nordseite waren in den 1950er-Jahren für einen großen Parkplatz abgerissen worden. Seit 1986 ist die Straße wieder bebaut.

Kolk und Behnitz

Überquert man die laute Autotrasse Am Juliusturm sowie die dahinter liegende Fußgängerbrücke und folgt rechts dem Weg am Mühlengraben entlang, gelangt man zum ältesten Siedlungskern von Spandau. Tatsächlich spürt man in der Kolkstraße mit ihren schiefen alten Häusern einen Hauch Mittelalter. Die **Gaststätte Kolk** im ehemaligen Spritzenhaus liegt eingeklemmt zwischen Graben und der hoch aufragenden alten Stadtmauer des 14. Jh. Der Name *Kolk* geht auf die Vertiefung (= Entkolkung) der Havelrinne im 13 Jh. zurück. Im **Brauhaus Spandau** linker Hand wird zwar erst seit 1994 Bier gebraut, aber im besonderen Ambiente der einstigen Heeres-Dampfwäscherei von 1880 mit ihrem hohen Schornstein.

Ein Hauch Mittelalter

Der Behnitz (slawisch: Insel) bildete bis 1912 eine Insel zwischen dem zugeschütteten Altarm der Havel und dem Mühlengraben. Hier befindet sich die schöne, in Anlehnung an den italienischen Renaissancestil 1848 errichtete katholische Kirche **St. Marien (6)**. Der 1944 zerstörte und wieder hergerichtete Bau erstrahlt seit 2003 in neuem Glanz. Die aufwendige Renovierung wurde von den neuen Kirchenbesitzern, dem Ehepaar Kißner gestemmt, die dafür den Deutschen Denkmalschutzpreis erhielten. Die Kirche wird für Gottesdienste und Konzerte genutzt.
St. Marien, *Behnitz 9, tgl. 14–17 Uhr.*

Zitadelle Spandau (7)

Die Spandauer Zitadelle ist vollständig von Wasser umgeben. Kurfürst Joachim II. ließ die wehrhafte Festung im 16. Jh. zum Schutz seiner Bürger und Bediensteten

Die Zitadelle von Spandau beherbergt verschiedene Museen

Imposante Burganlage

im Stil der Renaissance mit vier Bastionen an jeder Ecke errichten. Bereits vorher gab es am Zusammenfluss von Spree und Havel ein Burg. So entstand schon um 1200 der dicke **Juliusturm**, heute der älteste Bau Berlins. Wer genau hinsieht, stellt eine leichte Neigung fest, die der Architekt Schinkel mit einem erhöhten Zinnenkranz auf der Westseite 1838 optisch auszugleichen versuchte. Der 30 m hohe Turm ermöglicht nach 145 Stufen einen wunderbaren Blick über Spandau und die Havel. Von hier aus hatte Joachim II. den Nikolai-Kirchturm beschossen – aus Ärger über dessen Höhe. Mit seinen 3 m dicken Mauern diente er auch als dunkles Verlies und der Einlagerung des Kriegsschatzes von 120 Mio. Goldmark nach dem Deutsch-Französischen Krieg 1870/71. Über die Zugbrücke und durch das Torhaus mit dem Brandenburger Wappen gelangt man in den Innenhof der imposanten Anlage. Gleich rechts steht auf dem Sockel Markgraf Albrecht der Bär, der 1157 das Havelland erobert hatte, was als die Geburtsstunde Brandenburgs gilt.

Der **Palais** stammt aus dem 15. Jh. und wurde später im Renaissancestil umgestaltet. Sein Gotischer Saal ist heute ein beliebter Ort für Konzerte. Weiter links im heutigen **Künstlerhaus** mit Werkstätten und Ateliers hatten die Nazis 1938 ein Heereslabor eingerichtet und bereits mit Gas experimentiert.

Fledermausquartier

Verschiedene Museen auf dem Gelände wie das **Zeughaus**, das ehemalige Kommandantenhaus oder die vier Bastionen zeigen die Geschichte Spandaus und der Zitadelle. Im historischen Gewölbe der Bastion König gleich am Haupteingang serviert die Zitadellenschänke rustikale Gerichte von Kesselsuppe bis Spießbraten. Im Innenhof finden jährlich viele Open-Air-Konzerte, Festivals oder beliebte Burgfeste statt, während die Gewölbe im Winter als großes Fledermausquartier dienen.
Zitadelle Spandau, *Am Juliusturm 64, ☎ 3549440, www.zitadelle-spandau.de, tgl. 10–17 Uhr, 4,50 € inkl. Juliusturm, Museen und Ausstelllungen, Anfahrt: U-Bhf. Zitadelle (U7) + 400 m Fußweg über Straße Am Juliusturm.*

Reisepraktische Informationen Spandau

Essen und Trinken

Florida-Eiscafé (1), *Klosterstr. 15, ☎ 3315666, tgl. 12–23 Uhr. DIE Berliner Eismanufaktur mit Ablegern z. B. in der gläsernen Ellipse gegenüber dem Rathaus.*
Konditorei Fester (2), *Marktplatz, Mo–Sa 8–18/18.30, So ab 11 Uhr. Ein Stück Kaffeehauskultur seit 1928, Leckereien aus Marzipan und eine Vielzahl von Torten.*
Hasir (3), *Breite Str. 43, ☎ 35304792, www.hasir.de, tgl. 12–1 Uhr. Moderne türkische Küche mit wunderbaren Suppen, Vorspeisen, Grill- und Fischgerichten sowie Salaten.*
Restaurant Kolk (4), *Hoher Steinweg 7, ☎ 3338879, tgl. 11.30–24 Uhr. Familienbetrieb in alter Feuerwache. Spezialitäten, Fisch und vegetarische Gerichte (9,50–15,50 €).*
Brauhaus Spandau (5), *Neuendorfer Str. 1, ☎ 3539070, Do–Di 10/11–24/1, im Winter Mo ab 16 Uhr. Uriges Ambiente mit Backstein und Braukesseln. Dazu ein Spandauer Lümmel (ein Fleischwurstring mit lauwarmen Kartoffel-Gurkensalat) für 8,90 €.*
Zitadellenschänke (6), *in der Zitadelle, ☎ 3342106, www.zitadellenschaenke.de, Café So–Fr 11–17 Uhr , Restaurant Di–Fr 16–24, Sa/So 10–24 Uhr. Terrasse im Hof.*

Ausgehen

Spandauer Bock (2), *Moritzstr. 2, tgl. 8–24 Uhr. Über 100-jährige Traditionskneipe, in der man das Bier noch in DM zahlen kann. Alte Wurlitzer Musikbox.*
Alte Kolkschänke (1), *Kolk 3, ☎ 3333762, tgl. ab 17.05 Uhr. Ab dem zweiten Bier wird's gemütlich …, Feierabend ist „wenn keener mehr da ist".*

Kladow

info

Wer zum ersten Mal „hier heraus" kommt, wähnt sich nicht in einer Metropole. Fernab vom Zentrum und dennoch gut erreichbar, bietet das in die Seenlandschaft der Havel eingebettete Kladow eine ländliche Idylle. Kladow und das benachbarte Gatow wurden bereits im 13. Jh. erwähnt. Der schönste Weg, sich der „Perle an der Spandauer Riviera" zu nähern, ist die öffentliche Personenfähre (s. u.). Die vorgelagerte Insel **Imchen** mit ihren Graureihern und Kormoranen ist komplett naturbelassen und darf nicht betreten werden. Wer Glück hat, sieht einen der seltenen Schwarzmilane.

An der Hafenpromenade reihen sich Restaurants und Terrassenlokale aneinander. Der stillen und malerischen Imchenallee vom Bootsanleger aus nach rechts folgend (Nordosten), erreicht man nach 10 Min. Fußweg das eiserne Gutsparktor, hinter dem sich der idyllische Landschaftspark mit dem **Gutshaus Neukladow** erstreckt. Der frühklassizistische Bau wird auch **Villa Luise** genannt, da Wilhelmine Luise Mencken, die spätere Mutter Bismarcks, hier ab 1800 ihre Jugendjahre verbrachte. Seit 2007 bietet der Kulturpark Berlin hier Veranstaltungen an – von Malkursen über Theater bis zu Yoga-Festivals. Auf der Außenterrasse des hauseigenen Cafés kann man traumhafte Ausblicke auf die Seenlandschaft genießen.

info

Villa Luise, *Neukladower Allee 9–12, ☎ 0177-4943419, www.kulturpark-berlin.de, Café Do–So 10–20 Uhr.*

Zurückgekehrt zum Kladower Hafen folgt man nun dem Ufersaum und der Imchenallee in südlicher Richtung. Nach 15 Min. Fußweg, vorbei an stattlichen Villen, geht es links ab auf den leicht ansteigenden Sacrower Kirchweg, von dem nach 500 m links der Lüdickeweg abzweigt. Hinter einem Torhaus liegt der **Landhausgarten Dr. Max Fränkel**, der ab 1925 für den Bankdirektor Fränkel angelegt wurde. Nach dessen Emigration 1934 verwilderte er und wird inzwischen unter Regie des Grünflächenamts Spandau samt Café wiederhergestellt. Während des Bummels durch dieses Gartenjuwel mit seinen blühenden Stauden und Teichen nebst Teehaus, Kutscher- und Pferdestall ergeben sich hoch über dem Havelufer immer wieder wunderbare Ausblicke auf das Wasser und die Pfaueninsel.
Landhausgarten Dr. Max Fränkel, *Lüdickeweg 1, ☎ 90279-3024, -7024, -2930, www.berlin.de/ba-spandau/derbezirk/tourismus/fraenkel.html, Mo–Fr wenn die Gärtner vor Ort sind.*

Über den Sacrower Kirchweg zurück (nach Nordosten) gelangt man ins **Ortszentrum** von Kladow mit denkmalgeschützten Häusern, idyllischem Dorfanger mit Kirche und historischem Dorfkrug sowie zahlreichen kleinen Läden entlang der Sacrower Landstraße. Von hier fahren Busse nach Spandau und Berlin. Die Straße Alt-Kladow führt zurück zum Hafen.

Anfahrt: *Fähre F10 zum Kladower Hafen (Abfahrt 5 Min. Fußweg vom Bhf. Wannsee) ganzjährig jede volle Stunde bis 18 Uhr, Dauer 20 Min.; vom Bhf. Zoo Bus X34 nach Alt-Kladow bzw. vom Bhf. Spandau Bus 134.*
Abstecher: *nach Sacrow (Potsdam) mit Bus 697 von Alt-Kladow bis Schloss Sacrow oder zu Fuß am Ufer entlang über den Sacrower Kirchweg sowie Trampelpfad (ca. 5 km).*
Radverleih: *PASPA Fahrradverleih, Sacrower Landstr. 48, ☎ 85966597, www.havelinfo.de/paspa_fahrradverleih.htm.*
Karte: *s. S. 290.*

Reinickendorf

Beschaulich und bürgerlich

Der Berliner Norden mit seinen weiten Wasser- und Erholungsflächen genießt den Ruf, beschaulich und bürgerlich zu sein. 1920, als der rund 90 km² große Bezirk entstand, wäre fast Tegel der Namensgeber geworden. Die meisten Ortsteile sind aus mittelalterlichen Bauerndörfern hervorgegangen, die im Zuge der Industrialisierung im 19. Jh. zu beliebten Vororten anwuchsen.

Die Wohnformen im Bezirk reichen von großstädtischer Bebauung in Richtung Stadtzentrum über Siedlungen der Moderne wie die Weiße Stadt, Siedlung Paddenpuhl oder Freie Scholle bis hin zur Großsiedlung Märkisches Viertel von 1974, heute Wohnort für 35.000 Menschen. Die meisten Bauten aber sind Einzelhäuser und Villenkolonien mit teilweise prächtigen Landhäusern, insbesondere in Hermsdorf, Waidmannslust oder Frohnau.

Reinickendorf ist zudem ein wichtiger Industriebezirk, in dem das Gelände der ehemaligen Borsigwerke erfolgreich in einen Industriepark umgewandelt wurde. Sogar den Borsighafen am Tegeler See hat man mittlerweile wieder reaktiviert. Weitere Firmen im Bezirk sind der Aufzugbauer Otis oder der Schokoladenhersteller Storck. Weltbekannt ist der Flughafen Tegel, der als wichtigster Flughafen Westberlins 1948 gebaut wurde und mit Eröffnung des neuen Flughafens BER Willy Brandt in Schönefeld 2013 geschlossen wird.

Redaktionstipps

- ➤ Reizvolles Industrie-Ambiente zum Shoppen in den ehemaligen **Lokhallen von Borsig** (S. 307).
- ➤ Wandern oder radeln durch die Auenlandschaft des **Tegeler Fließ'** bis zum letzten Dorf Berlins – Lübars (S. 310).
- ➤ Architektonische Kontraste zwischen altem Tegeler **Ortskern**, ehemaligem **Mühlenspeicher** und moderner **Humboldt-Bibliothek** – das Ganze reizvoll von Wasser umgeben (S. 310).
- ➤ Das maritime Flair auf der Greenwichpromenade am Tegeler See einatmen und Fisch bei **Fisherman's** (S. 311) genießen.

Tegel

Tegel ist flächenmäßig der größte der zehn Ortsteile. Hier verbinden sich auf wunderbare Weise das mediterran anmutende Flair eines Küstenorts mit dem mittelalterlichen Ambiente des beschaulichem Ortskerns. Architektonische Besonderheiten sowie eine der schönsten Erholungslandschaften Berlins rund um den Tegeler See runden das Bild ab.

Spaziergang durch Tegel

Anfahrt: *U-Bhf. Borsigwerke (U6), Ausgang: Am Borsigturm*
Dauer: *2 Std. (5 km)*
Karte: *s. S: 308*

Das Borsiggelände

Lokomotiv-Imperium

Das imposante **Werkstor der Borsigwerke** erinnert an eine mittelalterliche Festung und markiert den Eingang zum 1898 nach Tegel verlagerten Lokomotiv-Imperium. Bis 1918 wurden hier 10.000 Triebfahrzeuge produziert. Danach begann der Niedergang mit der Übernahme durch Rheinmetall und der Umwandlung zur Waffenschmiede im Zweiten Weltkrieg, es folgten Bombardement und anschließende Demontage. Heute nutzen Logistik-Unternehmen, Motorola, MAN Turbo und Herlitz das Gelände – sogar der Hafen ist wieder reaktiviert. Links hinter dem Tor sieht man die **Lok-Skulptur** von Achim Kühn, auf der anderen Straßenseite informiert eine Tafel über die Geschichte des Standorts.

Markantes Wahrzeichen ist der **Borsigturm (1)**, den der Architekt Eugen Schmohl 1922 als Verwaltungsbau und erstes Hochhaus Berlins mit 65 m Höhe und

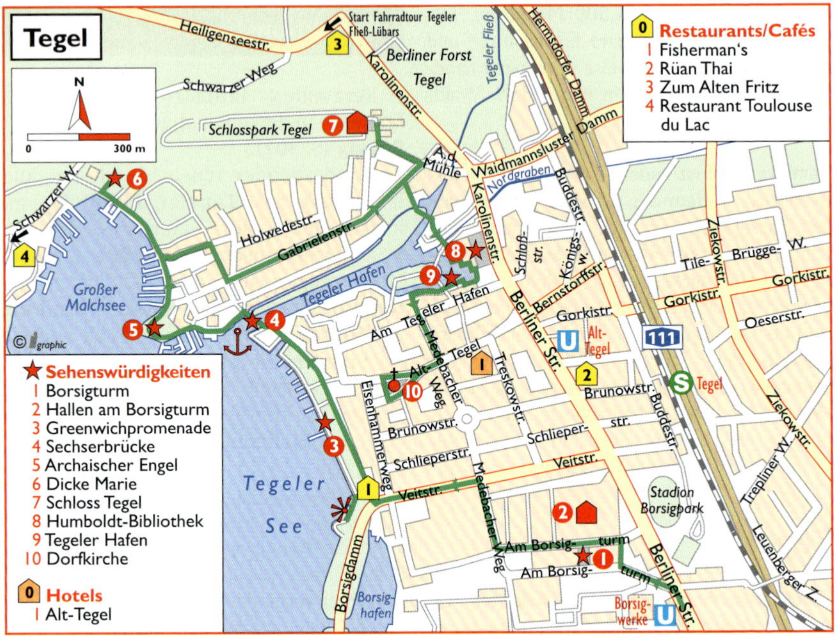

zwölf Geschossen errichtete. Auch heute liegen hinter der expressionistischen Backsteinfassade Büros, während Turmspitze und Meistersaal beliebte Eventorte sind. Durchquert man den begrünten Innenhofbereich, gelangt man zu den **Hallen am Borsigturm (2)**. Die restaurierten backsteinroten Fassaden der einstigen Fabrikhallen fungieren seit 1999 als reizvolle Kulisse für ein modernes Shoppingcenter mit 120 Geschäften, Lokalen und einem Multiplex-Kino. Der Blick hinein lohnt – der Architekt Claude Visconi integrierte 129 Stahlstützen und überspannte die Ladenstraße mit einem Glasdach. Weiter westwärts führt die Straße Am Borsigturm an der Giebelfassade einer einstigen Eisengießereihalle vorbei.

Greenwichpromenade (3)

Englische Partnergemeinde

Parallel zum Ufer verläuft unter Bäumen die Greenwich-Promenade, benannt nach der englischen Partnergemeinde von Tegel. Vom Plateau am südlichen Ende mit den Kanonen hat man einen schönen Ausblick. Der Tegeler See, ein Teil der Havel, ist nach dem Müggelsee der zweitgrößte Binnensee Berlins. Das Erholungsareal, umgeben von dichten Wäldern, zieht im Sommer Wassersportler, Badende und Schiffsausflügler an. Bereits seit 1910 schippern Raddampfer über das Wasser – heute starten von sieben Anlegestellen die Ausflugsboote. Beim Bummeln stößt man auf eine rote **Telefonzelle mit Briefkasten**, ein Geschenk aus Greenwich.

Von der Sechserbrücke zur Dicken Marie

Die Uferpromenade umrundet einen Bootsverleih mit Minigolfplatz und führt auf eine schöne rote Bogenbrücke. Ihre Bezeichnung als **Sechserbrücke (4)** bezieht sich auf den Wegezoll, der anfangs zu entrichten war, um den Brückenbau von 1909 zu amortisieren. Bis heute sagen die Berliner „Sechser“, wenn sie eigentlich das 5-Cent-Stück meinen. Sie überbrückt den Stichkanal zum einstigen Tegeler Hafen, der um 1900 als Industriehafen mit nur mäßigen Erfolg angelegt und später in ein Wohnareal umgebaut wurde.

Hinter der Treppe geht es links zu einer Ausbuchtung am Ufer, wo der **Archaische Engel (5)** seine Flügel ausbreitet. Aus zusammengesetzten Fundstücken wie Räderwerk und Schiffsrumpf schuf der Künstler Siegfried Kühl 1989 ein Denkmal zu Ehren der Dadaistin Hannah Höch. Am Ende der nördlichen Ausbuchtung der sogenannten Großen Malche zweigt rechts ein kleiner Stichweg zur **Dicken Marie (6)** ab. Die stämmige Eiche ist mit über 820 Jahren der älteste Baum in Berlin und wurde von den Humboldt-Brüdern nach ihrer Hausköchin benannnt. Um sie zu umfassen, sind fünf große Männer nötig. Im hier beginnenden Tegeler Forst stehen übrigens die höchsten Berliner Bäume. Rekordhalter soll eine Lärche sein, die zwar erst 220 Jahre alt ist, dafür aber 45 m hoch …

Denkmal für Dadaistin

Park und Schloss Tegel (7)

Der kleine Weg An der Malche führt zurück auf die Gabrielenstraße, an deren Ende man links in die Adelheid-Allee einbiegt, die zum **Humboldtschloss** führt. Hier verbrachten Wilhelm und Alexander von Humboldt ihre Kindheit – und Wilhelm seine späteren Jahre. Das 1588 erbaute Jagdschloss ließ Wilhelm von Humboldt nach Plänen Karl Friedrich Schinkels 1820–24 im klassizistischen Stil umbauen. Der ab 1777 vom Hauslehrer Kunth angelegte **Park** wurde später von Peter Josef Lenné umgestaltet. Auf der berühmten **Lindenallee** von 1792 reckt eindrucksvoll eine ca. 400 Jahre alte **Eiche** ihre Äste gen Himmel, die nach Wilhelm von Humboldt benannt ist. Die Allee führt zu der von Schinkel entworfenen **Familiengrabstätte**, in der beide Brüder Humboldt ihre letzte Ruhestätte fanden. Erhabenheit und Ruhe liegen noch über dem harmonischen Komplex aus Schloss und Garten. Die gesamte Anlage ist im Privatbesitz der Nachfahren, steht aber Besuchern offen.

Humboldt-Grabstätte

Schloss Tegel, *Adelheidallee 19–21, ☎ 43431506, Führungen durch Blauen Salon, Antikensaal und Blaues Turmkabinett Mai–Sept. Mo 10, 11, 15, 16 Uhr, für Gruppen Anmeldung erforderlich, Park tgl. bis Sonnenuntergang, Eintritt frei.*

Viele Bootsanleger säumen das Ufer

Tegeler Hafen und Humboldt-Bibliothek

An der Gabrielenstraße Nr. 11 führt ein Fußweg auf den Inselbereich im **Tegeler Hafen (9)**. Von der kleinen Zugbrücke sieht man den imposanten Komplex einer Reha-Klinik, bestehend aus ehemaligen Speichern und Mehlsilos der Alten Mühle sowie eleganten Neubauten. Rechter Hand entlang der Hafeninsel will man in Zukunft schicke Floating-Houses mit kleinen Bootsanlegern zu Wasser lassen. Geradeaus steht die wunderschöne **Humboldt-Bibliothek (8)** von 1989, die mit ihrer hellen Galerie architektonisch an eine alte Fabrik erinnert. Hier finden auch Lesungen und Konzerte statt. Der Blick hinein lohnt, schon allein wegen der Ausblicke nach draußen.

Bibliothek mit Fabrikflair

Humboldt-Bibliothek, *Karolinenstr. 9, Mo–Fr 11–19, Sa 10–14 Uhr.*

Tegeler Fließ und Lübars

Eine besonders schöne Tour durch naturbelassene Landschaften führt von Tegel zum alten Dorf Lübars. Wichtigster Orientierungspunkt ist das **Tegeler Fließ**, eine eiszeitliche Schmelzrinne und Flüsschen, das in den Tegeler See mündet. Mit dem Rad oder zu Fuß führt der Weg an reizvoller Auenlandschaft, Sümpfen und Mooren entlang, an deren feuchten Rändern seltene Pflanzen wie Trollblumen und Orchideen wachsen. Über die morastigen Stellen und Feuchtwiesen führen Bohlenwege, darunter schwimmen bedrohte Fischarten wie Stichlinge und Gründling. Vor Lübars weitet sich das Fließ zum Hermsdorfer See. Hier befanden sich mehrere Tongruben, die ab Mitte des 19. Jh. Material für Ziegelsteine lieferten. Die Gruben liefen später mit Grundwasser voll, so wie der **Ziegeleisee**, heute das beliebte Lübarser Naturfreibad.

Eingebettet im Fließtal liegt das wohl am typischsten erhaltene Dorf Berlins **Lübars**, 1247 erstmals urkundlich erwähnt. Reiterhöfe, Bauerngehöfte und Stallungen bestimmen das Bild, auch das alte Straßenpflaster erzeugt mittelalterliche Stimmung. Zu Mauerzeiten war das von Feldern und Wiesen umgebene Dorf eine Sehenswürdigkeit im ummauerten Westberliner Gebiet. Die Dorfkirche ersetzte ab 1794 den vorigen Bau – eine Glastür ermöglicht den Blick ins Innere. Um den Anger mit dem alten Schulgebäude gruppieren sich Pfarrhaus, Büdnerhäuser, ein reetgedecktes Hirtenhaus und der **Alte Dorfkrug** mit Terrasse und großem Biergarten *(Alt Lübars 8, ☎ 92210230, www.gasthof-alter-dorfkrug.de, Di–So 12–22 Uhr, schmackhaft und preiswert, saisonal Wild, feiner Fisch, vegetarische Schmankerln).*

Anfahrt: *U-Bhf. Alt-Tegel (U6),*
Streckenverlauf: *Karolinenstraße nach Norden, in Sichtweite des Restaurants Alter Fritz vorher rechts in die Stichstraße abbiegen (heißt auch Karolinenstraße), der Weg führt in den Wald, nach der Autobahnunterführung wird bald der Hermsdorfer Damm überquert, Dem Barnimer Dorfweg folgen (Schild), der bis Lübars durch das Tegeler Fließ führt.*
Länge: *8–10 km*
Wegkommen: *Bus 222 von Lübars zum S-Bhf. Waidmannslust (S1) und weiter nach Tegel.*
Radausleihe in Tegel: *z. B. Bike Market am U-Bhf. Borsigwerke (U6), Berliner Str. 17–29a, ☎ 43094512, www.bikemarket.de.*

Das alte **Hafengelände** wurde im Rahmen der IBA 1987 als neues Wohngebiet unter Beteiligung internationaler Architekten umgewandelt. Die postmodernen Bauten erstrecken sich entlang der südlichen Hafenseite und zeichnen sich durch ihre verspielten Vorsprünge, kleinen Ziersäulen und -ornamente aus. Wer mehr von dieser Architektur sehen will, kann beim Bummel durch die offenen Wohnhöfe interessante Perspektiven entdecken.

Ortskern Alt-Tegel

Zwischen den Stadtvillen Tegeler Hafen Nr. 10 und 12 zweigt der Medebacher Weg ab und führt zur Straße Alt-Tegel, der ersten Fußgängerzone Westberlins von 1976. Im alten Ortskern mit vielen berlinerischen Restaurants, kleinen Geschäften und Eisdielen findet man einen liebenswerten Kiez, wo sich kaum Touristen, dafür aber die Bewohner gern zum Plausch treffen.

Liebenswerter Kiez

In der Alt-Tegel-Straße Nr. 18 (Richtung Tegeler See) steht das letzte **Tegeler Büdnerhaus** von 1839. Büdner hatten ihrerzeit im Gegensatz zu Bauern zwar ihr eigenes kleines Haus (Bude), aber nur wenig Landbesitz. Andere Bauern, die zu Reichtum gelangt waren, errichteten anstelle ihrer Gehöfte stolze Wohnhäuser, wie Nr. 26 und 34 zeigen. Links (Nr. 51) sieht man noch ein schönes Bauernhaus von 1835. Mit ihrem neoromanischen Backsteinbau ersetzte die **Dorfkirche (10)** von Alt-Tegel den maroden älteren Kirchenbau. Das vergleichbar kleine Haus dahinter, Nr. 35, beherbergte die einstige Dorfschule von 1860 mit zwei Klassenräumen für jeweils 70 Schüler.

Reisepraktische Informationen Tegel

Essen und Trinken

Fisherman's (1), *Eisenhammerweg 20, ☏ 43746470, www.fishermans-berlin.de, tgl. 12–22/23 Uhr. Eldorado für Fischfreunde direkt an der Greenwichpromenade. Freundliches Ambiente, große Terrasse. Sehr frische Fischgerichte, köstlich und leicht zubereitet (14–18 €). Gute Weinauswahl. Für Fischverweigerer gibt es auch Pasta und Wiener Schnitzel.*

Restaurant Toulouse (4), *Schwarzer Weg 71, ☏ 4337063, www.restaurant-toulouse.de, tgl. ab 11 Uhr. Am Nordwestufer des Tegeler Sees (20 Min. Fußweg von Alt-Tegel), mit Außenterrasse gegenüber der Halbinsel mit der Borsigvilla. Gute Küche, etwas französisch angehaucht, frische (langsame) Zubereitung. Leider unaufmerksamer Service, aber die Lage macht es wett. Hochpreisig!*

Zum Alten Fritz (3), *Karolinenstr. 12 (10 Min. Fußweg von Alt-Tegel), ☏ 4335010, www.restaurant-alter-fritz.de, Di–So ab 17 Uhr. Eines der ältesten Gasthäuser Berlins seit 1410, heute mit neuem Design. Übersichtliche saisonale Gerichte, regionale Produkte und moderne, gesunde Küche – alles sehr köstlich, dazu gekonnte Weinauswahl und gezapftes Bier. Mittleres Preisniveau, effizienter Service.*

Rüan Thai (2), *Brunowstr. 8, ☏ 8542137, www.thai-tegel.de, tgl. 12–23, Sa ab 13 Uhr. Freundliches Thai-Restaurant mit wenig Asia-Deko, dafür hervorragend authentischer Küche ohne Geschmacksverstärker, auf europäische Schärfe reduziert. Nur tagesfrische Zutaten, preiswert, gastfreundlich und gute Beratung.*

4. POTSDAM

Geschichtlicher Überblick

Potsdam blickt auf eine über 1000-jährige Geschichte mit erstmaliger urkundlicher Erwähnung als *poztupimi* (wendisch: Unter den Eichen) im Jahre 993 zurück. Nach Eroberung 1150 unter Albrecht dem Bären gelangt die slawische Fischersiedlung mit Burg 1415 in den Besitz der Hohenzollern und gehört so zum Kurfürstentum Brandenburg. Erhoben zur zweiten Residenz neben Berlin, erlässt der Große Kurfürst 1685 das **Toleranzedikt von Potsdam** und gibt den in Frankreich verfolgten protestantischen Hugenotten eine neue Heimat. Auch die nachfolgenden Herrscher führen seine kluge Ansiedlungspolitik fort, die mit wirtschaftlichem Aufschwung einhergeht (s. auch S. 16). Ab 1721 wächst die Stadt über ihre mittelalterlichen Grenzen hinaus. Friedrich Wilhelm I. (Soldatenkönig) wirbt in den Niederlanden Fach- und Bauleute an, um die zweite sogenannte barocke Stadterweiterung mit dem **Holländischen Viertel** 1733–42 voranzutreiben. Gleichzeitig stellt er eine schlagkräftige Armee auf, umgibt sich mit der Elitegarde der Langen Kerls und baut Potsdam zur Garnisonstadt aus.

Kluge Ansiedlungspolitik

Als der Soldatenkönig 1740 stirbt, zählt Potsdam fast 12.000 Einwohner, darunter ein Drittel Militärangehörige. Wie kein anderer verwandelt Friedrich II. (der Große) Potsdam in eine der schönsten europäischen Residenzstädte. Neben glanzvollem Stadtausbau entstehen seine **Sommerresidenz Sanssouci** und nach dem Siebenjährigen Krieg das Gästeschloss Neues Palais. Er siedelt verfolgte protestantische böhmische Weber und Spinner in „Nowawes" (Neues Dorf) an. Ihre Kolonistenhäuser rund um den Weberplatz gehören zu den Keimzellen des Stadtteils Babelsberg. Potsdam wächst bis zum Tod Friedrichs II. 1786 auf 20.000 Einwohner plus 8.200 Militärangehörige an. Friedrichs Nachfolger sorgen für ergänzende Bau- und Gartenanlagen, wie den **Neuen Garten** mit Marmorpalais (Friedrich Wilhelm II.) und die russische Kolonie **Alexandrowka** (Friedrich Wilhelm III.)

Mit dem „romantischen" Friedrich Wilhelm IV. sollte sich das Bild Potsdams weitreichend verändern. Unter Federführung von Lenné, dem „Herrscher über Gärten und Aussichten", entsteht eine **einzigartige Kulturlandschaft**, heute Welterbe der UNESCO. Dazu gehören Erweiterungen im Schlosspark Sanssouci mit Orangerie, Schloss Charlottenhof und Friedenskirche, der Umbau vom Dorf Bornstedt zum „italienischen" Krongut, die Parkanlagen von Babelsberg, Klein-Glienicke und Sacrow sowie das Belvedere auf dem Pfingstberg. Mit der Kaiserzeit ab 1871 werden neben Lokfabrik und Luftschiffhafen mehrheitlich **Militärbauten** wie Kasernen, Reichskriegsschule und Kadettenanstalt gebaut. Kurz nach Fertigstellung von Schloss Cecilienhof 1917 endet die Ära der Hohenzollern und sämtliche Schlösser und Gärten gehen in den staatlichen Besitz Preußens über. Längst ist Potsdam nicht nur beliebter Ausflugsort der Berliner, sondern bevorzugte Adresse wohlhabender Industrieller, Bankiers, Politiker und Kulturleute geworden. Zu den spektakulärsten **Villengebieten** zählen Nauener Vorstadt, Berliner Vorstadt und Neu-Babelsberg.

Welterbe der UNESCO

Der 21. Mai 1933 bleibt als **schwarzer Tag für Potsdam** in Erinnerung: Reichspräsident von Hindenburg und Hitler besiegeln in der Garnisonkirche mit militärischem Pomp symbolisch den Pakt zwischen Deutsch-Nationalen und den Nazis. Noch im **April 1945** zerstört das Flächenbombardement der britischen Royal Air

Force große Teile der Altstadt, während die barocke Stadterweiterung und Sanssouci verschont bleiben. Ende April rückt die Rote Armee ein. Vom 17. Juli bis 2. August wird Potsdam zum **Schauplatz der Weltgeschichte**, als in Cecilienhof die „großen Drei", Stalin, Truman und Churchill, mit dem Potsdamer Abkommen über das Schicksal Deutschlands und Mitteleuropas entscheiden.

Potsdamer Abkommen

Potsdam selbst gehört fortan zur Sowjetischen Besatzungszone und wird Sitz des neu gebildeten DDR-Bezirks Potsdam. Mit dem Bau der Berliner Mauer 1961 verliert Potsdam die direkte Verbindung zu Berlin und gerät in eine Art Binnen-Randlage. Um nach Ostberlin zu kommen, wird ein Eisenbahnring um Berlin gebaut und der Hauptbahnhof in die Pirschheide verlegt. Das schwer kriegsbeschädigte Schloss sprengt man 1960, später folgt die Garnisonkirche als Symbol des verhassten preußischen Militarismus. Während im Südosten neue Plattenbaugebiete wie Am Stern entstehen, **verfallen die historischen Bauten** im Stadtzentrum. Auch die Garten- und Parkanlagen verwildern allmählich oder werden in die Sperranlagen der Mauer miteinbezogen, wie der Uferbereich am Jungfernsee im Neuen Garten.

Nach der Wende 1990 wird Potsdam Landeshauptstadt des neuen Bundeslandes Brandenburg. Aus den ersten freien Wahlen geht Manfred Stolpe als Ministerpräsident hervor (seit 2002 Matthias Platzeck). Die Potsdamer Schlösser und Gärten werden zum UNESCO-Welterbe erklärt, später folgen Pfingstberg und Alexandrowka. 1993 feiert Potsdam seinen 1000-jährigen Geburtstag („Potstausend"), Der neue Hauptbahnhof wird 1997 eingeweiht. Als Veranstaltungsort der Bundesgartenschau 2001 putzt sich Potsdam heraus: Viele historische Bauten sind inzwischen saniert und in die repräsentativen Villen ziehen kaufkräftige neue Bewohner der Hauptstadtregion wie Günther Jauch oder Wolfgang Joop ein. Seit 2006 bereichert das neue Hans-Otto-Theater mit seiner spektakulären Architektur den Kulturstandort Schiffbauergasse am Ufer des Tiefen Sees.

Sanierte Villen – prominente Bewohner

Potsdam ist Boomtown: Im Gegensatz zu anderen ostdeutschen Städten ist die Einwohnerzahl seit der Wende von 140.000 auf 157.000 gewachsen, Tendenz weiter steigend. Auch das Kaufkrafteinkommen liegt an der Spitze der Neuen Länder und die Arbeitslosenquote bei unter 8 %. In der Stadt haben sich Bio-Tech-Firmen sowie Forschungsinstitute niedergelassen, die Universität zählt 24.000 Studenten. Mit dem Wiederaufbau des Residenzschlosses und weiterer historischer Bauten erhält Potsdam seine alte Mitte zurück. Ein Grund mehr, immer wieder die kleine und feine Schwester Berlins zu besuchen.

Potsdam entdecken

Beim ersten Blick auf die Karte sieht man viel Blau und Grün. Südwestlich von Berlin liegt die Landeshauptstadt eingebettet im wasserreichen Havelseengebiet gleich einer Insellandschaft und wird von großen Waldgebieten umrandet. Das Stadtgebiet selbst ist von herrlichen Schlösser- und Parkanlagen durchzogen, gebaut und angelegt unter den preußischen Monarchen. Bereits im 17. Jh. hatte der Große Kurfürst verfügt, „das ganze Eyland in ein Paradies zu verwandeln ...".

Anfahrt nach Potsdam

Zwischen den Stadtzentren von Berlin und Potsdam liegen ca. 30 km.
Mit der Bahn: Die S-Bahn aus Berlin (S7) verkehrt alle 10 Min., die Regionalbahn etwa 3x stdl. Fahrtdauer Berlin Hbf.–Potsdam Hbf.: S-Bahn 40 Min., Regionalbahn 25 Min. (über Zoologischer Garten und Wannsee). Benötigt wird ein ABC-Ticket für 3,10 € (s. S. 82). Vom Hauptbahnhof gelangt man zu Fuß in die Innenstadt, mit Bus und Straßenbahn zu sämtlichen anderen Zielen.
Mit dem Auto: Von Berlin über die A115 (Avus) bis zur Abfahrt „Berlin Wannsee" und auf der B1 über die Glienicker Brücke. Im gesamten Stadtgebiet fallen Parkgebühren an (auf Automaten achten).
Mit dem Dampfer: Von Berlin Wannsee nach Potsdam (1–1,5 Std.) sowie Rundfahrten im „Inselreich Potsdam" unter: www.sternundkreis.de, www.schiffahrt-in-potsdam.de.
Mit dem Fahrrad: Eine herrliche Tour immer am Wasser entlang führt vom Bahnhof Wannsee zur Glienicker Brücke (s. Wannsee, S. 299). Von dort aus lassen sich Stadt, Schlösser und Gärten wunderbar erkunden. Zwei Ausgangspunkte mit Radverleih sind der Potsdamer Hauptbahnhof sowie der Bahnhof Griebnitzsee (Tourenvorschläge s. u.).

Spaziergang von der barocken Innenstadt bis nach Sanssouci

Anfahrt: *Vom Potsdam Hbf. entweder mit der Straßenbahn (alle Linien) zwei Stationen bis Alter Markt oder zu Fuß (Ausgang Babelsberger Straße)*
Dauer: *ohne Innenbesichtigungen 3–4 Std. (ohne Freundschaftsinsel 6 km)*
Karte: *hintere Umschlagklappe und Rückseite des Faltplans*

Freundschaftsinsel (1)

Die Freundschaftsinsel rechts von der Langen Brücke über die Havel legte der Staudenzüchter Karl Foerster (1874–1970) ursprünglich als Schau- und Lehrgarten an. Wer hier länger verweilen möchte, findet auch ein kleines Inselcafé. Von der Ostspitze der Insel sieht man gegenüber den prägnanten **84-Meter-Turm (2)** eines Seniorenheims, dessen moderne Stahlkonstruktion von 1998 an die kriegszerstörte Heiliggeistkirche erinnert. Dort befand sich die Keimzelle Potsdams – die slawische Burganlage *poztupimi*.

Keimzelle von Potsdam

Alter Markt (3)

Das historische Zentrum mit Stadtschloss, Nikolaikirche und Altem Rathaus erlitt im Zweiten Weltkrieg schwere Zerstörungen. Die Reste des **Stadtschlosses (4)**

wurden 1960 gesprengt. Noch bis vor Kurzem eine unansehnliche Verkehrsschneise, entsteht bis 2014 für 120 Mio. € der neue Landtag von Brandenburg mit Barockfassaden des ehemaligen Schlosses, finanziell unterstützt vom SAP-Gründer Hasso Plattner. Initialzündung für den Wiederaufbau war das bis 2002 rekonstruierte repräsentative **Fortunaportal** mit der vergoldeten Fortuna, gespendet von TV-Moderator Günther Jauch.
Info-Box zur Schaustelle, *tgl. 10–20 Uhr.*

Schöne Aussichten

Auf dem rund 20 m hohen **Obelisken** (1755) sind vier historische Baumeister Potsdams dargestellt: Knobelsdorff, Gontard, Schinkel und Persius. Angeregt von der Londoner St.-Pauls-Kathedrale hatte Karl Friedrich Schinkel die mächtige evangelische **Nikolaikirche** geplant, die Ludwig Persius 1837 maßgeblich realisierte und August Stüler mit der Kuppel vollendete. Vom Dach bietet sich ein toller Ausblick auf das Stadtzentrum
Nikolaikirche, *tgl. 9–21, So ab 11.30 Uhr nach dem Gottesdienst, Aufstieg aufs Dach 5 €.*

Das **alte Rathaus** (Mitte 18. Jh.) mit Atlas und Weltkugel auf der Spitze dient seit August 2012 als **Potsdam Museum.** Es beschäftigt sich mit der Stadt- und Kulturgeschichte und zeigt Sonderausstellungen.
Potsdam Museum – Forum für Kunst und Geschichte, *Am Alten Markt 9, ☎ 0331-2896807, www.potsdam.de/potsdam-museum, Di–So 10–18 Uhr, 5 €.*

Im alten Rathaus findet man heute das Potsdam Museum

An der Westseite des Platzes, Breite Straße Ecke Friedrich-Ebert-Straße, steht das auffällig rote **Marstallgebäude (5)**, der einzig erhaltene Originalbau von 1685. Die einstige Orangerie ließ der Soldatenkönig zum königlichen Pferdestall umbauen und Friedrich II. durch den Architekten Knobelsdorff verlängern und verschönern. Heute befinden sich in dem Barockbau das **Filmmuseum Potsdam** mit Museumsshop, Café und einem Teil der Filmhochschule Konrad Wolf.

Filmmuseum, *Breite Str. 1A, ☎ 0331-271810, www.filmmuseum-potsdam.de, Di–So 10–18 Uhr, 4,50 €. Hinweis: Ab März 2013 wird das Filmmuseum wegen Renovierungsarbeiten für elf Monate geschlossen.*

Neuer Markt (6)

Von der Schloßstraße auf der nördlichen Seite des Marstalls zweigt die Straße Am Neuen Markt ab. Im ehemaligen Kabinettshaus, Nr. 1, kam 1767 Wilhelm von Humboldt zur Welt. Friedrich II. hatte den damaligen Stallplatz 1752 mit repräsentativen Bürgerhäusern umbauen lassen, später kam die Ratswaage in der Mitte hinzu. Der einstige königliche Kutschstall ist unschwer an seinem Portal mit Quadriga zu erkennen. Hinter der Durchfahrt gelangt man zum Innenhof mit Quergebäuden und Remisen, in die 2003 das **Haus der Brandenburg-Preußischen Geschichte** mit einer Dauerausstellung über Land und Leute eingezogen ist.

Haus der Brandenburg-Preußischen Geschichte, *Am Neuen Markt 9, ☎ 0331-6208550, www.hbpg.de, Di–So 10–17, Fr–So bis 18/19 Uhr, 4,50 €.*

Redaktionstipps

- Den Alten Markt mit **Nikolaikirche** und dem bald wieder aufgebauten **Schloss** besuchen (S. 315).
- Im **Holländischen Viertel** bummeln, in kleine Läden schauen und Schokolade trinken (S. 318).
- Nicht verpassen: die italienisch anmutende **Friedenskirche** des „Romantikers auf dem Thron" im Schlosspark Sanssouci (S. 320).
- Die klassische Postkartenansicht mit dem **Schloss Sanssouci** thronend auf dem Weinberg ist ein Muss (S. 322).
- Unbedingt das „italienische" Dorf **Krongut Bornstedt** aufsuchen, mit ihrer Hofbrauerei, königlichem Hofbäcker, Café, Rosengarten und noch viel mehr ... (S. 324)
- Im **Rokoko-Theater im Neuen Palais** ein Hofkonzert erleben (S. 324).
- Sich nach dem Spaziergang durch den Neuen Garten mit Marmorpalais und Cecilienhof auf der herrlichen Terrasse der **Meierei am Jungfernsee** stärken (S. 327).
- Den phänomenalen Ausblick über Potsdam und die weite Havelseenlandschaft vom **Belvedere auf dem Pfingstberg** erleben (S. 327).
- Durch Preußens Arkadien im **Park Babelsberg** schlendern, traumhafte Aussichten sowie im **Kleinen Schloss** Kuchen und Quiches genießen (S. 329).

Am Neuen Markt Nr. 8 ist 1992 das nach dem Aufklärer benannte **Moses-Mendelssohn-Zentrum für europäisch-jüdische Studien** eingezogen. Der **Stadtgraben** (Yorckstr.) diente ursprünglich der Entwässerung des sumpfigen Gebiets und später dem Materialtransport. Er markiert ungefähr die Grenze zwischen Altstadt und der ersten Stadterweiterung des Soldatenkönigs ab 1713. Weiter geht es über den Graben in die Wilhelm-Staab-Straße, die als „erste Barockstraße der DDR" bereits in den 1950er-Jahren wiederhergestellt wurde. Hinter der Fassade von Nr. 10/11 verbirgt sich der Potsdamer **Nikolaisaal**, dessen Tradition als Konzertsaal 1909 begann. Später dem Verfall preisgegeben, ist der Raum 2000 als spektakulärer Neubau (von außen nicht zu sehen) mit 724 Plätzen wiederauferstanden.

Spektakulärer Neubau

Über den Bassinplatz zum Holländischen Viertel

Weiter geht es rechts in die Charlottenstraße und links in die Friedrich-Ebert-Straße. Biegt man rechts in die Brandenburger Straße ab, sieht man einen 64 m hohen Turm – eine Nachbildung des Campanile von San Zeno Maggiore in Verona. Er gehört zur 1870 im romanisch-byzantinischen Stil errichteten **Kirche St. Peter und Paul (7)**, der ersten katholischen Kirche Potsdams. Der Blick in den meist geöffneten und aufwendig gestalteten Kirchenraum mit Schuke-Orgel lohnt sich. Etwas öde mutet der **Bassinplatz** rechts und links der Kirche an. Er diente im 18. Jh. als Sammelbecken für das Wasser, das während der Trockenlegung für die Stadterweiterung angefallen war. Heute befindet sich auf der Südseite der Busparkplatz, hinter der Kirche ein Soldatenfriedhof mit sowjetischem Ehrenmal und auf der Nordseite der beliebte **Potsdamer Wochenmarkt**, den man diagonal durchquert. Die westliche Platzseite wird gesäumt von aufwendig dekorierten Holländerhäusern, die unter Friedrich II. mit drei Geschossen und barocken Giebeln errichtet wurden. Sie stehen im Gegensatz zu den eher spartanischen Backsteinhäusern entlang der Gutenbergstraße, angelegt unter dem Vorgänger Friedrichs des Großen, dem Soldatenkönig.

Niederländische Bauleute

Um den Ausbau der Stadt auf schwierigem morastigem Baugrund zu beschleunigen, warb der Soldatenkönig 1732 höchstpersönlich um holländische Spezialisten und Handwerker. Zunächst kamen lediglich ein Maurer und drei Zimmerleute, darunter **Jan Bouman**, unter dessen Leitung das **Holländisches Viertel (8)** bis 1740 entstand. Um mehr niederländische Baufachleute nach Potsdam zu locken, befreite der Soldatenkönig die Neuankömmlinge von der Pflicht, Soldaten in ihren Häusern einzuquartieren. Außerdem ließ er vier Karrees mit 134 Häusern aus rotem Backstein im holländischen Stil errichten. Mit mäßigen Erfolg: Neben 18 holländischen Handwerkerfamilien zogen vorwiegend pensionierte Soldaten, deren Witwen sowie französische und preußische Familien ein.

Lebendiger Kiez

Zu DDR-Zeiten war das Viertel dem Verfall preisgegeben. Nach der Wende erweckten es Bewohner und private Investoren zu neuem Leben. Heute erstrahlt das **europaweit einzige Bauensemble im holländischen Stil** außerhalb der Niederlande in seinem alten Glanz: ein lebendiger Kiez mit kleinen Läden, Galerien, Cafés und Boutiquen. Über die Benkertstraße gelangt man zur Mittelstraße, der Hauptachse des Viertels. In einem der damaligen Militärläden kaufte Wilhelm Voigt 1906 eine abgetragene Hauptmannsuniform, um diese erfolgreich im Köpenicker Rathaus einzusetzen (s. S. 252). Das **Jan-Bouman-Haus** von 1735 erzählt die Geschichte des Holländischen Viertels. Im originalen Hof-Ensemble lässt sich das Leben dieser Zeit nachempfinden.

Jan-Bouman-Haus, *Mittelstr. 8, ☏ 0331-2803773, Mo–Fr 13–18, Sa/So ab 11 Uhr.*

Die Brandenburger Straße zum Brandenburger Tor

Die Mittelstraße führt zurück zur Friedrich-Ebert-Straße. Das markante graue, burgähnliche Tor rechter Hand lässt ein wenig an Disneyland denken. Tatsächlich markiert das 1755 im neugotisch-englischen Stil gebaute **Nauener Tor (9)** die damalige Stadtgrenze. In südlicher Richtung zweigt die Gutenbergstraße ab, der man westwärts folgt. Wie auch in den Nachbarstraßen überwiegen hier die zweigeschossigen Typenhäuser mit ausgebauter Dachmansarde, charakteristisch für die preußisch schlichte, aber historisch bedeutsame Stadterweiterung des Soldatenkönigs ab 1733. Nach 1990 zogen junge Leute und Hausbesetzer in die im Krieg nicht zerstörten, aber zu DDR-Zeiten völlig heruntergekommenen und teilweise leer stehenden Häuser und genossen die „anarchischen Freiräume der Wendezeit", die aus den unklaren Besitzverhältnissen resultierten. Inzwischen ist alles saniert und Ruhe eingekehrt. Links auf die Jäger- und rechts auf die Fußgängerzone Brandenburger Straße einbiegend gelangt man zum 1905 im **Jugendstil** errichteten Kaufhaus. Das in Ostzeiten „Warenhaus Konsument" genannte Geschäft wurde nach kompletter Sanierung 2005 von Karstadt neu eröffnet. Den Blick in den schönen Lichthof mit bunter Glasdecke sollte man sich nicht entgehen lassen.

Einkaufsmeile mit Cafés und netten Läden

Die **Brandenburger Straße**, gelegen zwischen der Kirche St. Peter und Paul und dem Brandenburger Tor, bildet die wichtigste Einkaufsmeile im Zentrum von Potsdam. Klein, aber fein, gemütlich, fast kleinstädtisch mit zahlreichen Straßencafés und netten Läden in idyllischen Höfen – gerne würde man hier länger verweilen, wenn nicht Sanssouci noch anstünde ... An der Ecke Dortustraße erhebt sich linker Hand im Hintergrund ein barocker Tempelturm mit goldener Caritas-Figur über den Dächern. Er gehört zum ehemaligen **Militärwaisenhaus (10)** des Soldatenkönigs und wurde im Jahr 2004 rekonstruiert. An der Kreuzung zur Lindenstraße erblickt man weit rechts das kleine Jägertor von 1733, Bestandteil der damaligen Stadtmauer.

Viele Cafés servieren auch draußen (hier Ecke Lindenstraße/Gutenbergstraße)

Das **Holländerhaus in der Lindenstraße 54 (11)** errichtete man 1737 für den Kommandanten der Langen Kerls. Unter der Besatzung Napoleons diente es als Pferdelazarett und ab 1820 als Stadtgericht mit Gefangenenhaus. Ab 1933 wurden hier zahlreiche NS-Gegner inhaftiert, während das NS-Erbgesundheitsgericht im gleichen Haus über Zwangssterilisationen entschied. Nach 1945 richteten hier der sowjetische Geheimdienst und ab 1952 die Stasi ihre Untersuchungsgefängnisse ein – mit gruseligen Verhörmethoden und Haftbedingungen. Im vom Volksmund „Lindenhotel" genannten Bau waren bis 1989 7000 Menschen inhaftiert. Heute dient der Ort inklusive ehemaligem Gefängnis und einer rekonstruierten Verhörzelle als Gedenkstätte für die politischen Opfer beider deutschen Diktaturen.

Gedenkstätte für politische Opfer

Gedenkstätte Lindenstraße 54, ☎ *0331-2896136 (Anmeldung für Führungen ☎ 289-6112), Di–So 10–18 Uhr (Nov.–Feb. bis 17 Uhr), 1,50 €, Infos unter www.gedenkstaette-lindenstrasse.de.*

Zur Erinnerung an den Siebenjährigen Krieg ließ Friedrich II. 1770 das **Brandenburger Tor (12)** im Stil eines römischen Triumphbogens errichten. Es ersetzte einen hölzernen Vorgängerbau. Karl von Gontard plante die Stadtseite, Georg Christian Unger die Außenseite, oben thront die vergoldete Preußenkrone. Dahinter liegt der Luisenplatz mit einem Wasserbecken, in dem eine 8 m hohe Fontäne gen Himmel schießt. Der mächtige rote Ziegelbau an der Südseite war 1836 als Kaserne für die Garde-Ulanen errichtet worden und dient heute als Sparkassenfiliale. Die Straße Allee nach Sanssouci endet nach 200 m am **Grünen Gitter** mit zahlreichen vergoldeten Verzierungen. Hier hat man den Stadtausgang des Schlossparks von Sanssouci erreicht.

Schlosspark Sanssouci

Anfahrt: *von Potsdam Hbf. und Holländischem Viertel Bus 695 nach Schloss Sanssouci und zum Neuen Palais.*

Sommerresidenz Friedrichs des Großen

Während eines Spaziergangs durch den 290 ha großen Park kann man trotz Besucheransturms den Zauber von Sanssouci erleben. Über **60 km Spazierwege** führen durch rund 75 Gärten mehrerer Epochen. Von barocken Nutz- und Ziergärten über den Landschaftspark bis hin zum Wald mit Rotwild reichen die Varianten der Landschaftsgestaltung. Der Spaziergänger kann bei seiner Erkundungstour auf vier Schlösser sowie zahlreiche kleinere Bauten treffen und 400 Büsten und Skulpturen bewundern. Untrennbar mit Sanssouci ist Friedrich II. (der Große) verbunden, der dafür sorgte, dass ab 1745 neben Sommersitz und Weinbergterrassen auch die Umgebung in den Park mit einbezogen wurde. 100 Jahre später ließ Friedrich Wilhelm IV. (der Romantiker) die Parkanlage teilweise umgestalten und mit zahlreichen Ergänzungen versehen. Dazu gehört die von Ludwig Persius 1848 gebaute **Friedenskirche (13)** mit italienisch anmutendem Campanile und Kreuzgang. Gleich hinter dem Grünen Gitter führt rechts ein Weg zu der malerischen Anlage. Sie ist die Grabeskirche von Friedrich IV. und seiner Gemahlin. Im benachbarten Mausoleum stehen die Sarkophage von Kaiser Friedrich III. und dem Soldatenkönig.

Friedenskirche, *www.friedenskirche-potsdam.de, Mo–Sa 10–18, So ab 12, im Winter nur Sa/So 11–16 Uhr, Eintritt frei.*

Hinweis

Der Eintritt in den **Schlosspark Sanssouci** ist frei. Wer möchte, kann einen freiwilligen Obolus von 2 € für die Parkpflege an den Eingängen entrichten *(tgl. April–Okt. 8.30–18, Nov.–März bis 17 Uhr).*

Innenbesichtigungen der Schlösser
Sämtliche Schlösser rund um Potsdam und Berlin werden von der Stiftung Preußische Schlösser und Gärten verwaltet, ☎ 0331-9694-200, www.spsg.de. Das **Besucherzentrum** liegt an der Historischen Mühle *(An der Orangerie 1, tgl. April–Okt. 8.30–18, Nov.–März bis 17 Uhr).*
Die Schlösser und Einzelbauten sind montags geschlossen – mit Ausnahme des Neuen Palais, dort ist Dienstag Ruhetag. Einige Gebäude sind nur im Sommer (April–Okt.) geöffnet. Kleinere Attraktionen öffnen nur am Wochenende. **Fotoerlaubnis** in allen Schlössern für einen Tag: 3 €. Die normale **Tageskarte** (für sämtliche Schlösser außer Sanssouci) kostet 15 €, für Familien 24 €, erhältlich an allen Schlosskassen und im Besucherzentrum. Die Premium-Tageskarte inklusive Schloss Sanssouci erhält man für 19 €, Familien 49 €, nur im Schloss Sanssouci.

Wartezeiten überbrücken
An Wochenenden in der Hauptsaison müssen Besucher, die ins Schloss wollen, mit Wartezeiten rechnen. Um das Warten bis zum zugewiesenen Zeitfenster angenehm zu gestalten, bietet sich ein Besuch der Bildergalerie oder der Neuen Kammern an.

Folgt man der romantischen Arkade am Wasser und dahinter dem kleinen Pfad, gelangt man auf die Nordseite des Parkgrabens und rechts durch einen Laubengang auf die 2,3 km lange und schnurgerade **Hauptallee**. Deren östliches Ende wird durch das **Obeliskenportal (14)** mit zwei Hauptpfeilern markiert. Westwärts geht es Richtung Große Fontäne. Dabei passiert man die Kleine Fontäne mit dem Oranierrondell und erblickt oben am Hang die **Bildergalerie (15)**, das heute älteste Museum Deutschlands, das sich Friedrich II. 1764 einrichten ließ – u. a. mit kostbaren Gemälden von Rubens, van Dyck und Caravaggio.

Ältestes Museum Deutschlands

Bildergalerie, ☎ *0331-9694181, www.spsg.de, Mai–Okt. Di–So 10–18 Uhr, 3 €.*

Einige Schritte weiter entlang der Hauptachse öffnet sich das atemberaubende Postkartenmotiv: der berühmte Weinberg gekrönt von Schloss Sanssouci. Das große Wasserbecken wird eingerahmt von olympischen Gottheiten und den Elementen. Aus der Walhalla stammen die vier hohen Marmorsäulen, ein Mitbringsel der bayerischen Gemahlin Friedrichs IV. Der Weg führt nun über die majestätische Freitreppe ganz nach oben. Hinter den verglasten Nischen herrschen Temperaturen bis 60° Celsius. Die Tafeltrauben wurden übrigens durch eine amerikanische, schnell treibende Rebsorte ersetzt. Von der vorletzten Terrasse sieht man rechts und links die Kuppeln der Nachbarbauten Bildergalerie und **Neue Kammern (16).** Letztere wurden als zusätzliche luxuriöse Gästeapartments errichtet.
Neue Kammern, *Mi–Mo 10–18, im Winter bis 17 Uhr und nur mit Führung, 4 €.*

Schloss Sanssouci (17)

„Quand je suis ici, je suis sans souci" („Wenn ich hier bin, bin ich ohne Sorge"). Friedrich II. ließ sich auf dem damals „wüsten Berg" von seinem Architekten Knobelsdorff 1745–47 seinen Traum eines „Maison de Plaissance" bauen, kein monumentaler Bau, sondern ein zierliches und leichtes Rokokoschlösschen. Hier lebte der König mit seinen Lieblingshunden, komponierte, spielte Flötenkonzerte und umgab sich mit Künstlern und Gelehrten. Nur die ungeliebte Gemahlin Elisabeth Christine wollte Friedrich II. hier nicht sehen (s. S. 19). Auf dem Weg ums Schloss entgegen des Uhrzeigersinns stößt man östlich auf die einfache **Grabplatte** des Monarchen. „Hier in dieser Gruft möchte ich wie ein Philosoph begraben werden, mit kleinstem Gefolge und bei Kerzenschein."

Kartoffeln gegen Hunger

Doch nach seinem Tod 1786 im Schloss Sanssouci verfrachtete ihn sein Nachfolger in die Potsdamer Garnisonkirche neben den Soldatenkönig. Später brachte man seinen Sarg wegen des Zweiten Weltkriegs über Marburg in die schwäbische Stammburg der Hohenzollern nach Hechingen. Erst 1991 nach der Wiedervereinigung erfüllte man Friedrichs letzten Willen und setzte ihn in der gewünschten Gruft neben seinen elf Hunden bei, allerdings mit größerem Gefolge. Noch heute legen Friedrich-Fans neben Blumen auch Kartoffeln auf den Grabstein, in dankbarer Erinnerung an den königlichen „Kartoffelbefehl" von 1756, die Knolle aus Amerika in Preußen anzupflanzen und damit den Hunger vieler Menschen zu stillen.

Die Postkartenansicht: Schloss Sanssouci über den Weinbergen thronend

Von der Rückseite mit dem Ehrenhof blickt man auf den **Ruinenberg (18)**, dessen theatralische Ansicht mit antiken römischen Säulen durchaus beabsichtigt war. Gleichzeitig kaschieren die Säulen ein Bassin, dessen Wasser die Fontänen im Schlosspark bedienen sollte, was aber zu Friedrichs Zeiten nicht funktionierte. Erst 1843 sorgte das **Pumpenhaus von Borsig** für die Fontänen. Im Stil einer maurischen Moschee wurde es am Havelufer errichtet (von hier nicht sichtbar).

Friderizianisches Rokoko

Die **zwölf Innenräume** von Schloss Sanssouci, deren Gestaltung Friedrich II. im Detail mitbestimmte, gelten als Musterbeispiel des friderizianischen Rokoko. Der Hausherr selbst bewohnte lediglich fünf Räume im Ostflügel, von denen die abseits gelegene, zedernholzgetäfelte Bibliothek mit über 2000 Büchern zu seinen intimsten Rückzugsorten gehörte. In dem von Muscheln, Putten und Vasen überbordenden Konzertzimmer gab der begabte König und Komponist Querflötenkonzerte, während man im klassizistisch veränderten Arbeits- und Schlafzimmer seinen Sterbesessel sowie seinen Schreibtisch mit Standuhr findet.

Den repräsentativen Mittelpunkt bildet der Festsaal mit Säulen aus Carrara-Marmor, Ort der legendären geistigen Tafelrunden. Zu den im Westflügel befindlichen Gästezimmern gehört auch das Voltairezimmer, das der vom König hochverehrte Philosoph während seines Aufenthalts in Sanssouci 1750–52 allerdings nie bewohnte. Erst nach dessen Abreise und Zerwürfnis der Freundschaft ließ Friedrich II. den Raum mit Motiven wie Affen und plappernden Papageien gestalten …
Schloss Sanssouci, *April–Okt. Di–So 10–18 (mit Audioguide), im Winter bis 17 Uhr (nur mit Führung), Sommer 12 €, Winter 8 €.*

Historische Mühle (19)

Die **Historische Mühle** am oberen Hauptausgang ist bereits der dritte Mühlenbau an dieser Stelle. Die erste Bockwindmühle stand dort 1738, also noch vor dem Schlossbau. 50 Jahre später finanzierte Friedrich Wilhelm II. eine größere Galeriewindmühle im holländischen Stil, die 1945 abbrannte und Anfang der 1990er-Jahre rekonstruiert wurde.
Historische Mühle, *April–Okt. tgl. 10–18, Nov./Jan.–März Sa/So 10–16 Uhr, 3 €.*

Orangerieschloss (20)

Im Stil der italienischen Renaissance

Überquert man bei der Historischen Mühle die Straße, folgt rechts das **Besucherzentrum**, während gleich darauf links ein Weg zur Orangerie abzweigt. Hier erreicht man einen schnurgeraden Höhenweg mit schönen Ausblicken auf den Nordischen Garten und den Sizilianischen Garten unterhalb. Der Weg führt zur mächtigen Orangerie, die sich König Friedrich Wilhelm IV. im Stile italienischer Renaissancebauten 1851–64 errichten ließ. In den Kübelhallen des 300 m langen Gebäudes überwintern heute noch kälteempfindliche Pflanzen, im Mittelbau liegen ehemalige Gästewohnungen sowie der imposante **Raffaelsaal** mit Kopien Raffaelscher Gemälde. Der Aufstieg auf die Aussichtsplattform lohnt sich und bietet einen tollen Blick über die Potsdamer Kulturlandschaft.

Auf der Südseite liegt die Terrassenanlage mit Statuen, Vasen, Brunnennischen. Die Orangerie ist Teil eines nur teilweise verwirklichten Triumphstraßenprojekts auf dem Höhenzug nördlich vom Schlosspark. Vom Westflügel sieht man eine Lindenallee, die zum Belvedere auf dem Klausberg und zum Drachenhaus führt.
Orangerieschloss, Raffaelsaal, *Führung alle 30 Min., 4 €.*
Aussichtsplattfform, *Mai–Okt. Di–So 10–18, April Sa/So/Fei 10–18 Uhr, 2 €.*

Krongut Bornstedt (21)

„Italienisches" Dorf

Der Weg führt auf der Rückseite nördlich der Orangerie hinunter zum Landsitz der preußischen Krone, 1846 unter Friedrich Wilhelm IV. als „italienisches" Dorf idyllisch am Bornstedter See angelegt. Hier lebte der spätere 99-Tage-Kaiser Friedrich III. mit seiner englischen Gemahlin Victoria. Hinter dem Eingang der Ribbeckstraße 6/7 betritt man das 2001 aufwendig wiederhergestellte Juwel: Ein Ensemble in italienischem Landhaus- und Villenstil mit Hofbrauerei, königlicher Hofbäckerei, Hofflorist und Hofbarbier, Brandenburg-Manufaktur, Glashütte, Zinnfiguren-Museum, Café, Weinhandlung, Rosengarten am See – und Standesamt. Im rustikalen Ambiente oder auf der Terrasse bietet das **Brauhaus** gutbürgerliche Küche und Bornstedter „Büffelbier". Kaffee und Kuchen gibt es im gemütlichen **Café Victoria** oder in der Hofbäckerei, während die Weinhandlung Lutter & Wegner neben Weinen auch Feinkost und Sonnenplätze zum See hin bietet.

Auf dem Friedhof mit **Bornstedter Kirche (22)** und Campanile liegt u. a. der große Landschaftsarchitekt Peter Joseph Lenné in einer bescheidenen Grabstelle.
Krongut Bornstedt, *Ribbeckstr. 6/7, ☎ 0331-550650, www.krongut-bornstedt.de, Läden tgl. 10–19, Restaurants tgl. 12–22 Uhr. Anfahrt: Mehrere Buslinien von Luisenplatz und Potsdam Hbf. zur Ecke Bornstedter Str./Ribbeckstr.*

Weitere Ziele im Park Sanssouci

Drachenhaus (23) und Belvedere (24) auf dem Klausberg

Westlich der Orangerie gelangt man zum Drachenhaus mit chinesischer Pagode, in der 1770 der Winzer des Sanssouci-Weinbergs wohnte. Heute bietet dort das **Restaurant & Café Drachenhaus** mit netter Terrasse gehobene deutsche Küche (*Maulbeerallee 4a, ☎ 0331-5053808,* www.drachenhaus.de, *tgl. ab 11 Uhr, im Winter Mo Ruhetag*).

Das **Belvedere** (schöne Aussicht) auf dem Klausberg war das letzte Bauwerk, das unter Friedrich II. errichtet wurde. Nach der Wende saniert, strahlt es nun wieder in neuem Glanz. Auch heute bietet es dem Besucher reizvolle Aussichten (*Mai–Okt. Sa/So 10–18 Uhr, Bus 695 Drachenhaus*).

Neues Palais (25)

Größter Schlossbau

Eine dramatische Kulisse am westlichen Ende der Hauptallee bildet das Neue Palais mit der 55 m hohen Kuppel. Es ist das größte Schloss in Potsdam, 1763–69 nach dem Siebenjährigen Krieg als repräsentatives Gästeschloss mit prachtvollen Fürs-

tenwohnungen, über 200 Räumen, Festsälen und Theater errichtet. Friedrich II. wollte mit dieser *Fanfaronade* prahlen, um die Macht Preußens nach dem verlustreichen Krieg zu demonstrieren. Um Kosten zu sparen, baute man allerdings nur den Südflügel aus Backstein – am übrigen Gebäude täuschen gemalte Fugen Steine vor, was bei näherer Betrachtung deutlich wird. Das Rokokotheater am Südflügel wird regelmäßig mit barocken Stücken bespielt. Highlights im Inneren sind neben den prächtigen Gästeapartments der Marmorsaal, die Marmorgalerie und der märchenhafte Grottensaal, bedeckt von Muscheln, Fossilien und Halbedelsteinen.
Neues Palais, Mi–Mo *10–18, Nov.–März bis 17 Uhr, 6 €. Das Schloss ist bis Anfang 2013 geschl. Anfahrt: Bus X5, 605, 606, 695 Neues Palais.*

Gegenüber des Neuen Palais, auf der Westseite, stehen die nicht minder prachtvollen Wirtschaftsgebäude, die **Communs (26)**, die heute von der Universität Potsdam genutzt werden.

Schloss Charlottenhof (27) und Römische Bäder (28)

Wie eine strahlend weiße italienische Villa wirkt die einstige Sommerresidenz des Kronprinzenpaars Friedrich Wilhelm IV. und Elisabeth von Bayern. Karl Friedrich Schinkel baute den Sommersitz in den Jahren 1826–29. Auch die zehn Innenräume wie Speise- oder Zeltzimmer mitsamt Mobiliar gestaltete Schinkel.
Schloss Charlottenhof, *Mai–Okt. Di–So 10–18 Uhr, 4 €. Anfahrt: Bus X5, 605, 606 Schloss Charlottenhof.*

In Sichtweite dieses klassizistischen Juwels, eingebettet im romantischen Landschaftsgarten von Lenné, liegen die **Römischen Bäder** *(zur Zeit nicht zu besichtigen)* mit Hofgärtnervilla, Teepavillon und künstlich angelegtem Maschinenteich.

Chinesisches Haus (29)

Läuft man entlang des Parkgrabens zwischen Römischen Bädern und Großer Fontäne, erscheint unvermittelt zwischen den Bäumen der wohl exotischste Pavillon im Park. Große goldene Figuren, die Tee trinken, und Musikanten mit asiatischen Instrumenten sind um das **Chinesische Haus** platziert. Dieses herrliche Beispiel der Chinamode diente ab 1757 als sommerlicher Speisesaal, in dem Friedrich II. keinen Tee, sondern Kaffee zu trinken pflegte. Innen findet man ein schönes Deckengemälde sowie chinesisches und Meißner Porzellan.

Sommerlicher Speisesaal

Chinesisches Haus, *Mai–Okt. Di–So 10–18 Uhr, 2 €.*

Neuer Garten, Pfingstberg, Alexandrowka

Die Bereiche Neuer Garten, Pfingstberg und Alexandrowka liegen nahe beieinander und können gut zu Fuß kombiniert werden.

Neuer Garten

Anfahrt: *Vom Hbf. Potsdam Bus 603 Birkenstraße/Alleestraße oder zu Fuß vom Holländischen Viertel über die Hebbelstraße (500 m).*

Englischer Landschaftsgarten

Der über 100 ha große Neue Garten zieht sich nordöstlich der Potsdamer Innenstadt entlang des Heiligen Sees bis zum Jungfernsee. Friedrich Wilhelm II. ließ 1787 in Abkehr zum damaligen Barockpark Sanssouci eine Gartenlandschaft nach englischem Muster entstehen, deren heutiges Erscheinungsbild auf die Weiterentwicklung unter der Leitung Peter Joseph Lennés zurückgeht. Dem Besucher bieten sich immer wieder weite Sichten und überraschende Blickpunkte. Betritt man von der Stadtseite am Portiershäuschen Alleestraße/Am Neuen Garten den Park, gelangt man über eine Eichenallee zum sogenannten Holländischen Etablissement mit Tor- und Dienerhäuschen und zur links etwas zurückgesetzten schönen **Orangerie (30)**, die von einer Sphinx und zwei schwarzen ägyptischen Statuen bewacht wird.

Weiter entlang des Seeufers trifft man auf eine **Tempelruine**, deren äußerlicher Zustand so gewollt war und die die Schlossküche birgt. Diese ist unterirdisch mit dem **Marmorpalais (31)** verbunden. Malerisch erhebt sich das Schloss direkt am Wasser. Marmorschmuck und ein aufgesetzter Belvedere zieren den quadratischen Backsteinbau. Ab 1787 errichteten von Gontard und Gotthard Langhans diesen königlichen Wohnort, der nach 1945 von der Roten Armee als Casino und später als DDR-Armeemuseum verhunzt wurde. Nach aufwendiger Sanierung können seit 2006 alle 40 Räume besichtigt werden. Dazu zählen die rund um die Marmortreppe gruppierten prachtvollen Wohnräume, der Konzertsaal zur Seeseite und das orientalische Kabinett mit Zeltzimmer. Diese **Kostbarkeit unter Potsdams Schlössern** mit herrlicher Aussicht vom Obergeschoss auf die Wasser- und Parklandschaft sollte man sich nicht entgehen lassen.
Marmorpalais, *Mai–Okt. Di–So 10–18, April Sa/So 10–18), Nov.–März Sa/So 10–16 Uhr mit Führung, 5 € (Kombiticket mit Cecilienhof 8 €).*

Ein Stück weiter am Ufer erblickt man links eine **Pyramide.** Hier befindet sich der 5 m tiefe Eiskeller, der im Winter mit Eisblocks vom Heiligen See gefüllt wurde. Von hier aus sieht man über die Wasserlandschaft hinweg das weiße burgartige Schlösschen auf der Pfaueninsel (s. S. 295) – eine der berühmtesten Blickbeziehungen, die Peter Joseph Lenné schuf. Gegenüber auf der Ostseite des Sees liegt übrigens Potsdams bestes Wohn- und Villengebiet. Heute leben hier Prominente wie die TV-Moderatoren Günther Jauch und Ulrich Meyer, Top-Model Nadja Auermann oder Modezar Wolfgang Joop. Bereits Ende des 19. Jh. war die **Berliner Vorstadt** bevorzugte Adresse von Großbürgern, Adligen, Bankiers und Industriellen.

Schloss Cecilienhof (32)

Ort der Potsdamer Konferenz

Im Nordteil des Parks errichtete der Architekt Schultze-Naumburg 1914–17 im Auftrag des kaiserlichen Kronprinzenpaares Wilhelm und Cecilie den letzten Schlossbau der Hohenzollern. Die Ausmaße des im englischen Landschaftsstil gehaltenen **Fachwerkschlosses** sind von Außen kaum zu erahnen. Um fünf Innenhöfe gruppieren sich 176 Räume! In Schloss Cecilienhof verhandelten im Sommer 1945 während der Potsdamer Konferenz die alliierten Siegermächte die Neuordnung Deutschlands. Am runden Tisch in der holzvertäfelten Wohnhalle saßen damals Stalin, Truman und Churchill. Eine Ausstellung in den möblierten Schlosszimmern veranschaulicht die Geschehnisse jener Tage. Zu besichtigen sind außerdem die ehemaligen Wohnräume des Prinzenpaares wie Rauchsalon, Bibliothek und das Schreibkabinett von Cecilie, kurios im Stil einer Kajüte eingerichtet.

Schloss Cecilienhof, April–Okt. *Di–So 10–18, Nov.–März Di–So 10–17 Uhr, mit Führung oder Audioguide, 6 €, Kombi-Ticket mit Marmorpalais 8 €. Die Kronprinzenwohnung ist nur mit Führung zu besichtigen (10/12/14/16 Uhr). Daneben beherbergt das Schloss ein Hotel mit Restaurant und Gartenterrasse sowie einen kleinen Biergarten im Innenhof* *(s. S. 332)**. Anfahrt: Bus 603 Schloss Cecilienhof.*

Meierei am Jungfernsee

Während der Uferbereich hinter dem Cecilienhof am Jungfernsee zu DDR-Zeiten als Teil der Grenzanlagen nicht zu betreten war, kann man heute auf der herrlichen Terrasse selbstgebrautes Bier, Gegrilltes und regionale Spezialitäten von Schmalzstulle bis Havelfisch direkt am Wasser genießen. In der kälteren Jahreszeit lässt es sich drinnen in liebevoll restauriertem Gemäuer urgemütlich schmausen. Das Essen ist preiswert und lecker. Die ehemalige Hofmolkerei von 1792, die später zum Maschinenhaus wurde, fristete nach 1945 ein ruinöses Dasein und ist inzwischen zu einer der beliebtesten Potsdamer Ausflugsgaststätten geworden.
Meierei Brauhaus (7), *Neuer Garten 10, ☎ 0331-7043211, www.meierei-potsdam.de.*

Pfingstberg

Belvedere (33)

Mit dem 1847–63 erbauten klassizistischen Aussichtsschloss verwirklichte sich Friedrich IV., der „Romantiker auf dem Thron“, seinen Traum und schuf **den unbestritten schönsten Ausblick über Potsdam und die weite Havelseen-**

landschaft bis nach Berlin. Als Vorbild der prachtvollen Doppelturmanlage mit Kolonnaden, Bogengalerie und Aussichtsterrasse diente die römische Villa Medici. Nachdem die Villa nach Jahren des Verfalls mit Hilfe u.a. der Reemtsma-Stiftung und des Versandhausgründers Werner Otto restauriert wurde, kann man heute wieder von über 100 m Höhe die von Alexander von Humboldt gelobte **„unvergleichliche Aussicht"** erleben. Eine Wendeltreppe (kein Aufzug) führt auf die Aussichtsplattform im Westturm. Unterhalb des Belvedere liegt der Pomona-Tempel, ein Teepavillon, 1801 vom jungen Architekten Karl Friedrich Schinkel als Erstlingswerk fertiggestellt. Da weder Autos noch Reisebusse nach oben gelangen, gilt das Belvedere immer noch als Geheimtipp. Nur zu Fuß lassen sich die letzten schweißtreibenden Höhenmeter auf den „Berg" erklimmen.

Schinkels Erstlingswerk

Belvedere auf dem Pfingstberg, *April–Okt. tgl. 10–18, Juli/Aug. bis 20, März/Nov. Sa/So 10–16 Uhr, 4 €. Hinkommen: Von der Meierei/Cecilienhof im Neuen Garten läuft man über Große Weinmeisterstr./Am Pfingstberg (800 m) oder über die Leistikowstr. Anfahrt vom Hbf.: Bus 604, 609, 638, 639 Am Pfingstberg, dann 300 m Fußweg.*

Ehemaliges KGB-Gefängnis/Gedenk- und Begegnungsstätte (34)

Direkt unterhalb des Pfingstbergs führt ein Weg in Serpentinen hinunter zur Großen Weinmeisterstraße. In diesem Teil der mit prächtigen Villen bebauten Nauener Vorstadt hatten sich 1945–90 die Rote Armee und der Geheimdienst KGB eingerichtet. An die abgeriegelte „Verbotene Stadt" erinnert heute nichts mehr außer dem Untersuchungsgefängnis im einstigen evangelischen Pfarrhaus. Hier wurden Deutsche sowie sowjetische Soldaten nach brutalen Verhören zum Tode verurteilt oder in die Gulags geschickt. Mit beklemmender Authentizität erinnert seit 2012 die Dauerausstellung „Sowjetisches Untersuchungsgefängnis Leistikowstraße Potsdam" an die Haftanstalt.

Gedenk- und Begegnungsstätte, *Leistikowstr. 1/Ecke Große Weinmeisterstr., ☎ 0331-2011540, www.gedenkstaette-leistikowstrasse.de, Di–So 14–18 Uhr, Eintritt frei, Bus 603 Glumestraße oder Cecilienhof.*

Alexandrowka (35)

Zwischen der Potsdamer Innenstadt und dem Pfingstberg liegt die russische Kolonie Alexandrowka, die der Preußenkönig Friedrich Wilhelm III. zum Gedenken an seinen Freund Zar Alexander I. 1926 für Angehörige eines russischen Soldatenchors anlegen ließ. Die einmalige Anlage im typischen Blockhausstil besteht u. a. aus zwölf Gehöften mit Obstgärten und gehört seit 1999 zum UNESCO-Welterbe. Im damaligen Aufseherhaus im Kreuzungsmittelpunkt (Haus 1) befinden sich heute eine Teestube und ein Restaurant mit russischer Küche *(tgl. ab 11.30 Uhr)*. Das benachbarte Privatmuseum Alexandrowka in Haus 2 zeigt die Geschichte des Hauses und der Kolonie. Auch ohne Museumsbesuch kann man im **idyllischen Gartencafé** Kuchen und Eis genießen.

Typischer Blockhausstil

Alexandrowka, *Russische Kolonie 2, ☎ 0331-8170203, www.alexandrowka.de, Di–So 10–18 Uhr, 3,50 €, Tram 92, 96 Am Schragen.*

Auf dem nördlich anschließenden Kapellenberg steht die kleine orthodoxe **Alexander-Newski-Gedächtniskirche (36)** von 1929, ein harmonisches Stilgemisch

Alexandrowka: Blockhäuser in typisch russischem Stil

aus typisch russischen Zwiebeltürmen und Schinkelschem Klassizismus (*Anfahrt: Tram 92, 96 Puschkinallee*).

Park Babelsberg

Anfahrt: *Von Bhf. Wannsee mit Bus 316 Schloss Glienicke. Von Potsdam Hbf. oder S-Bhf. Babelsberg mit Bus 694, R694 Schloss Babelsberg.*

Auf dem südlich der Glienicker Brücke gelegenen Babelsberg liegt mit 124 ha die dritte große Parkanlage Potsdams. Auf Wunsch des späteren Kaisers Wilhelm I. schufen Mitte des 19. Jh. Peter Joseph Lenné und Fürst Pückler Muskau auf den Hängen und Hügeln am Tiefen See die **wohl malerischsten Aussichtsplätze** auf die reiche Potsdamer Kulturlandschaft. Zusammen mit den in die Landschaft eingestreuten romantischen Bauten wirken diese Orte geradezu verwunschen. Nach dem Tod des Kaisers 1888 geriet der Landschaftspark langsam in Vergessenheit und verwilderte nach dem Mauerbau 1961. Mittlerweile hat man ihn wieder rekonstruiert.

Betritt man den Park von Norden am Pförtnerhaus oder bei der Parkbrücke nach Klein-Glienicke, taucht bald am Uferweg das Maschinenhaus im normannischen Burgenstil auf, das die 22 km lange Bewässerungsanlage im Park inkl. Fontänen, Seen und Wasserfällen bediente. Gleich dahinter thront auf dem Hügel das **Schloss Babelsberg (37)**, ab 1833 von Schinkel im Stil der englischen Neugotik gebaut, später von Persius und Strack mit all seinen Türmchen, Zinnen und Erkern erweitert. Hier hatten Prinz bzw. Kaiser Wilhelm I. und seine Gattin Augusta von Sachsen-Weimar über 50 Jahre ihren Sommersitz. Auch die Zimmer sind neugotisch eingerichtet – Mittelpunkt ist der achteckige Teesalon mit Sternengewölbe, der dem Paar fantastische Ausblicke gewährte. Hinter dem Schloss kann man den

Teesalon mit Sternengewölbe

eindrucksvollen Erzengel Michael gegen den Drachen kämpfen sehen – ein Geschenk zur Niederschlagung des Badischen Aufstands 1848.
Schloss Babelsberg, *wegen Sanierung derzeit keine Besichtigung möglich.*

Früher Gartenhaus, heute gemütliches Café

Von hier führt ein schöner Weg über das Lennésche Bowlinggreen zum sogenannten **Kleinen Schloss (38)** am Ufer des Tiefen Sees. Das einstige Gartenhaus war ebenfalls im neugotischen Stil umgebaut worden, diente u. a. zur Unterbringung von Hofdamen und Gästen. Heute beherbergt es ein gemütliches Café.
Kleines Schloss, ☏ *0331-705156, Di–So 10.30–19 Uhr.*

Oberhalb liegt der Marstall – ein Weg führt aufwärts zum **Matrosenhaus (39)** von 1839 mit gotischen Giebeln nach dem Vorbild des Stendaler Rathauses. Hier wohnte der für die königlichen Boote zuständige Matrose (*nicht zu besichtigen*). Dahinter geht es weiter zur **Generalseiche** mit herrlichen Ausblicken auf Marmorpalais und Nikolaikirche. Der weithin sichtbare 46 m hohe **Flatowturm (40)** ist dem Eschenheimer Torturm in Frankfurt/Main nachgebildet. 1856 errichtete ihn Heinrich Strack als Wohnturm. Von oben genießt man einen einzigartigen Ausblick über Potsdam. Auch schon während des Aufstiegs wird der Besucher mit immer neuen Perspektiven überrascht (*Mai–Okt. Sa/So 10–18 Uhr*).

Unweit vom Turm sieht man mitten im Park eine **Gerichtslaube (41)** aus roten Ziegeln stehen. Sie gehörte einst zum alten Berliner Rathaus aus dem 13. Jh., das wegen des Baus des neuen Rathauses bereits 1860 abgerissen und anschließend hier wieder aufgebaut wurde. Interessant sind die Tierfiguren am Mittelpfeiler der offenen Halle oder die Kaak-Figur, die einst – halb Mensch, halb Vogel – die Verurteilten verspottete (s. auch S. 105 Restaurant Zur Gerichtslaube).

Vom Wasser aus besonders gut zu sehen: die moderne Architektur des Hans-Otto-Theaters

Am Seeufer gegenüber steht das imposante **Hans-Otto-Theater (42)** von 2006, dessen Dachkonstruktion mit seinen roten Palmwedeln an das Opernhaus von Sydney denken lässt.

Hans-Otto-Theater, *Schiffbauergasse 11, ☏ 0331-98118, www.hansottotheater.de.*

Filmpark Babelsberg

info

Mit den ersten Ateliers in Neu-Babelsberg beginnt 1912 die Traumfabrik-Ära der Universum-Film-AG. In den Ufa-Studios entstehen Stummfilm-Klassiker wie „Dr. Mabuse", „Nosferatu" und „Metropolis", später der „Blaue Engel" mit Marlene Dietrich sowie Nazi-Propaganda. Zu DDR-Zeiten produziert die DEFA neben politisch konformen Streifen gute Kinderfilme und auch Mutiges wie „Spur der Steine". Der Film wird gleich nach seiner Premiere 1966 verboten. Seit der Wende werden in der modernen Medienstadt Babelsberg wieder fleißig Filme wie „Stauffenberg" oder „Der Pianist" produziert. Daneben haben sich Sender und Filmfirmen, die Filmhochschule Konrad Wolf und das Deutsche Filmorchester angesiedelt. Im Filmpark kann die ganze Familie durch Filmkulissen wandeln oder Stunt-Shows besuchen.

Besuchereingang Großbeerenstraße, ☏ 0331-7212750,www.filmpark-babelsberg.de, Mai–Aug., Okt. tgl. 10–18, April, Sept. Di–So 10–18 Uhr, 21 €. Anfahrt: ab Potsdam Hbf. o. S-Bhf. Babelsberg (S7) Bus 601 o. 690 bis Filmpark; ab Bhf. Medienstadt (RE7, RB33) ca. 5 Min. Fußweg; ab S-Bhf. Griebnitzsee (S7) ca. 15 Min. Fußweg.

Reisepraktische Informationen Potsdam

Informationen

Tourist Information, *www.potsdamtourismus.de, im Hauptbahnhof, ☏ 0331-27558899, Mai–Okt. Mo–Sa 9.30–20, So 10–16, Nov.–April Mo–Sa 9.30–18, So 10–16 Uhr; in der Altstadt beim Brandenburger Tor, Brandenburger Str. 3, ☏ 0331-275580, Mo–Sa 9.30–18, So bis 16 Uhr.*

Übernachten

Infos s. S. 72 sowie www.potsdamtourismus.de und www.zimmerpotsdam.de.

NH Voltaire (1), *Friedrich-Ebert-Str. 88, ☏ 0331-23170, www.nh-hotels.com. 146 Betten in eleganten Zimmern hinter historischer Fassade, in der Altstadt gegenüber dem Holländischen Viertel. Das Fitnesscenter oben auf dem Dach bietet einen tollen Blick über die Dächer Potsdams. DZ ab 90 €.*

Hotel zum Hofmaler (2), *Gutenbergstr. 73, ☏ 0331-730760, www.hofmaler-hotel-potsdam.de. Im Holländischen Viertel in einem barocken Typenhaus von 1742, das liebevoll saniert wurde. Hier wohnte der Hofmaler Friedrichs des Großen. 2007 mit modernem Anbau versehen. Gutes Frühstück. 16 DZ und 2 Suiten. DZ um 80–100 €.*

Restaurants

Brauhaus Meierei (7), s. S. 327.

Schlossrestaurant Cecilienhof (8), *Neuer Garten, ☎ 0331-37050, www.relexa-hotel-potsdam.de, tgl. 12–21.30 Uhr. Innen elegant mit Kamin, draußen Blumengarten. Gehobene Küche, deutsch-französisch geprägt, höherpreisig.*

Der Butt (4), *Gutenbergstr. 25, ☎ 0331-2006066, www.der-butt.de, tgl. ab 12 Uhr. Mitten in der Altstadt, gilt als bestes Fischrestaurant Potsdams und wurde vom Feinschmecker Deutschland prämiert. Stilvoll, hell-freundliches Ambiente, ausgezeichnete frische Küche, freundlicher und sachkundiger Service. Hauptgerichte 14,50 €–19 €.*

Restaurant Da Vinci (5), *Dortustr. 4, ☎ 0331-2805189, tgl. 11–24 Uhr. Hier sitzt man im eindrucksvollen Saal mit schöner Galerie, im gemütlichen Innenhof oder an Tischen auf der Straße. Mediterrane Küche und umfangreiche Weinkarte, freundlicher Service. Gutes Preis-Leistungs-Verhältnis.*

Babelsberger Küche (6), *Gutenbergstr. 100, Mo–Fr 7–15 Uhr, sowie Herrman-Elflein-Str.10, Mo–Fr 11–18 Uhr. Schnellrestaurant (Selbstbedienung), sehr preiswert. Anlaufstelle für hungrige Studenten, Handwerker und Büroangestellte.*

Café Heider (1), *Friedrich-Ebert-Str. 29, ☎ 0331-2705596, www.cafeheider.de. Älteste Potsdamer Kaffeehaustradition am Nauener Tor seit 1878, Frühstück, günstiger Mittagstisch. Auch abends meist rappelvoll.*

La Maison du Chocolat (2), *Benkertstr. 20, ☎ 0331-2370730, www.schokoladen haus-potsdam.de. Konditorei und Restaurant, Frühstück, leckere Salate, selbstgemachte Pasta und französische Landhausküche. Spezialität ist die deliziöse Trinkschokolade.*

Hafthorn (3), *Friedrich-Ebert-Str. 90, ☎ 0331-2800820, tgl. ab 18 Uhr. Fröhliche Szenekneipe im Holländischen Viertel mit nettem Hofgarten, junge Leute.*

Alexandrowka (9), *s. S. 328.*

Café Persius (10) *in der Villa Schöningen (s. S. 321), Berliner Str. 86, www.villa-schoe ningen.de, Di–Fr 11–18, Sa/So ab 10 Uhr. Besonders nett sitzt man im Garten, umgeben von Skulpturen und Bäumen. Kaffee und Kuchen, Bier und Kleinigkeiten.*

Bürgershof (11), *Waldmüllerstr. 4, ☎ 0331-2378889, www.buergershof.de, April–Okt. Mo–Fr ab 12, Sa/So ab 11, Nov.–März Sa/So ab 11 Uhr, Schließzeiten nach Jahreszeit. Beliebtes Traditionslokal und großer Biergarten an der Glienicker Lake. Rustikale Küche und bayerische Schmankerln. Bei schlechterem Wetter besser vorher anrufen.*

Restaurantschiff „John-Barnett" (12), *an der Schiffbauergasse, ☎ 0331-2012099, www.john-barnett.de, tgl. 11–24 Uhr, Tram 93 Schiffbauergasse/Berliner Str. Benannt nach dem Erbauer von Dampfschiffen, bietet der alte Lastkahn auf Deck 110, unter Deck 90 Plätze und einen Blick auf Babelsberg, die Berliner Vorstadt und das Ambiente im neuen Kulturstandort Schiffbauergasse. Fischtopf und Soljanka, Zander bis Lammbraten, Seemannsgericht Labskaus, Kartoffelpuffer und Eis. Hauptgerichte 9–13 €.*

Schiffsrundfahrten

Vom Schiffsanleger Lange Brücke bietet die Weiße Flotte März–Okt. u. a. Schlösserrundfahrten (1,5 Std., 13 €), Havelseenrundfahrten (2.45 Std., 16 €) und Inselrundfahrten (1,5 Std., 19 €) an. Gegenüber an der Langen Brücke Ableger für das Wassertaxi, ☎ 0331-27592-10, www.schiffahrt-in-potsdam.de, www.potsdamer-wassertaxi.de.

Schiffsausleihe: *Huckleberry's Tours*, *Flöße mit Motor (s. S. 87.)*

Radverleih

Im Hauptbahnhof: potsdam per pedales, *S-Bahnsteig 6/7, ☎ 0331-*

7480057, www.potsdam-per-pedales.de, April–Okt. tgl. 9.30–19 Uhr, 10,50 €/Tag.
Nähe Hauptbahnhof: Cityrad Rebhahn, *Heinrich-Mann-Allee 7, ☎ 0331-2706210, www.cityrad-rebhan.de, tgl. 9.30–19, Sa/So bis 20 Uhr, 11 €/Tag.*
Bahnhof Griebnitzsee *(zwischen Wannsee und Potsdam Hauptbahnhof):* **potsdam per pedales,** *April–Okt. tgl. 9–18.30 Uhr, Sa/So bis 19 Uhr, Nov.–März Mo–Fr 9–18.30 Uhr (s. Hauptbahnhof).*

Radtouren

Das Radfahren in der flachen Stadt-Parklandschaft Potsdams bietet eine perfekte Symbiose aus Besichtigen, Erleben und Genießen. **Hinweis**: In den Schlossparks (Sanssouci, Neuer Garten, Babelsberg) darf nur auf bestimmten gekennzeichneten Wegen geradelt werden.

Ausgangspunkt Glienicker Brücke (s. S. 321): Schwanenallee am Jungfernsee – Matrosenstation Kongsnaes – Neuer Garten: weiter am Jungfernsee, Liegewiese und inoffizielle Badestelle am Heiligen See (ausgezeichnete Wasserqualität) – Cecilienhof (schieben) – grün markierte Nord-Süd-Strecke durch den Neuen Garten über Orangerie bis Ausgang Alleestraße – Große Weinmeisterstraße – Beyerstraße – Alexandrowka – Voltaireweg – Alte Mühle bei Schloss Sanssouci – Abstecher Krongut Bornstedt – Maulbeerallee (Orangerie, Drachenhaus) – Neues Palais – an der Südseite Neues Palais auf Ökonomieweg durch Schlosspark Sanssouci (grün markiert) – Chinesisches Haus – Blick auf Schloss Sanssouci von unten – Am Grünen Gitter – Luisenplatz – Hegelallee – Holländisches Viertel – Kirche St. Peter und Paul – Friedrich-Ebert-Straße – Alter Markt – Hauptbahnhof. Wer noch nicht genug hat, weiter s. u.

Ausgangspunkt Hauptbahnhof: Ausgang Babelsberger Straße – auf R1 hinter Parkplatz direkt am Havelkanal ostwärts – Brücke über die Nuthe – weiter am Havelufer – Uferweg durch den Park Babelsberg (evtl. Abstecher zum Flatowturm, schieben) – über Parkbrücke – über Waldmüller und Mövenstraße zur Glienicker Brücke, weiter wie oben.

Ausgangspunkt Griebnitzsee: Der Uferweg im ehemaligen Grenzgebiet am Griebnitzsee ist leider nicht mehr befahrbar. Dafür entdeckt man im hügeligen **Neu-Babelsberg** spektakuläre Villen und Landhäuser, in denen sich Berliner Großindustrielle, Bankdirektoren und UFA-Filmgrößen wie Heinz Rühmann oder Lilian Harvey wohlfühlten. Während der Potsdamer Konferenz 1945 im Cecilienhof nahmen die Delegationen hier ihre Quartiere. Bahnhof Griebnitzsee – Blick Griebnitzsee – Rudolf-Breitscheid-Straße westwärts – Karl-Marx-Straße 2: „Truman-Villa“, heute Naumann-Stiftung – Virchowstraße 23: „Churchill-Villa“, gebaut von Mies van der Rohe – Karl-Marx-Straße 27: „Stalin-Villa“ – Allee nach Glienicke. Von hier gelangt man über die Parkbrücke zur Glienicker Brücke oder man fährt am Uferweg in den Park Babelsberg.

5. ANHANG

Stichwortverzeichnis

Bildnachweis

Alle Farbabbildungen stammen vom Autor Markus Dallmann, außer Titelfoto sowie S. 10, 14, 18, 27, 32/33, 37, 40, 42/43, 50, 88, 91, 92, 94, 98, 104, 110/111, 112, 120, 124, 128, 134, 140, 152, 154, 162/163, 180, 189, 192, 199, 201, 208, 216, 222, 247, 253, 257, 258, 261, 280, 288, 292, 297, 298, 309, 312, 322, 327, 329, 330, 334: Michael Iwanowski
S. 219, 220, 227: Ronit Jariv

IWANOWSKI'S

BERLIN – Autorentipps

Markus Dallmann, Stadtplaner und Stadtführer in Berlin, liebt es, die Besucher von der deutschen Metropole zu begeistern. Der seit über 22 Jahren Wahlberliner ist stets auf der Suche nach neuen Perspektiven und unentdeckten Kostbarkeiten in einer Stadt, deren einzige Konstante in ihrer ständigen Veränderung besteht und daher immer spannend bleibt.

1. TIPP

Alternative zum Fernsehturm: Aussicht vom Panorama-Point am Potsdamer Platz über das „Neue Berlin" mit Ausstellung und Café (S. 113).

2. TIPP

Potsdam erleben: phänomenaler Blick über die Havellandschaft vom Belvedere und kulinarischer Genuss im königlichen Kleinod Krongut Bornstedt (S. 312).

TOP-TIPP

Einfach ins Berliner Leben eintauchen – wie in Prenzl'berg rund um den Kollwitzplatz (S. 216), Kreuzberg mit Wasserfall rund um den Bergmannkiez (S. 180) oder auf einem der zahlreichen Flohmärkte, z.B. auf dem Boxhagener Platz (S. 201).

IWANOWSKI'S REISEBUCHVERLAG

FÜR INDIVIDUELLE ENTDECKER

REISEHANDBÜCHER

Europa
Barcelona und Umgebung ▤
Berlin*
Dänemark*
Finnland*
Irland*
Island*
Liparische Inseln *
Lissabon
Madeira*
Moskau & Goldener Ring
Nordspanien & Jakobsweg*
Norwegen*
Paris und Umgebung*
Piemont & Aostatal*
Polens Ostseeküste & Masuren*
Provence mit Camargue*
Rom*
Schweden*
Tal der Loire mit Chartres*

Asien
Hong Kong
Oman*
Peking
Rajasthan mit Delhi & Agra*
Shanghai
Singapur ▤
Sri Lanka/Malediven*
Thailand*
Tokio mit Kyoto
Vereinigte Arabische Emirate mit Dubai & Abu Dhabi *
Vietnam*

Afrika
Äthiopien*
Botswana* ▤
Kapstadt & Garden Route*
Kenia/Nordtanzania*
Mauritius mit Rodrigues* ▤
Namibia* ▤
Nambia/Naturschutzgebiete*
Südafrikas Norden & Ostküste*
Südafrika* ▤
Uganda/Ruanda*

Amerika
Chile mit Osterinsel*
Florida* ▤
Guadeloupe und seine Inseln
Hawaii*
Kalifornien*
Kanada/Osten*
Kanada/Westen*
Karibik/Kleine Antillen*
New York
USA/Große Seen*
USA/Nordosten*
USA/Nordwesten*
USA/Ostküste*
USA/Süden*
USA/Südwesten*
USA/Texas & Mittlerer Westen*
USA/Westen* ▤

Australien / Neuseeland
Australien mit Outback*
Neuseeland*

101... - Serie: Geheimtipps und Top-Ziele
101 Berlin ▤
101 China
101 Florida
101 Hamburg ▤
101 Indien
101 Inseln
101 Kanada-Westen
101 London ▤
101 Mallorca ▤
101 Namibia – Die schönsten Reiseziele, Lodges & Gästefarmen
101 Reisen für die Seele – Relaxen & Genießen in aller Welt
101 Safaris – Traumziele in Afrika
101 Skandinavien
101 Südafrika – Die schönsten Reiseziele und Lodges ▤
101 USA

REISEGAST IN...

Ägypten
China
England
Indien
Japan
Korea
Polen
Russland
Südafrika
Thailand

* mit herausnehmbarer Reisekarte
▤ auch als ebook-Reiseführer (epub)

Iwanowski's Reisebuchverlag GmbH • Salm-Reifferscheidt-Allee 37 • D- 41540 Dormagen
TEL: 02133/260311 • FAX: 02133/260333 • E-MAIL: INFO@IWANOWSKI.DE
www.iwanowski.de • www.facebook.com/Iwanowski.Reisebuchverlag
www.twitter.com/Iwanowskireisen

Die Sixtina des Nordens
Panorama Museum

Werner Tübkes Monumentalgemälde
14 Meter hoch und 123 Meter im Umfang

Ein Bilddom der Superlative.

Panorama Museum
Am Schlachtberg 9
06567 Bad Frankenhausen
Tel: 034671/6190
www.panorama-museum.de
Di bis So
April bis Oktober 10 - 18 Uhr
November bis März 10 - 17 Uhr
Juli/August auch montags 13 - 18 Uhr